肥尾效应

前渐进论、认识论和应用

STATISTICAL CONSEQUENCES OF FAT TAILS

REAL WORLD PREASYMPTOTICS, EPISTEMOLOGY, AND APPLICATIONS

[美]
纳西姆·尼古拉斯·塔勒布
(Nassim Nicholas Taleb)
著

戴国晨 译

中信出版集团 | 北京

图书在版编目（CIP）数据

肥尾效应 /（美）纳西姆·尼古拉斯·塔勒布著；戴国晨译 . -- 北京：中信出版社，2022.7（2024.10重印）

书名原文：STATISTICAL CONSEQUENCES OF FAT TAILS：Real World Preasymptotics, Epistemology, and Applications

ISBN 978-7-5217-4391-3

Ⅰ . ①肥… Ⅱ . ①纳… ②戴… Ⅲ . ①金融投资 Ⅳ . ① F830.59

中国版本图书馆 CIP 数据核字（2022）第 088298 号

肥尾效应
著者：　［美］纳西姆·尼古拉斯·塔勒布
译者：　戴国晨
出版发行：中信出版集团股份有限公司
（北京市朝阳区东三环北路27号嘉铭中心　邮编　100020）
承印者：　北京启航东方印刷有限公司

开本：787mm×1092mm 1/16　印张：30.5　字数：320 千字
版次：2022 年 7 月第 1 版　印次：2024年10月第4次印刷
京权图字：01–2022–3428　书号：ISBN 978–7–5217–4391–3
定价：198.00 元

服务热线：400–600–8099
投稿邮箱：author@citicpub.com

本书所获赞誉

完美决策需要完备的信息，然而不确定环境下的决策是几乎所有决策者面临的难题，金融中的问题尤其如此。如何对不确定环境进行量化描述和分析，学术界已经有了很多优美的成果，真正理解这些最新进展的深刻意义以及怎样和经济金融实践问题相结合，绝非一个轻而易举的任务。《肥尾效应》是一个优秀范例，作者用最少的数学阐述实践中肥尾现象存在时决策优化问题的本质，展示了其深邃的洞察力。

——吴卫星　对外经济贸易大学教授、副校长

近年来，金融市场极端行情发生的概率日益增加，这越来越使我们相信，肥尾效应是金融世界的本质属性之一。面对当前全球经济格局的百年变局和世界金融市场的持续动荡，我们常常感到迷惘。在这个时候，阅读塔勒布的《肥尾效应》一书无疑会让你豁然开朗，认清纷繁的金融现象背后的本质与真相。

——施东辉　复旦大学中国金融法治研究院副院长、泛海国际金融学院教授

金融市场时间序列往往展现出典型的肥尾效应，其存在对金融风险建模和管理具有重要影响。本书对肥尾效应进行了深入浅出的介绍，将高深的理论藏于漫画和故事中，令人不忍释卷，是金融投资人士不可错过的一本好书。

——陈海强　厦门大学王亚南经济研究院教授、副院长

塔勒布对金融体系一直有着深刻的观察，他提出的一些概念如“黑天鹅”已经成为日常用语。《肥尾效应》则是他最学术的一本书，该书通过系统的量化分析证实了他的黑天鹅思想，对系统性风险和宏观金融分析研究者来说不可不读。

——王永钦　复旦大学经济学院教授

这本书阐述了投资理论中肥尾的概念及其在金融投资中的应用，在不同章节对艰涩的数学原理进行了挖掘和深入浅出的讲解，为金融从业人员提供了一条便捷的道路来理解肥尾效应如何从理论转化到实践的运用，对有一定数学基础的金融专业学生和从业人员具有良好的启迪作用。

——金德环　上海财经大学金融学教授、博士生导师

塔勒布通过这本书把我们带入一个新的世界，一个以不确定性而不是风险为核心问题的世界。经济学、投资学近十年来才有部分学者（包括我本人）展开对政策不确定性、信息不确定性的研究。这本书对经济、金融、投资管理、公共管理等多个学科的研究和实践会产生积极的促进作用。

——姜国华　北京大学光华管理学院会计学教授

《黑天鹅》作者塔勒布是我们这个时代伟大的思想者之一，他的作品可以为所有身处不确定世界的组织和个人提供决策指南。对具备一定数学和统计学知识的读者来说，他的新书《肥尾效应》值得一读。

——郑毓煌　清华大学营销学博士生导师，
世界营销名人堂中国区评委

与其说塔勒布是一位对自己的交易策略有高度信仰的投资家，我更愿意说他是一名数学家型的交易员。他基于自己非常强大的数学能力和对小概率事件研究异于常人的坚持，在美国 9·11 事件之前，通过押注期权一战成名。有人把他的能力和成就归结于他在黎巴嫩出生成长的个人背景，对此我深表认同。由于从小经历战乱，他对小概率事件的敏感程度远远大于我们这些在和平世界长大的人。当前，全球处于百年未遇之大变局，新冠肺炎疫情等特殊事件让世界多国的政治经济形势出现了巨大变化。在我们身处的这个时代，肥尾效应无处不在。此刻，研读这本书具有很强的现实意义。当然，作为一名理科生，我也提醒读者，如果你具备很好的数学和统计学知识，你会对这本书理解得更深刻。

——李华　富途控股创始人、董事长、首席执行官及技术委员会主席

在投资过程中，我们经常会感叹资产价格涨跌的超预期。基于正态分布假设的风险模型虽然有很好的解析结果，但往往无法有效控制投资的过程风险，这正是源于现实的肥尾效应与模型假设的不相符，而对这种投资过程风险的良好管理，又是成功投资的关键所在。塔勒布的《肥尾效应》深入浅出地阐述了肥尾效应，让你更好地理解这个世界的不确定性，这对每个人来说，无疑都是很有益处的。

——袁建军　汇添富基金管理公司副总经理

什么是肥尾效应？事物影响分布相当平均，表现为正态分布，图形尾部很薄；相当不平均，则尾部很厚；极端不平均，则尾部很肥。简单地说，肥尾效应就是极少数决定绝大多数，比如：一句话顶一万句；一个人对你一生的影响顶一万个人；四天对你一生的影响胜过人生四万天。芒格说，10 只股票对巴菲特一生投资收益的贡献超过他所有股票的总和。回顾美国股市过去 112 年，如果你错过了涨幅排名最高的 10 个交易日，只是 10 个交易日，那么你在这 112 年接近 5 万个交易日的总收益率就会减少 2/3。为什么？我们要大胆地假设，还要小心地求证。真理只掌握在少数人手里，金融投资的真谛只蕴藏在少数图书中。塔勒布的《黑天鹅》和《反脆弱》阐述了“极少数极端事件的影响超过绝大多数平常事件”这个金融投资的真谛及其应对之道，他的《肥尾效应》又用统计模型和数据做了严密的量化分析。好运就像闪电打下来时你必须在场，读到这三本书就是所有金融投资专业人士的好运，这三本能顶一万本。

——刘建位　《巴菲特选股十招》作者，霍华德·马克斯作品《周期》译者

尾部风险本来就是生活的一部分。每次暴风过后，人们往往用“黑天鹅”的标签将损失合理化，较少探究事件背后的统计性质。肥尾效应是塔勒布的理论基石。《黑天鹅》为我们勾勒出极端风险的轮廓，《反脆弱》提出了哲学上的应对之道，新书《肥尾效应》则是他个人思想的数学提炼，与前作相比更直击本质。这本书大大提高了塔勒布哲学体系的完备性。

——叶展　艾方资产 CEO

人类身高平均在 1.7 米上下。围绕平均身高，越是极端高或极端矮，人数就越少。这也是自然界大多数事物的规律。如果金融市场也符合这样的规律，那么我们应该百年才看到一次腰斩级别下跌。但实际上，这样的下跌仅仅在最近几十年就出现过数次：80 年代末日股泡沫、2000 年互联网泡沫、2008 年金融危机、2015 年中小盘股熊市……看似百年难得一遇的小概率事件，却往往以超乎寻常的频率出现，这就是肥尾效应。极端风险事件远比你想象的更容易出现，而这背后，隐含着获利的机会。

——银行螺丝钉　《指数基金投资指南》《定投十年财务自由》作者，
“中国指数基金 50 人”之一，百亿投顾组合主理人

2016 年，我在纽约大学的选修课上第一次见到塔勒布老师，和文质彬彬的学界教授不同，其风格自成一派，狂傲的性格和对传统金融学的批判让人印象深刻。用他自己的话说，他是“交易员”而非“作家”。他确实具备华尔街交易员的诸多性格特质：思维敏捷，言语犀利，讽刺辛辣。敢于表达的背后是对规律的深入洞察。《肥尾效应》通过大量的数学语言，以更清晰的方式梳理了肥尾分布的框架。对于有一定数学基础的读者，这本书无须透过哲学隐喻、直达本质的表述令人酣畅淋漓。

——戴国晨　艾方资产量化研究员，《肥尾效应》译者

合著作者[1]

帕斯奎尔・西里洛（第十三章、第十五章和第十六章）

拉斐尔・杜阿迪（第十四章）

安德烈娅・丰塔纳里（第十三章）

赫莱特・杰曼（第二十五章）

唐纳德・杰曼（第二十五章）

埃斯彭・豪格（第二十二章）

Universa Investment 基金团队（第二十三章）

1　引用的论文有[45，46，47，48，95，106，126，165，224，227，228，229，231，232，233，234，243，244，245]

不确定性谱系

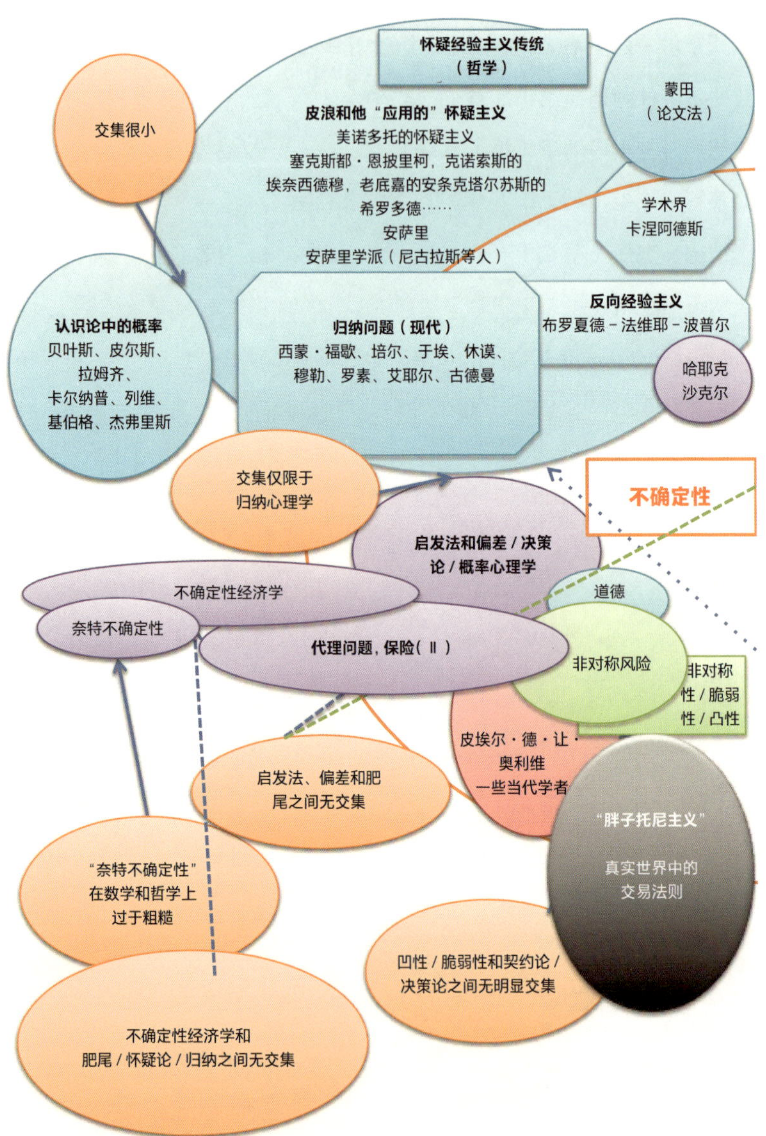

怀疑经验主义传统
（哲学）
皮浪和他“应用的”怀疑主义
美诺多托的怀疑主义
塞克斯都·恩披里柯，克诺索斯的
埃奈西德穆，老底嘉的安条克塔尔苏斯的
希罗多德……
安萨里
安萨里学派（尼古拉斯等人）
蒙田
（论文法）
学术界
卡涅阿德斯
交集很小
认识论中的概率
贝叶斯、皮尔斯、
拉姆齐、
卡尔纳普、列维、
基伯格、杰弗里斯
归纳问题（现代）
西蒙·福歇、培尔、于埃、休谟、
穆勒、罗素、艾耶尔、古德曼
反向经验主义
布罗夏德－法维耶－波普尔
哈耶克
沙克尔
交集仅限于
归纳心理学
不确定性
启发法和偏差 / 决策
论 / 概率心理学
不确定性经济学
道德
奈特不确定性
代理问题，保险（Ⅱ）
非对称风险
非对称
性 / 脆弱
性 / 凸性
皮埃尔·德·让·
奥利维
一些当代学者
启发法、偏差和肥
尾之间无交集
“胖子托尼主义”
真实世界中的
交易法则
“奈特不确定性”
在数学和哲学上
过于粗糙
凹性 / 脆弱性和契约论 /
决策论之间无明显交集
不确定性经济学和
肥尾 / 怀疑论 / 归纳之间无交集

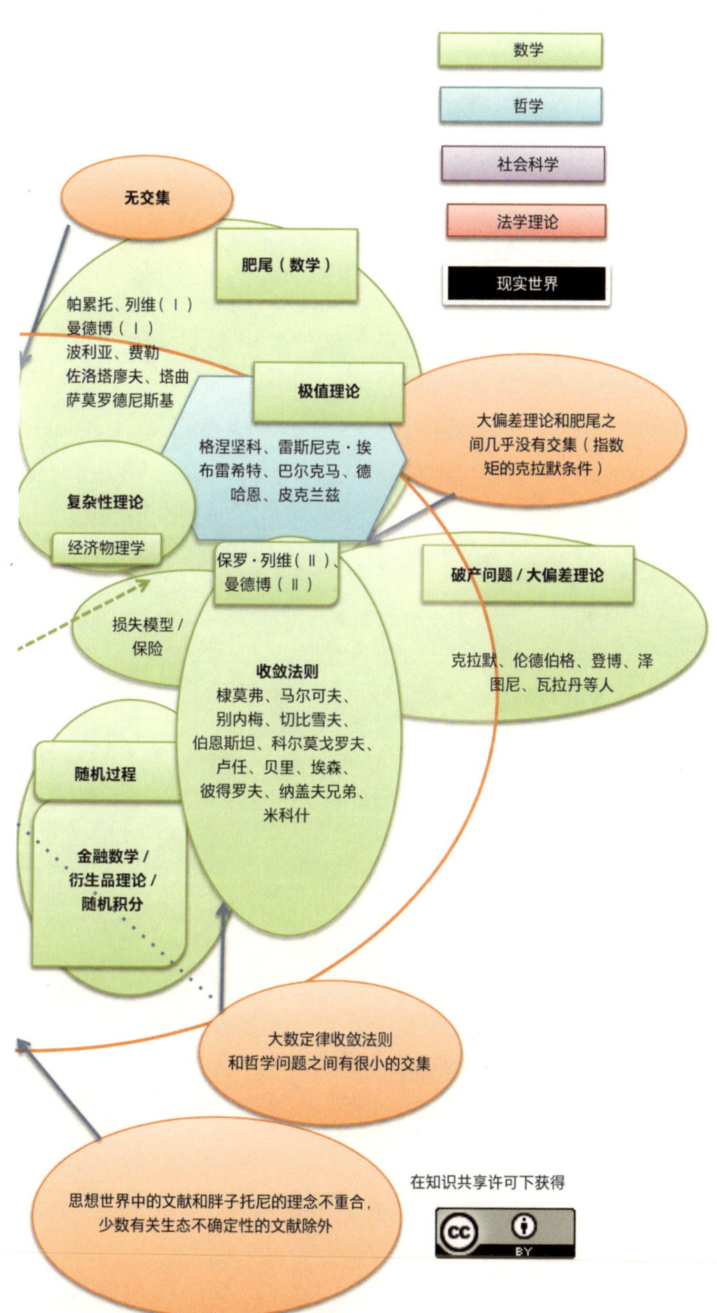

不确定性谱系与各种研究传统的链接。

目 录

非数量化章节用星号 * 标注；讨论章节用†标注；由已公开发表的论文改编而来的章节用‡标注。

章节小标题用阿拉伯数字表示，其中说明性章节和非常简短的迷你章节（附录和完整章节之间）用字母来表示，如 A、B 等。

第一部分 肥尾及其效应介绍

第二部分　中数定律

第三部分 预报、预测和不确定性

第四部分 肥尾条件下的不均估计

第五部分 影子矩相关论文

第六部分　元概率相关论文

第七部分 肥尾下的期权交易与定价

第一章　序言*，†[1]

对世界的了解越是粗浅，
做决策越是轻易。

图 1.1　核心问题不是不知道“肥尾”，而是缺乏对其效应的理解。说出“它是肥尾”意味的不仅是改变分布的名称，而且是对统计工具和决策类型的全面革新。感谢斯特凡·加西奇。

> 不确定性（Incerto）项目背后的主要思想在于，虽然我们所在的世界是如此不确定和不透明，信息和我们的理解也极不完整，但是没有人研究在这种不确定性的基础上我们应该做什么。

本书主要讲述产生极端事件的统计分布类型，以及在这类分布下如何进行统计推断和做出决策，内容包括：（1）公开发表的论文；（2）未经

1　讨论章节。

审查的公开评述。现有的大多数“标准”统计理论均来自薄尾分布，它们在应用于肥尾的过程中需要经过渐进性调整，这往往不是小改动，原理论可能会被完全舍弃。

图 1.2　没有洞察力的复杂性：许多使用统计学和数据科学的专业人士头脑清晰，但不了解核心概念，即根本意义。感谢维基媒体。

根据作者的经验，一些学界教授或业界人士会说，“我们当然知道这一点”，或是更粗暴地给出结论，“肥尾没有什么新东西”，同时在分析中使用“方差”、“GARCH”（自回归条件异方差均值模型）、“峰度”、“夏普比率”或“在险价值”这样的指标，或者开展一些所谓“统计意义显著”实则完全不显著的研究。

此外，本书来自作者的不确定性 [226] 系列和相关的量化研究，主要关注我们该如何在一个不确定性结构过于复杂的现实世界中生活。

不确定性系列尝试在五个不同领域统一尾部概率和极端事件，包括数学、哲学、社会科学、契约论、决策论和现实世界。至于为什么是契约论，答案是：期权理论是基于或有契约或概率契约的概念，旨在调整和转移分布尾部的风险敞口；从某种意义上说，期权理论也属于数学契约论。决策论不是为了了解世界，而是为了摆脱困境并求得生存。这也是不确定性系列量化研究下一卷的主题，目前暂定书名为《凸性、风险和脆弱性》。

术语解释

“厚尾”常常被用于学术场合，用金融从业者的术语来说，厚尾表征的是“比高斯分布峰度更高的分布”。而对于“肥尾”，我们倾向于将其理解为极端厚尾或幂律尾类分布（第八章会论证两者的一致性）。一般来说，我们的定义相对更窄一些，仅仅将肥尾限定于“幂律”或“正规变化”——但我们更喜欢将“幂律”直接称为“幂律”（当对该类过程非常确定时）。因此，我们所称的“肥尾”从严格意义上说，对许多人而言更像是“极度厚尾”。

为了避免歧义，我们在这里不使用诸如“重尾”或者“长尾”的说法。

在接下来的两章中，我们会进一步阐明上述概念。

图 1.3　关于肥尾的经典回应：一个有效的“替代方案”是不妨碍学术寻租的方案。感谢斯特凡·加西奇。

第二章　术语、符号和定义

本章是书中主要议题和数学符号的概要总结。一般来说，数学符号在各个章节中也会有注解，为了方便读者，这里先做个汇总。从论文中提取的章节会有特殊符号标注。我们会尽可能保持全书符号的一致性，但不同研究小组在使用上可能有一定的差异。

2.1　一般符号和常用符号

$\mathbb{P}$ 是表示概率的符号，一般以 $\mathbb{P}(X > x)$ 表示，其中 X 是随机变量，x 是其取值。在第十一章和其他有必要的地方，我们会使用更正式（更法式）的理论定义。

$\mathbb{E}$ 是期望操作符。

$\mathbb{V}$ 是方差操作符。

$\mathbb{M}$ 是平均绝对偏差，以均值为对称（和中位数不同）。

$\varphi(.)$ 和 $f(.)$ 一般被用来表征给定分布的 PDF（概率密度函数）。在某些章节中，当随机变量 X 和 Y 满足不同的分布时，我们会用 $f_x(x)$ 和 $f_y(y)$ 来区分。

n 一般表示求和的数目。

p一般表示矩的阶数。

$F(.)$一般被用来表示 CDF［累积分布函数$\mathbb{P}(X<x)$］，$\bar{F}(.)$或者S是$\mathbb{P}(X>x)$的生存函数。

$\sim$表示一个随机变量满足某种法则下的分布。

$\chi(t)=\mathbb{E}\left(e^{itX_s}\right)$是分布的特征函数，在某些讨论中，参数$t\in\mathbb{R}$也以$\omega$表示，有时特征函数也以$\Psi$表示。

$\xrightarrow{D}$表示收敛于某分布，假设有一系列随机变量$X_1, X_2 \ldots X_n$，$X_n \xrightarrow{D} X$代表随机变量X_n的累积分布函数F_n满足（在F连续的条件下，对于所有实数x）：

$$\lim_{n\to\infty} F_n(x)=F(x)$$

$\xrightarrow{P}$表示收敛于某概率，对于任意 ε >0，上述相同序列满足：

$$\lim_{n\to\infty} \Pr\left(|X_n-X|>\varepsilon\right)=0$$

$\xrightarrow{a.s.}$表示必然收敛，是更强的收敛条件，可表示为：

$$\mathbb{P}\left(\lim_{n\to\infty} X_n=X\right)=1$$

S_n一般表示n个变量求和。

α和α_s，我们一般使用$\alpha_s\in(0,2]$来表征柏拉图式稳定分布的尾部指数，而采用$\alpha_p\in(0,\infty)$来表征帕累托（渐进于帕累托）分布的尾部指数，有时两个α会混淆，直接出现的α可以通过上下文来理解。

$\mathcal{N}(\mu_1, \sigma_1)$是均值为$\mu_1$，方差为$\sigma_1^2$的高斯分布。

$\mathcal{L}(.,.)$或者是$\mathcal{LN}(.,.)$表示对数正态分布，概率密度函数$f^{(L)}(.)$一般可以表示为$\mathcal{L}(X_0-\frac{1}{\sigma^2}, \sigma)$，其中均值为$X_0$，方差$(\mathrm{e}^{\sigma^2}-1)X_0^2$。

$\mathcal{S}(\alpha_s, \beta, \mu, \sigma)$是尾部参数$\alpha_s\in(0,2]$的稳定分布，对称指数$\beta\in(-1,1)$，中心参数$\mu\in\mathbb{R}$和离散参数$\sigma>0$。

$\mathfrak{P}$是幂律类分布（见下节）。

$\mathfrak{S}$是亚指数类分布（见下节）。

$\delta(.)$是狄拉克δ函数。

$\theta(.)$是阶跃θ函数。

$\operatorname{erf}(.)$是误差函数，是高斯分布的积分$\operatorname{erf}(z)=\frac{2}{\sqrt{\pi}}\int_0^z dte^{-t^2}$，$\operatorname{erfc}(.)$

是误差函数的补函数 $1-\mathrm{erf}(.)$。

$\|.\|_p$ 一般定义为实向量 $\boldsymbol{X}=\left(X_1 \ldots X_n\right)^T$ 的向量范数 $\| X \|_p \triangleq \left(\frac{1}{n}\sum_{i=1}^{n}\left|x_i\right|^p\right)^{1/p}$，注意这里加上了绝对值。

${}_1F_1(.;.;.)$ 是合流超几何函数：${}_1F_1(a;b;z)=\sum_{k=0}^{\infty}\frac{a_k\frac{Z^k}{k}!}{b_k}$。

${}_2\tilde{F}_2$ 是正则化广义超几何函数：${}_2\tilde{F}_2(.,.;.,.;.)=\frac{{}_2F_2(a;b;z)}{\left(\Gamma\left(b_1\right)\ldots\Gamma\left(b_q\right)\right)}$，这里 ${}_pF_q(a;b;z)=\sum_{k=0}^{\infty}\frac{\left(a_1\right)_k\cdots\left(a_p\right)_k}{\left(b_1\right)_k\cdots\left(b_p\right)_k}\frac{Z^k}{k!}$，$\left(a_q\right)_{(.)}$ 是 Pochhammer 表达式。

$\left(a_q\right)_{(.)}$ 是 Q-Pochhammer 表达式，定义为 $\left(a_q\right)_n=\prod_{i=1}^{n-1}(1-aq^i)$。

2.2 一般&特殊概念目录

下面是一些核心要点的定义（可能和后面存在重复）。

2.2.1 幂律类分布 $\mathfrak{P}$

幂律类分布一般通过如下生存函数的性质来定义。假设随机变量 X 属于右尾为“幂律”的分布类，也就是：

$$\mathbb{P}(X>x)=L(x)x^{-\alpha} \tag{2.1}$$

这里 $L:\left[x_{\min},+\infty\right)\rightarrow(0,+\infty)$ 是缓变函数，对于所有 $k>0$，定义如下 [22]：

$$\lim_{x\rightarrow+\infty}\frac{L(kx)}{L(x)}=1$$

变量 X 的生存函数属于“正规变化”类 RV_α，具体来说，函数 $f:\mathbb{R}^+\rightarrow\mathbb{R}^+$ 在无穷大处以指数 ρ 变化（$f\in RV_\rho$）：

$$\lim_{t\rightarrow\infty}\frac{f(tx)}{f(t)}=x^\rho$$

更进一步看，会存在一个点，使得$L(x)$趋向于极限的时候为常数l，我们称它为“卡拉玛塔常数”（Karamata），该点也被称为“卡拉玛塔点”。在该值之外，幂律尾可以通过希尔估计这样的标准方法来拟合。该区域内的分布也被曼德博 [162] [75] 称为强帕累托法则。

对于分布左尾，上述规律类似。

2.2.2 大数定律（弱）

大数定律的标准形式如下，假设$X_1, X_2 \ldots X_n$是独立同分布（i.i.d.）的无限序列（勒贝格可积），且$\mathbb{E}(X_n)=\mu$（尽管有时可以放松独立同分布条件）。样本均值$\overline{X}_n=\frac{1}{n}(X_1+\cdots+X_n)$会收敛到期望值，对于$n\to\infty$，$\overline{X}_n\to\mu$。

这里方差有限并非必要条件（不过各高阶矩的存在会加快收敛速度）。

强大数定律有需要时再做讨论。

2.2.3 中心极限定理（CLT）

中心极限定理的标准形式（Lindeberg-Lévy）如下，假设有一系列独立同分布的随机变量，$\mathbb{E}(X_i)=\mu$且$\mathbb{V}(X_i)=\sigma^2<+\infty$，$\overline{X}_n$是$n$个样本的均值，当$n$趋于无穷时，随机变量的和$\sqrt{n}(\overline{X}_n-\mu)$会收敛到高斯分布 [20] [21]。

$$\sqrt{n}(\overline{X}_n-\mu)\xrightarrow{d}N(0,\sigma^2)$$

这里收敛到分布的意思是，对于每一个实数z，$\sqrt{n}$的 CDF（累积分布函数）会点对点收敛到标准高斯分布的 CDF，$N(0,\sigma)$：

$$\lim_{n\to\infty}\mathbb{P}(\sqrt{n}\left(\overline{X}_n-\mu\right)\leqslant z)=\lim_{n\to\infty}\mathbb{P}\left(\frac{\sqrt{n}\left(\overline{X}_n-\mu\right)}{\sigma}\leqslant\frac{z}{\sigma}\right)=\Phi\left(\frac{z}{\sigma}\right),\sigma>0$$

$\Phi(z)$是z处标准高斯分布的 CDF 值。

中心极限定理还有很多其他版本，下面有需要时会展开论述。

2.2.4 中数定律和渐进论

这是全书的主旨，我们想要了解随机变量数目 n 比较大但又不是极大时的渐进行为。对高斯分布来说，这不是什么大问题，因为收敛速度很快（大数定律和中心极限定理都是），但是对很多其他的随机变量来说并非如此。

见下面的 Kappa 统计量。

2.2.5 Kappa 统计量

这一统计量不应该被视为数学上表征距离的函数，我们应该以偏向工程学的思维，将其视为一种量化比较的手段。

Kappa 是本书作者自己设计的统计量（发表于论文中 [235]），取值范围为 [0，1]，代表随机变量的渐进行为。对高斯分布来说，取值为 0（基准值），而对柯西分布或其他均值不存在的分布取值为 1。

假设 $X_1, X_2 \ldots X_n$ 是均值有限的独立同分布随机变量，也即 $\mathbb{E}(X) < +\infty$。定义 $S_n = X_1 + X_2 + \cdots + X_n$ 为部分序列和。那么可以定义 $\mathbb{M}(n) = \mathbb{E}(|S_n - \mathbb{E}(S_n)|)$ 为 n 个随机变量求和的平均绝对偏差（参照之前我们不使用中位数，而是以均值为中心）。接着定义 n 个额外变量和收敛的“速率”（从 n_0 开始）：

$$\kappa_{n_0, n} : \frac{\mathbb{M}(n)}{\mathbb{M}(n_0)} = \left(\frac{n}{n_0}\right)^{\frac{1}{2-\kappa_{n_0, n}}}, \quad n_0, \quad n = 1, 2 \ldots \tag{2.2}$$

其中 $n > n_0 \geqslant 1$，因此：

$$\kappa(n_0, n) = 2 - \frac{\log(n) - \log(n_0)}{\log\left(\frac{\mathbb{M}(n)}{\mathbb{M}(n_0)}\right)} \tag{2.3}$$

在最为基础的 $n = n_0 + 1$ 时，我们简单地用 κ_{n_0} 来表示。

2.2.6 椭圆分布

$p \times 1$ 维的随机变量 X 为椭圆分布（椭圆等高分布）的定义是：假设位

置参数为 μ，存在非负矩阵 Σ 和标量函数 Ψ 使得特征函数满足 $\exp(it'\mu)$ $\Psi(t\Sigma t')$ 的形式。

换句话说，对于联合分布，我们必须有奇协方差矩阵才能满足其椭圆特性。状态转换协方差和随机协方差这样的条件都会使联合分布远离椭圆分布。我们会在第六章给出，只要违反椭圆特性，薄尾变量的线性组合就可以展现出极度肥尾的性质，除了肥尾性质本身，这一条又额外证伪了很多现代金融学理论。

2.2.7 统计独立性

假设两个独立的随机变量 X 和 Y，如果其各自的概率密度函数（PDF）为 $f(x)$ 和 $f(y)$，无论相关系数如何，联合 PDF $f(x,y)$ 都满足：

$$\frac{f(x,y)}{f(x)f(y)}=1$$

在椭圆分布类中，相关系数为 0 的双变量高斯分布既独立又不相关。但是对多变量学生 T 分布或柯西分布来说，上述条件就不成立了。

2.2.8 多变量（列维）稳定分布

这是中心极限定理的广义版本。

假设 $X_1, X_2 \ldots X_n$ 是独立同分布随机变量，它们的和为 S_n，那么我们有：

$$\frac{S_n - a_n}{b_n} \xrightarrow{D} X_s \tag{2.4}$$

这里的 X_s 服从稳定分布 $\mathcal{S}$，a_n 和 b_n 是常量，$\xrightarrow{D}$ 代表收敛到分布（当 $n \to \infty$ 时 X 的分布）。下一章我们会对 $\mathcal{S}$ 的性质进行更完备的定义。这里可以认为 X_s 服从稳定分布（或者 α 稳定分布），写作 $X_s\ \mathcal{S}(\alpha_s,\ \beta, \mu, \sigma)$，特征函数 $\chi(t)=\mathbb{E}\left(e^{itX_s}\right)$ 的形式如下：

$$\chi(t)=e^{\left(i\mu t-|t\sigma|_s^{\alpha}\left(1-i\beta\tan\left(\frac{\pi\alpha-s}{2}\right)\operatorname{sgn}(t)\right)\right)},\quad \alpha_s \neq 1 \tag{2.5}$$

分布参数的限制条件为 $-1 \leqslant \beta \leqslant 1,\ 0 < \alpha_s \leqslant 2$。

2.2.9 多变量稳定分布

随机向量 $\mathbf{X}=\left(X_1, X_2 \ldots X_k\right)^T$ 满足多变量稳定分布的条件是，所有成分的线性组合 $\mathbf{Y}=a_1 X_1+a_2 X_2+\cdots+a_k X_k$ 服从稳定分布。也即对于任意常向量 $\mathbf{a} \in \mathbb{R}^{+}$，随机变量 $\mathbf{Y}=a^T \mathbf{X}$ 应该是一个单变量稳定分布。

2.2.10 卡拉玛塔点

见幂律类分布。

2.2.11 亚指数

平均斯坦和极端斯坦的自然边界为亚指数类分布，有如下性质：

假设 $\mathbf{X}=X_1, X_2 \ldots X_n$ 是实数域 $\mathbb{R}^{+}$ 上的独立同分布随机变量，累积分布函数为 F，亚指数类的分布可以定义为（见 [248] [196]）：

$$\lim_{x \rightarrow+\infty} \frac{1-F^{*2}(x)}{1-F(x)}=2 \tag{2.6}$$

这里的 $F^{*2}=F^{\prime} * F$ 是 X_1+X_2 的累积分布函数（两个相同的独立随机变量 X 的和），上面的定义代表了 X_1+X_2 超过 x 的两倍的概率是任意单个 X 超过 x 的概率的两倍。因此，对足够大的 x 来说，每当和超过 x 的时候，往往是其中某个 X 超过了 x——两者中的较大值，另外一个 X 的贡献则微乎其微。

更一般地看，可以证明 n 个变量的和会由这些变量中的最大值主导。从严谨的角度讲，下面两条性质等价于亚指数条件 [43] [84]。对于 $n \geqslant 2$，假设 $S_n=\sum_{i=1}^n x_i$ 和 $M_n=\max_{1 \leqslant i \leqslant n} x_i$：

a）$\lim_{x \rightarrow \infty} \frac{\mathbb{P}(S_n>x)}{\mathbb{P}(X>x)}=n$

b）$\lim_{x \rightarrow \infty} \frac{P(S_n>x)}{P(M_n>x)}=1$

因此，求和项 S_n 和样本中的最大值 M_n 有相同的量级，这也是尾部起主导作用的另一种表达。

直观来看，亚指数分布的尾部应该比指数分布下降更慢，因为指数分布的尾部并非由超大尾部事件主导。实际上，我们可以证明，亚指数分布不存在指数矩：

$$\int_0^{\infty} e^{\epsilon x} dF(x) = +\infty \tag{2.7}$$

所有 $\epsilon > 0$ 。然而，反过来不一定成立，如果一个分布的指数矩不存在，那么它不一定满足亚指数分布的条件。

2.2.12 近似替代：学生 T 分布

我们可以方便地使用自由度为 α 的学生 T 分布近似作为双尾幂律分布，$\alpha = 1$ 对应柯西分布，而 $\alpha \to \infty$ 对应高斯分布。

学生 T 分布属于主流的钟形幂律分布，也即 PDF 平滑连续，对于极大的正值 / 负值 x 概率趋于 0，且具备单一的尖峰最大值（另外，PDF 是准凹结构而不是简单的凹结构）。

2.2.13 引用环

这是学术界的一种高度循环的引用机制，这种机制认为，杰出论文的标准在于他人的引用，从而忽略来自外部的过滤条件。这样会导致学术研究方向过于集中，很容易卡在某个“角落”，聚焦于没有实际意义的领域。该机制与缺乏成熟监督，且缺乏“风险共担”的学术体系运行模式有关。

> 典型的此类领域有现代金融理论、计量经济学（特别是宏观变量计量学）、GARCH 过程、心理计量学、随机控制金融学、行为经济和金融学、不确定性决策学、宏观经济学等。这里的很多学术成果根本无法应用于现实，唯一的作用是贡献额外的论文，并通过引用机制产生更多论文，如此循环下去。

2.2.14 学术寻租

科研人员在研究方向的选择上存在利益冲突，学术部门（和研究者个人）的目标变成了尽可能获得引用和荣誉，从而牺牲了研究方向的客观性。比如，很多人卡在某个科研“角落”中，仅仅因为这对他们的职业生涯和学术组织更有利。

2.2.15 伪经验主义或 Pinker 问题

很多人都在讨论统计学意义并不显著的"证据"，或者使用对随机变量完全不适用且毫无信息量的统计指标，比如推断肥尾变量的均值或者相关性。这一点源于：

（i）统计学教学上对高斯分布和其他薄尾变量的强调。

（ii）死记硬背统计术语的时候缺乏对统计知识的理解。

（iii）对于维度性质毫无概念。

上述几条在社会科学研究者中很常见。

伪经验主义的例子有：比较恐怖袭击或埃博拉病毒等流行病的致死率（肥尾）和从梯子上跌落的死亡率（薄尾）。

这种看似实证的"实证主义"是现代科学研究中的一种顽疾，在多维和肥尾条件下完全失效。

实际上，我们并不需要区分肥尾和高斯随机变量就可以看出这种行为的不严谨性：没有达到简单的统计显著性标准——这些操作者也不理解显著性这个概念。

2.2.16 前渐进性

数学上的统计研究一般聚焦于当 $n=1$（n 为求和的数目）和 $n=\infty$ 的情况。而真实世界正是处于中间的那部分——这也是本书的核心。部分分布（方差有限）对于 $n=\infty$ 的渐进极限是高斯分布，但是对于 n 很大又不为无穷的情况并不成立。

2.2.17 随机化

将确定性变量随机化的方式有两种：（i）较为简单的二元方法；（ii）通过更复杂的连续或离散分布实现。

（i）假设 s 为确定性变量，我们以双状态伯努利分布来进行随机化（入门级别），假定以概率 p 取 s_1，概率 $1-p$ 取 s_2。该变换以 $ps_1+(1-p)s_2=s$ 的形式保留了变量的均值 s，当然，我们也可以通过相同的方式保留变量的方差，等等。

（ii）我们可以使用一个完整的统计分布，双尾条件下一般是高斯分布，单尾条件下一般是对数正态分布或指数分布（很少会用幂律分布）。当 s 为标准差的时候，我们可以随机化 s^2，它变成了“随机波动率”，该波动率的方差或标准差一般被称为“Vvol”。

2.2.18 在险价值（VaR），条件在险价值（CVaR）

对于某随机变量 x，分布函数为 F，某参数 λ，VaR 的数学表达为：

$$\text{VaR}_{\lambda}(X) = -\inf\{x \in \mathbb{R} : F(x) > \lambda\}$$

然后，相应 λ 下的 CVaR 或预期损失 ES 为：

$$ES_{\lambda}(X) = \mathbb{E}(-X \mid_{X \leqslant -\text{VaR}_{\lambda}(X)})$$

或者反过来在正的定义域上，考虑 X 的正向尾部。

一般来说，参数 k 的预期损失为 $\mathbb{E}(X \mid_{X>K})$。

2.2.19 风险共担

风险共担是一种过滤机制，强迫做菜的厨师品尝自己做的食物，让他们暴露在自身问题的风险之中，这样一来就可以将危险分子驱逐出去。能够“风险共担”的领域包括：管道维修、牙齿诊疗、外科诊疗、工程建造，这些领域的从业者以有形的工作成果被外界评估，在职业生涯断送或破产的风险下从事职业活动。无法“风险共担”的领域包括：互相引用的学术界。学术领域的从业者只依赖同侪的相互评估而非从真实世界中获得反馈。

2.2.20 MS 图

MS 图（maximum to sum）表示最大单一观测对某阶矩的贡献（随着 n 不断变大），我们可以观察到大数定律的行为。对随机变量 X 来说，在 MS 图上观察给定样本的高阶矩表现是一种判定 $\mathbb{E}(X^p)$ 的收敛性的简易方法［或者看看 $\mathbb{E}(X^p)$ 是否存在］。其中一种做法如图 10.3 所示。

根据对变量极大值的统计，MS 图的原理正是大数定律 [184]。对于独立同分布的非负 $X_1, X_2 \ldots X_n$，假设对于 $p=1$, 2, 3…，$\mathbb{E}\left(X^p\right)<\infty$，那么随着 $n \to \infty$：

$$R_n^p = \frac{M_n^p}{S_n^p} \xrightarrow{a.s.} 0$$

这里 $S_n^p = \sum_{i=1}^n X_i^p$ 为求和函数，然后 $M_n^p = \max(X_1^p, X_2^p \ldots X_n^p)$ 为极大值函数（对于存在负值的随机变量 X，我们也可以采用取绝对值的形式来求奇数阶矩）。

2.2.21　最大吸引域（MDA）

极值分布考虑的是随机变量的最大值，当 $x \to x^*, x^* = \sup\{x : F(x) < 1\}$（分布的“右端点”）在最大吸引域上 [116]，也可以表示为：

$$\max\left(X_1, X_2 \ldots X_n\right) \xrightarrow{P} x^*$$

2.2.22　心理学文献中的积分替换

心理学文献中经常有如下混淆：假设 $K \in \mathbb{R}^+$ 为某一阈值，$f(.)$ 是概率密度函数，并且 $p_k \in [0,1]$ 是超过 K 的概率，$g(x)$ 是影响函数。定义 I_1 是超过 K 之上的期望收益：

$$I_1 = \int_K^\infty g(x) f(x) dx$$

而 I_2 是 K 处的影响乘以超过 K 的概率：

$$I_2 = g(K) \int_K^\infty f(x) dx = g(K) p_K$$

这里很容易混淆的是 I_1 和 I_2，$g(.)$ 在 K 以上是常数的时候 [比如 $g(x) = \theta_K(x)$，阶跃 θ 函数] 两者相等。对一阶导为正的 $g(.)$ 来说，I_1 和 I_2 只有在薄尾分布下才比较接近，在肥尾条件下会相去甚远。

2.2.23　概率的不可分拆性（另一个常见误区）

定义 $F : \mathcal{A} \to [0, 1]$ 是导数为 f 的概率分布，以及 $g : \mathbb{R} \to \mathbb{R}$ 是测量函数或“收益函数”，那么对于 $\mathcal{A}$ 的子集 $\mathcal{A}'$：

$$\int_{A'} g(x)dF(x) = \int_{A'} f(x)g(x)dx \neq \int_{A'} f(x)dx\, g\left(\int_{A'} dx\right)$$

在离散分布下，假设概率质量函数 $\pi(.)$：

$$\sum_{x\in A'} \pi(x)g(x) \neq \sum_{x\in A'} \pi(x)g\left(\frac{1}{n}\sum_{x\in A'} x\right) = \text{事件概率}\times\text{事件平均收益} \quad (2.8)$$

这里的思想在于，概率只是积分等式中的核，而不是决策之外的最终结果。

2.2.24 维特根斯坦的尺子

“维特根斯坦的尺子”是一个哲学比喻：我们是在用尺子量桌子还是在用桌子量尺子？这主要取决于结果。假设存在两种分布：高斯分布和幂律分布，我们认为，当出现一个超大偏差的时候，比如“6 个标准差”事件意味着原分布属于幂律分布。

2.2.25 黑天鹅

黑天鹅来自认知的不完备性，其影响在肥尾区域尤为显著。

总的来说，有些事件在你的预期和建模能力之外，而且其效应极为显著。好的方法不是去预测它们，而是对它们产生的影响呈现出凸性（至少不是凹性）：我们能了解自身对某类事件的脆弱性，甚至可以对其量化衡量（考量二阶影响和结果的非对称性），但是想对它们做可信的统计处理基本上是痴心妄想。

这一点向来很难跟建模人员解释清楚，我们需要和从未见过（甚至从未想过）的事物共处，但事实就是这样。[1]

注意认知的维度。黑天鹅和观察者相关：火鸡的黑天鹅对屠夫来说是白天鹅。9·11 恐怖袭击事件对受害者来说是黑天鹅，但对恐怖分子不是。这种观察者依赖是一种中心化的性质。一个所谓的“客观”的黑天鹅概率

1　正如保罗·波尔泰西常说的（这里可能是正确或是误用了他的话）那样：“你从未见过分布的另一面。”

模型不仅不存在，而且是对其自身意义的消解，因为它自身就在散播信息的不完备性。

灰天鹅：统计性质上稳定、低频且有重大影响的大偏差被称为“灰天鹅”。当然，“灰”的程度取决于观察者：幂律分布使用者的灰天鹅对困在薄尾框架体系下的天真的统计学家来说就是黑天鹅。

重申一下：黑天鹅不是肥尾，只是肥尾会让它们变得更糟糕。肥尾和黑天鹅的联系在于，肥尾区域的大偏差会放大黑天鹅的影响。

2.2.26 经验分布会超出经验

经验分布的生存函数$\hat{F}(t)$定义如下，假设$X_1, X_2 \ldots X_n$为独立同分布实随机变量，具有共同的累积分布函数$F(t)$。

$$\hat{F}_n(t) = \frac{1}{n}\sum_{i=1}^{n} \mathbb{1}_{x_i \geqslant t}$$

这里$\mathbb{1}_A$是指示函数。

由格利文科－坎泰利定理可知，无论初始分布如何，最大范数都会收敛到单一分布，可以通过科尔莫戈罗夫－斯米尔诺夫检验来验证：

$$\sup_{t \in \mathbb{R}} \left| \hat{F}_n(t) - F(t) \right| \xrightarrow{a.s.} 0 \qquad (2.9)$$

这种和分布无关的收敛性主要考虑的是概率，而不是矩——本书作者由此出发，探究了最大值之上的“隐藏矩”。

我们可以看到如下结果（因为知道极值为 0 和 1，顿斯科将其进一步转化为布朗桥）：

$$\sqrt{n}(\hat{F}_n(t) - F(t)) \xrightarrow{D} \mathcal{N}(0, F(t))(1 - F(t)) \qquad (2.10)$$

“经验分布会超出经验”的意思是，经验分布一定会出现在某区间$[x_{\min}, x_{\max}]$，此时肥尾分布会带来巨大的问题，因为我们不是在概率空间，而是在收益空间分析肥尾。

更进一步的内容见**隐藏的尾部**（下一小节）。

2.2.27 隐藏的尾部

假设 K_n 为 n 个独立同分布随机变量样本的最大值，$K_n=\max(X_1, X_2\ldots X_n)$，假设 X 分布的密度函数为 $\phi(.)$，我们可以将矩分解为两部分，在 K_0 以上的部分为“隐藏矩”。

$$\mathbb{E}\left(X^p\right)=\underbrace{\int_L^{K_n} x^p\phi(x)\,dx}_{\mu_{L,p}}+\underbrace{\int_{K_n}^{\infty} x^p\phi(x)\,dx}_{\mu_{K,p}}$$

这里 μ_L 是分布中可观察的部分的矩，而 μ_K 是隐藏部分的矩（大于 K）。格利文科－坎泰利定理告诉我们，$\mu_{K,0}$ 应该和 X 的分布无关。但是这一条对高阶矩并不成立，所以科尔莫戈罗夫－斯米尔诺夫检验在这里存在问题。

2.2.28 影子矩

影子矩在本书中被称为通过“插入式”估计来求解的矩。它不是直接用可观察的样本求均值，而是通过对分布参数进行最大似然估计（如使用最大似然参数尾部指数 α）得出影子均值。因为在肥尾条件下直接可观察的样本均值存在偏差。

2.2.29 尾部依赖

假设 X_1 和 X_2 是两个不一定为同分布类型的随机变量，假设 $F^{\leftarrow}(q)$ 是概率为 q 的逆 CDF，也即 $F^{\leftarrow}(q)=\inf\{x\in\mathbb{R}:F(x)\geqslant q\}$，上尾依赖 λ_u 可以定义为：

$$\lambda_u=\lim_{q\to 1}\mathbb{P}\left(X_2>F_2^{\leftarrow}(q)\mid X_1>F_1^{\leftarrow}(q)\right) \tag{2.11}$$

下尾依赖的定义与此类似。

2.2.30 元概率

通过将变量随机化这样的技巧来比较两个不同的概率分布。或是随机化某个参数以得到对应的分布，如看涨期权价格，VaR、CVaR 等风险指标，并检验结果分布的鲁棒性或凸性。

2.2.31 动态对冲

标的为 S，到期时间为 T 的欧式看涨期权 C 的收益可以通过如下动态对冲的方法得到复制，在当前时间 t 和 T 之间：

$$\lim_{\triangle t\to 0}\left(\sum_{i=1}^{n=\frac{T}{\triangle t}}\frac{\partial C}{\partial S}\Big|_{S=S_{t+(i-1)\triangle t},\, t=t+(i-1)\triangle t,}\left(S_{t+i\triangle t}-S_{t+(i-1)\triangle t}\right)\right) \tag{2.12}$$

我们将时间区间分成 n 个 $\triangle t$，这里的对冲比率 $\frac{\partial C}{\partial S}$ 是在 $t+(i-1)\triangle t$ 时刻计算的，但是我们在股票上得到的是对冲时刻和 $t+i\triangle t$ 之间的价格差。

理论上，$\triangle t\to 0$ 的时候会使上式收敛到确定性收益。在高斯世界中，上式为伊藤 – 麦肯积分。

但在这里我们看到，在肥尾条件所伴随的渐进性质下，这样的动态复制完全不可能实现。

第一部分　肥尾及其效应介绍

第三章　非数理视角概述——剑桥大学达尔文学院讲义*，†[1]

本章浓缩了整个**肥尾效应项目**的主要思想，对研究结果进行了非数理视角的全面展示，同时汇总了厚尾条件下的一系列统计推论。

3.1　薄尾和厚尾的差异

我们通过划分平均斯坦（薄尾）和极端斯坦（厚尾）这两个类别来介绍厚尾的概念，由此展开对厚尾和极端值的关系的研究。

- 在平均斯坦中，随着样本量逐渐扩大，没有任何单一的观测可以真正改变统计特性。
- 在极端斯坦中，尾部（罕见事件）在决定统计特性方面发挥了极大的作用。

1　研究讨论章节。
2017 年 1 月 27 日，作者在英国剑桥大学达尔文学院讲授了本章的简化版本。在这里，作者诚挚地感谢李约瑟，朱利叶斯 · 魏茨德费尔，以及他们的助手耐心、准确地把讲座转录成文本。同时还感谢苏珊 · 普凡嫩施密特和奥利 · 彼得斯对一些错误的修正。另外，在贾米勒 · 巴兹的建议下，本章添加了更多注释，以方便经济学家和计量经济学家理解，说不定最终能获得他们的认可。

另外一种视角：

> 假设有一个很大的偏离 X。
>
> - 在平均斯坦中，随机变量连续两次大于 X 的概率大于单次大于 $2X$ 的概率。
> - 在极端斯坦中，随机变量单次大于 $2X$ 的概率大于连续两次大于 X 的概率。

接下来，我们在平均斯坦中随机选择两个人，假设两人身高之和为 4.1 米（一个极小概率的尾部事件）。根据高斯分布（或者类似特性的单尾分布），最可能的情况是，两人的身高均为 2.05 米，而不是 10 厘米和 4 米。

简单来说，出现 3 个标准差之外事件的概率是 0.001 35，出现 6 个标准差（翻了一番）之外事件的概率为 9.86×10^{-10}，而连续两次出现 3 个标准差之外事件的概率为 1.8×10^{-6}。因此，连续两次出现 3 个标准差事件的概率远大于一次出现 6 个标准差事件的概率，这也是非厚尾分布带来的结果。

在图 3.1 中，我们从出现两个 3 倍标准差事件的概率除以 6 倍标准差事件的概率出发，扩展到计算出现两个 4 倍标准差事件的概率除以一个 8 倍标准差事件的概率，等等。越往尾部延展（图 3.1 的右侧），我们会看到大偏差更可能来自多个中等偏差的和。换句话说，如果发生了一个很糟糕的事件，那么它应该来自一系列不太常见的事件，而不是来自单次极端事件，这正是平均斯坦遵循的逻辑。

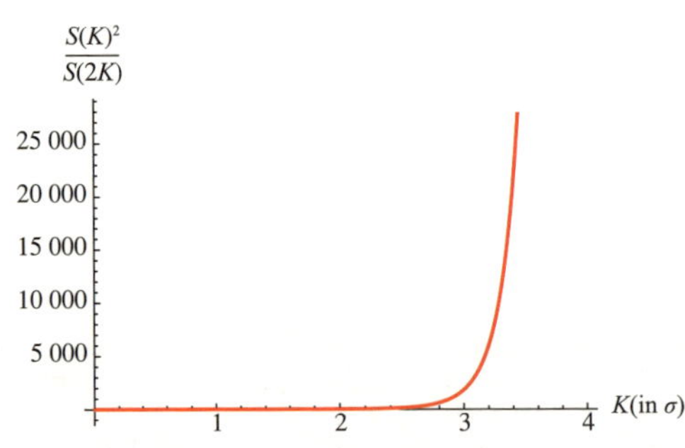

图 3.1　在高斯分布*下，出现两次 K 和一次 $2K$ 标准差事件之间的比值。K 越大，即越处于尾部，极端事件来自两次独立 K 事件的可能性越大，即 $P(K)^2$，而来自一次 $2K$ 事件的可能性越小。

* 这是为教学而做的简化。更严谨的方法是比较出现两次 K 和一次 $2K$ 加上一次 1 标准差事件的比值——但上图的最终结果不变。

接下来我们转到极端斯坦，同样随机选取两个人，且他们的财富之和为 3 600 万美元。这时最可能的情况不是两人都有 1 800 万美元，而是一人拥有 35 999 000 美元，另一个人拥有 1 000 美元。

这个例子清晰地展示了两个大类之间的差异，对于亚指数类分布来说，破产更可能来自某次极端事件，而不是一系列糟糕事件的累积。这一逻辑在 20 世纪早期由精算学家菲利普·伦德伯格提出 [155]，到 20 世纪 30 年代由哈拉尔德·克拉默整理完善 [51]，对传统风险管理理论形成了巨大挑战。但如今，很多经济学家完全忽视了这一点。从保险的角度讲，分散化有效的前提是，损失更可能来自一系列事件而不是单个事件。

这一点也说明，保险只能在平均斯坦中起作用，在存在巨灾风险的情况下，永远不要出售一种损失无上限的保险，这一点被称为灾难原则。

正如我们之前所见，偏离中心很远的极端事件扮演了非常重要的角色。黑天鹅的核心并非"频繁出现"（这个词经常被这样误用），而在于出现时的影响更大。最肥的肥尾分布只会有一次非常大的极端偏离，而不是多次较大的偏离。下一章的图 4.4 显示，如果我们采用像高斯那样的分布并开始逐渐增肥尾部，那么超过给定标准差的样本数量就会下降。事件落在一个标准差范围内的概率是 68%。随着尾部增肥，以金融市场的回报为例，一个事件落在一个标准差内的概率会上升到 75% 至 95%。所以请注意，尾部增肥会让峰度更高，肩部缩小，发生大偏差的概率会增加。这是因为，概率之和为 1（哪怕在法国也是如此），概率密度在某一区域的升高会导致另一区域密度的降低。

3.2 直观理解：摇尾巴的狗

狗尾摇狗效应

总的来说，分布的尾部越厚，狗尾摇狗的作用越大。也就是说，信息主要集中在尾部，而较少存在于分布的"躯干"（中心部分）。实际上，对极度厚尾的现象来说，除了真正的尾部大偏差，所有普通偏差包含的信息量都很小。

这样一来，分布的中间部分完全变成了噪声，虽然“基于实证”的科学研究可能无法理解这一点。但在此类情况下，中心部分并不包含“实证”的信息。

该性质也解释了在存在尾部大偏差的领域中，由于单次样本的信息含量很低，大数定律作用缓慢。

该性质还解释了为什么观察到 100 万只白天鹅依然不能否认黑天鹅的存在，或者为什么进行 100 万次肯定性观察还赶不上一次否定性观察。在本章后面我们会将其与波普尔的非对称性联系起来。

它也解释了为什么人们永远不该比较由尾部驱动的随机变量（如流行病）和由躯干驱动的随机变量（如在游泳池中溺水的人数）。可以参考论文中系统性风险对政策制定的启示（西里洛、塔勒布，2020）[48]。

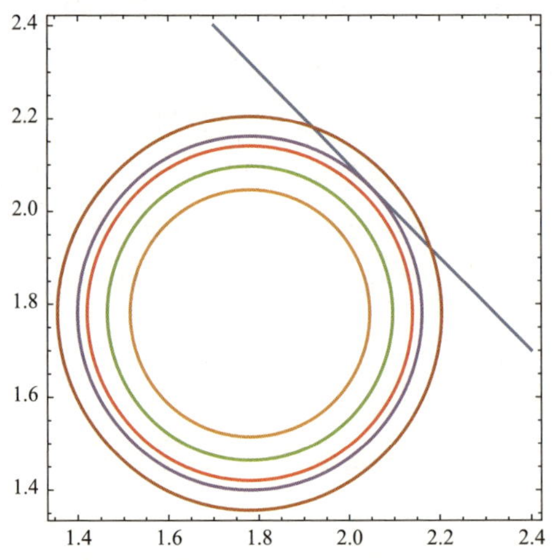

图 3.2　两个独立高斯分布的密度等高线。直线为 $x+y=4.1$，可以直观地看到，最大概率出现在 $x=y=2.05$ 处。

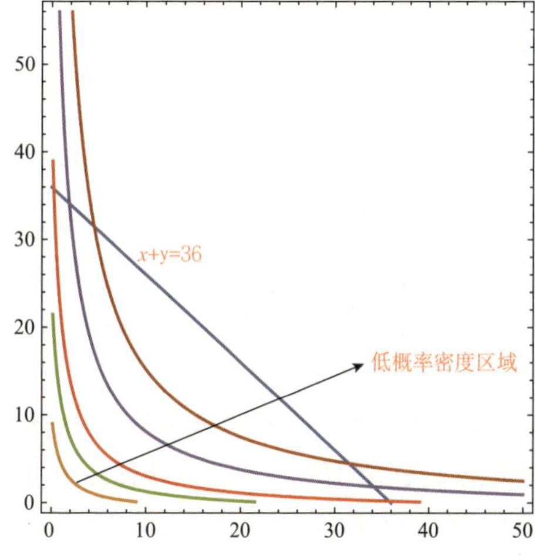

图 3.3　两个独立厚尾分布的密度等高线（幂律分布类），直线为 $x+y=36$，可以直观地看到，最大概率出现在 $x=36-\epsilon$ 或 $y=36-\epsilon$ 处，随着 $x+y$ 变大，ϵ 会趋于 0。

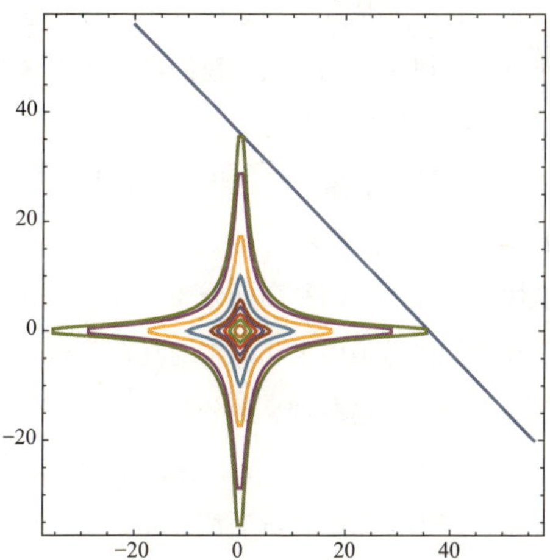

图 3.4　和图 3.3 相同的密度等高线，但是辅助直线和幂律分布的外侧等高线相切。我们可以看到，等高线越来越像一个十字，用术语表示为联合分布失去了椭圆特性。

3.3　一种（更合理的）厚尾分类方式及其效应

下面我们先以一种简单的分类来考量厚尾的程度（本书后面会逐步深入展开），不同分布按厚尾的严重程度排序如下：

分布特征：

厚尾分布 ⊃ 亚指数分布 ⊃ 幂律分布（帕累托分布）

排在前面的是入门级厚尾分布，这一类包括了所有尾部厚度超过正态的分布，如在一个正负标准差之内的概率大于 $\text{erf}\left(\frac{1}{\sqrt{2}}\right) \approx 68.2\%$ [1]，且峰度高于 3[2] 的各类分布。

排在第二的是满足我们之前实验的亚指数分布（灾难原则），在触及幂律分布之前，这类分布并不算真正意义上的厚尾，因为其统计性质并不由罕见事件主导。换句话说，这类分布的各阶矩依然存在。

排在第三的分布有很多种名称，有的被称为幂律分布，有的被称为正规变化分布，或“帕累托尾”分布。这些才是真正的厚尾分布，且肥尾程度依赖于其尾部参数。这里暂时不展开讨论尾部参数，我们可以认为这类分布的某阶矩无穷大，并且高于该阶的矩均为无穷大。

下面我们对着图 3.6 从下往上看，最左下角的是退化分布，只有一种可能的结果（不存在随机性，没有变化）。在这之上是伯努利分布，只有两种可能的结果，没有其他可能性。再往上是两种高斯分布，分别为自然高斯分布（允许出现正负无穷）和从随机游走中求和而来的高斯分布（紧支撑，除非我们用无穷多的变量来求和[3]）。这两种高斯分布完全不同，一个允许到无穷，另一个不允许（极限趋近不算）。然后，在高斯分布之外是不属于幂律类分布的亚指数分布，这类分布的各阶矩都存在。亚指数分布包含对数正态分布，这里我们经常搞混，这也是统计领域中最奇怪的事情之一，对数正态分布在方差较小的时候是薄尾分布，而在方差较大的时候是厚尾分布。有些人看到手上的数据，发现不是幂律分布而是对数正态

1 误差函数 erf 是高斯分布的积分 $\text{erf}(z) = \frac{2}{\sqrt{\pi}} \int_0^z dte^{-t^2}$。

2 随机变量 X 的 p 阶矩是 X 的 p 次方的期望，$\mathbb{E}(X^p)$。

3 紧支撑的意思是，实数随机变量 X 在一个有界范围内取值，如 $[a,b]$、$(a,b]$、$[a,b)$ 等等。由于高斯分布有偏差呈指数 e^{-x^2} 下降的趋势，所以阿德里安·杜阿迪等人把高斯分布归为紧支撑。

分布，以为是件好事，但事实并非如此。第八章我们会展开讨论对数正态分布的奇怪特性。

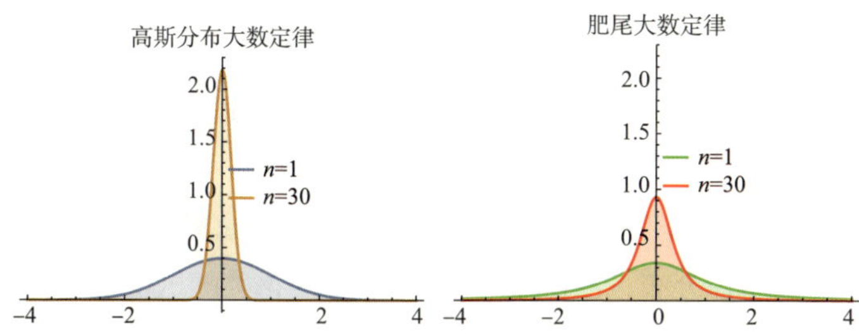

图 3.5 当观测值数目 n 增大时，均值的分布会发生怎样的变化？这是图 3.5 在分布 / 概率空间的表达。肥尾分布并不像高斯分布那样很快就压缩到中心。你需要更大的样本集来求解，事实就是这样。

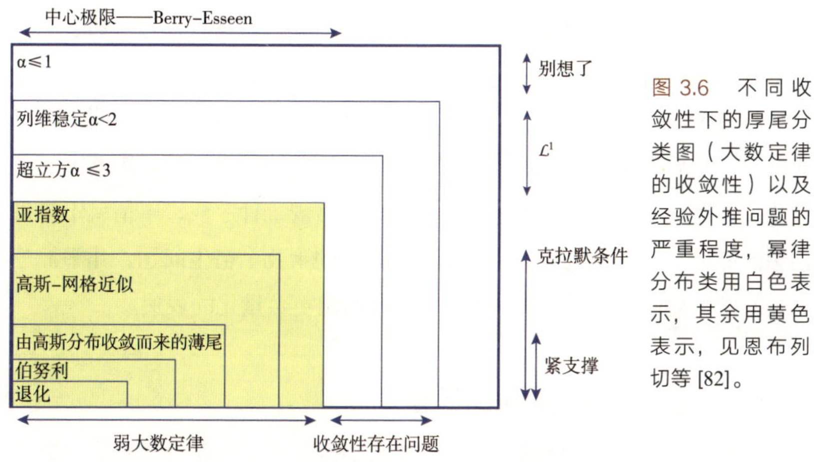

图 3.6 不同收敛性下的厚尾分类图（大数定律的收敛性）以及经验外推问题的严重程度，幂律分布类用白色表示，其余用黄色表示，见恩布列切等 [82]。

亚指数类中的分布不满足克拉默条件，从而使保险成为可能，可以回顾本章开始时的小实验（如图 3.1 所示）。更严谨地讲，克拉默条件意味着随机变量的指数期望存在。[1]

1 数学描述：假设有随机变量 X，克拉默条件意味着：对所有 $r>0$，

$$\mathbb{E}\left(e^{rX}\right)<+\infty$$

$\mathbb{E}$ 是求期望操作符。

一旦离开了黄色区域，也即大数定律（LLN）起作用的区域[1]，中心极限定律将不再有效[2]，然后将面临收敛性问题。在这里，我们会遇到幂律分布，将根据尾部指数 α 来区分其厚尾程度，尾部指数越小，尾部越肥。当 $\alpha \leqslant 3$ 时，我们称其为超立方分布（$\alpha = 3$ 时是立方分布）。按照非正式的边界划分：分布只存在一阶矩和二阶矩，此时理论上大数定律和中心极限定理依然有效。

然后是 $\alpha \leqslant 2$ 的分布类，我们简单归纳为列维稳定分布 [虽然该类也包含 $\alpha < 2$ 的幂律分布，但在理论上，当我们对该类随机变量求和时，由于广义中心极限定理（GCLT）的存在，总和最终会落在和原来相同的分布类型中，而不是向高斯分布收敛]。从这里开始我们会遇到一些问题，因为方差不再存在。在 $1 \leqslant \alpha \leqslant 2$ 的情况下，虽然方差不存在，但是平均绝对偏差依然存在（变量的平均绝对值差异）。

再往上到最外层顶部，连均值都不存在了。我们将其称为“别想了”。如果看到这一类分布，你就径直回家，不用再谈论它了。

对传统的统计学家来说，处理厚尾的方法向来是假设一个不同于正态的分布，然后一切照旧，使用相同的统计指标、统计测试和置信度区间进行研究。而一旦离开上述黄色区域，再使用常规统计手段，事情就不像我们想的那样了。下一节我们会介绍随之而来的十几个衍生问题，几乎都是终极问题。后面我们会引入一些术语，并给出更数量化的表达。

将统计过度标准化带来的问题

统计估计基于两大基本元素：中心极限定理（假设对“大量”变量求和成立，从而很方便地将一切都归到正态分布上）和大数定律

1 读者目前可以将大数定律（LLN）简单理解如下：如果有一个分布存在有限的均值，并且不断将独立的该分布随机变量相加求平均——也就是说，随着样本量逐渐变大——最终结果会收敛到均值。收敛速度有多快呢？这正是本书讨论的关键问题。

2 我们之后将不断讨论中心极限定理（CLT），不过这里先给出直观的解释：在二阶矩有限的情况下，n 个独立随机变量的和最终会逼近高斯分布。这个事儿很神奇，但速度有多快呢？从理论上说，从幂律分布出发需要无穷多的随机变量求和，也就是说几乎永远不会达到高斯分布。第七章会讨论极限分布并回答其核心问题：CLT 和 LLN 的收敛速度“有多快”？速度有多快是一件非常重要的事情，因为在现实世界中，我们根本找不到 n 等于无穷大的东西。

（当样本规模增加的时候预测方差降低）。但是事情并没有那么简单，我们需要考虑一些注意事项。在第八章中，我们将展示取样是如何依赖于分布，并在同一分布类中展现出巨大差异的。布绍和波特[27]与索内特[214]认为，在随机变量求和的过程中，某些方差有限但高阶矩无限的分布可以在 $\pm\sqrt{n\log n}$ 的范围内收敛到高斯分布，也即在这个中心范围内成为高斯分布，但是较远的尾部区域则不再如此——而恰恰是较远的尾部决定了主要的统计性质。

人生正是在渐进过程中展开的。

遗憾的是，在经典的《统计学百科全书》[147]关于统计估计的条目中，霍夫丁写道：

统计量的实际分布通常非常复杂，很难进行处理。因此，人们需要更简单、性质更清晰的分布来近似描述实际分布。而概率论中的极限定理为这种近似提供了重要工具。经典的中心极限定理表明，一般情况下，大量独立随机变量的和近似于正态分布。实际上，在所有可能的分布中，正态分布占绝对主导地位。这里引用格涅坚科和科尔莫戈罗夫的论述（[111]，第5章）：

> 然而，对于限制独立随机变量的和分布收敛到正态分布这一规律，除了通过使变量无穷小（或渐近于常数），就只有对求和本身进行限制了。如果想要收敛到另一种极限分布，则求和函数本身需要一些非常特殊的性质。

此外，许多统计量的渐进行为类似于独立随机变量的和。上述这些都有助于解释正态分布作为渐进分布的重要性。

那么，在尚未达到高斯分布时应该怎么办？我们的人生对应的是渐进阶段，这也是本书要探讨的内容。[1]

1 这里邀请本书读者查阅各类教科书或在线百科全书中的“统计估计”条目。基本上不可能出现“如果没有达到渐进极限会发生什么”的相关讨论——即使是9 500页的经典《统计学百科全书》也没有提及。此外，如果问一个经常使用统计方法的人，不同分布下需要多少数据来估计统计量，你不要惊讶于其荒谬的回答。主要问题在于，人们的大脑中装了太多统计工具，而他们从未进行过深入推理。用一句格言来总结：“统计从来都不是标准的。”

3.4 肥尾分布的主要效应及其与本书的关联

图 3.7 衡量不公平的测度（比如基尼系数）在厚尾条件下需要完全不同的估计方法，我们会在第三部分讨论这个问题。追求科学并不容易。

当移到上述黄色区域（经典统计的舒适区）之外时，会出现如下效应：

效应 1 在现实世界中，大数定律即便有效，其奏效速度也会很慢。

读者可能无法想象，仅这一条就否定了绝大多数统计估计方法，如图 3.8 所示。在第八章我们会进一步讨论，区分统计估计不同类型的分布所需的样本量。[1]

效应 2 样本均值大概率不会贴近分布的实际均值，尤其是遇到偏态分布（或单尾分布）时，均值的估计量会持续被小样本效应主导（即被低估或高估）。

这是样本不足问题的另一种体现，没有一个极度厚尾－单尾分布可以用样本均值来估计总体均值，想要直接估计的前提是拥有近乎无限的数据。[2] 比如，一般的幂律分布（符合 80/20 法则的分布）会有 92% 的观察值落在真实均值以下。为了让样本均值有意义，我们需要远远超出我们正常所能拥有的数据量（经济学专家从未真正理解这一点，但交易员对此有直观感

1 我们定义的渐进性是 n 很大但不为无穷大时的求和性质，这也是本书的焦点之一。

2 样本均值是我们对总体取样后的平均值。显然，我们能接触到的都是样本均值。有时我们也可以拿到总体数据，如财富或者战争伤亡的分布，但此时总体均值和样本会有较大偏差。这里我们可以通过“影子均值”的概念，从产生数据的本质过程或机理中求解期望。

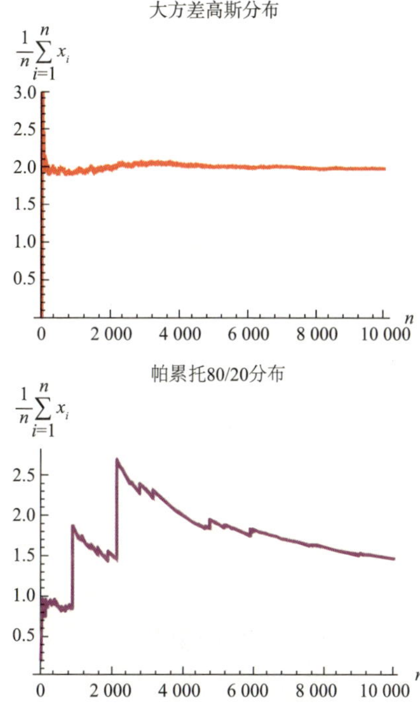

图 3.8　大数定律体现了样本均值收敛的速度，而在极端斯坦下收敛速度极慢。这里以高斯分布和尾部指数 1.13 的帕累托分布为例（帕累托 80/20 分布），保持上述分布的绝对平均偏差相同并观察收敛效果。该结论适用于所有需要样本统计的领域，比如投资组合理论。

受）。针对这一问题，我们会在章节 3.8 继续讨论，并在第十五章“影子均值”中详细论证。此外，在章节 3.8 中，我们还会进一步介绍隐藏统计量的概念，不仅是均值，用样本来估计总体也会导致方差被低估。

> **效应 3**　方差和标准差这样的统计量是不可用的。

即使分布背后的统计量存在，甚至各阶统计量均存在，它们在样本之外也一定会失效，这一点我们会在第四章展开讨论。很多人喜欢用标准差（经常被误认为是平均偏差）作为衡量离散程度的指标，这属于一种看似科学的谬误，因为只有在最理想的情况下，标准差才能勉强地正确估计离散程度。

> **效应 4**　贝塔系数、夏普比率和其他惯用的金融统计量均无参考意义。

这是上一条效应的简单推论。[1] 如果依赖这些统计量，我们要么需要更多的数据，要么需要某种尚未被发现的模型。图 3.9 展示了夏普比率在样本外的糟糕的预测能力——几乎起到完全相反的效果。然而，很多人还是执迷不悟，沉浸在看似科学的分析数字中。

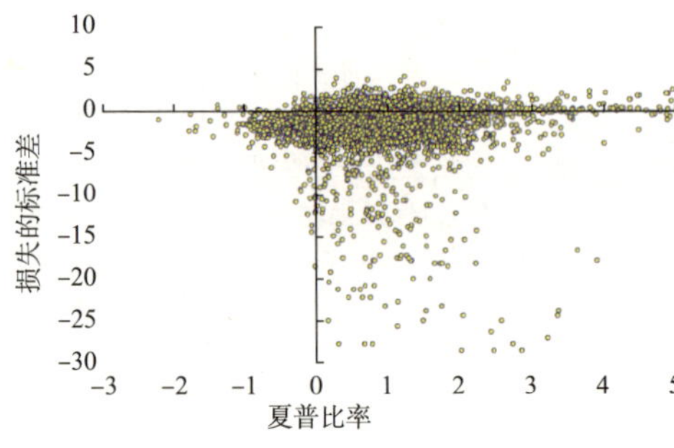

图 3.9　横轴代表各个对冲基金在 2008 年之前的夏普比率，纵轴代表它们在金融危机中损失的标准差。夏普比率不仅对样本之外的表现完全没有预测作用，甚至不能作为一个有效防止破产的指标。感谢拉斐尔·杜阿迪。

> 实际上，所有经济金融领域的变量和证券回报都是厚尾分布的。我们统计了超过 4 万只证券的时间序列，没有一只满足薄尾分布，这也是经济金融研究中最大的误区。

理论金融学家有时会得出一些极其不严谨的结论，如“哪怕收益是厚尾分布的，只要分布的前两阶矩存在，均值方差投资组合理论就成立”（这实际上是加入了分布椭圆特性的条件，后面会进一步讨论）。实际上，即使存在方差，我们也不知道其精确性如何。一个随机变量二阶矩的尾部会比该变量本身的尾部更厚，所以，统计量服从极其缓慢的大数定律。而且，随机变量的相关性或协方差也会以厚尾的形式存在（失去椭圆特性），从而使统计估计失效。

> 在经济学术领域，所有使用协方差矩阵的论文都很可疑。

1　简单来说，贝塔系数是表征资产 A 在多大程度上会受到总体市场变动（或者某个给定的市场基准或指数变动）影响的统计量。用公式表达为资产 A 与市场收益的协方差除以市场收益的方差。夏普比率表达的是某资产或策略的平均回报（或超额回报）除以自身的标准差。

详情见第四章（单变量分布）和第六章（多变量分布）。

> **效应 5**　稳健统计并不稳健，经验估计会超出经验。

以我个人的经历为例，稳健统计的概念如同一个恶作剧，但是绝大多数专家并未意识到它有多么可笑。

首先，稳健统计寻求一种既不想对统计框架进行大改动，又想要处理尾部事件的方法论。这是一种完全错误的稳健概念：如果统计量不随尾部事件发生大幅变化，可能仅仅因为样本包含的尾部信息不足。而且，这种方法对研究期望收益毫无帮助。其次，稳健统计属于“非参估计”，人们一般认为，不引入参数可以让整个分析变得不太依赖于底层分布，但实际上，这样做只会让事情变得更糟糕。

移除样本极值的缩尾法会扭曲期望值，并让信息减少——不过检查一下异常值也好，看看它到底是真实的异常还是“数据错误”（笔误或计算机故障）造成的伪异常。

所谓非参数的“经验分布”完全没有经验性的借鉴意义（而且会在尾部的期望收益上造成误导），至少在金融和风险管理领域是这样的，第十章会进一步讨论。这里可以简单解释如下：如果没有科学的外推方法，从过去的数据中简单估计未来的极值，偏差会很大。

这就像有人想通过修筑堤坝来防止洪水，简单的“经验”分布会基于历史最高水位，也就是说，更高水位的概率为 0。但是反过来想，历史最高水位在成为最高水位之前肯定要超越之前的最高水位，因此，经验分布已经被突破。在厚尾分布下，过去极大值和未来期望极大值的差异会远远大于薄尾分布。

> **效应 6**　最小二乘线性回归失效（高斯 – 马尔可夫定理不成立）。

如图 3.10 所示，最小二乘回归背后的原理是高斯 – 马尔可夫定理，要求变量满足薄尾分布，这样才能通过所有数据点拟合出唯一的直线。而在肥尾条件下，我们需要远远多于预期的数据来最小化偏差平方和（高

斯 - 马尔可夫定理依然成立，但是现实世界的数据是有限的，而不是无限的，所以其效果近似于不成立），或者因为变量二阶矩不存在，我们可能无法求解。在二阶矩不存在的情况下，如果仅仅最小化平均绝对偏差（MAD），一方面我们会面临数据不足的问题，另一方面我们求得的斜率也可能不唯一。

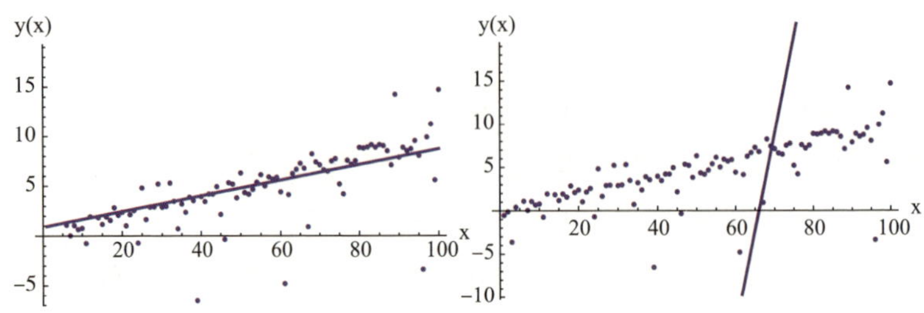

图 3.10　在厚尾条件下，我们可以对同样的样本拟合出完全不同的直线（线性回归所需的高斯 - 马尔可夫定理不再成立）。左图：常规回归的结果。右图：尝试补偿大偏差得出的回归线——可以看作某种“对冲比率”，补偿了大偏差但是对小偏差数据的误差很大，如果忽视大偏差，结果就是灾难性的。这里的样本并不包含大偏差值，但回归时会通过“影子均值”的方法进行估计。

我们在章节 6.7 中会进一步讨论，由于厚尾的小样本效应，回归样本内的决定系数（R^2）远远大于真实值。当随机变量方差无穷大的时候，R^2 应该等于 0。但是，因为回归样本量必然有限，R^2 会给出高于 0 的欺骗性结果。因此，在厚尾条件下，R^2 不仅完全没有意义，还会因为高估时不时产生十足的欺骗作用（就像智商研究一样）。

效应 7　极大似然估计对于部分分布参数的估计依然有效（好消息）。

以幂律分布为例，我们可以估计其分布的形状参数和尾部指数（本书用 α 表示[1]），以帮助我们更好地理解分布，然后从分布反向估计均值，其

1　厘清一下术语，在本书中，用 α 表示的尾部指数是指 log 大于 K 的生存函数除以 log K 的极限，对柯西分布来说等于 1。有些研究者会用相应概率密度函数中的 $\alpha-1$ 表示。

效果会远好于直接用样本均值估计整体期望。

示例：一个简单帕累托分布（最小值L，尾部指数α，$\text{PDF}=\alpha L^{\alpha}x^{-\alpha-1}$）的期望是$L\dfrac{\alpha}{\alpha-1}$（一个和$\alpha$相关的函数）。因此，我们可以从这两个参数出发（其中一个已知），通过插入式估计量获得均值。我们可以直观估计α（或者采用低方差的极大似然估计，这里α满足倒伽马分布），然后计算得到均值。这样的均值估计比直接求样本均值要准确得多。

让我们再强调一下上述逻辑：

> 通过拟合尾部指数α的方法，可以获得数据中没有出现的小概率尾部信息，而且该信息对分布均值有巨大的影响。

这一方法可以推广到基尼系数和其他的不平均估计量上。

因此，在一些情况下，我们可以针对尾部指数构建函数，从而得到更可靠（或者至少没有那么不可靠）的统计量，当然，仅仅是在一些情况下。

接下来，我们要面临一个现实世界中的问题：如果没有靠谱的统计量怎么办？那最好还是在家里待着，我们不能把自己暴露在脆弱性的风险之下。不过，如果可以锁定最大损失，我们就可以做出承担风险的决策。

> **效应 8** 经验可证实和可证伪之间的差距远比常规统计能覆盖的范围更大，即不能证明和证明不可行之间的差异变得更大了。（所谓“基于证据”的科学除非经过严格的验证，否则通常是经验外推的，其证据既不充分，也不算科学。）

作者此前和认知语言学家兼科普作家斯蒂芬·平克有过一次争论：从最近的数据变化中得出结论（或归纳出理论）并不可行，除非满足一定的置信度条件，这就需要在厚尾条件下有更多的数据（和缓慢大数定律的逻辑相同）。因此，根据最近一年或十年非自然死亡人数的下降，得出“暴力致死行为有所下降”这样的结论并不科学。科学论断之所以和奇闻逸事不同，是因为它对样本外发生的事情有预测作用，统计意义显著。

这里我再次强调，统计意义不显著的结论并不算真正的科学。不过，说暴力行为在某次观察中上升则可能是一个严谨的科学论断。在薄尾的情况下解读描述性统计量的做法可能是可以接受的（因为显著结论所需的样本量不大），但在厚尾情况下肯定不行，除非包含尾部信息的超大偏差重复出现在样本集中。

> **效应 9** 主成分分析（PCA）和因子分析很可能会产生错误的结论。

这一点比较专业，通过主成分分析这样的降维方法，样本不足的问题可以转换为大型随机向量。这是大数定律问题的高维表达。图 3.26 从 PCA 数据不足的角度很好地表述了魏格纳效应。用专业的语言表述，就是马尔琴科 – 帕斯图尔分布无法应用于四阶矩不存在的情况（或是尾部指数超过 4 的情况）。[1]

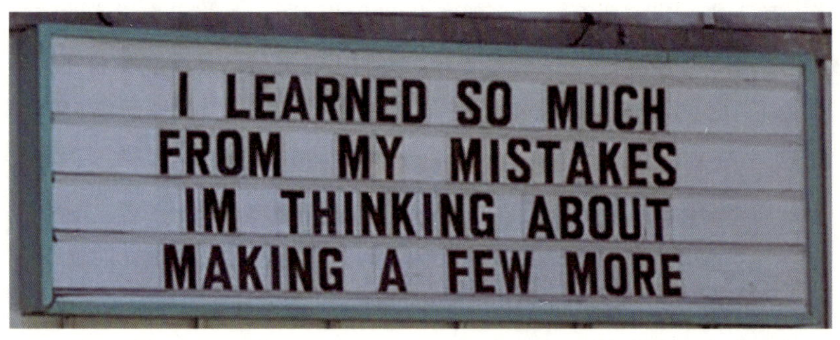

图 3.11 在厚尾条件下，一犯错误就完了；而在薄尾条件下，犯错误可以成为宝贵的学习机会。资料来源：《你曾有份工作》。（图中文字为：我从犯错中学到了太多东西，以至我想再犯点儿错误。）

---

1 用更专业一点儿的话表述，一般当相关性为 0 时，主成分相互独立。但是对于肥尾分布来说，相关性为 0 并不能推导出相互独立，我们会在章节 6.3.1 中展开讲解。

效应 10 矩估计法（MoM）失效，高阶矩意义不大，甚至可能不存在。

当年获得诺贝尔奖的广义矩估计法也不成立。里面的细节很多，可以先这么理解：如果高阶矩无限大，通过矩来估计分布就行不通，因为每一组样本都会得出一个不同的矩，正如后面所展示的标准普尔 500 指数四阶矩。

简单来说，厚尾分布的高阶矩会呈爆炸式上升，尤其是在经济领域。

效应 11 不存在所谓典型的大偏差。

在考虑出现大偏差的情况下，厚尾变量的条件偏差并不收敛，尤其是在极度厚尾条件下（如幂律尾分布），这一点和我们之前看到的灾难原则类似。在高斯分布中，随机变量变动大于 4 倍标准差的条件期望约等于 4 倍标准差。而对幂律分布来说，条件期望会数倍于该值，我们称其为林迪效应，第五章和第十一章会进一步讨论。

效应 12 基尼系数不可加。

衡量基尼系数的方法是样本外推法，因此还是无法摆脱上面的问题，也即样本均值会高估或低估真实均值。这里有一个额外的复杂点，基尼系数在厚尾下具备超可加性。随着样本空间的增大，常规的基尼系数无法有效揭示真实的财富集中度。（换句话说，一个大陆，比如欧洲大陆，其收入的不平等程度可能超过其成员国收入不平等程度的加权值。）

不仅是基尼系数，这一结论同样适用于集中度的其他衡量指标，如前 1% 的人拥有财富总量的 $x\%$ 等。第十三章和第十四章会有专门论述。

效应 13 大偏差理论无法应用于厚尾。

在厚尾条件下，大偏差理论完全失效。[1] 大偏差定律在薄尾条件下非常有用（瓦拉丹 [260]，登博和泽图尼 [59]，等），但是也仅限于此，我们会在附录 C 和第七章讨论极限理论时再提及。

效应 14 动态对冲永远不可能对冲掉期权的所有风险。

这一条也比较专业，非金融领域的读者可能不感兴趣。金融领域布莱克 – 斯科尔斯期权定价模型的对冲基础完全建立在动态对冲的可行性和必要性之上，而在第二十章和第二十一章中我们会证明两者都存在问题。有效的动态对冲要求误差呈指数下降，也即统计分布必须超出亚指数类分布。这里我们讨论的实际上是克拉默条件——最终都可以归结为指数矩问题。

本书的作者是一位期权交易员，而对交易员来说，期权并不是由动态对冲的方式定价的——在整个期权交易的历史上都是如此。

效应 15 预测频率与预测期望收益有巨大差异。

效应 16 在心理学和决策论中，大多数有关“高估尾部概率”和“非理性行为”的结论都来自研究人员对尾部风险的误解。比如，混淆概率和期望收益，误用统计分布，以及忽视极值理论（EVT）。

上面两点在下一章会展开讨论：只考虑频率不考虑期望的错误在薄尾条件下不算太严重，但是在厚尾条件下会有巨大影响，其结果见图 3.12 和图 3.13。

1 不要弄混大偏差理论（LDT）和极值理论（EVT），EVT 可以覆盖所有主要的分布类型。

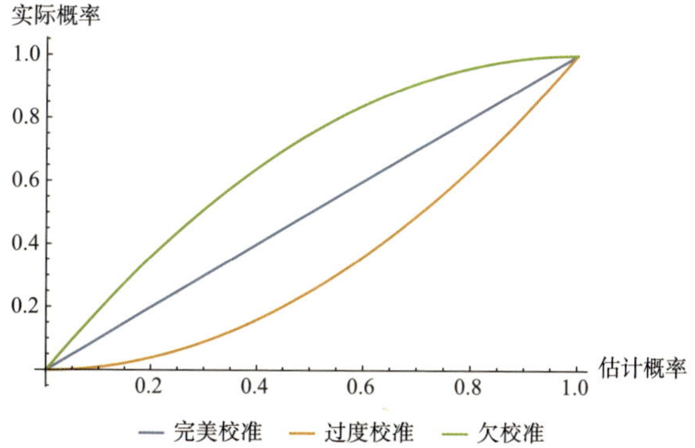

图 3.12　心理学研究中的概率校准：x 轴是预测者估计的概率，y 轴是实际发生的概率。比如某人预测下雨的概率是 30%，且实际上有 30% 的时间会下雨，那么这称为“完美校准”。只有在学术领域，我们才把这种校准放在频率空间，把现实生活中的错误预测作为一个二元事件来考量，这一点在厚尾条件下问题很大。第十一章将详细讨论这一点。

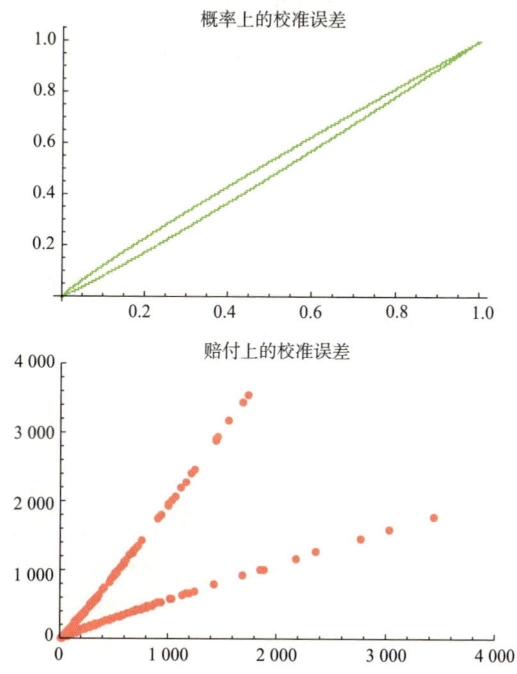

图 3.13　在幂律条件下，上图对概率的估计误差会转变成下图的收益误差。这里使用的是帕累托分布（尾部指数 $\alpha=1.15$）。同样，这一点第十一章将详细讨论。

> **效应 17**　在厚尾条件下，破产问题的严重性更甚，同时需要考虑遍历性。

相关的讨论比较专业，本章末尾会有解释。

下面我们就一些要点展开讨论。

3.4.1　预测

在《随机漫步的傻瓜》一书中，某人被问，到月底市场更有可能上涨还是下跌？他表示上涨的可能性更大，但后来发现，他在押注市场**下跌**。对不懂概率的人来说，这似乎很矛盾，但是对交易员来说再正常不过了，尤其是在非标准分布的条件下（确实，市场更有可能上涨，但如果下跌会跌得更多）。这个例子表明，人们常常混淆**预测**和风险敞口（预测的结果是二元的，而风险敞口的结果更多元，取决于整个分布的状态）。在这个例子中，一个非常基本的错误是，将**发生概率**理解为单个数字而非分布结果，而在进一步研究之后，我们会发现很多并不明显或不为人知的类似的悖论式问题。简单来说，作者认为，将“概率”作为最终标的，甚至作为决策的“基础”来讨论并不严谨。

在现实世界中，一个人所获得的不是概率，而是直接的财富（或生存权利等）。这时，分布的尾部越肥，就越需要关心收益空间——俗话说得好：“收益远胜于概率。”如果犯错的成本够低，决策者可以经常犯错，只要收益是凸性的（也即当他正确的时候会获得很大的收益）。反过来说，决策者可以在预测的准确率达到 99.99% 的情况下破产（实际上，破产的可能性说不定更大：在 2008—2009 年金融危机期间，破产的基金恰恰是那些之前业绩无可挑剔的基金[1]）。正如《**动态对冲**》[225] 一书所讨论的那样（对非量化金融领域的读者来说，可能专业性略强），这是相同行权价的香草期权和二元期权之间的区别。违背直觉的是，肥尾效应**降低**了二

1　R. 杜阿迪，来自风险数据（Risk Data）关于在 2008 年金融危机中清盘的基金的数据，作者通过个人交流方式获知。

元期权的价值，同时提高了香草期权的价值。正如作者的格言所说："我从未见过有钱的预言家。" 加肥尾部会导致高于 1 个标准差的事件的概率下降，但对应的后果会加重（就对矩的贡献而言，比如对平均值或其他指标的影响），我们会在章节 4.3.1 中具体展开。

图 3.12 展示了这个问题的严重程度。

评论 1

概率预测误差（"校准"）与真实世界中的损益变化（或真实收益）属于完全不同的概率类别。

"校准"是一种衡量预测准确程度的方法，聚焦于概率空间——介于 0 和 1 之间。无论所预测的随机变量是否为厚尾分布，校准对应的所有标准测度都是薄尾的（而且因为有界，必然是超薄尾的）。另外，现实世界中的收益可能是厚尾的，因此这种"校准"的分布将遵循随机变量本身的特性。

我们会在第十一章给出完整的推导和证明。

3.4.2 大数定律

下面我们来讨论大数定律，作为统计学的基础，大数定律告诉我们，当增加观测值时，样本均值会逐渐变得稳定，收敛速率约为 $\sqrt{n}$。图 3.8 显示，在肥尾分布下，均值要趋于稳定需要更多的观察值。

"等价"并不简单。

极端斯坦下收益远胜于概率

为了考量平均斯坦和极端斯坦之间的差异，我们以飞机失事为例。假设 100~400 人在事件中丧生（令人痛心），也即一个独立的负面事件，对预测和风险管理来说，我们会尽可能最小化此类风险，使其可以忽略不计。

接下来，我们考虑一种特殊的飞机失事事件，该事件会杀死所有乘坐飞机的人，包括所有过去乘坐过飞机的人。那么这还是同一类型的事件吗？后者属于极端斯坦，而对于这样的事件，我们不考虑概率，而是关注其影响。

- 对于第一种类型的事件，管理者主要考虑降低其发生概率——事件的发生频率。这里我们会数发生的次数，并尝试减少。
- 对于第二种类型的事件，主要在于降低事件发生时造成的影响。这时我们不计算概率，而是衡量其影响。

如果觉得上述实验有些奇怪，你可以考虑一下 1982 年美国央行在危机中失去了之前历史上赚到的所有钱，存贷行业（现在已经不复存在）也出现过同样的事情，银行系统在 2008—2009 年赔掉了之前所有的利润。我们会经常看到，某人在单次市场事件中赔掉之前的所有积蓄。而同样的事情会在很多行业发生，如汽车业和航空业。

上面的银行仅仅和钱有关，对于战争，我们就无法只关注频率而不考虑其量级了，正如科普作家斯蒂芬·平克所说 [194]，第十六章会讨论这一点。这里还不考虑本节末尾提到的破产问题（和非遍历性）。更严格地说，如果想让原始的概率值有意义，我们就要让一系列事件满足非亚指数的克拉默条件。上述类比是本书作者和极富洞察力的拉斯·罗伯特在一次经济学讨论的播客中提出的。

在统计现象中，最知名的是帕累托分布（即 80/20 法则），如 20% 的意大利人拥有 80% 的土地。表 3.1 显示，在高斯分布下需要取 30 个观测值才能使均值达到稳定的区间，而在帕累托分布下需要 10^{11} 个观测值才能使误差达到同样的水平（假设均值存在）。

尽管上述计算并不复杂，却很少有人从这个角度去思考。在估计厚尾分布均值的时候，我们并不能表明其稳定性。还有其他的办法可以做到这一点，但肯定不是通过对样本的观察。

图 3.14　人生的核心是收益而非概率，在极端斯坦下，两者的差异尤其明显。[图中为什么是“Gabish”而不是“capisce”？Gabish 是 Siculo-Galabrez（Calabrese）的发音，“p”过去听起来像“b”，而“g”听起来像闪米特语的 kof，布匿语的 K。就像 capicoli 是“gabagool”。]

表 3.1　相应的 n_α，也即多少观测值可以使误差落到等价 α 稳定分布的均值附近（第八章会进一步讨论该测度）。高斯分布的情况对应 $\alpha=2$，对于尾部等同于 80/20 法则的分布，我们至少需要比高斯分布多 10^{11} 量级的数据

α	n_α	$n_\alpha^{\beta=\pm\frac{1}{2}}$	$n_\alpha^{\beta=\pm1}$
	对称	偏态	单尾
1	别想了	—	—
$\frac{9}{8}$	6.09×10^{12}	2.8×10^{13}	1.86×10^{14}
$\frac{5}{4}$	574 634	895 952	1.88×10^{16}
$\frac{11}{8}$	5 027	6 002	8 632
$\frac{3}{2}$	567	613	737
$\frac{13}{8}$	165	171	186
$\frac{7}{4}$	75	77	79
$\frac{15}{8}$	44	44	44
2	30	30	30

3.5 认识论与非对称推理

定义 3.1（分布的非对称性）

罪犯假扮诚实的普通人要比普通人假扮罪犯容易得多。同样，肥尾分布伪装成薄尾分布也远远比薄尾分布伪装成肥尾分布更容易。

> **法则 3.1（认识论：驱动机理不可见）**
>
> 我们不观察概率分布，只观察事件的结果。
>
> 概率分布无法告诉你某事件的结果是否属于它。
>
> 你需要一个元概率分布来讨论尾部事件（比如变量属于某个给定分布的条件概率）。

现在，让我们检视一下非对称推理在认识论领域产生的效应。图 3.15 显示了伪装问题（或推断中的中心非对称性）。左边是一个退化后的随机变量，取近似常量的值，直方图会以狄拉克细柱的形式显示。

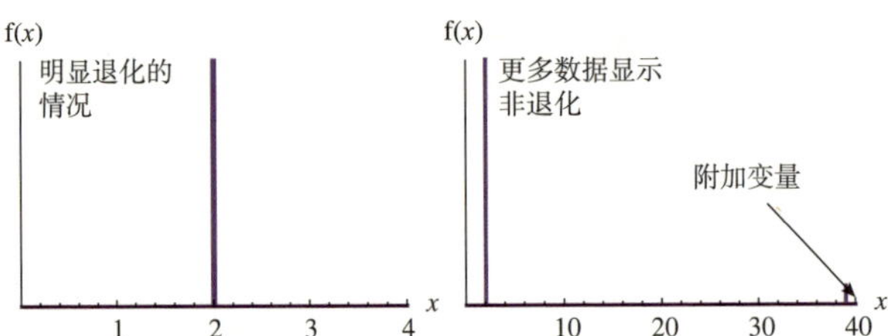

图 3.15　伪装问题（或推理的中心非对称）。左边是一个退化后的随机变量，近似常量值，直方图以狄拉克细柱的形式显示。我们无法以此排除非退化的概率。右边的图出现了不止一种结果，这时就可以排除退化特征。我们可以抽象出这种中心非对称性，并给出诸如“无法拒绝原假设”之类的陈述，其中“拒绝”的定义需要稍加修正。此类非对称性可以被用来创造真正严谨的检验规则。

至少从塞克斯都·恩披里柯经验主义开始，我们就知道退化性无法被排除，但在某些情况下，我们可以排除非退化性。如果看到一个没有随机性的分布，我们不能说它一定不是随机的，也就是说，我们不能否定黑天鹅的存在。现在，加入一个观测值，我可以看到它是随机的，我可以排除退化性，我可以说它不是“非随机的”。在右图中，我们看到了一只黑天鹅，因此关于没有黑天鹅的说法是错误的。这正是西方科学的反向经验主义的基础，当收集信息时，我们可以逐渐排除一些可能性。右图的分布可以伪装成左图的分布，但左图的分布无法伪装成右图的分布。这为我们提供了一种非常简单的处理随机性的方法。图 3.16 总结了我们可以如何排除分布。

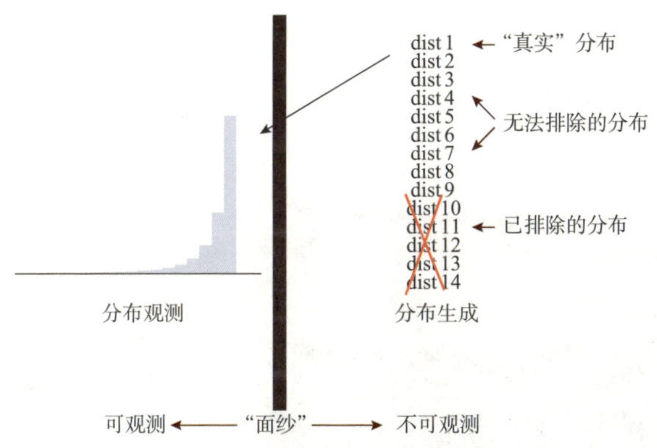

图 3.16 **“概率面纱”**，塔勒布和皮佩尔 [245] 从认识论的角度阐述了“面纱”效应。通过实验，观察者可以获得一系列数据（由“完美统计信息”的所有者生成，即从相应的时间序列生成器产生数据）。观察者不知道数据的生成过程，只根据手里的数据获取信息，同时必须对数据的统计特性（概率、均值、方差、风险值等）做出估计。显然，观察者只有数据生成器的部分信息，并且没有可靠的理论来反推数据源，因此在做出估计时总是会犯错误，但错误存在一定的范式。这也是风险管理领域的核心问题。

如果看到一个 20 倍标准差的事件，我们就可以直接排除薄尾分布。但如果没有看到大的偏差，就无法排除厚尾分布，除非我们对分布背后的整个过程了如指掌。这就是我们对分布排序的方法。如果重新考虑图 3.6，我们可以看到，随着偏差逐步出现，我们可以从底部向上逐步排除分布类型。排序的依据是分布产生尾部事件的能力。排序（为了逆向推理而设定的顺序或优先级）的方法非常简单，考虑如下逻辑：如果有人告诉你出现了一个 10 倍标准差事件，那么一般来说更可能是你估计的分布错了，而不是真的出现了一个 10 倍标准差的事件（在本章后面我们会继续完善该论点)。同样，正如我们看到的，厚尾分布并不会频繁出现远离均值的大偏差，但偶尔会出现一个极大的偏差。所以，只要出现大偏差，我们就可以排除不是平均斯坦的情况。我可以说，通过排除，这个分布是厚尾的，但我不能通过类似的方法证明它是薄尾的，这就是黑天鹅问题。

伪装问题的应用：2019 年 8 月 12 日前后的阿根廷股市。考虑一下 2019 年 8 月 12 日大幅下跌前后的阿根廷股市（见图 3.21），它可以说明分布参数推理的非对称性，或者一个分布是如何伪装自己使尾部看起来更薄的。通过这样的推理，尾部参数未来的不确定性只会使尾部更肥而不是更薄。拉法尔·维隆 [264] 论证了在拟合稳定分布时我们会倾向于高估尾部指数（低尾部指数意味着更肥的尾部）。

图 3.17 波普尔的推导方法论同样是非对称的：实证经验主义正是从反面出发，着眼于“排除”不成立的部分。我们将这一方法延伸至统计推理，通过不断排除分布类型来处理“概率面纱”。

俄罗斯统计学派对科学严谨性和非对称性的论述

如今，我们可以相信有关统计概率的数学表达，并规避模型误差导致的计算谬误，这主要归功于俄罗斯统计学派对非对称性的深刻认识，这里的非对称性指的是波普尔思想在数学空间中的表现。

该学派横跨三代统计学家：P.L. 切贝绍夫，A.A. 马尔可夫，A.M. 利亚普诺夫，S.N. 伯恩斯坦，E.E. 斯卢茨基，N.V. 斯米尔诺夫，L.N. 布尔雪夫，V.I. 罗曼诺夫斯基，A.N. 科尔莫戈罗夫，Yu.V. 林尼克，以及新生代的 V. 彼得罗夫，A.N. 纳加耶夫，A. 希拉耶夫等人。

他们在科学思想史上有着相当强大的影响力：他们以不等式而非等式的方式思考（最著名的是马尔可夫、切贝绍夫、伯恩斯坦、利亚普诺夫）。他们在研究中使用边界而非估计值。甚至他们的中心极限定理版本也是一个边界问题，后面我们会通过观察**边界之外**的行为来进一步研究这个问题。他们与新一代统计学者有着截然不同的思路。新一代统计学者会以精确概率的思维，甚至更糟糕的机械主义社会科学的方式进行思考。他们的方法中包含了怀疑主义和单边认知：A 大于 x，$AO(x)$ [大 O：趋于 x]，而非 $A=x$。

在风险管理领域，上述思维为实现数学严谨性提供了很好的理论依据。我们只知道某一边的信息，而不知道另一边的。我们只知道我们愿意为保险支付的最低价值，而不是最高价值（反之亦然）。[1]

图 3.18　归纳问题。枚举归纳的哲学问题可以表示如下：“**你需要看到多少只白天鹅才能排除未来出现黑天鹅的可能性？**”这一描述和我们应用大数定律时遇到的问题非常类似：“**你需要多大量的数据才能在可接受的误差范围内论证某概念？**”事实证明，统计推理的本质在于对数据的明确定义和推导的定量衡量机制。而恰巧在厚尾条件下我们需要大量数据。我们会在第七章和第八章中看到，有一种方法可以衡量推理机制的相对速度，哪怕最终问题依然无法被归纳法完美解决。而归纳法的问题通常被错误地甩给了休谟 [227]。

1　将非对称性和鲁棒性联系起来的方法如下，鲁棒性指的是概率分布在参数扰动中不发生变化。如果发生了变化，但具备非对称性，即对此类扰动有着凹性或凸性反应，则分别对应脆弱和反脆弱，参见 [223]。

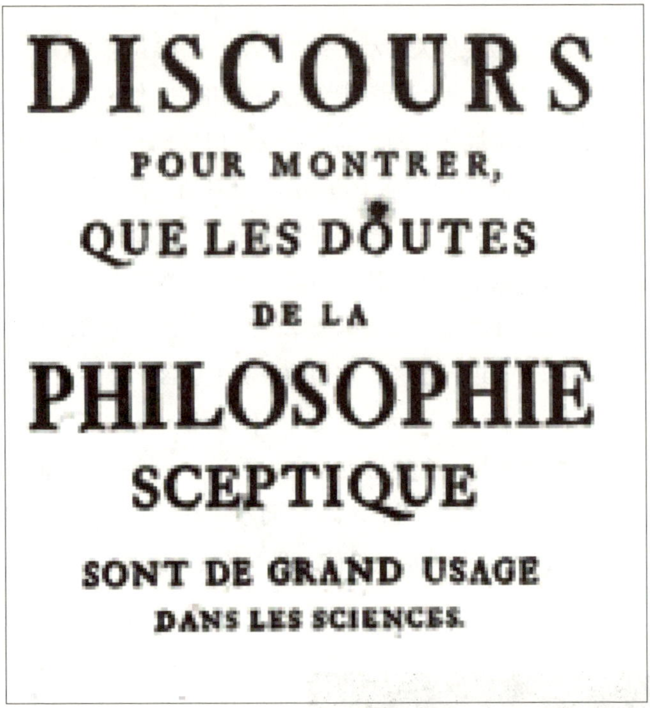

DISCOURS

POUR MONTRER,

QUE LES DOUTES

DE LA

PHILOSOPHIE

SCEPTIQUE

SONT DE GRAND USAGE

DANS LES SCIENCES.

图 3.19　这是一篇表明怀疑论哲学对科学具有重大意义的论述，作者为弗朗索瓦·德拉莫特·勒瓦耶（1588—1672），它显然是休特主教的参考文献。每次当我发现某个“民间思想家”找到了黑天鹅问题的解决方法时，结果很可能是他在模仿前人——这里并无恶意，但我们常常忘记应该先向前追溯。我们坚定地认为，“休谟问题”与休谟并没有多大关系，休谟将皮埃尔·培尔（他的前人）厚重的辞典传遍整个欧洲。一开始，我也以为来源是休特主教，不过随着不断向前追溯，我找到了更早的开拓者。

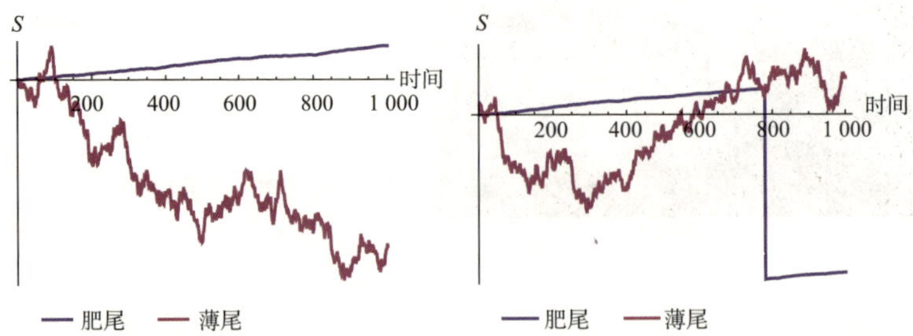

图 3.20　想要“证明”薄尾分布是不可能的，但是想要证伪薄尾分布很容易。一个分布随时可能会出现跳跃，而那些平静的日子并不能帮助排除这种尾部事件。

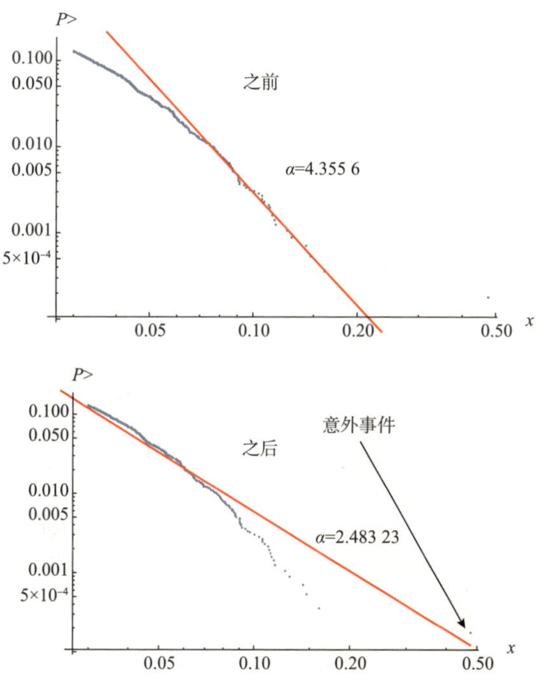

图 3.21　单日回报展示分布的真实尾部，例如 2019 年 8 月 12 日前后的阿根廷股票市场。你可能会突然需要修正尾部参数来适应更厚的尾部（尾部指数 α 更小），而不会反过来，事件的发生可能需要等待很长的时间。感谢迭戈・兹维奥维奇提供的数据。

3.6　幼稚的经验主义：不应该把埃博拉病毒和从梯子上跌落进行对比

让我们通过一个真实世界的例子来阐述用薄尾思维衡量肥尾事件带来的问题。有时候，人们会引用所谓的“经验”数据来说明我们不该担心埃博拉病毒，因为 2016 年只有两个美国人死于埃博拉病毒。他们认为，从死亡数字看，我们更应该担心死于糖尿病或躺在床上。但如果我们从尾部的角度思考，假设有一天报纸报道突然死了 20 亿人，他们更可能死于埃博拉病毒还是死于吸烟、糖尿病或躺在床上呢？

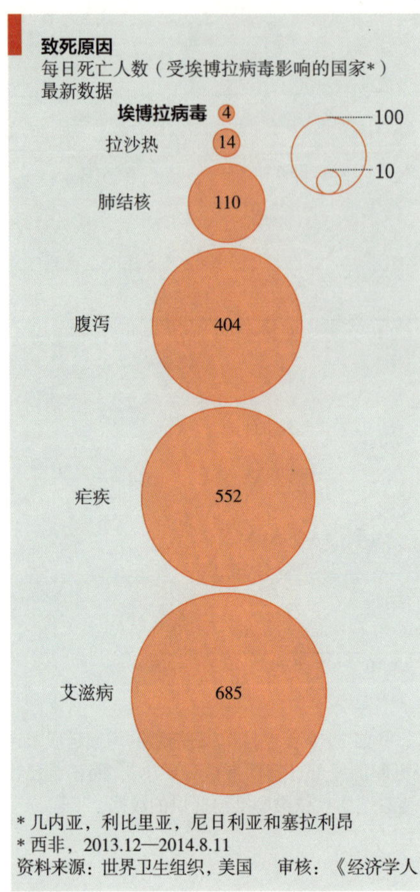

图 3.22　幼稚的经验主义：永远不要比较厚尾变量和薄尾变量，因为它们的均值不属于同一类别。这是经济学家常犯的一个错误，经常出现在学术论述中。就连英国皇家统计学会在雇用了一个社会学或新闻学背景的“风险沟通”专家之后也犯过一次这样的错误。

法则 3.2

我们不应该在极端斯坦（亚指数类分布）下，将有可能倍增的肥尾过程和平均斯坦下的薄尾过程（尤其是有切诺夫界的过程）进行比较。

这是之前灾难原则的直接后果，如图 3.1 所示。

同时，正是这些“基于经验”的人（在本书撰写阶段）遇到了狗尾摇狗效应。

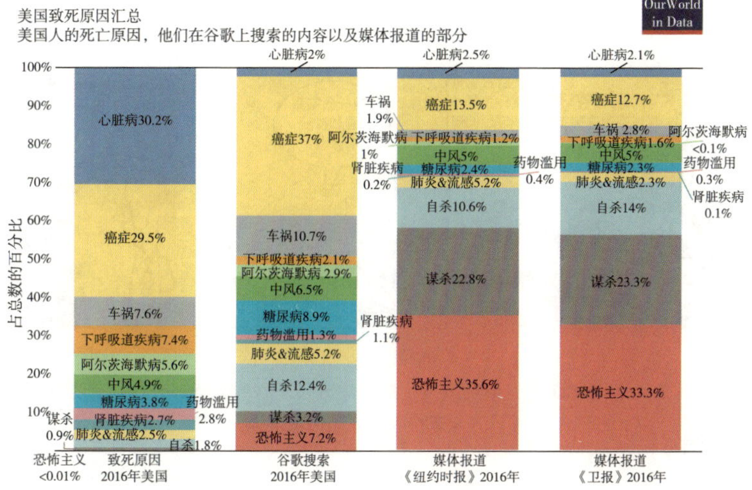

图 3.23 比尔·盖茨幼稚的（非统计性）经验主义：微软[1]的创始人在资助并宣传上面的图片，同时还宣称气候变化给人类带来了生存风险。但他没有意识到，他的陈述自相矛盾，因为过去的数据中必然不存在生存风险。而且如果仔细看上图，癌症、心脏病和阿尔茨海默病都是老年人面对的问题，年轻人和中年人更应该关注恐怖主义和流行病。

另外一个逻辑漏洞是，恐怖主义发生的概率之所以很低，是因为人们对它的关注度很高。一旦放松警惕，它就可能会失控。凶杀案也是同样的逻辑：恐惧带来安全。

如果这张图告诉了我们什么，那就是大众对尾部风险有着非常好的感知，而这恰恰是“专家”所忽视的。人们比心理学家所描述的更能适应分布的性质和结果。

比较这些过程属于幼稚的经验主义，这表明我们太担心埃博拉病毒（流行病或大流行病）而对糖尿病考虑不足，而事实恰恰相反，我们对糖尿病担心得太多，而对埃博拉病毒和其他具有倍增效应的疾病担心得太少。这正是不理解厚尾效应导致的谬误——遗憾的是，这种谬误越发普遍。更糟糕的是，这种错误的推理方式还是被实证心理学促进的，而实证心理学似乎一点儿都不实证。行业里有些托儿还冒充“风险专家”，边出售杀虫

1 微软是一家科技公司，在本书写作时依然存在。

剂边告诉我们不要担心，因为基于历史数据其危害不大。

图 3.24　因为大数定律作用的速度太慢，在肥尾分布下，过去的过去和过去的未来并不相似。同样，当下的过去和当下的未来也不会相同。在薄尾条件下这个问题要容易得多，感谢斯特凡·加西奇。

图 3.25　要小心那些使用伪经验论点的说客，比如图中的这个“风险沟通”专家，这类有媒体背景的人受雇于孟山都这样的公司（以及汽车和烟草公司），代表这些公司的利益，利用所谓“科学”、“经验论述”和“证据”进行错误宣传，来淡化他们认为不合理的“公众恐惧点”。游说组织会渗透到像“哈佛风险分析中心”这样的地方，通过高大上的名字欺骗外行人。这种托儿的论点通常围绕“尚未存在有害证据”和“具备合理性”展开。而很多媒体人的统计基础非常薄弱，很容易被左右从而支持他们的论点。概率和风险素养、统计知识和整个新闻业都因为这些伪科学家（甚至更糟，伪统计学家）所传播的伪科学观念而遭受了极大的损失。

决策理论和风险通常不存在正确的推理，除了极值理论的分支和由格尔德·吉仁泽 [108] 领导的柏林马克斯·普朗克人类发展研究所的 ABC 工作小组，他们会告诉你不要忽视你祖母的直觉和教导，当她的建议与心理学家和决策理论家发生冲突时，更不严谨的往往是心理学家和决策理论家。简单看一下“被引用最多的作者”巴鲁克·菲什霍夫在其《风险：一个简短的介绍》[93] 一书中的总结就知道，他并没有努力去区分这两类分布。该问题与被心理学家误解的“风险校准”和“概率校准”有关。在第十一章中，我们在谈到厚尾条件下的专业校准时会进行更量化的讨论。[1]

3.6.1 风险是如何倍增的

所谓“基于证据”的方法还是太过粗略，无法处理二阶效应（风险管理领域），因此在 2019 年新冠肺炎疫情中给我们带来了太多伤害。其中一个问题是，个体风险和集体风险的转换（另一个问题是对证据不足和证据理解错误的混淆）。

在新冠肺炎疫情暴发初期，很多不懂统计的流行病学家将新冠肺炎死亡风险和在游泳池中溺死的风险进行对比。这个对比可能对某个个体来说是成立的（虽然新冠肺炎迅速成为主要死因，后来甚至占纽约市死亡原因的 80%），但如果加入同时导致 1 000 人死亡的条件，溺死在游泳池中的概率就微乎其微了。

这是因为，你的邻居感染了新冠肺炎会**提高**你感染新冠肺炎的概率，但是你的邻居溺死在游泳池里不会增加你溺死的概率（在一些条件下，其他人死亡的概率还会降低，如空难事件）。

这一累积问题将在后面的椭圆性中更定量地加以讨论，见第六章有关联合分布不再具备椭圆性，导致薄尾独立变量的和成为肥尾的论述。

这也是一个道德问题 [247]：通过感染这种疾病你导致了大于自身的死亡。虽然得传染性疾病死亡的概率小于车祸致死的概率，但此时遵循“合理性”（也就是一阶合理性模型）显得异常荒唐，因为最终你会危害整个系统，甚至反过来伤到你自己。

1　吉仁泽的研究组并非不会犯错，他们在 2020 年早期误判了新型冠状病毒肺炎的风险——他们尚未意识到极端斯坦和平均斯坦的差异，但作者乐观地认为，他们很快就会有所认知。

3.7 幂律入门（几乎没有数学）

接下来我们讨论一下 80/20 法则背后的原理，它被简单地定义为：假设有随机变量 X，在 X 产生的值 x 足够大的时候，出现超过 $2x$ 的概率除以超过 x 的概率“不显著异于”出现超过 $4x$ 的概率除以超过 $2x$ 的概率，以此类推。这一性质被称为“可扩展性”。[1]

假设我们有一个帕累托（或帕累托风格的）分布，拥有 1 600 万美元的人和拥有 800 万美元的人的比例与拥有 200 万美元的人和拥有 100 万美元的人的比例相等，满足常数条件不等式。在不存在特征尺度的情况下，我们很容易理解该分布，哪怕这个分布不存在均值和标准差，它也比标准的统计分布更容易被我们理解。但正因为分布的均值不存在，我们不得不深挖统计教材，对其进行更扎实、更严谨的研究，哪怕用看起来并不那么数学的方法。

表 3.2 是幂律的一个例子。

表 3.2　幂律的一个例子

比 100 万人更富有	1/62.5
比 200 万人更富有	1/250
比 400 万人更富有	1/1 000
比 800 万人更富有	1/4 000
比 1 600 万人更富有	1/16 000
比 3 200 万人更富有	1/?

帕累托分布不存在高阶矩：这些矩要么不存在，要么在统计上变得越来越不稳定。下面我们看一个经济学和计量经济学的实证问题。2009 年

1　这里引入一些最基础的数学：假设 X 是属于分布右尾具备“幂律”特性的随机变量：

$$\mathbb{P}(X > x) = L(x)x^{-\alpha} \tag{3.1}$$

这里 $L:[x_{\min},+\infty] \to (0,+\infty)$ 是缓变函数，定义为对所有的 $k>0$，$\lim_{x\to+\infty}\frac{L(kx)}{L(x)}=1$，我们可以转换该式使其适用于负数区间。

我选取了 55 年的金融数据，并尝试观察有多少峰度（四阶矩的函数）来自最大单一观测值——如表 3.3 所示。对高斯分布来说，同样的时间长度下最大贡献应当在 0.008±0.002 8 之间。而对标准普尔 500 指数来说，这个值是 79%。这也说明，我们对证券回报率的峰度一无所知。它的样本误差非常大，或者分布的实际峰度可能不存在，因此测量高度依赖于样本。如果对四阶矩一无所知，那么我们对二阶矩的稳定性也一无所知。这意味着，即便方差存在，我们所处的分布也不允许我们处理方差。科学研究很困难，量化金融同样不易。

表 3.3 在金融数据中，单个观测值贡献的峰度 $\frac{\mathrm{Max}\left(X_{t-\Delta t_i}^4\right)_{i=0}^n}{\sum_{i=0}^n X_{t-\Delta t_i}^4}$

证券	Max Q	年数
白银	0.94	46
标准普尔 500 指数	0.79	56
原油	0.79	26
英镑	0.75	17
燃料油	0.74	31
日经指数	0.72	23
富时指数	0.54	25
日本国债	0.48	24
欧洲美元 1 个月存款利率	0.31	19
白糖	0.3	48
日元	0.27	38
巴西博维斯帕指数	0.27	16
欧洲美元 3 个月存款利率	0.25	28
CT	0.25	48
德国 DAX 指数	0.2	18

对于白银，过去 46 年来 94% 的峰度是由单日贡献的，因此，我们在金融数据上根本无法使用标准统计模型。GARCH 波动率模型不成立，因为平方项的方差类似于四阶矩。但即便不了解方差，我们也可以很轻松地

处理帕累托分布。虽然帕累托分布给出的信息更少，但在增加变量或变量无限时会更加严谨。

表 3.3 中的金融数据直接揭露了现有大学教材存在的问题，很多采用方差的计量经济学模型都被忽略了。这也解释了为什么经济学家无法预测未来——他们采用了错误的方法并构建了错误的置信区间，他们的理论在样本内成立，但在样本外会失效——因为样本是有限的，样本的矩也是有限的。如果实际分布的方差（或峰度）是无限的，我们在有限的样本内就永远不会得到无限值。

主成分分析（PCA）（见图 3.26）是一种对较大数据降维的方法，在薄尾分布中非常有效（至少有时有效）。在数据量不足的时候，其结构并不那么可靠，当我们增加数据量的时候（几个变量），其结构开始变得扁平（在尤金·维格纳之后被称为随机变量的"维格纳效应"，这里不要把它与维格纳关于辐射下原子错位的发现搞混了）。在我们的模拟实验中，数据之间的相关性为 0，也即不存在相关结构，各个主成分应该完全相等（当数据量变大时应该趋近），但是在小样本效应的持续作用下，排序后的主成分还是呈现出下降的特征。对厚尾分布来说（下半部分），我们需要更多的数据来排除伪相关性，因此，降维法并不适用于厚尾。

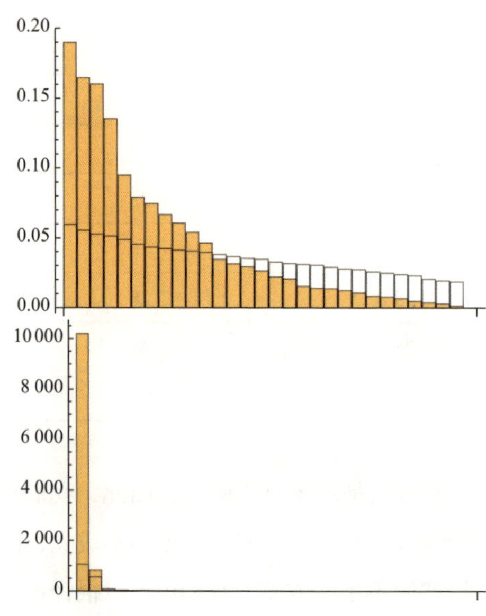

图 3.26　厚尾条件下的伪主成分分析：蒙特卡罗模拟实验显示了伪相关性在厚尾条件下要严重得多。上半部分是由 30 个不相关的高斯分布随机变量求得的主成分（n=100 和 1 000）。下半部分是 30 个稳定分布随机变量（尾部 $\alpha=\frac{3}{2}$，对称参数 $\beta=1$，中心参数 $\mu=0$，离散参数 $\sigma=1$）的主成分，两者都基于不相关的独立同分布随机变量。我们可以清楚地看到，高斯分布的 PCA 结构随着样本量 n 的增长迅速扁平化（不同成分之间的差异缩小），但是在厚尾条件下，这样的扁平化并未出现。

3.8 隐藏性质在哪里？

下面的内容基本上是我在《黑天鹅》一书中的总结（这是一个被误解很深、需要十多年才能弄明白的概念）。分布可以是单尾或者双尾的。如果某分布存在厚尾，它可以是单尾厚尾，也可以是双尾厚尾。如果分布是单尾的，它可以是单尾左厚尾或单尾右厚尾。

图 3.28 显示，如果分布是厚尾的，且只看样本均值，我们会看到更少的尾部事件。一个常见的错误是，认为我们可以简单地对单尾分布直接求均值。但是也有一些看不见的罕见事件，随着时间推移总会发生，只是根据定义，这些事件发生的概率极小。

> 如果对比做空波动率的时序表现（左偏，遭受巨大损失）和做多尾部波动率的表现（右偏，获得巨大收益），我们很容易忽略两者的质量差异，从而被随机性愚弄。做空波动率的表现一定是被高估的（而做多尾部波动率是被低估的，见图 3.28）。这是我们在本章前面提到的波普尔非对称性的另外一种表现。

合理的方式是先估计分布本身，然后推导出均值（需要线性外推）。本书将这种方法称为“插入式”估计，见表 3.4。该方法不是通过对样本简单求解均值来完成的，这样求解在肥尾分布下是有偏差的。这也是为什么在未发生危机的时候，银行看上去非常赚钱，而一旦发生危机就会失去所有资产，甚至还要拿纳税人的钱去填窟窿。我们采用的方式如表 3.4 所示，将样本均值和分布的真实均值做了对比（我称为“影子均值”）。

我们还可以对基尼系数做同样的操作，估计出“影子基尼系数”来替代样本计算的基尼系数。

这也是我们说“经验分布”没有“经验”的原因。换句话说：（1）总体和样本之间存在鸿沟；（2）即便有充分的历史数据，它们也必须被视为从一个更广泛的总体中抽取的样本（过去是在样本内出现的，而推论是在样本外起作用的）。

图 3.27 **中心非对称性**：在厚尾条件下，缺乏存在的证据和具有不存在的证据之间的差异会急剧放大。这里需要对随机事件有更深入或更天然的理解（请不要把这里的智商分数等同于常规心理测量学中使用的智商分数：我高度怀疑智商测试中的高分人群是否能真正理解非对称性，我们说的智商应该是“真正的”智力，而不是从智商测试中得到的数值）。本图由斯特凡・加西奇提供。

表 3.4 不同样本量下的影子均值，样本均值以及它们的比值。影子均值通过极大似然估计计算得到（插入式估计），第十三章和第十六章会详细介绍

L	样本均值	极大似然均值	比率
10K	9.079×10^6	3.11×10^7	3.43
25K	9.82×10^6	3.62×10^7	3.69
50K	1.12×10^7	4.11×10^7	3.67
100K	1.34×10^7	4.74×10^7	3.53
200K	1.66×10^7	6.31×10^7	3.79
500K	2.48×10^7	8.26×10^7	3.31

一旦找到分布的类型，我们就可以从统计上估计均值。这种方法比直接对样本取均值要好得多。比如，对于帕累托分布，98% 的观测值都在均值以下，所以样本均值一定有偏差。而一旦确定它是帕累托分布，我们就应该忽略样本均值，并以其他方式寻求结果。第十三章和第十五章会展开讨论具体的技巧。

这里要注意，极值理论 [115][82][116] 关注的是尾部性质，而非均值或统计推论。

维特根斯坦的尺子：这真的是“10个西格玛”事件吗？

在1998年夏季，一家被称为“长期资本管理”（LTCM）的公司结束了自己短暂的存在，它在市场的一系列超大波动（超出预期的事件）中破产了。这是极其不寻常的事件，因为其中两名合伙人还获得了瑞典中央银行经济学奖——诺贝尔经济学奖。更令人称奇的是，这个基金影响了大量的金融学教授，很多金融学教授都在模仿LTCM的投资模式（在此期间，至少有60名金融学博士因进行了与LTCM类似的交易，并采用相同的风险管理方法而爆仓）。至少有两名合伙人声称这是一个“10个西格玛”（10倍标准差）事件，因此他们可以免去对自身不称职的指控（我曾两次当场听到他们给出上述说法）。

那么，让我们应用一下“维特根斯坦的尺子”：我们是在用尺子量桌子，还是在用桌子量尺子？

简化假设我们有两个分布：高斯分布和帕累托分布。对高斯分布来说，我们定义的10倍标准差“事件”发生的概率（生存函数值）是1.31×10^{-23}，而对于同样离散程度的幂律分布，比如尾部指数为2的学生T分布，生存函数值是1/203。

那么对于上述情况，我们看到的到底是高斯分布下的10倍标准差事件，还是常规的幂律分布？

我们可以用贝叶斯公式来看看，$\mathbb{P}(A\mid B)=\dfrac{\mathbb{P}(A)\mathbb{P}(B\mid A)}{\mathbb{P}(B)}$，替换$\mathbb{P}(B)=\mathbb{P}(A)\mathbb{P}(B\mid A)+\mathbb{P}(\overline{A})\mathbb{P}(B\mid \overline{A})$并应用于我们的场景。

$$P(\text{高斯分布}\mid\text{事件发生})$$
$$=\frac{\mathbb{P}(\text{高斯分布})P(\text{事件发生}\mid\text{高斯分布})}{\left(1-\mathbb{P}(\text{高斯分布})\right)P(\text{事件发生}\mid\text{非高斯分布})+\mathbb{P}(\text{高斯分布})P(\text{事件发生}\mid\text{高斯分布})}$$

$\mathbb{P}(\text{高斯分布})$	$P(\text{高斯分布}\mid\text{事件发生})$
0.5	2×10^{-21}
0.999	2×10^{-18}
0.999 9	2×10^{-17}

0.999 99	2×10^{-16}
0.999 999	2×10^{-15}
1	1

寓意：由此可见，只要有一个极小的可能，$< 10^{-10}$ 的概率数据就不是高斯分布，根据事件我们基本上就可以拒绝高斯分布的假设，从而接受厚尾分布的假设。实际上，只要出现 >4 倍或 >5 倍标准差的事件，我们就可以拒绝高斯分布的假设——我们会在书中不断介绍为什么条件方差这样的补丁是不充分的，可能是彻头彻尾的欺骗。[1]

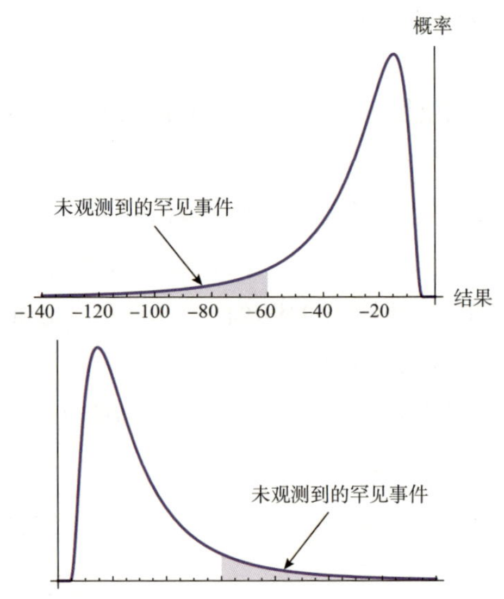

图 3.28　影子均值，下图：逆向火鸡问题——未知的罕见事件会带来正收益。当观察一个正偏的（反脆弱）时间序列并对未知事件做出（非参）推断时，你往往会忽略一些好事情并低估其价值。上图：和上述内容相反。阴影部分代表我们在小样本中由于数据不足不会见到的情况。有意思的是，阴影部分的面积随着模型误差的增大而增大（主要是由于尾部概率对不确定性的凸性）。

1　本华・曼德博曾对向高斯分布和加入跳跃或以其他特殊处理方式来解释数据的方法论提出了极端批评（如默顿的跳跃扩散过程 [173]）——人们总是可以事后拟合跳跃。他曾经引用约翰・冯・诺依曼的一句话："给我四个参数我可以拟合出一头大象，再给我第五个参数我可以让大象摆动鼻子。"

3.9 贝叶斯图谱

在缺乏可靠信息的情况下，贝叶斯方法能帮上的忙非常有限。自《黑天鹅》一书出版以来，作者收到许多有关如何模糊地使用贝叶斯方法来解决未知厚尾的问题。其实，因为人们无法拼凑出超出可得范围的信息，所以无论是贝叶斯还是施马耶斯方法都不会奏效。关键在于，我们需要可靠的先验认知，而不仅仅是靠观察得到的一些东西（对于代理人形成先验认知的难度，可以参见迪亚科尼斯和弗里德曼 [66]）。

其中一个问题是信息的更新速度，在第七章我们会提到它和分布高度相关。传统理性预期的问题在于，相信两个观察者在拥有同等信息的情况下一定会收敛到同一理解。不幸的是，上述条件在真实世界中发生的概率极小。

研究者当然可以使用贝叶斯方法来估计参数（在有足够先验认知的条件下），假设满足如下条件：（1）研究者很清楚地知道取值的范围（如数据来自某特定分布类或稳定机制）；（2）参数符合低方差的可处理分布，比如帕累托分布的尾部参数（满足倒伽马分布）[11]。

金融学术中的道德风险和寻租：作者感到最沮丧的一次经历是在马萨诸塞大学阿默斯特分校商学院，当时是在那里短期教授一门关于肥尾的课程。一位金融领域的博士很直白地表示，他喜欢肥尾理论，但金融学术生涯让他必须选择“薪酬最高的道路”（相较于金融的其他领域）。他更倾向于和其他教授一样使用马科维茨的方法论（尽管在肥尾条件下不成立），因为这能让他发表论文，并获得一份高薪工作。

对此我很反感，但我预测他会在发表论文上取得成功，他也确实做到了。

3.10 X和$f(X)$：混淆我们理解的X和相应风险敞口

X是随机或者非随机变量，而$F(X)$是风险敞口，是收益，是X施加于你的作用，是最终的底线（X一般是高维的，这里先简单假设X是一维随机变量）。

从业者和风险承受者经常会看到如下的割裂现象：人们（非从业者）谈论X（认为从业者在实践中应该考虑X），而从业者在考虑$F(X)$，而且只考虑$F(X)$。自亚里士多德以来，人们就在长期混淆X和$F(X)$，作者之前曾写过一本书《反脆弱》[230] 来讨论这一主题。有时人们将$F(X)$理解为效用，但是忽略了整体收益。而这种混淆有两个层次：第一层是简单的概念混淆，第二层是在决策科学文献中，可以看到两者的区别，但是没有意识到对$F(X)$进行操作比对X进行操作更容易。

- 变量X可以是塞内加尔的失业率，$F_1(X)$是对国际货币基金组织（IMF）底线的影响，而$F_2(X)$是对你祖母的影响（我认为微乎其微）。
- X可能是股票价格，假设你持有股票期权，$F(X)$就是你持有期权的仓位暴露，或者更复杂一些，是你对期权仓位暴露的效用。
- X可以是财富的变化，$F(X)$是该变化对你生活的凹性或凸性影响。我们可以看到，$F(X)$会比X更稳定（尾部更薄）。

变量X的凸性函数vs变量X的线性函数　看一下图3.30，当$F(X)$越是非线性时，混淆$F(X)$（垂直）和X（水平）变得越严重。$F(X)$凸性越大，$F(X)$的统计性质和其他特征的变化越大。比如，根据詹森不等式，$F(X)$的均值会和F（X的均值）不同。但除了詹森不等式，两者之间的风险差异将越来越大。当考虑概率的时候，F越是非线性，X的概率对F而言就越不重要。这里的寓意是：重点关注F，我们能改变的只有F，而不是关于X的某种难以捉摸的性质。

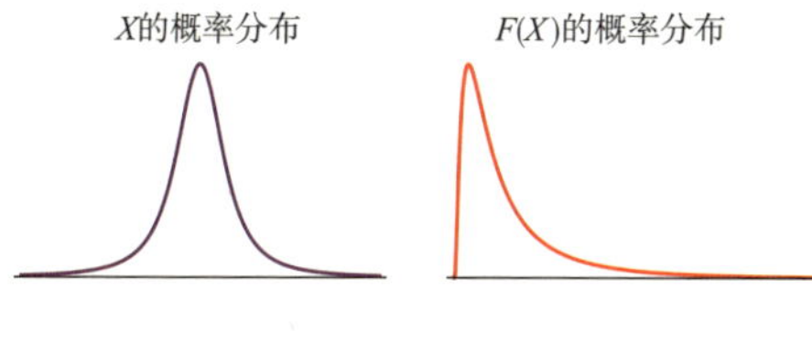

图 3.29　混淆 X（随机变量）和 F(X)(X 的函数或收益)。如果 F(X) 具备凸性，我们就不用知道太多信息——X 纯粹变成一个学术问题了。而且转换 F(X) 要比转换 X 安全得多。

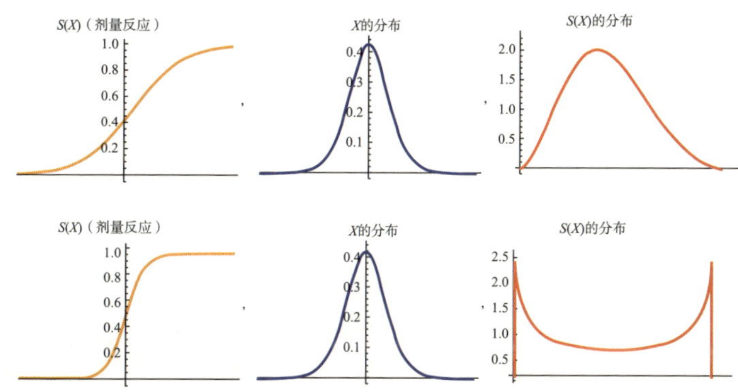

图 3.30　常见混淆：对一个厚尾变量 X 进行凹凸性转换可以产生薄尾分布（上图）。一个作用在 (−∞,+∞) 分布的 Sigmoid 变换（下图）会产生存在紧支撑的 ArcSine 分布。

知识有限性　至关重要的是，我们知识的有限性适用于 X 而不是 F(X)，我们不能控制 X，但可以部分控制 F(X)，甚至在某些情况下可以高度控制 F(X)。

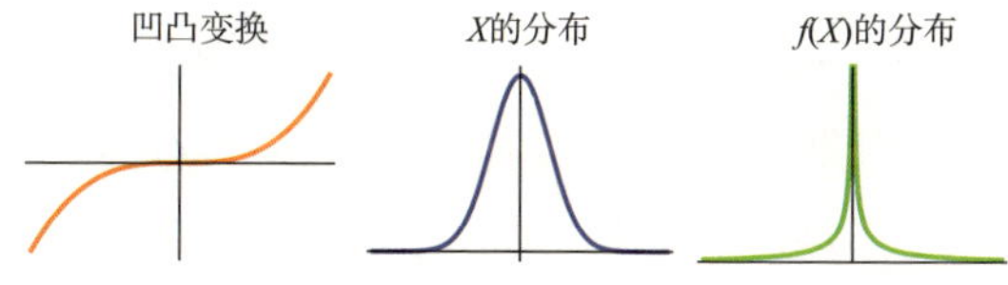

图 3.31　通过凹凸性转换（高斯分布 / 逻辑分布的倒 CDF）使得分布 f (X) 的尾部变得更厚。

处理黑天鹅问题的危险性正在于此：人们总是关注 X（“想预测 X”）。我想指出的是，虽然对 X 不够了解，但是我们可以通过改变我们了解的 F 来处理 X。当所有人都想预测 X 的时候，我们不能这么做，因为小概率事件很难被计算，尤其是在厚尾分布的领域。F(X) 是最终结果对你的影响。

$F(X)$ 的概率分布和 X 的分布完全不同，尤其当 $F(X)$ 是非线性的时候。我们需要对 X 做一个非线性变换，得到 $F(X)$，我们不得不等到 1964 年才能讨论“随机变量的凸性变换”，范兹维特（1964）[259]——因为这一问题在之前似乎并不重要。

无处不在的 S 曲线 F 几乎总是非线性的（实际上，我认为所有情况都是非线性的），一般是“S 曲线”，也即凸凹函数（对增函数来说）。更详细的讨论可见章节 F。

脆弱和反脆弱 当 $F(X)$ 是凹的（脆弱）时，对 X 的误差可以转化为 $F(X)$ 的极端负值。$F(X)$ 是凸的，则在很大程度上不受严重的负变化的影响。而在试错的情况下，或者持有一个期权，我们不需要像了解实际风险敞口那样了解 X。简单地说，X 的统计性质被 F 掩盖了。《反脆弱》一书的核心就是风险敞口比直接的“认知”（了解 X）更重要。

F 越是非线性的，X 的概率在最终 F 的分布中所占比例就越低。

很多人把概率 X 和 F 弄混了，我是认真的：整本书都是在这一错误的基础上展开的。好好看看 F 吧，别再折腾 X 了。

对事件的凸性比正确判断更加重要 2017 年秋季，一家做空波动率的公司破产了——公司决策者预测实际市场波动率（而不是方差）低于市场“预期”。虽然他们预测对了，但公司还是破产了。原因是他们的收益函数是凹函数。我们之前提过，x 和 $f(x)$ 完全不同，真实世界也不存在线性的 $f(x)$。

下面的案例可以告诉我们原因。假设投资者每天的收益函数如下图，表达式为 $f(x)=1-x^2$，就是说，如果 x 向上移动 1 个单位（假定为标准差），就会相应地产生盈亏。这也是一个典型的“方差互换”合约。

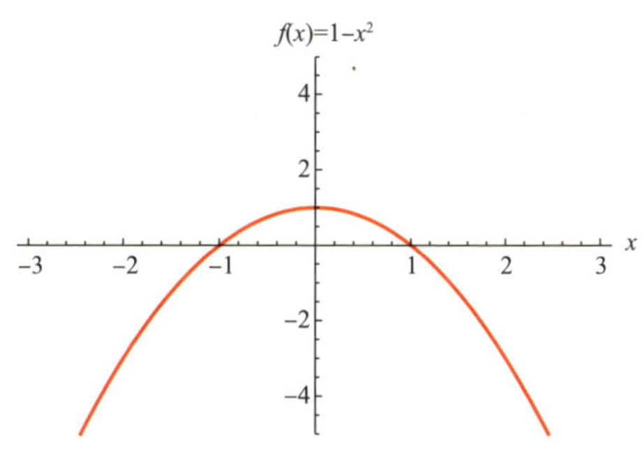

下面考虑以 7 天为周期的两组 x 连续偏离（以标准差单位表示）。

序列 1（薄尾）：{1，1，1，1，1，0，0}，平均偏差 =0.71，P/L=2。

序列 2（厚尾）：{0，0，0，0，0，0，5}，平均偏差 =0.71（相同），P/L=−18（彻底破产）。

两种情况下他们都做了正确的预测，但是波动率的聚集程度——厚尾程度导致结果天差地别。

简言之，这个实验解释了在现实世界中，为什么“糟糕的”预测者可以成为优秀的交易员和决策者，反之亦然。这是每个实践者都知道的事情，然而，那些“预测”研究却忽略了这一点。研究比实践落后了几个世纪。

3.11 破产和路径依赖

让我们以路径依赖和时间概率来结束本章。我们伟大的曾祖母是理解厚尾效应的。厚尾并不可怕，只要找到基于统计性质进行理性决策的方式，我们就可以存活下来。

这里定义一下路径依赖，如果我先熨了衬衫然后再洗，和我先洗再熨衬衫得到的是完全不同的结果。《动态对冲》[225] 提到了交易员如何规避“边界吸收态”。因为一旦破产就会彻底出局，所有最终会破产的公司都将失去过去所有的利润。

物理学家奥勒·彼得斯和默里·盖尔曼 [186] 在这一方面提出了新的观点，大大推动了决策论的进步，并证明经济学中应用的概率论存在错误。他们指出，所有经济学教材都犯了这一错误，唯一的例外是凯利和索普这样的信息论专家。

下面我们解释一下系综概率，如图 3.32 所示。

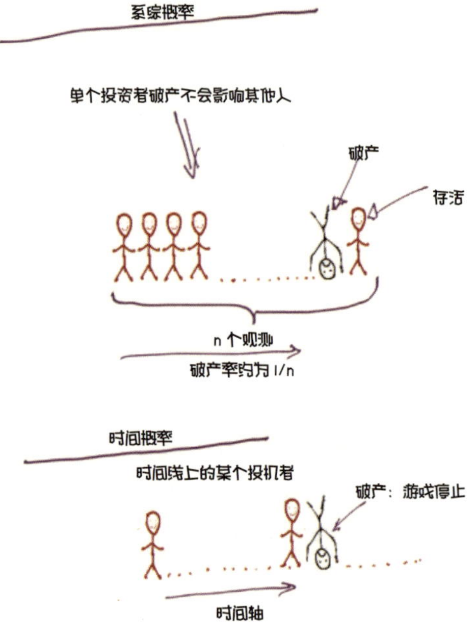

图 3.32　系综概率 vs 时间概率。期权交易员通过吸收壁来处理。在《动态对冲》[225] 和《反脆弱》[223] 中，我的表达是，在存在某个吸收态时混淆随机变量 X 和 $F(X)$。

假设我们随机选取 100 个人到赌场进行赌博，假设第 28 个人破产了，对第 29 个人不会有丝毫影响。所以我们可以通过大数定律，平均 100 个人的收益来计算赌场的回报率。如果对这个实验重复 2 至 3 次，我们就可以很好地估计出赌场的“优势”。但是当我们针对每个人去看的时候，系综概率就会遇到问题。因为，如果某人在第 28 天破产了，他就不会有第 29 天和之后的事了。这也是为什么克拉默展示了保险是无法在所谓的“克拉默条件”之外起作用的，因为该条件剔除了单个冲击带来的破产事件。同样，没有单个投资者可以在市场上持续获得阿尔法回报，因为没人有无限深的底池（或者按照奥勒·彼得斯的说法，没有人可以遍历所有平行宇宙以获得平均的生活)。我们只能在一定的限制条件下从市场上获得回报。

时间概率和系综概率并不相同，只有当风险承担者运用符合凯利公式的策略时，两者才能对应。之前彼得斯就时间概率写了三篇文章（其中一篇与默里·盖尔曼合作)，并解释了很多悖论。

让我们看看如何应用，以及传统教材存在的问题。如果我们看到某事件存在一个极小的破产概率，且事件频繁发生，那么随着时间的推移，结果一定是破产。例如，骑摩托车是一个致死率很低的事件，但是如果经常骑，该行为就会降低我们的预期寿命。衡量这一条的标准是：

法则 3.3（重复性风险暴露）

个体预期寿命标准降低的背后，隐含着重复风险事件暴露的密度与频率。

到目前为止，行为金融学领域还是从统计而非机理的角度进行推理总结，所以仍然不够完备。它机械地将对比抽离出来，并得出人们总是非理性地高估尾部风险的结论（因此需要被“调整”一下偏好来承担更多的风险)。但是，灾难性事件是一个吸收壁，没有任何一个风险事件可以被独立看待：风险会不断累积。如果我们骑摩托，抽烟，驾驶私人飞机，加入黑手党，这些风险事件会叠加在一起，导致我们几乎肯定会过早死亡。尾部风险可不是一种可再生资源。

每个幸存下来的风险承担者都理解这一点。沃伦·巴菲特理解这一点，高盛集团也理解这一点，他们想要的不是极小的风险，而是完全杜绝风险，因为这才是一家公司能够存活 20 年、30 年甚至 100 年的关键。对尾部风险的态度解释了高盛 149 年来长盛不衰的原因——它以无限责任的合伙企业的形式运行了 130 年，然后在转型为银行后的 2009 年侥幸逃生。这一条并没有被写进决策理论的教科书，但是我们（风险共担者）每天都在练习。我们参与游戏，根据我们期望的寿命，考量**重复**风险暴露会在多大程度上降低我们的预期寿命。

评论 2：决策心理学

心理学文献主要研究单次的暴露事件，并进行极为狭隘的成本收益分析。有些分析会给高估小概率风险的人贴上偏执的标签，但是忽略了只要对尾部风险的容忍度稍稍放宽一点儿，人类可能就无法在过去的数百万年中存活下来的事实。

下面我们考虑一下层级，解释为什么系统性风险和个人特质性风险属于不同类别。看一下图 3.33 中的倒金字塔：最糟糕的情况并不是自己死去，更糟的是家人、朋友和心爱的宠物同时死去，或者你死了但是你的仇敌活了下来。这些事件都比终结性尾部事件对期望寿命带来的危害更大。

所以就有了层级的概念，最大的风险是整个生态系统的消亡。预警原则围绕个体想要存活的风险控制模式构建起来。

遍历性的意思是，你对系综概率的分析可以转移到时间概率上。如果这一条得不到满足，那就完全放弃使用系综概率。

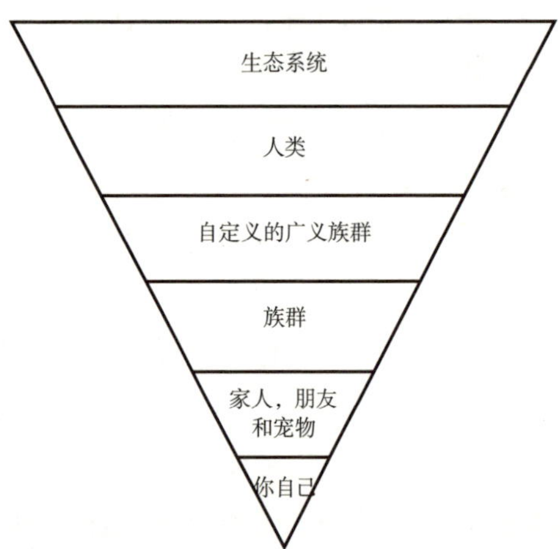

图 3.33　生存层级。更高层级的主体有着更长的期望寿命，因此，尾部风险对他们而言更重要。低层级主体，比如你和我都是可再生的。

3.12　如何应对

总结一下，首先我们需要区分平均斯坦和极端斯坦，这是两个永远不会重合的领域。如果无法区分两者，那么所有的分析都站不住脚。其次，如果无法区分时间概率（有路径依赖）和系综概率（无路径依赖），我们的分析同样不成立。

不确定性项目的下一阶段主要放在理解脆弱性、鲁棒性以及最终的反脆弱性上。一旦知道有些东西是肥尾的，我们就可以研究随机事件对风险暴露的影响：给定主体受到冲击的程度。聚焦随机事件带来的负面影响远比尝试深挖解决随机事件更有效（我们会看到，在厚尾条件下预测误差极大）。因此，和捏造统计性质相比，摸索应对策略远远来得更实在、更明智、更道德、更有效。

我们发现的一个美妙之处是，所有脆弱的事物都表现出凹性的风险暴露特征 [223]，即使不完全相同，也与做空期权的收益相似，也即对波动率的负向暴露。它一定是一种非线性状态，随着事件强度的增加而加速，直到突破临界点，摧毁一切。我如果从 10 米高的地方跳下去，会比我从 1 米高的地方跳下去 10 次受的伤害更大。这是脆弱性的一个必然特性，我们只需要关注加速的尾部即可，而对于这种期权特性，我们也构建了有效的压力测试方法 [240]。

在现实世界中，我们想要简洁有效的法则 [109]，我们想要闷声发大财，挣钱只让会计知道而不是让同事知道（我在**不确定性**系列的上一部《非对称风险》中表达了一种观点，即系统是由你身边的人决定的，而不是由某种过度复杂的进化糟粕决定的）。为了存活下来，我们需要拥有与程序直觉相对应的清晰的技术。

新的研究重点是如何检测并衡量凹凸性。这比研究概率本身要容易得多。

下一部分

接下来的三章将以非正式讨论的形式介绍厚尾背后的数学原理。里面涉及的推导和证明将在由期刊论文改编而来的章节中展示。

第四章　单变量肥尾，有限矩（第一层）†[1]

接下来的两章结构如下。我们会分三层对肥尾展开讨论，目前主要聚焦于对肥尾的直观理解而非严谨的数学差异（后面讲极限定理时会进一步讨论）。这三个层次分别为：

- 入门级肥尾，比如有限矩
- 亚指数类分布
- 幂律类分布

第一层内容最多，我们会在这里构建出整个框架。这种分层模式数学论文很少使用（肥尾一般和幂律或极限行为相联系），但它很适合分析和实践。借此我们可以很快了解肥尾效应的直接后果，构建易于理解的框架。比如，作者身为一名交易员，可以通过平均两个期权价格（不同波动率）的方式来直观理解肥尾效应，虽然简单，但非常有效。

1　讨论章节。

4.1 构造轻微肥尾的简单方法

先回顾一下凸性和詹森不等式：

假设 $\mathscr{A}$ 是实数向量空间上的凸集合，函数 $\varphi: \mathscr{A} \to \mathbb{R}$，对于 $\forall x_1, x_2 \in \mathscr{A}, \forall t \in [0,1]$：

$$\varphi\left(tx_1 + (1-t)x_2\right) \leqslant t\varphi\left(x_1\right) + (1-t)\varphi\left(x_2\right)$$

那么 φ 为凸函数。

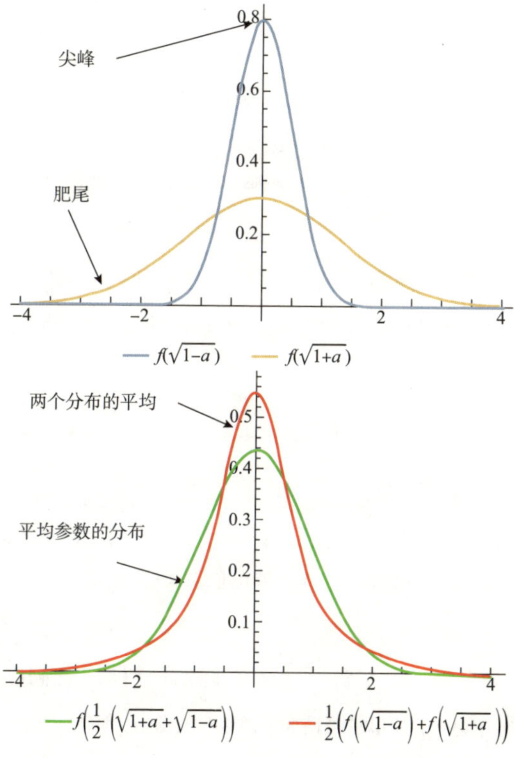

图 4.1　随机波动率如何增厚尾部，依赖的主要是部分区域概率密度对分布尺度参数的凸性。

对于随机变量 X 和凸函数 $\varphi(.)$，由詹森不等式 [135] 得出：

$$\varphi\left(\mathbb{E}[X]\right) \leqslant \mathbb{E}[\varphi(X)]$$

评论 3：肥尾和詹森不等式

对高斯分布（以及所有能用位置和尺度参数定义的分布）来说，尾部概率对分布的尺度具备凸性，这里尺度参数可以用标准差 σ（和方差 σ^2）来表示，因此，我们可以通过让标准差或者方差"随机化"的方式来增厚尾部，这样就可以在概率分布层面检验詹森不等式效应。

异方差是时间序列分析中的一个常用术语，主要用于描述尺度参数随机变化的过程。我们的方法是"随机化"，即在保持均值不变的条件下扰动分布的方差或标准差。[1]

但需要注意的是，**所有**的肥尾过程，甚至幂律过程都可以**在样本内**（即有限数量的观测下）用一个方差变化的高斯过程、一个状态切换过程，或者高斯过程加上一系列跳跃的组合来描述（虽然跳跃的尺度一般会有差异，见 [174] 中的总结）。[2]

该方法也可以帮助我们回答 4.3 中的问题："尾部从哪里开始？"

假设 $f(\sqrt{a},x)$ 是正态分布的概率密度函数（均值为 0），对于给定点 x，分布是自身方差的函数。

下面比较 $f\left(\frac{1}{2}\left(\sqrt{1-a}+\sqrt{a+1}\right),x\right)$ 和 $\frac{1}{2}(f(\sqrt{1-a},x)+f(\sqrt{a+1},x))$，两者的不同可以通过詹森不等式解释。我们假设 σ^2 的均值为常量，σ 为常量也可以——对于把均值限制条件放在方差还是标准差上一直存在争议，但是，只要保持一个值为常量即可，只是为了方便我们说明，这里没有本质区别。

由于在肥尾条件下高阶矩会增大，尽管不一定是低阶矩，所以我们可以在仅增加肥尾性（通过四阶矩）的同时保持低阶矩（前 2 至 3 个阶矩）

1 "波动率"是一个量化术语，表示标准差，但"随机波动率"表示的一般是随机方差。

2 这样的跳跃过程可以被简单地建模为一种方差极低、均值极高的高斯分布状态（且该状态的发生概率很小），因此从理论上说，泊松跳跃也是混合高斯过程。

不变。[1]

4.1.1 固定方差的增厚尾部方法

通过“随机化”方差的方式，我们可以保持分布的$\mathbb{E}\left(X^2\right)$不变并增加$\mathbb{E}\left(X^4\right)$。因为$\mathbb{E}\left(X^4\right)$是对样本$\mathbb{E}\left(X^2\right)$方差的估计，$\mathbb{E}\left(X^4\right)$平移等同于$\mathbb{E}\left((X^2-\mathbb{E}(X^2))^2\right)$，所以在大部分时间里，我们可以直接研究$\mathbb{E}\left(X^4\right)$。本章后面几小节会以更严谨的方式进行“随机化”。

为了直观理解，一个有效的方法是模拟均值为0的随机变量，然后通过固定方差的方法增厚尾部：假设随机变量以$p=\frac{1}{2}$的概率满足$N(0,\sigma\sqrt{1-a})$，另外$p=\frac{1}{2}$的概率满足$N(0,\sigma\sqrt{1+a})$，这里$0\leqslant a<1$。

其特征函数[2]如下：

$$\phi(t,a)=\frac{1}{2}e^{-\frac{1}{2}(1+a)t^2\sigma^2}(1+e^{at^2\sigma^2}) \tag{4.1}$$

奇数阶矩均为0，二阶矩保持不变：

$$M(2)=(-i)^2\partial^{t,2}\phi(t)|_0=\sigma^2 \tag{4.2}$$

四阶矩：

$$M(4)=(-i)^4\partial^{t,4}\phi|_0=3\left(a^2+1\right)\sigma^4 \tag{4.3}$$

根据传统的峰度计算，该分布的峰度为$3\left(a^2+1\right)$（这里为了和高斯分布进行对比，不删除3）。这意味着，我们可以从样本峰度反推a的值。这里的a可以被视为随机波动率参数（或Vvol）的平均偏差。

简单方法的局限性 上面的方法有助于我们建立基本的理解，但是应用空间有限，因为该方法最多只能将峰度提升到高斯分布的两倍，所以更适合用来做教学示例以帮助大家理解凸性效应。在4.1.2中，我们会介绍一种更复杂的技术方法。

---

1 重复一下之前章节的说明，我们会把“肥尾”和“厚尾”分开，前者一般表示幂律分布，而后者表示亚指数分布。当提到“肥尾”的时候，人们一般指的是峰度超过高斯分布，但有时分布的峰度甚至都不存在。我们的定义更贴近肥尾的实际应用，比如本章提到的，期权交易员就经常进行“增厚尾部”的操作。

2 注意，当均值为0时，特征函数和矩量母函数相等，该性质在后面偏数学的章节中有更多应用。

> **评论 4：尖峰**
>
> 如图 4.4 所示：肥尾对应尖峰，即观测值会以更高的密度聚集在分布中心。

这一点经常被人们误解。

4.1.2 通过有偏方差增厚尾部

我们可以改进 4.1 中制备肥尾的方法（将峰度限制为高斯的两倍）。我们在高斯方差之间切换：

$$\begin{cases}\sigma^2(1+a),\text{概率}p\\ \sigma^2(1+b),\text{概率}1-p\end{cases} \tag{4.4}$$

这里 $p\in[0,1), b=-a\dfrac{p}{1-p}$，特征函数如下：

$$\phi(t,a)=pe^{-\frac{1}{2}(1+a)\sigma^2t^2}-(p-1)e^{-\frac{\sigma^2t^2(ap+p-1)}{2(p-1)}}$$

峰度为 $\dfrac{3\left(\left(1-a^2\right)p-1\right)}{p-1}$，这样一来，在方差不变的条件下，允许出现更高峰度的极端状态。

比如，假设 $p=1/1\,000$，那么相应的最大可能 $a=999$，峰度就可以达到 3 000。

该方法非常接近对数加权特征函数带来的统计效应：

$$\phi(t,V)=\int_0^\infty \frac{e^{-\frac{t^2v}{2}-\frac{\left(\log(v)-v0+\frac{Vv^2}{2}\right)^2}{2Vv^2}}}{\sqrt{2\pi}vVv}dv \tag{4.5}$$

V 是方差，Vv 是二阶方差，也即波动率的波动率，由于分步积分，我们可以使用傅里叶变换求得所有可能的收益（见盖思勒尔 [102]）。但是，由于解析解的缺失，通过方差的分布来研究会更容易一些。

伽马分布 在研究方差分布的过程中，伽马分布是拟合高斯分布方差的极佳工具，可以让我们破除一些原有体系的限制 [36]。在研究实践中，伽马分布比对数正态分布要更容易拟合。

假设高斯分布的方差遵循伽马分布。

$$\Gamma_a(v)=\frac{v^{a-1}\left(\frac{V}{a}\right)^{-a}e^{-\frac{av}{V}}}{\Gamma(a)}$$

其均值为 V，方差为 $\frac{V}{\sqrt{a}}$。图 4.2 展示了在保持一阶和二阶矩相等的情况下，即均值 $\frac{1}{2}\log\left(\frac{aV^3}{aV+1}\right)$，标准差 $\sqrt{-\log\left(\frac{aV}{aV+1}\right)}$，伽马分布和对数正态分布的相似性。在波动率均值保持不变的条件下，最终的分布为：

$$f_{a,V}(x)=\int_0^{\infty}\frac{e^{-\frac{(x-\mu)^2}{2v}}}{\sqrt{2\pi}\sqrt{v}}\Gamma_a(v)dv \tag{4.6}$$

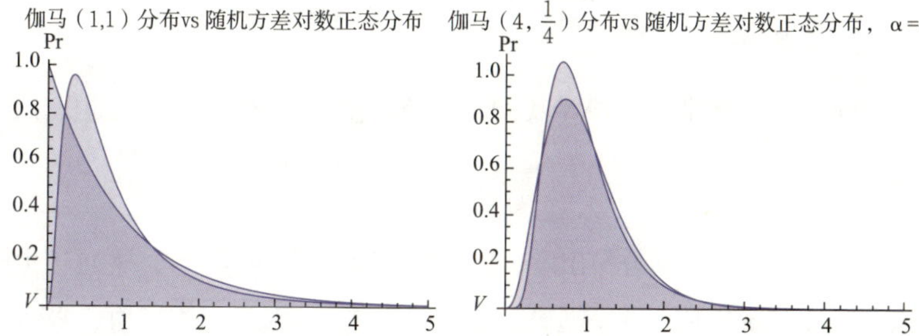

图 4.2　随机方差：同样均值和方差对应的伽马分布和对数正态分布。

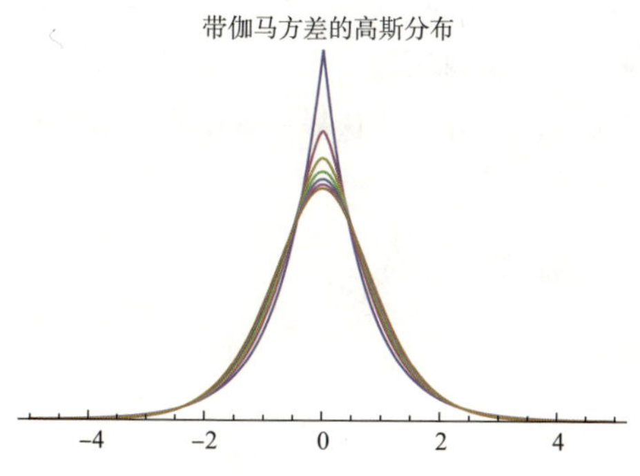

图 4.3　构造满足伽马分布的随机方差（在公式 4.7 中取不同的系数 a）。

那么：

$$f_{a,V}(x)=\frac{2^{\frac{3}{4}-\frac{a}{2}}a^{\frac{a}{2}+\frac{1}{4}}V^{-\frac{a}{2}-\frac{1}{4}}|x-\mu|^{a-\frac{1}{2}}K_{a-\frac{1}{2}}\left(\frac{\sqrt{2}\sqrt{a}|x-\mu|}{\sqrt{V}}\right)}{\sqrt{\pi}\Gamma(\mathrm{a})} \quad (4.7)$$

这里 $K_n(z)$ 是贝塞尔 K 函数，满足微分方程 $-y\left(n^2+z^2\right)+z^2y''+zy'=0$。

下面让我们深入研究随机波动率的各种表现形式。

4.2 随机波动率能否产生幂律？

我们还没有清晰地定义过幂律，现在可以暂时认为，分布至少满足某一阶矩是无限的这个条件。

该问题的答案是：取决于我们是在随机化 σ 或 σ^2，还是在随机化 $\frac{1}{\sigma}$ 或 $\frac{1}{\sigma^2}$。

假设从基础的高斯分布出发，也即随机变量 $X\sim\mathcal{N}(\mu,\sigma)$，下面有几种方法可以使尺度参数 σ 变得随机。这里要注意，σ 是非负数，所以必须采用某种单尾分布。

- 我们可以使 σ^2（或者 σ）服从对数正态分布。这样一来我们无法得到解析解，但是可以求解矩，且能确定分布无法满足幂律条件。
- 我们可以使 σ^2（或者 σ）服从伽马分布，这样一来就存在解析解了，如公式 4.7 所示。
- 我们可以使 $\frac{1}{\sigma^2}$——精度参数满足伽马分布。
- 我们可以使 $\frac{1}{\sigma^2}$ 满足对数正态分布。

表 4.1 中的结果是不同概率密度函数和期望操作符的简单叠加，假设 X 为任意随机变量，其 PDF $f(.)$ 符合位置 - 尺度参数的定义。另外有随机变量 λ，其 PDF 为 $g(.)$。X 和 λ 相互独立，因此，以标准的做法，两者的乘

积 $X\lambda$ 和两者的比值 $\frac{X}{\lambda}$ 的 p 阶矩如下（通过梅林变换）：

$$\mathbb{E}\left((X\lambda)^p\right)=\mathbb{E}\left(X^p\right)\mathbb{E}\left(\lambda^p\right)$$

和

$$\mathbb{E}\left(\left(\frac{X}{\lambda}\right)^p\right)=\mathbb{E}\left(\left(\frac{1}{\lambda}\right)^p\right)\mathbb{E}\left(X^p\right)$$

这里位置 - 尺度类分布满足性质 $\frac{1}{\lambda}f_{\frac{x}{\lambda}}\left(\frac{x}{\lambda}\right)=f_x\left(\frac{x}{\lambda}\right)$，比如 $x\sim\mathcal{N}(0,1)$（即正态分布），则 $\frac{x}{\sigma}\sim\mathcal{N}(0,\sigma)$。

表 4.1　随机波动率转换。通过现有的幂律分布，我们可以对比 $\frac{1}{x}$ 或 $\frac{1}{\sqrt{x}}$ 转换后的概率密度函数，$\mathcal{LN}$、$\mathcal{N}$、$\mathcal{G}$ 和 $\mathcal{P}$ 分别代表对数正态分布、正态分布、伽马分布和帕累托分布

分布	$p(x)$	$p(\frac{1}{x})$	$p(\frac{1}{\sqrt{x}})$
$\mathcal{LN}(m,s)$	$\frac{e^{-\frac{(m-\log(x))^2}{2s^2}}}{\sqrt{2\pi}sx}$	$\frac{e^{-\frac{(m+\log(x))^2}{2s^2}}}{\sqrt{2\pi}sx}$	$\frac{\sqrt{\frac{2}{\pi}}e^{-\frac{(m+2\log(x))^2}{2s^2}}}{sx}$
$\mathcal{N}(m,s)$	$\frac{e^{-\frac{(m-x)^2}{2s^2}}}{\sqrt{2\pi}s}$	$\frac{e^{-\frac{(m-\frac{1}{x})^2}{2s^2}}}{\sqrt{2\pi}sx^2}$	$\frac{\sqrt{\frac{2}{\pi}}e^{-\frac{(m-\frac{1}{x^2})^2}{2s^2}}}{sx^3}$
$\mathcal{G}(a,b)$	$\frac{b^{-a}x^{a-1}e^{-\frac{x}{b}}}{\Gamma(a)}$	$\frac{b^{-a}x^{-a-1}e^{-\frac{1}{bx}}}{\Gamma(a)}$	$\frac{2b^{-a}x^{-2a-1}e^{-\frac{1}{bx^2}}}{\Gamma(a)}$
$\mathcal{P}(1,\alpha)$	$\alpha x^{-\alpha-1}$	$\alpha x^{\alpha-1}$	$2\alpha x^{2\alpha-1}$

表 4.2　可能的方差分布的 p 阶矩

分布	$\mathbb{E}(X^p)$	$\mathbb{E}\left(\left(\frac{1}{X}\right)^p\right)$	$\mathbb{E}\left(\left(\frac{1}{\sqrt{X}}\right)^p\right)$
$\mathcal{LN}(m,s)$	$e^{mp+\frac{p^2s^2}{2}}$	$e^{\frac{1}{2}p(ps^2-2m)}$	$e^{\frac{1}{8}p(ps^2-4m)}$
$\mathcal{G}(a,b)$	$b^p(a)_p$	$\frac{(-1)^p b^{-p}}{(1-a)_p},p<a$	别想了
$\mathcal{P}(1,\alpha)$	$\frac{\alpha}{\alpha-p},\ p<\alpha$	$\frac{\alpha}{\alpha+p}$	$\frac{2\alpha}{2\alpha-p}$

4.3 分布的躯干、肩部和尾部

尾部从哪里开始?

我们认为，尾部从概率分布对尺度展现出凸性的地方开始，换句话说，尾部开始的位置受到随机波动率效应的影响。

4.3.1 交叉和隧穿效应

图 4.4 中存在一系列和参数 a 无关的的交叉区域。被称为“钟形曲线”的分布实际上有着凸 – 凹 – 凸的曲线结构（或拟凹结构）。

随机变量 X 的概率密度函数为 $p(x)$，PDF 属于单模型单变量连续 PDF p_σ，定义域 $\mathcal{D} \subseteq \mathbb{R}$，尺度参数 σ。假设 $p(.)$ 定义域上为拟凹函数（非单调凹函数或凸函数）。$p(x)$ 满足对所有的 $\epsilon > 0, x > x^*$，$p(x) \geqslant p(x+\varepsilon)$，对所有的 $\epsilon > 0, x < x^*$，$p(x) \geqslant p(x-\varepsilon)$，$x^* = arg\ \max_x p(x)$。

$$p(\omega x + (1-\omega) y) \geqslant \min(p(x), p(y))$$

如果变量为“双尾分布”，也即定义域为 $\mathcal{D} = (-\infty, \infty)$，且 $p^\delta(x) \triangleq \dfrac{p(x,\sigma+\delta) + p(x,\sigma-\delta)}{2}$，

1. 在内部存在某个“尖峰”区域，$A_T = (a_2, a_3)$，对概率分布的 σ 进行 δ 扰动后，当 $x \in (a_2, a_3)$ 时，$p^\delta(x) \geqslant p(x)$。

2. 在外部存在某个“尾部”区域，当 $x \in (-\infty, a_1)$ 或 $x \in (a_4, \infty)$ 时，$p^\delta(x) \geqslant p(x)$。

3. 在中间存在某个“肩部”区域，当 $x \in (a_1, a_2)$ 或 $x \in (a_3, a_4)$ 时，$p^\delta(x) \leqslant p(x)$。

黑天鹅问题：我们可以看到，不仅仅是尾部事件会发生或尾部事件重要，关键在于这些事件起到主导作用**并且**其概率无法被简单计算，不存在任何可靠的估计方法。它告诉我们，黑天鹅不一定来自肥尾本身，问题可能源自对尾部事件的不完整评估。

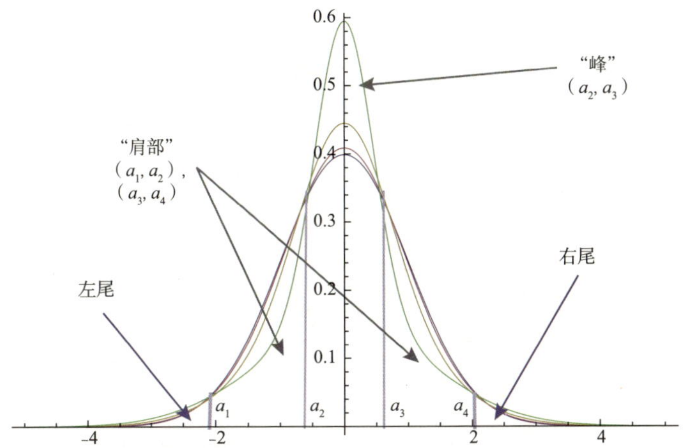

图 4.4　尾部从哪里开始？通过扰动高斯分布的尺度参数，使其变得随机（而非固定）可以获得越来越肥的尾部，此时分布的部分区域会获得概率密度，而另一些区域会失去概率密度。中间事件的可能性降低了，而温和事件和尾部事件的概率升高了。我们可以看到，a_1 和 a_4 处发生隧穿，所以“尾部”的合理起始位置是左边的 a_1 和右边的 a_4。

假设 $A=\{a_i\}$ 是 $\left\{x:\frac{\partial^2 p(x)}{\partial\sigma^2}|_a=0\right\}$ 的解集。

对于高斯分布 (μ,σ)，将 σ 的二阶导数设为 0，得到的解为：

$$\frac{e^{-\frac{(x-\mu)^2}{2\sigma^2}}\left(2\sigma^4-5\sigma^2(x-\mu)^2+(x-\mu)^4\right)}{\sqrt{2\pi}\sigma^7}=0$$

可以求得下列交点：

$$\{a_1,a_2,a_3,a_4\}=\left\{\mu-\sqrt{\frac{1}{2}\left(5+\sqrt{17}\right)}\sigma,\mu-\sqrt{\frac{1}{2}\left(5-\sqrt{17}\right)}\sigma,\right.$$
$$\left.\mu+\sqrt{\frac{1}{2}\left(5-\sqrt{17}\right)}\sigma,\mu+\sqrt{\frac{1}{2}\left(5+\sqrt{17}\right)}\sigma\right\} \tag{4.8}$$

在图 4.4 中，最终不同区域交点的数值为 $\{-2.13\sigma,-0.66\sigma,0.66\sigma,2.13\sigma\}$。

对于对称幂律尾分布（如下所示），如果尺度为 s，尾部指数为 α 的学生 T 分布为：

$$p(x) \triangleq \frac{\left(\frac{\alpha}{\alpha+\frac{x^2}{s^2}}\right)^{\frac{\alpha+1}{2}}}{\sqrt{\alpha}sB\left(\frac{\alpha}{2},\frac{1}{2}\right)}$$

$\{a_1,\ a_2,\ a_3,\ a_4\}=$

$$\left\{-\frac{\sqrt{\frac{5\alpha+\sqrt{(\alpha+1)(17\alpha+1)}+1}{\alpha-1}}s}{\sqrt{2}},-\frac{\sqrt{\frac{5\alpha-\sqrt{(\alpha+1)(17\alpha+1)}+1}{\alpha-1}}s}{\sqrt{2}},\right.$$

$$\left.\frac{\sqrt{\frac{5\alpha-\sqrt{(\alpha+1)(17\alpha+1)}+1}{\alpha-1}}s}{\sqrt{2}},\frac{\sqrt{\frac{5\alpha+\sqrt{(\alpha+1)(17\alpha+1)}+1}{\alpha-1}}s}{\sqrt{2}}\right\}$$

上面的 $B(.)$ 是 β 函数，$B(a,b)=\frac{\Gamma(a)\Gamma(b)}{\Gamma(a+b)}=\int_0^1 dtt^{a-1}(1-t)^{b-1}$。

当学生 T 分布为“立方分布”，也即 $\alpha=3$ 时：

$$\{a_1,a_2,a_3,a_4\}=\left\{-\sqrt{4+\sqrt{13}}s,-\sqrt{4-\sqrt{13}}s,\sqrt{4-\sqrt{13}}s,\sqrt{4+\sqrt{13}}s\right\}$$

总的来说，尾部从哪里开始？

对一般的对称幂律分布来说，尾部开始的位置是 $\pm\frac{\sqrt{\frac{5\alpha+\sqrt{(\alpha+1)(17\alpha+1)}+1}{\alpha-1}}s}{\sqrt{2}}$，在高斯随机波动率模型中，标准差为 s，α 为无穷大。“尾部”出现在 2~3 个标准差处。这源于我们的定义：分布的哪一部分对尺度估计误差呈现出凸性。

但在实践中，由于小样本效应，根据历史数据计算的 STD 会偏小（再次强调，肥尾会加重小样本效应），实际尾部起始位置会大于 2 ~ 3 个标准差。

我们可以证明，当 $\alpha\to\infty$ 时，上述交点即为高斯分布的交点。比如，对于 a_1：

$$\lim_{\alpha\to\infty} -\frac{\sqrt{\frac{5\alpha+\sqrt{(\alpha+1)(17\alpha+1)}+1}{\alpha-1}}s}{\sqrt{2}} = -\sqrt{\frac{1}{2}\left(5+\sqrt{17}\right)}s$$

对于某些具备“钟形”凸－凹－凸特征的单尾分布，在一定条件下，上述四个交点依然成立。其中对数正态分布是一个特例。

$$\{a_1, a_2, a_3, a_4\}$$
$$=\left\{e^{\frac{1}{2}\left(2\mu-\sqrt{2}\sqrt{5\sigma^2-\sqrt{17}\sigma^2}\right)}, e^{\frac{1}{2}\left(2\mu-\sqrt{2}\sqrt{\sqrt{17}\sigma^2+5\sigma^2}\right)}, e^{\frac{1}{2}\left(2\mu+\sqrt{2}\sqrt{5\sigma^2-\sqrt{17}\sigma^2}\right)}, e^{\frac{1}{2}\left(2\mu+\sqrt{2}\sqrt{\sqrt{17}\sigma^2+5\sigma^2}\right)}\right\}$$

随机参数　椭圆分布的问题是无法描述证券回报率的，因为方差在各个时间点上并不一致，可参见布绍和奇切帕提奇（2010）[42]。当不同分布的尺度不发生同向移动时，分布趋于椭圆分布。图 6.2 显示了应用类随机波动率方法带来的结果：更令人讨厌的随机相关性。在第六章中，我们会用突变的方式扰动相关性，不对相关性矩阵 Σ 做整体扰动。

4.4　肥尾、平均差和上升范数

接下来，我们将讨论标准差的滥用及存在的问题。

4.4.1　常见误区

让我们先从标准差和方差开始，由此一窥高阶矩的性质。那么，什么是标准差？我们对肥尾的误解似乎也污染了我们对标准差的理解。

> 标准差 $\sigma=\sqrt{\frac{1}{n}\Sigma x_i^2}$（假设均值和中位数为 0）和平均差 $\mathrm{MAD}=\frac{1}{n}\Sigma|x_i|$ 的差异在肥尾条件下会加大，如图 4.5 所示。该图为我们提供了对两者的基础认知。

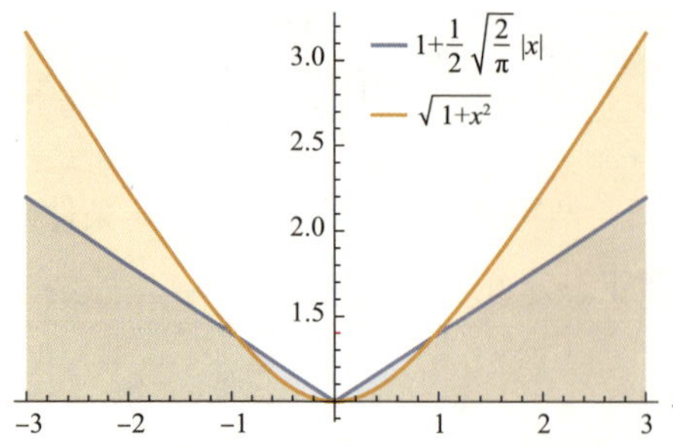

图 4.5 比较 $\sqrt{K+x^2}$ 和 $K+|x|$ 的行为。在随机变量 x 取值较大时，两个加权函数的差别会越发显著，由此也解释了两者（以及更一般化的高阶矩）在肥尾条件下的差异。

本书作者和丹·戈尔茨坦 [113] 曾向金融工程领域的毕业生提过一个问题，他们是每天和风险 / 标准差打交道的人。

某只股票（或基金）的平均回报为 0%，价格每天平均移动 1%（绝对值），也即上行时平均涨 1%，下行时平均跌 1%。当然不是刚好 1%，有时候是 0.6%，有时候是 1.45%，等等，整体均值为 1%。

假设我们生活在高斯分布的世界中，收益率（或每日百分比变动）可以用正态分布建模表示，假定一年有 256 个交易日，那么收益率的标准差（百分比变化，也即金融领域中的波动率 σ）是多少？

日收益率的标准差是多少？

年化收益率的标准差又是多少？

读者可以看到，该问题描述的实际上是平均差，而我们得到的答案一般都是错误的。大家一般会认为，日收益率的标准差为 1%，但是平均变动偏差为 1% 的高斯随机变量，其标准差要更高些，约为 1.25%。如果以股票市场的实际经验分布来看，标准差约为 1.7%。对于年化标准差大家一般会说是 16%，这大约是真实值的 80%。将日标准差乘以 $\sqrt{256}$ 进行年化调整没有问题，这主要取决于日收益率是否正确。

因此，大家会在直观上把标准差（STD）想成平均差（MAD）。当这些金融从业者每天讨论波动率和标准差的概念时，他们实际上用平均差对应标准差，采用的是错误的测度，这也会导致实际数值被低估 20%~40%。而在一些极端市场中，低估程度甚至可以达到 90%。哪怕有人直接指出两者存在差异，他们也无法立刻意识到错误，但如果我们继续问标准差的公式，他们又能给出正确的表达式：平均平方偏差的开方。有些人还会感到困惑，因为他们没有听过平均差的概念。

为什么这一点很重要？因为这意味着决策者每天在来来回回讨论“波动率”，却不知道其真实含义。如果去看一些相关的新闻，有些媒体人在解释波动率指数“VIX”的时候也会犯同样的错误。甚至连商务部的官方网站都错误地定义了波动率。

此外，由詹森不等式，MAD 小于 STD，人们认知中的波动被系统性地低估了。

两者的比值是如何上升的　对于高斯分布，该比值约为 1.25，一旦存在肥尾，比值就会逐渐上升。

示例：可以观察一个极度肥尾分布，$n=10^6$，除了一个观测值为 10^6，其余所有值均为 –1。

$$X=\{-1,1,\cdots,-1,10^6\}$$

其平均差 MAD（X）=2，而标准差 STD（X）=1 000，标准差 / 平均差为 500。

4.4.2　指标分析

薄尾分布的比值　考虑比值 h 作为一般分析指标：

$$h=\frac{\sqrt{\mathbb{E}\left(X^2\right)}}{\mathbb{E}(|X|)}$$

$\mathbb{E}$ 为期望操作符（在所需的统计测度下，X 是中心化变量，$\mathbb{E}$（X）=0），该比值随着肥尾程度的加重而上升。（最一般的情况为 $\frac{\left(\mathbb{E}\left(X^p\right)\right)^{\frac{1}{p}}}{\mathbb{E}(|X|)}, p>1$，假定分布 n 阶及以下的矩均存在，n=2 是其中的特例。[1]）

我们可以简单地将 X^p 视为对 X 进行 X^{p-1} 加权的操作符，在 X 较大时其权重较高，在 X 较小时其权重较低。

该效应源自不同函数的凸性差异，$|X|$ 偏线性，在除中心区域以外的地方不存在凸性效应。

1　矩“无穷大”的说法可能有点儿含混，用矩“未定义”会好一些，因为在这种情况下，矩完全依赖于样本，且没有外推能力。比如，对定义在实数轴上的双尾分布，我们所谓的“无穷大”可能适用于四阶矩，而非三阶矩。

平均差 vs 标准差，定量探究 为什么统计学选择了标准差而非平均差？虽然文献中没有给出过量化推导，但我们可以参见休伯 [131] 阐释的历史缘由：

1920 年，爱丁顿和费雪就 *dn*（平均差）和 *Sn*（标准差）之间的相对优劣有过一次争论。费雪指出，对于正态分布的观测，*Sn* 比 *dn* 要有效 12%，而这似乎决定了后来人们的习惯（我的猜想）。

那么我们重新推导一下费雪所说的概念。

令 n 为求和数量：

$$\text{渐性相对效应（ARE）}=\lim_{n\to\infty}\left(\frac{\mathbb{V}(\mathrm{STD})}{\mathbb{E}(\mathrm{STD})^2}\bigg/\frac{\mathbb{V}(\mathrm{MAD})}{\mathbb{E}(\mathrm{MAD})^2}\right)$$

假如我们知道样本内 X_i 服从归一化的高斯分布（均值为 0，标准差为 1）。

相对标准偏差误差 x^2 的特征函数 $\Psi_1(t)$ 可以表示为：$\Psi_1(t)=\int_{-\infty}^{\infty}\frac{e^{-\frac{x^2}{2}+itx^2}}{\sqrt{2\pi}}dx=\frac{1}{\sqrt{1-2it}}$。令平方偏差 $z=x^2$，n 变量求和的密度函数 f 满足：

$$f_Z(z)=\frac{1}{2\pi}\int_{-\infty}^{\infty}\exp(-itz)\left(\frac{1}{\sqrt{1-2it}}\right)^n dt=\frac{2^{-\frac{n}{2}}e^{-\frac{z}{2}}z^{\frac{n}{2}-1}}{\Gamma\left(\frac{n}{2}\right)},z>0$$

现在令 $y=\sqrt{z}$，$f_Y(y)=\frac{2^{1-\frac{n}{2}}e^{-\frac{z^2}{2}}z^{n-1}}{\Gamma\left(\frac{n}{2}\right)},z>0$，对应自由度为 n 的卡方分布。积分后可以得到方差 $\mathbb{V}_{\mathrm{STD}}(n)=n-\frac{2\Gamma\left(\frac{n+1}{2}\right)^2}{\Gamma\left(\frac{n}{2}\right)^2}$，均值 $\frac{\sqrt{2}\Gamma\left(\frac{n+1}{2}\right)}{\Gamma\left(\frac{n}{2}\right)}$，我们有 $\frac{\mathbb{V}(\mathrm{STD})}{\mathbb{E}(\mathrm{STD})^2}=\frac{n\Gamma\left(\frac{n}{2}\right)^2}{2\Gamma\left(\frac{n+1}{2}\right)^2}-1$。

相对平均偏差的误差 $|x|$ 的特征函数是折叠正态分布，下面我们进行

推导：

$\Psi_2(t)=\int_0^{\infty}\sqrt{\frac{2}{\pi}}e^{-\frac{x^2}{2}+itx}=e^{-\frac{t^2}{2}}\left(1+i\,\mathrm{erfi}\left(\frac{t}{\sqrt{2}}\right)\right)$，erfi 是 虚 误 差 函 数 $\mathrm{erf}(iz)/i$。

$$一阶矩：M_1=-i\frac{\partial}{\partial t^1}\left(e^{-\frac{t^2}{2n^2}}\left(1+i\,\mathrm{erfi}\left(\frac{t}{\sqrt{2n}}\right)\right)\right)^n\Bigg|_{t=0}=\sqrt{\frac{2}{\pi}}$$

$$二阶矩：M_2=(-i)^2\frac{\partial^2}{\partial t^2}\left(e^{-\frac{t^2}{2n^2}}\left(1+i\,\mathrm{erfi}\left(\frac{t}{\sqrt{2n}}\right)\right)\right)^n\Bigg|_{t=0}=\frac{2n+\pi-2}{\pi n}$$

因此，$\frac{\mathbb{V}(\mathrm{MAD})}{\mathbb{E}(\mathrm{MAD})^2}=\frac{M_2-M_1^2}{M_1^2}=\frac{\pi-2}{2n}$。

最终，高斯分布的渐进相对效率为：

$$\mathrm{ARE}=\lim_{n\to\infty}\frac{n\left(\frac{n\Gamma\left(\frac{n}{2}\right)^2}{\Gamma\left(\frac{n+1}{2}\right)^2}-2\right)}{\pi-2}=\frac{1}{\pi-2}\approx 0.875$$

这就意味着，在他们的语境中，**数据符合高斯分布**的前提下，标准差比平均差要“有效”12.5%（可参考图 4.6），这些家伙接受了这个论点。但只要把条件稍稍放松，上述比值就不再成立。后面会解释为什么正态分布在绝大多数情况下都不适用，现在先让我们看看 STD 有多脆弱。

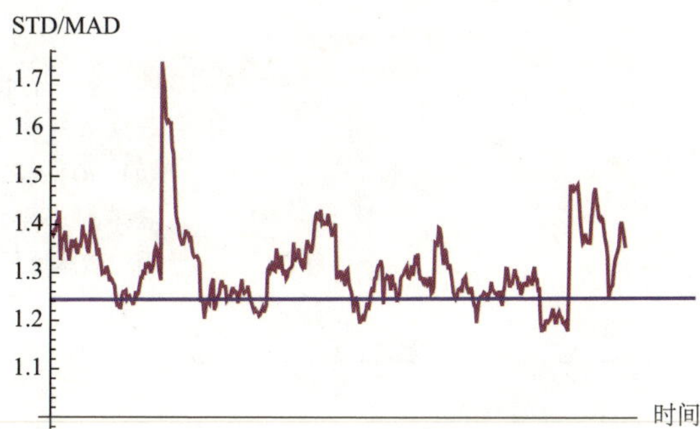

图 4.6　标准普尔 500 指数过去 47 年的 STD/MAD 比率，由每日收益率按月滚动计算。这里我们以$\sqrt{\frac{\pi}{2}}\approx 1.253$（高斯分布的比值）作为肥尾的分界线。

4.4.3 肥尾效应对 STD vs MAD“有效性”的影响

假设一个标准波动率混合模型，其偶尔跳跃的概率为 p。我们在下列高斯分布中变换（保持均值为 0）：

$$\mathbb{V}(x)=\begin{cases}\sigma^2(1+a) & \text{概率}p\\ \sigma^2 & \text{概率}1-p\end{cases}$$

可以通过简单的蒙特卡罗模拟来实现。令 p=0.01 和 n=1 000，图 4.8 展示了 a=2 时带来的问题，只要存在一个异常值，MAD 就会立刻比 STD 更“有效”。而 5 倍标准差的小“异常”会使 MAD 有效 5 倍。[1]

图 4.7　哈拉尔德·克拉默，提出了克拉默条件和破产问题。

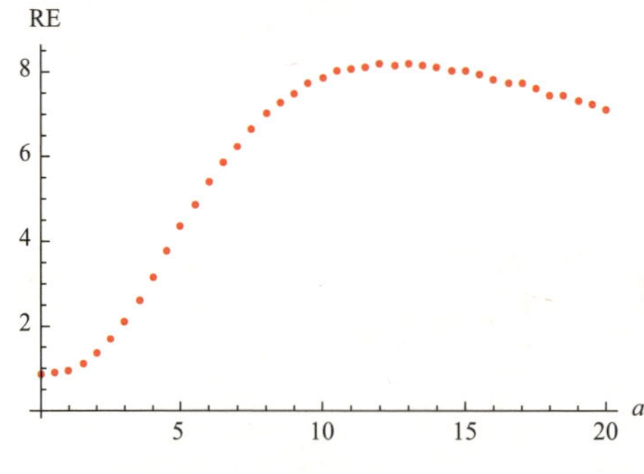

图 4.8　当对标准差 σ 插入一个跳跃项 $\sqrt{(1+a)}\times\sigma$ 之后，标准差对于平均差的相对效率比值模拟。

1　一般采用的方法是使 MAD 以中位数为中心，但是我们认为，这里的例子（以及决策理论）以均值为中心更合理，后面在以均值为中心时，我们会进行标注。

4.4.4 矩和幂均不等式

令 $X \triangleq (x_i)_{i=1}^{n}$，

$$\|X\|_p \triangleq \left(\frac{\sum_{i=1}^{n}|x_i|^p}{n}\right)^{1/p}$$

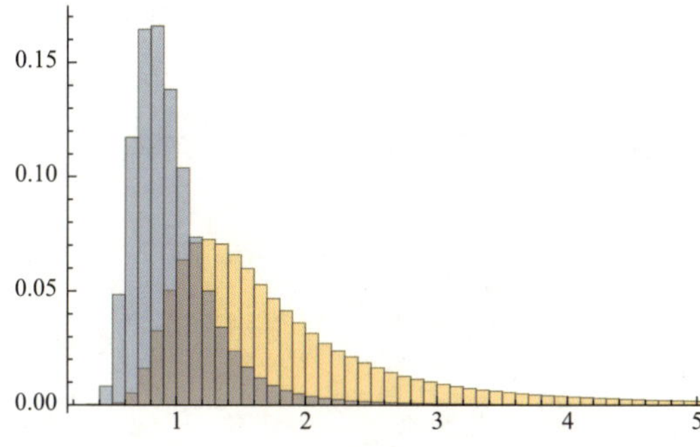

图 4.9 方差有限幂律分布的平均差（蓝色）vs 标准差（黄色）。结果和预期一致（平均差的分布更薄尾），同时标准差的方差为无穷大，因为对于尾部指数 α 的帕累托分布，其平方分布的尾部指数为 $\frac{1}{2}\alpha$，在本例中，标准差比平均差要高 5 倍。

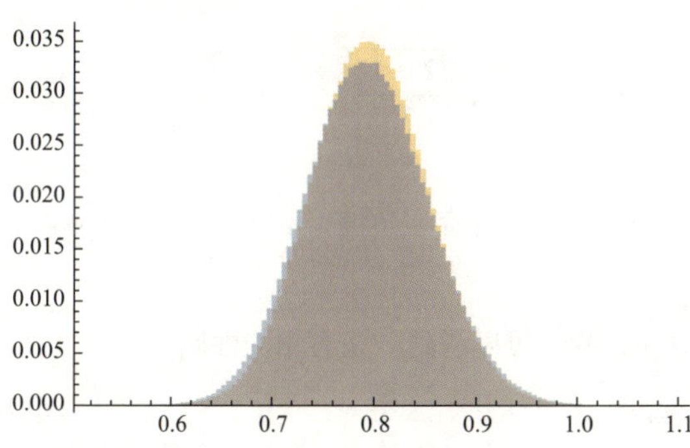

图 4.10 对于高斯分布，平均差和标准差之间存在微小的差异（调整两者均值以方便比较）。

对于所有的 $1 \leqslant p < q$，下面的不等式均成立：

$$\sqrt[p]{\sum_{i=1}^{n}\omega_i|x_i|^p} \leqslant \sqrt[q]{\sum_{i=1}^{n}\omega_i|x_i|^q} \tag{4.9}$$

其中权重 ω_i 为正值且和为 1（注意，我们为满足三角不等关系，避开了 $p<1$）。

证明 对于正值 p 和 q 的证明如下。定义下列函数：$f:R^+ \to R^+$，$f(x)=x^{\frac{q}{p}}$，幂律函数 $f(x)$ 的二阶导数如下：

$$f''(x)=\left(\frac{q}{p}\right)\left(\frac{q}{p}-1\right)x^{\frac{q}{p}-2}$$

在f的定义域上严格为正，因为$q>p$且f为凸函数，由詹森不等式：$f\left(\sum_{i=1}^{n}\omega_i x_i{}^{p}\right)\leqslant\sum_{i=1}^{n}\omega_i f\left(x_i^p\right)$，然后对两边同时乘方 $1/q$（增函数，因为 $1/q$ 为正），就可以得到$\sqrt[\frac{p}{q}]{\sum_{i=1}^{n}\omega_i x_i^p}\leqslant\sum_{i=1}^{n}\omega_i x_i^q$。

我们研究肥尾效应，非常关键的一点在于，在保持低阶范数不变时，离散化分布会使高阶范数上升。比如，以简单的X={1,1}分布为例，$\|X\|_1=\|X\|_2=\cdots=\|X\|_n=1$。在保持$\|X\|_1$不变的情况下扰动使$X=\left\{\frac{1}{2},\frac{3}{2}\right\}$，可以得到如下高阶范数：

$$\{\|X\|_n\}_{n=1}^{5}=\left\{1,\frac{\sqrt{5}}{2},\frac{\sqrt[3]{7}}{2^{2/3}},\frac{\sqrt[4]{41}}{2},\frac{\sqrt[5]{61}}{2^{4/5}}\right\} \tag{4.10}$$

如果增加离散程度，使$X=\left\{\frac{1}{4},\frac{7}{4}\right\}$，范数会进一步升高：

$$\{\|X\|_n\}_{n=1}^{5}=\left\{1,\frac{5}{4},\frac{\sqrt[3]{\frac{43}{2}}}{2},\frac{\sqrt[4]{1\,201}}{4},\frac{\sqrt[5]{2\,101}}{2\times 2^{3/5}}\right\} \tag{4.11}$$

可以看到，如果除去限制条件或允许存在负值，高阶矩会出现爆炸式增长。

对于矩无穷大的幂律分布，我们可以得到一条有用的性质：

$$\|X\|_\infty=\sup\left(|x_i|\right)_{i=1}^{n} \tag{4.12}$$

高斯分布示例 为不失一般性，假设有$x\sim N(0,\sigma)$的高斯分布（均值为0），$\mathbb{E}(X)$是X的期望操作符，

$$\frac{\mathbb{E}\left(X^{\frac{1}{p}}\right)}{\mathbb{E}(|X|)}=2^{\frac{p-3}{2}}\left((-1)^p+1\right)\sigma^{p-1}\Gamma\left(\frac{p+1}{2}\right)$$

以及

$$\frac{\mathbb{E}\left(X^p\right)}{\mathbb{E}(|X|)}=2^{\frac{1}{2}(p-3)}\left(1+(-1)^p\right)\left(\frac{1}{\sigma^2}\right)^{\frac{1}{2}-\frac{p}{2}}\Gamma\left(\frac{p+1}{2}\right) \tag{4.13}$$

这里$\Gamma(z)$是欧拉伽马函数；$\Gamma(z)=\int_0^\infty t^{z-1}e^{-t}dt$，奇数矩的比值为0，偶数矩：

$$\frac{\mathbb{E}\left(X^2\right)}{\mathbb{E}(|X|)}=\sqrt{\frac{\pi}{2}}\sigma$$

因此

$$\frac{\sqrt{\mathbb{E}\left(X^2\right)}}{\mathbb{E}(|X|)}=\frac{\text{STD}}{\text{MAD}}=\sqrt{\frac{\pi}{2}}$$

对于四阶矩，该比值为$3\sqrt{\frac{\pi}{2}}\sigma^3$。

对于尾部指数$\alpha=3$的幂律分布，比如学生T分布来说，

$$\frac{\sqrt{\mathbb{E}\left(X^2\right)}}{\mathbb{E}(|X|)}=\frac{\text{STD}}{\text{MAD}}=\frac{\pi}{2}$$

在幂律分布的矩为“无穷大”的时候，我们会再讨论肥尾的定义和其他的统计量。因此，上述矩对平均差的比值分析只适用于样本内，并不适用于样本外。

帕累托分布示例 对于最小值和尺度均为L的标准帕累托分布，PDF$f\left(x\right)=\alpha L^{\alpha}x^{-\alpha-1}$，标准差为$\frac{\sqrt{\frac{\alpha}{\alpha-2}}L}{\alpha-1}$，如果以均值为中心，我们有：

$$\frac{\text{STD}}{\text{MAD}}=\frac{1}{2\sqrt{\alpha-2}\left(\alpha-1\right)^{\alpha-1}\alpha^{\frac{1}{2}-\alpha}} \tag{4.14}$$

“无限”矩 假设分布有着无限矩，比如无限方差，在有限的样本中计算得到的矩依然有限，但仅仅因为样本是有限的。一个均值无定义的分布比如柯西分布，在有限样本中总是会呈现出有限均值，并且不同样本集给出的均值会完全不同，图4.11和图4.12显示了随着样本不断增大，矩展现出的“漂移”效应。

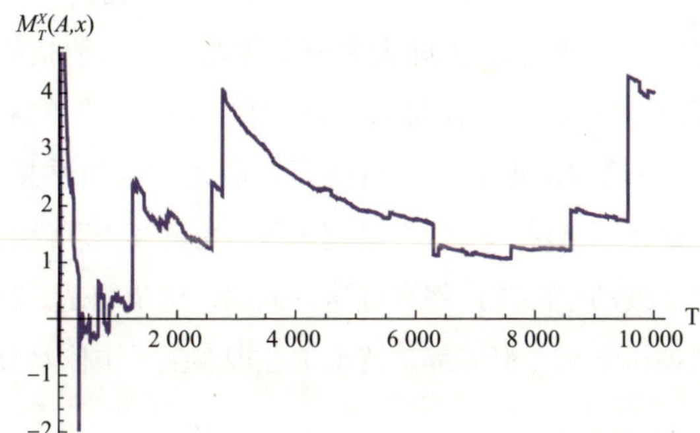

图4.11 均值无定义分布（柯西分布）的样本内均值序列。

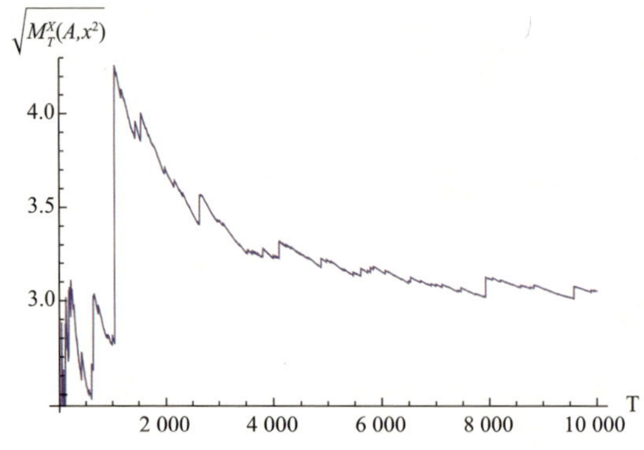

图 4.12　无限方差分布的样本内二阶矩开方值，在每一次跳跃前我们都会看到伪收敛。

4.4.5　评述：为什么我们应该立刻弃用标准差？

标准差的概念迷惑了大量的科研人员，我们应该在平时的研究中弃用标准差，并更换为更有效的平均差。标准差（STD）的概念应当留给数学家、物理学家和统计学家在推导极限定理时使用。在计算机时代，我们已经失去了用标准差进行统计估计的理由，反而是越来越多的社会科学家机械地使用标准差带来了大量问题。

假设有人让你测量过去五天你所在城市气温（某股票的价格或你舅舅的血压）的“每日平均偏差”，相应的数值为（–23，7，–3，20，–1），你会如何做？

你会将每个观察值平方，求和取平均值，再开方吗？还是去掉符号直接求平均值？这两种计算方法完全不同，前者的平均值为 15.7，后者为 10.8。前者的正式名称为均方根偏差，而后者的正式名称是平均绝对偏差（MAD）。相比较而言，MAD 的概念更适用于“真实世界”。实际上，每当获得标准差数据时，人们在决策中还是会把它当成平均差来用。

一切都源于历史的偶然：1893 年，伟大的卡尔·皮尔逊将“均方根偏差”赋予了“标准差”的概念，由此大家开始混淆，以为他指的是平均差。这一点很容易证实：新闻媒体每次尝试解释“波动率”的概念时，都会在口头上使用平均差的概念，然后使用标准差的数值结果。

但并非只有媒体会犯这样的错误：我曾经看到美国商务部和美联储的官方文件，以及监管层关于波动率的陈述都有过这种偏误。更糟的是，我和戈尔茨坦发现，大量数据科学家（很多都是博士）在现实生活中依然会犯错。

这都来自上面反直觉的命名方式，基于属性替换的心理学效应，有些人将 MAD 误认为 STD，仅仅因为前者更容易令人想起——这正是骗子和幻想家最熟悉的“林迪效应”。[1]

（1）MAD 在样本内更精确，而且比 STD 的波动更小。因为 MAD 采用自然权重，而 STD 以自身为权重，这使得较大偏差的权重提高，从而过度加权尾部事件。

（2）我们经常在公式中使用 STD，但在最后应用中又转化为 MAD（比如，金融领域的期权定价）。在高斯世界中，STD 大约是 MAD 的 1.25 倍，也即 $\sqrt{\frac{\pi}{2}}$。但如果采用随机波动率模型，STD 一般是 MAD 的 1.6 倍。

（3）很多统计现象和统计过程都有“无限方差”（比如，知名的 80/20 法则），但具备有限甚至性质良好的平均差。只要均值存在，MAD 就存在，反之（无限 MAD，有限 STD）不成立。

（4）遗憾的是，许多经济学家放弃了“无限方差”模型，以为它们也是“无限平均差”模型。自从 50 年前，伟大的本华·曼德博提出无限方差模型以来，经济学家就被吓坏了。

我们非常遗憾地看到，这么一个小问题导致了如此多的误解：我们的科研工具和直觉理解相去甚远，这为科学研究带来了问题。这里我用罗纳德·费雪爵士的话来收尾：“统计学家要理解自己所应用或所推荐的方法，不应逃避这一责任。”

注意 一般情况下，如果随机变量 $X_1, X_2 \ldots X_n$ 相互独立，方差存在线性关系：

$$\mathbb{V}\left(X_1+X_2+\cdots+X_n\right)=\mathbb{V}\left(X_1\right)+\cdots+\mathbb{V}\left(X_n\right)$$

但其他统计量很难通过线性变化满足可加性条件。[2] 我们可以看到，对于高斯分布 $\mathrm{md}\left(X\right)=\sqrt{\frac{2}{\pi}}\sigma$，对于自由度为 3 的学生 T 分布，该值为 $\frac{2}{\pi}$，等等。

1 见 5.0.2 中“林迪效应”的定义。

2 比如，期权定价中的 Black-Scholes 公式使用了方差，但与价格直接对应的是平均差，一个平值跨式期权组合的收益等价于一个条件平均差。因此，我们在计算时需要先将 MAD 转化为 STD，再转回 MAD。

4.5　可视化p上升产生的等范数边界效应

假设我们有区域$\Re_{(p)}^{(n)}$，边界定义为$\mathbf{X}=(\mathbf{x}_1,\mathbf{x}_2\ldots\mathbf{x}_n):\in\left(\sum_{i=1}^{n}\mathbf{x}_i^p\right)^{\frac{1}{p}}\leqslant\mathbf{1}$。随着范数提升，我们可以计算如下高维球面：

$$V_n^p=\int\ldots\int_{X\in\Re_{(p)}^{(n)}}1d\mathbf{X}=\frac{\left(4\Gamma\left(1+\frac{1}{p}\right)\right)^n}{\Gamma\left(\frac{n}{p}+1\right)}$$

图 4.13 和图 4.14 分别展示了两种效应。

第一种效应是范数提升直观上会占据更多空间。

在第二种效应中，我们可以看到维数灾难，这一条非常有用（主要用于模型误差估计）。对比图 4.13 和图 4.14 就会发现，在第一种情况下，d=2，p=1 时会占据正方形的一半，$p=\infty$时会占据全部空间，范数的比值为$\frac{1}{2}$。但当d=3，p=1 时占据$\frac{4/3}{2^3}=\frac{1}{6}$的空间（$p=\infty$时占据全部空间）。高阶矩对低阶矩的比值会随着维数的增加呈现出爆炸性提升，如图 4.15 所示。

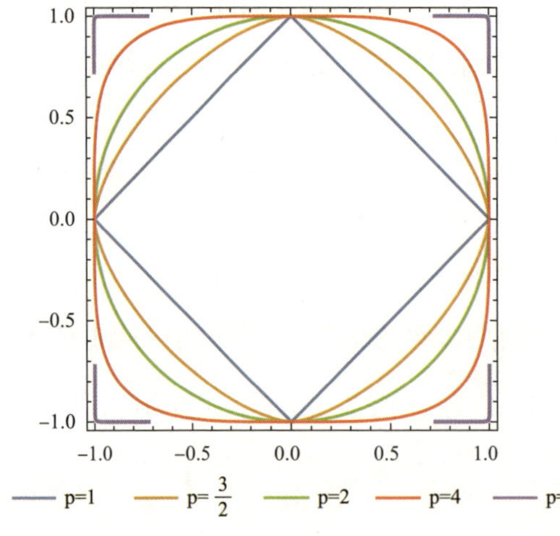

图 4.13　上升范数和单位圆/单位正方形：等范数线$\left(|x_1|^p+|x_2|^p\right)^{1/p}=1$。我们可以看到，范数内部的面积（满足范数$\leqslant 1$）$v(p)=\frac{4\Gamma\left(\frac{p+1}{p}\right)^2}{\Gamma\left(\frac{p+2}{p}\right)}$，$v(1)=2$且$v(\infty)=4$。

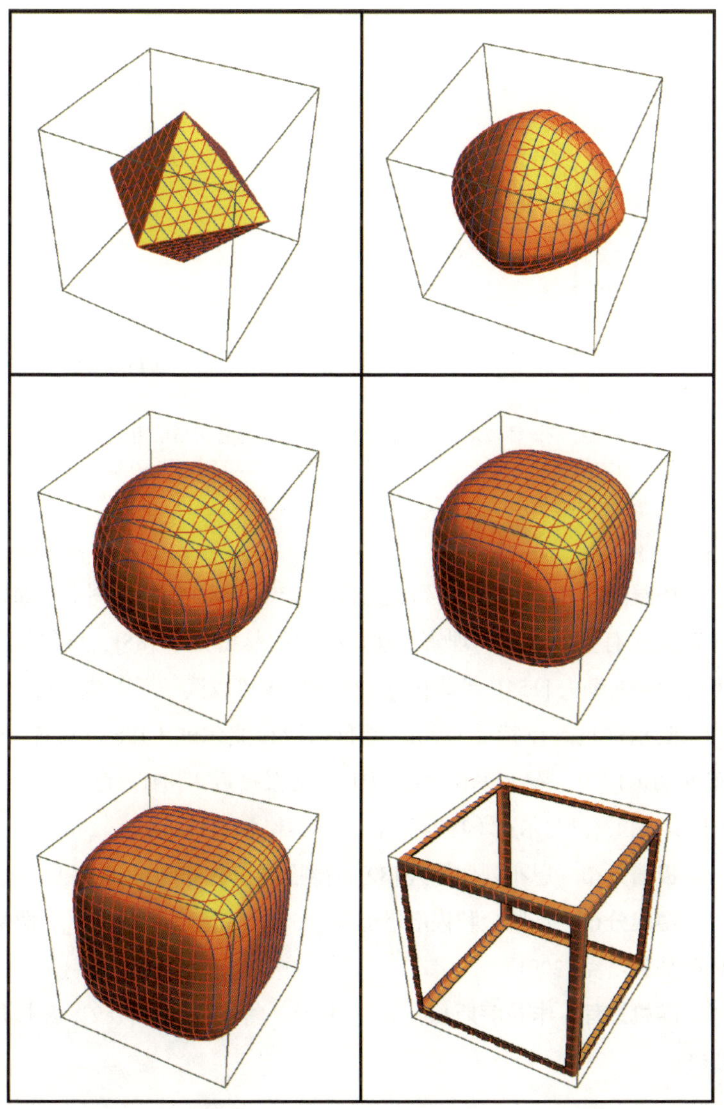

图 4.14　上升范数和单位立方：等范数的值$\left(|x_1|^p+|x_2|^p+|x_3|^p\right)^{\frac{1}{p}}=1, p=1,\frac{3}{2},2,3,4$。内部体积满足范数 $\leqslant 1$，在 p=1 时等于 $\frac{4}{3}$，在 p=2 时上升到 $\frac{4\pi}{3}$（单位球），一直到 $p=\infty$ 等于 2^3（单位立方），远高于图 4.13 中的增长。我们可以从 p=1 到 $p=\infty$ 的过程中看到维数灾难的演变。

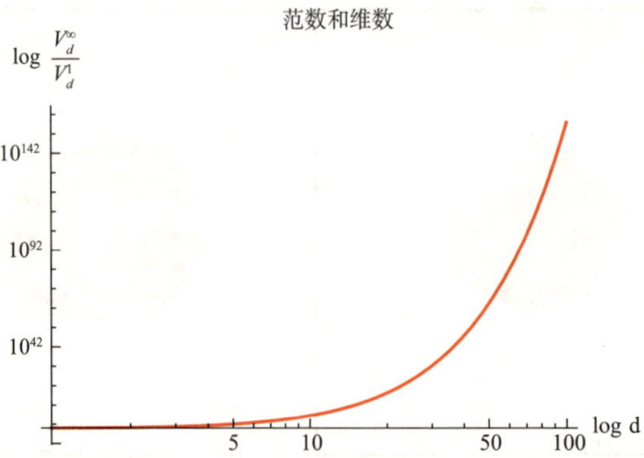

图 4.15　维数灾难在统计领域尤其是在高维模型误差上有着大量应用。随着维数 d 升高，V^1 和 V^∞ 的比值大幅上升，当 d=2 时该比值为 2，但当 d=9 时该比值就达到了六位数。

拓展阅读： 我们先讨论到这里，为读者推荐一些统计图书。如果想对概率有更多直观的理解，建议必读的是博雷尔 [85]、科尔莫戈罗夫 [145]、勒夫 [154]、费勒 [91][92]，测度论可以读一下比林斯利 [20]。

亚指数性　皮特曼 [196]，恩布列切和戈尔迪（1982）[83]，恩布列切（1979，看上去和他的博士论文很接近）[84]，奇斯佳科夫（1964）[43]，戈尔迪（1978）[112] 和泰格尔（Teugels）[248]。

极值分布　恩布列切等人 [82]，德哈恩和费雷拉 [116]。

稳定分布　乌柴金和佐洛塔廖夫 [257]，佐洛塔廖夫 [271]，萨莫林斯基和塔克 [209]。

随机过程　卡拉萨斯和施里夫 [141]，奥克森达尔 [182]，瓦拉丹 [261]。

第五章　亚指数和幂律（第二层）

本章简要介绍了“真正的肥尾分布”——亚指数类分布和幂律类分布（第三章有定义）并展示了和它们有关的一些结论。亚指数类分布（无尺度）是具备亚指数特性但不属于幂律分布的一个小类别（在常见的分布种类中，只有临界的指数分布和与伽马分布相关的对数正态分布和拉普拉斯分布属于这一类）。

5.0.1　重新排序

表 5.1 对第三章里的分布重新进行了排序。这里可以温习一下在极端薄尾（伯努利）和极端肥尾之间的一系列概率分布。在各类不同的分布中，一般被用来区分矩收敛性质的分布有：

1. 紧支撑（但非退化分布）

2. 亚高斯分布

3. 亚指数分布

4. 尾部指数大于 2 的幂律分布

5. 尾部指数小于等于 2 的幂律分布。幂律分布仅在尾部指数大于 1 的时候存在均值，而仅在尾部指数大于 2 的时候存在方差

6. 尾部指数小于 1 的幂律分布

表 5.1　分布排序

分布类型	描述
真正的薄尾	紧支撑（如伯努利分布、二项分布）
薄尾	按照中心极限定理，由真正薄尾分布求和得到的高斯分布，除了极限情况 $n \to \infty$，定义域均为紧支撑
常规薄尾	自然现象中的近似高斯分布
入门级肥尾	峰度略高于高斯分布，但求和以后迅速收敛到高斯分布
亚指数类	（如对数正态分布）
超立方 α	t>3 时克拉默条件不成立，$\int e^{-tx} d\left(Fx\right) = +\infty$
无限方差	$\alpha < 2$ 的列维稳定分布，$\int e^{-tx} d\left(Fx\right) = +\infty$
一阶矩未定义	别想了

我们感兴趣的是区分尾部事件是否有主导效应，从而找到平均斯坦和极端斯坦两大类的正式边界。

从中间看，亚指数分布是“薄尾”和“肥尾”的边界，具备如下性质。

假定 $\mathbf{X} = X_1, X_2 \ldots X_n$ 是定义在 $\mathbb{R}^+$ 上的独立同分布随机变量，累积分布函数 F，亚指数类分布可以定义为：

$$\lim_{x \to +\infty} \frac{1 - F^{*2}\left(x\right)}{1 - F\left(x\right)} = 2 \tag{5.1}$$

这里 $F^{*2}\left(x\right) = F' * F$ 是两个变量 $X_1 + X_2$ 的和的累积分布，这就意味着，$X_1 + X_2$ 超过某个值 x 的概率是单个变量 X 超过该值概率的两倍。因此，对于非常大的 x 来说，每当和超过 x，贡献就主要来自某个 x——两个变量中的较大值，而较小值的贡献很小。

更一般地说，对 n 变量求和时也会由该集合中的最大值主导。更严谨地讲，亚指数分布等价于下列两个性质 [43][84]，对于给定的 $n \geqslant 2$，让 $S_n = \sum_{i=1}^{n} x_i$，且 $M_n = \max_{1 \leqslant i \leqslant n} x_i$

a） $\lim_{x \to \infty} \frac{P(S_n > x)}{P(X > x)} = n$

b） $\lim_{x \to \infty} \frac{P(S_n > x)}{P(M_n > x)} = 1$

因此，S_n 和最大值 M_n 的量级相同，也即尾部起着最重要的作用。

从直觉上看，亚指数分布的尾部应该比指数分布下降更慢，因为指数分布的尾部事件并不起主导作用。实际上我们可以证明，对所有的 $\epsilon>0$ ，亚指数分布不存在指数矩：

$$\int_0^{\infty} e^{\epsilon x} dF(x) \tag{5.2}$$

然而，反过来就不成立了，因为一个分布可以没有指数矩，但不一定满足亚指数条件。

这里如果把随机变量 x 的偏离定义在负数区域，根据对称性，类似的结论同样成立，只需要把 $x\to\infty$ 替换为 $x\to-\infty$ 即可，对双尾变量来说，我们可以对正负区域分别进行研究。

5.0.2 什么是边界概率分布？

理解概率分布最好的方式是自己创造。在下一小节 5.0.3 中，我们会通过**构造统计分布**的形式创造出薄尾和肥尾间的边界分布。考虑如下性质：

假设 $\overline{F}$ 为生存函数，我们有 $\overline{F}:\mathbb{R}\to[0,1]$ 满足：

$$\lim_{x\to+\infty}\frac{\overline{F}(x)}{\overline{F}(nx)}=1 \tag{5.3}$$

以及

$$\lim_{x\to+\infty}\overline{F}(x)=0$$

$$\lim_{x\to-\infty}\overline{F}(x)=1$$

注意　该边界的另外一个性质是《黑天鹅》中提到的卢克莱修谬论（肥尾条件下未来的极值和过去的极值不同，而且两者的差异随着尾部的增厚而增加）。

先看边界的性质，假设 X 是在 $(0,\infty)$ 或 $(-\infty,\infty)$ 上的随机变量，而 $\mathbb{E}$ 是“真实世界”分布的期望操作符，经典结论有 [82]:

$$\lim_{K\to\infty}\frac{1}{K}\mathbb{E}\left(X\,|_{X>K}\right)=\lambda \tag{5.4}$$

- 如果 $\lambda=1$，X 属于薄尾分布类 $\mathcal{D}_1$，并且存在特征尺度
- 如果 $\lambda>1$，X 属于正规变化肥尾分布类 $\mathcal{D}_2$，并且不存在特征尺度

· 如果

$$\lim_{K\to\infty}\mathbb{E}\left(X\,|_{X>K}\right)-K=\mu$$

且 $\mu>0$，那么 X 属于边界指数分布类。

上面第一种情况被称为“林迪效应”，此时随机变量 X 存在和时间相关的生存函数。这是肥尾项目之外的课题，可参见伊多·埃利亚扎尔的论述 [77]。

5.0.3 创建一个分布

虽然指数分布处于亚指数类分布的边界，但是通过 $[0,\infty)$ 的定义，我们可以创建一个在 $(-\infty,\infty)$ 上的边界分布 [1]，只要找到 $\overline{F}:R\to[0,1]$ 满足：

$$\forall x\geqslant 0,\ \lim_{x\to+\infty}\frac{\overline{F}(x)^2}{\overline{F}(2x)}=1,\ \overline{F}'(x)\leqslant 0$$

以及

$$\lim_{x\to+\infty}\overline{F}=0$$

$$\lim_{x\to-\infty}\overline{F}=1$$

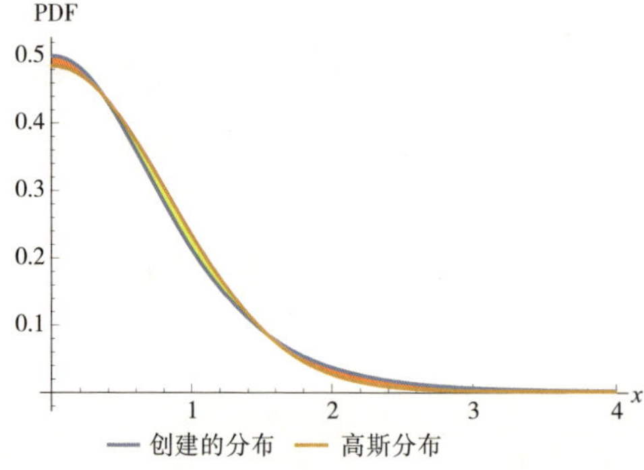

图 5.1　对比我们创建的亚指数分布和同样方差的高斯分布（k=1），从高斯到亚指数对应的转换差异并不大。

假设我们的目标函数为 S 形，采用双曲正切函数：

1　拉普拉斯分布在两侧都为指数分布，并不适用以上性质，因为所定义的平方项除以两倍项等于 1/2。

$$\overline{F}^{\kappa}(x)=\frac{1}{2}\left(1-\tanh(kx)\right),\kappa>0$$

将其作为一个核分布（我们后面会加入该函数来调整峰度）。

概率密度函数 $f(.)$ 如下：

$$f(x)=-\frac{\partial\overline{F}(x)}{\partial x}=\frac{1}{2}k\operatorname{sech}^2(kx) \tag{5.5}$$

特征函数：

$$\phi(t)=\frac{\pi t\operatorname{csch}\left(\frac{\pi t}{2k}\right)}{2k} \tag{5.6}$$

由于定义在实数域上，均值和所有奇数矩均为 0。

计算得到二阶矩 $\lim_{t\to0}(-i)^2\frac{\partial^2}{\partial t^2}\frac{\pi t\operatorname{csch}\left(\frac{\pi t}{2k}\right)}{2k}=\frac{\pi^2}{12k^2}$，四阶矩 $\lim_{t\to0}(-i)^4\frac{\partial^4}{\partial t^4}\frac{\pi t\operatorname{csch}\left(\frac{\pi t}{2k}\right)}{2k}=\frac{7\pi^4}{240k^4}$，因此峰度为 $\frac{21}{5}$。因此，我们创造出的分布比高斯分布的尾部略厚。

5.1　尺度和幂律（第三层）

下面我们进入肥尾的硬核部分。

为什么会出现幂律分布？很多理论都描述了为什么自然界会存在幂律分布，并将其作为概率分布的一个特例来看。但大家似乎从未反过来思考：幂律才是常态，而高斯分布是一个特例 [223]。这也是《反脆弱》和数量化不确定性系列后续要描述的内容，高斯分布主要来自事物的凹凸响应（抑制脆弱性和反脆弱性，增强鲁棒性，从而导致尾部变薄）。

5.1.1　有尺度和无尺度，对肥尾更深层的理解

到目前为止，我们对肥尾的理解还停留在有限矩的范围内，对那些无限矩的分布类来说，$\frac{P_{X>nK}}{P_{X>K}}$ 依赖于 n 和 K。对无尺度的分布来说，如果在

尾部选择足够大的 K，那么$\frac{P_{X>nK}}{P_{X>K}}$只依赖于 n。这类分布不存在特征尺度，从而具备帕累托尾部。比如，对足够大的x，$P_{X>x}=Cx^{-\alpha}$，α是尾部指数，C 为常数。

注意 我们可以看到，学生 T 分布和帕累托分布的尺度差异，常规帕累托分布的定义更一般地被表示为$\mathbb{P}(X>x)=L(x)x^{-\alpha}$，这里的$L(x)$是"缓变函数"，即对于所有常数 t>0 满足下列性质：

$$\lim_{x\to\infty}\frac{L(tx)}{L(x)}=1$$

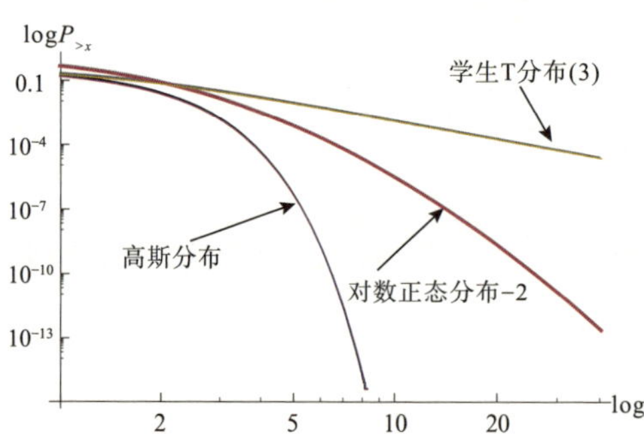

图 5.2 三种不同的分布，当我们研究尾部的时候，学生 T 分布会保持尺度不变，而标准对数正态分布会存在一个中间过渡状态，最后在 log-log 图上以无限斜率收尾。不过处理对数正态分布时要小心一些，因为它可能会有一些意想不到的性质（见第八章）。

表 5.2 比较正规变化函数 / 幂律分布和其他分布的尺度性质

k	$\mathbb{P}(X>k)^{-1}$（高斯分布）	$\frac{\mathbb{P}(X>k)}{\mathbb{P}(X>2k)}$（高斯分布）	$\mathbb{P}(X>k)^{-1}$ 学生 T 分布（3）	$\frac{\mathbb{P}(X>k)}{\mathbb{P}(X>2k)}$ 学生 T 分布（3）	$\mathbb{P}(X>k)^{-1}$ 帕累托分布（2）	$\frac{\mathbb{P}(X>k)}{\mathbb{P}(X>2k)}$ 帕累托分布（2）
2	44	720	14.4	4.9	8	4
4	31 600	5.1×10^{10}	71.4	6.8	64	4
6	1.01×10^{9}	5.5×10^{23}	216	7.4	216	4
8	1.61×10^{15}	9×10^{41}	491	7.6	512	4
10	1.31×10^{23}	9×10^{65}	940	7.7	1 000	4
12	5.63×10^{32}	别想了	1 610	7.8	1 730	4
14	1.28×10^{44}	别想了	2 530	7.8	2 740	4
16	1.57×10^{57}	别想了	3 770	7.9	4 100	4

续表

k	$\mathbb{P}(X>k)^{-1}$	$\frac{\mathbb{P}(X>k)}{\mathbb{P}(X>2k)}$	$\mathbb{P}(X>k)^{-1}$	$\frac{\mathbb{P}(X>k)}{\mathbb{P}(X>2k)}$	$\mathbb{P}(X>k)^{-1}$	$\frac{\mathbb{P}(X>k)}{\mathbb{P}(X>2k)}$
	（高斯分布）	（高斯分布）	学生 T 分布（3）	学生 T 分布（3）	帕累托分布（2）	帕累托分布（2）
18	1.03×10^{72}	别想了	5 350	7.9	5 830	4
20	3.63×10^{88}	别想了	7 320	7.9	8 000	4

对于足够大的 x，$\frac{\log P_{>x}}{\log x}$ 会收敛到常数，也即尾部指数 $-a$。随着 $x\to\infty$，存在尺度的分布会在 log-log 图上展现出 α 的尾部斜率。对于高斯分布（标准差 σ，均值 μ），不用计算超越概率，直接通过 PDF 就可以看到 $\log\left(f\left(x\right)\right)=\frac{\left(x-\mu\right)^2}{2\sigma^2}-\log\left(\sigma\sqrt{2\pi}\right)\approx-\frac{1}{2\sigma^2}x^2$，也即在 $\pm x\to\infty$ 时会比 $-\log\left(x\right)$ 更快地趋向 $-\infty$。

到目前为止，我们可以直观感受到不同类型分布的差异。分布只有存在尺度才会有“真正的肥尾”，而其他的分布都会在求和的过程中逐渐高斯化。另外，尾部指数是渐进的，我们可能永远无法到达极限，能看到的都是某种中间状态。最后，上面所有的图表展示的都是柏拉图式的理想分布，现实世界的过程要更加复杂和混乱，我们也会随着大偏差的出现不断调整尾部指数。

定义 5.1（$\mathfrak{P}$ 类分布）

满足 $\mathfrak{P}$ 类幂律分布（正规变化）的随机变量 X 可定义为：

$$\mathfrak{P}=\{X:\mathbb{R}\left(X>x\right)\sim L\left(x\right)x^{-\alpha}\} \tag{5.7}$$

5.1.2 灰天鹅

为什么用学生 T 分布来模拟对称幂律分布？只是为了方便，我们并不认为幂律的产生机理是学生 T 分布，因为分布的中间部分对决策来说并不重要，只需要关注尾部特性即可。

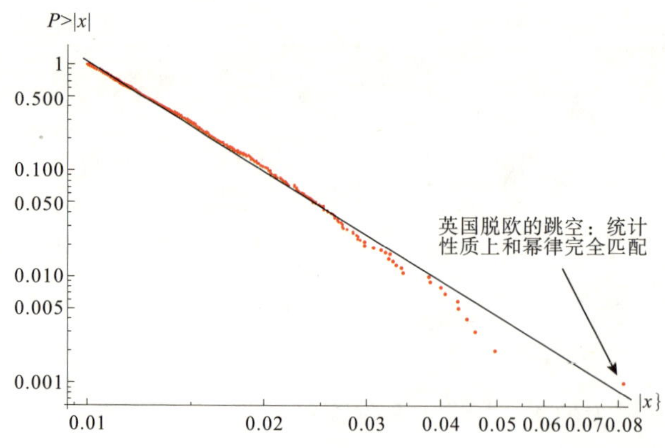

图 5.3　这是英镑的 log-log 图，可以看到英国脱欧带来的“灰天鹅”（公投结果超预期导致的货币市场跳空）。但如果从幂律的角度看，这样的巨大跳跃依然和统计性质相匹配。

尾部指数数值越小，分布的中间部分就越不重要。尾部指数数值越大，学生 T 分布就越像高斯分布，使用学生 T 分布作为近似的合理性就越强。

为刻画不对称幂律分布，可以使用列维定理这类更高级的方法。但实际上，我们无须过度复杂化，简单采用两个不同参数的单尾帕累托分布即可（设置不同的左尾和右尾 α）。

参数估计问题　要注意，有很多种通过数据来估计尾部指数 α 的方法，也即“参数拟合”。但是要准确估计尾部指数非常难，因为尾部事件数据量不足，拟合本身会面临极大误差。总的来说，已有数据会显示出比真实情况更薄的尾部。

在后续章节中，我们将更深入地讨论这个问题。

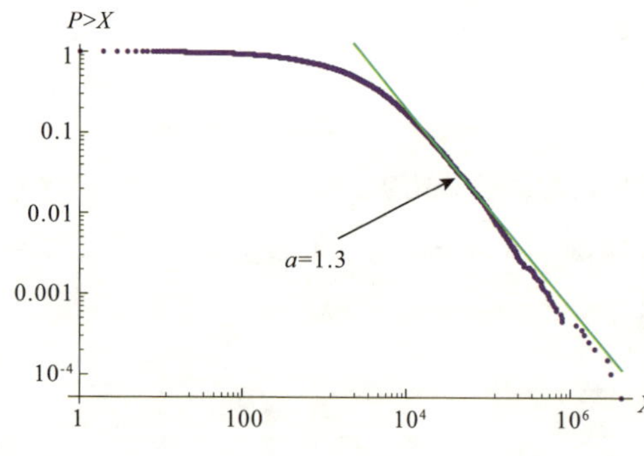

图 5.4　书籍销量：我们可以很好地拟合书籍销售量分布的尾部，其鲁棒性也很好，只要不妄图计算总体期望或者高阶矩就行。

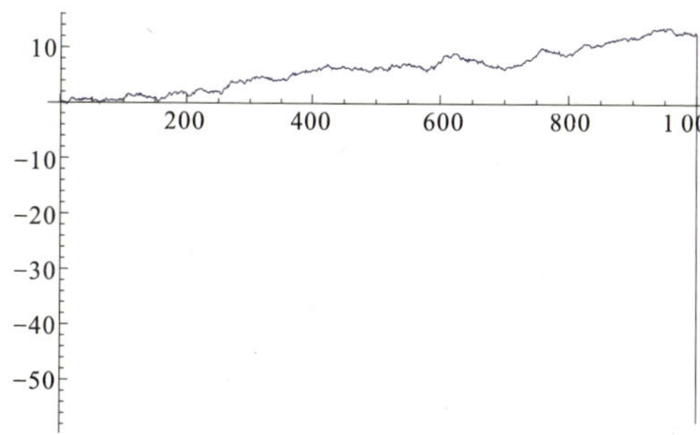

图 5.5 火鸡问题，从过去的数据中完全推断不出未来跃变的可能性。

5.2 幂律的性质

核心性质有两个。

5.2.1 变量求和

性质 1：变量求和的尾部指数

假设 $X_1, X_2 \ldots X_n$ 为非独立非同分布随机变量，其中每个 X_i 都服从某个渐进尾部指数为 α_i 的分布（我们假定在幂律分布类之外，分布的渐进 alpha 均为 $+\infty$），后面我们主要观察分布的右尾（左尾也类似），详情见 [99]。

考虑对上述变量加权求和 $S_n = \sum_{i=1}^{n} \omega_i X_i$，加权权重 ω_i 均为正值，α_s 为和的尾部指数。

对于所有的 $\omega_i > 0$：

$$\alpha_s = \min(\alpha_i)$$

显然，对于 $\alpha_2 \leqslant \alpha_1$ 且 $\omega_2 > 0$，

$$\lim_{x \to \infty} \frac{\log\left(\omega_1 x^{-\alpha_1} + \omega_2 x^{-\alpha_2}\right)}{\log(x)} = \alpha_2$$

也就是说，只要在变量中加入一个均值、方差或高阶矩未定义（无限

大）的随机变量，整体变量和的均值、方差或高阶矩就为无限大。

法则 5.1（幂律尾 + 薄尾 = 幂律尾）

无论如何组合，将幂律尾随机变量和薄尾变量混合都会得到幂律尾变量。

5.2.2 变换

第二个性质看上去没什么，但实际上会带来一些麻烦。

性质 2

假设 X 为尾部指数 α 的随机变量，变量 X^p 的尾部指数为 $\frac{\alpha}{p}$。

该性质告诉我们，一个尾部指数小于 4 的随机变量（方差有限），其方差的方差是无穷大的，我们可以看到，它给随机波动率模型带来了挑战，真实世界的过程很有可能是无限方差的。

这也给我们一个启示，无须计算就可以想象，对一个随机变量进行凸变换可以增厚尾部。

证明 一般化的证明方法如下，假设 $p(.)$ 为概率密度函数，且 $\phi(.)$ 为某种变换函数（带有一些限制条件）。我们可以得到变量变换之后的分布（假设定义域保持不变）：

$$p\left(\phi\left(x\right)\right)=\frac{p\left(\phi^{(-1)}\left(x\right)\right)}{\phi'\left(\phi^{(-1)}\left(x\right)\right)} \tag{5.8}$$

假设对一个很大的 l，取 $x>l$（比如缓变函数中 x “停止变化”的位置），该类 x 的 PDF 可以被写为 $p\left(x\right)\propto Kx^{-\alpha-1}$，这时考虑 $y=\phi\left(x\right)=x^p$：$y=x^p$ 的逆函数为 $x=y^{\frac{1}{p}}$，将其代入公式 5.8 可以得到 $\frac{1}{p}x^{\frac{1-p}{p}}$。

在 l 之上积分，生存函数可以表示为 $\mathbb{P}(Y>y)\propto y^{-\frac{\alpha}{p}}$。

5.3 钟形 vs 非钟形幂律

案例研究：缓变函数效应 尾部越厚，分布的“躯干”对矩的影响就越小（最终矩会趋于无穷）。但是对尾部稍薄的幂律分布来说，非幂律的区域（缓变区域）还是可以起到一定作用的——“缓变”的正式定义可以参见 5.1.1 和 18.2.2。本小节主要展示了为何尾部相等的分布会有不同的形状。

让我们比较下列双尾帕累托分布的 PDF：

$$f_P(x)=\begin{cases}\alpha(1+x)^{-\alpha-1} & x\geqslant 0\\ \alpha(1-x)^{-\alpha-1} & x<0\end{cases}$$

和一个同样中心位置为 0、尺度参数为 s 的学生 T 分布，PDF 为

$f_S(x)=\frac{\alpha^{\frac{\alpha}{2}}\left(\alpha+\frac{x^2}{s^2}\right)^{\frac{1}{2}(-\alpha-1)}}{sB\left(\frac{\alpha}{2},\frac{1}{2}\right)}$，这里的 $B(.)$ 是欧拉 β 函数，$B(a,b)=\frac{(\Gamma(a)\Gamma(b))}{\Gamma(a+b)}=\int_0^1 t^{a-1}(1-t)^{b-1}\,dt$。

我们有两种比较分布的方法：

- 使尾部比率相等：使得 $\lim_{x\to\infty}\frac{f_P(x)}{f_s(x)}=1$，我们可以得到“尾部”等价的分布 $s=\left(\alpha^{1-\frac{\alpha}{2}}B\left(\frac{\alpha}{2},\frac{1}{2}\right)\right)^{1/\alpha}$
- 使标准差相等（如果标准差存在）：$\alpha>2,\mathbb{E}\left(X_P^2\right)=\frac{2}{\alpha^2-3\alpha+2}$，$\mathbb{E}\left(X_S^2\right)=\frac{\alpha\left(\alpha^{1-\frac{\alpha}{2}}B\left(\frac{\alpha}{2},\frac{1}{2}\right)\right)^{2/\alpha}}{\alpha-2}$，因此我们有 $\sqrt{\mathbb{E}\left(X_P^2\right)}=\sqrt{k}\sqrt{\mathbb{E}\left(X_S^2\right)}k\to\frac{2\alpha^{-2/\alpha}B\left(\frac{\alpha}{2},\frac{1}{2}\right)^{-2/\alpha}}{\alpha-1}$。

最终在图 5.6 中，我们可以看到半凹平滑和存在尖角的不同“钟形”曲线。

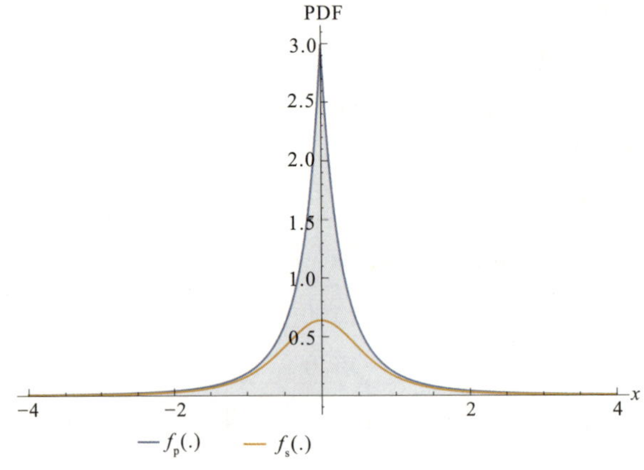

图 5.6 比较两个尾部指数相同的对称幂律分布，分别构造自缓变函数和扩展函数。最终两种分布所有的矩都趋向一致，尽管中心的形状存在差异。

5.4 幂律分布尾部指数插值：一个例子

看看新冠肺炎疫情期间的失业率情况：2020 年 3 月，失业率突然上跳了多个标准差。但该跃变是否为一个异常值呢？一个薄尾思维模式的人看到图 5.7 时可能会这么想，但事实并非如此。如图 5.8 所示，尾部指数其实并没有变化。分布的尺度可能会改变，但尾部指数在样本外依然保持了稳定。

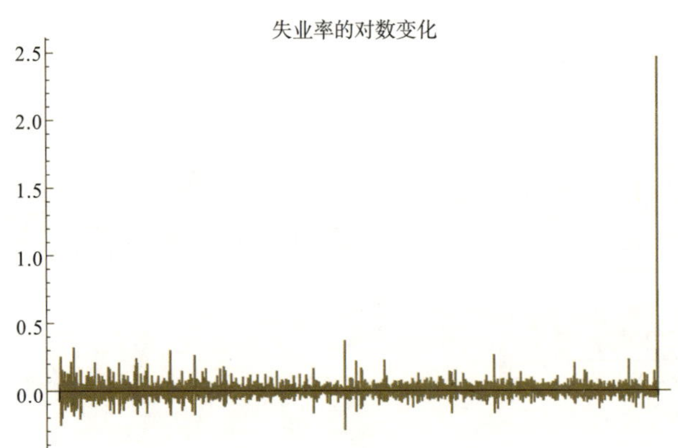

图 5.7 失业率：对未经统计训练的经济学家来说，最后的跳跃看起来像个异常值。但如图 5.8 所示，事实并非如此。而对有经验的人来说（本华·曼德博），之前的波动虽然温和，但绝对不是高斯分布。

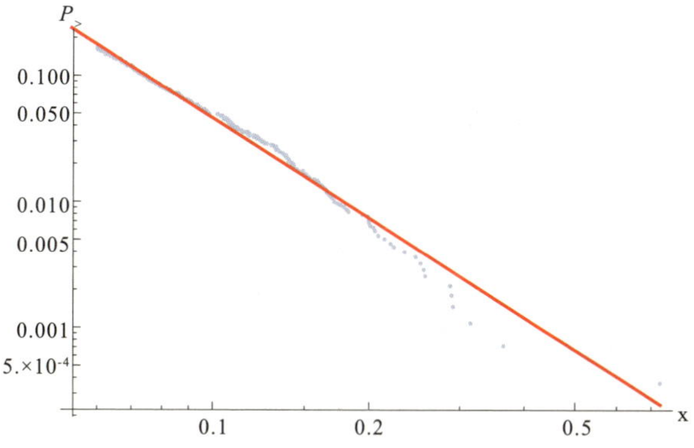

图 5.8 失业率的齐普夫图：我们不需要新冠肺炎疫情期间的大跳跃（最右侧点）就可以认识到数据服从幂律分布。

5.5 超级肥尾：对数帕累托分布

作为肥尾之母的对数帕累托分布并不在常见分布之列，但我们可以在这里重新推导它。对数帕累托分布类似于对数正态分布的帕累托化。

评论 5：重新推导对数帕累托分布

假设帕累托分布 $X \sim P(L, \alpha)$ 的 PDF $f^{(P)}(x)=\alpha L^{\alpha} x^{-\alpha-1}, x \geqslant L$，生存函数为 $S^{(P)}(x)=L^{\alpha} x^{-\alpha}$，那么通过 $e^{X} \sim LP(L, \alpha)$，对数帕累托分布的 PDF：

$$f^{(LP)}(x)=\frac{\alpha L^{\alpha} \log^{-\alpha-1}(x)}{x}, x \geqslant e^{L}$$

生存函数：

$$S^{(LP)}(x)=L^{\alpha} \log^{-\alpha}(x)$$

对普通的幂律来说，我们在 log-log 图的末端有一个渐进线性斜率，如：

$$\lim_{x\to\infty}\frac{\log\left(L^{\alpha}x^{-\alpha}\right)}{\log(x)}=-\alpha$$

而对数帕累托分布的斜率趋向 0：

$$\lim_{x\to\infty}\frac{\log\left(L^{\alpha}\log(x)^{-\alpha}\right)}{\log(x)}=0$$

显然，无论尾部指数 α 取什么值，所有矩都不存在。图 5.9 展示了不同渐进行为之间的差异。

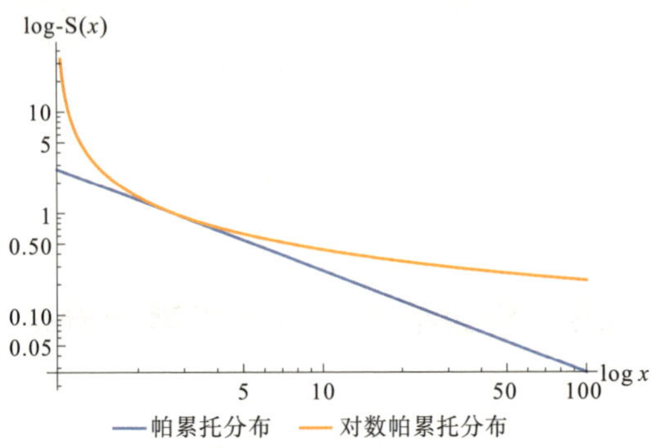

图 5.9　比较帕累托分布和对数帕累托分布生存函数的 log-log 图。

5.6　伪随机波动率：一项研究

在第三章中，我们提到过一个“10 倍标准差”的事件，能证明我们并非生活在高斯世界中，我们还讨论了概率分布的不可观测性：我们只能观测到数据，而非其产生机理。

因此，我们很容易把幂律过程理解为一个异方差过程。事后看来，我们总是可以说：“条件波动率相对较高，这时我们看到的不是一个 10 倍标准差，而是一个 3 倍标准差的事件。”

破除这种言论的方法是，反过来思考该问题：一个尺度不变的幂律过程可以如何伪装成一个异方差过程。我们在迷你章节中会看到，计量经济学有多么依赖“异方差”（变化的方差），而且这种依赖存在严重缺陷，因为方差的方差并不存在清晰的结构。

图 5.10 显示，市场的波动率非常类似于简单的随机波动率过程，在随机波动率的框架中，我们假设方差随机分布。[1]

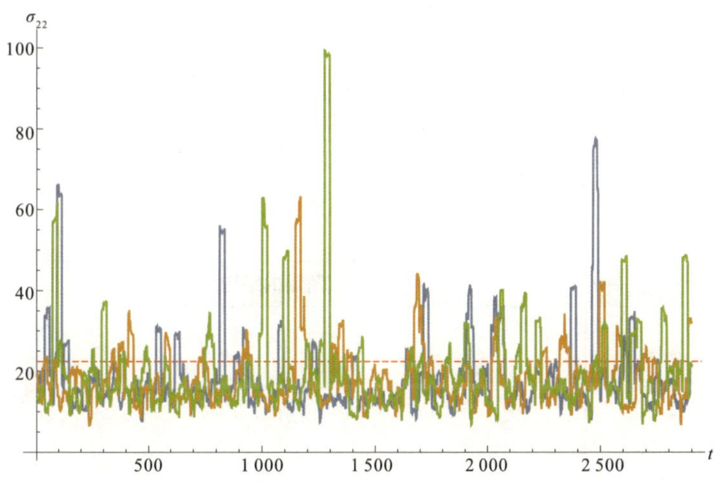

图 5.10　学生 T 分布模拟的滚动 22 天（约为月度）历史波动率（标准差），数据给人一种随机波动率的直观感觉，但实际上分布的尺度没有变化。

假设 X 是均值为 0、尺度为 σ 的收益分布，PDF $\varphi(.)$ 如下：

$$\varphi(x)=\frac{\left(\dfrac{\alpha}{\alpha+\dfrac{x^2}{\sigma^2}}\right)^{\frac{\alpha+1}{2}}}{\sqrt{\alpha}\sigma B\left(\dfrac{\alpha}{2},\dfrac{1}{2}\right)},x\in(-\infty,\infty)$$

转换变量 $Y=X^2$（为得到二阶矩的分布），随机变量 Y 的 PDF ψ 如下：

$$\psi(y)=\frac{\left(\dfrac{\alpha\sigma^2}{\alpha\sigma^2+y}\right)^{\frac{\alpha+1}{2}}}{\sigma B\left(\dfrac{\alpha}{2},\dfrac{1}{2}\right)\sqrt{\alpha y}},y\in(-\infty,\infty)$$

我们可以看到，分布转化为渐进尾部指数 $\dfrac{\alpha}{2}$ 的幂律尾，特征函数

1　随机波动率模型可以是随机方差模型，或是随机标准差模型，两者有着不同的期望。

$\chi_y(\omega) = \mathbb{E}(\exp(i\omega Y))$ 可以表示为：

$$\chi_y(\omega) = \frac{1}{2B\left(\frac{\alpha}{2}, \frac{1}{2}\right)}\left(\pi\sqrt{\alpha}\sigma\sqrt{\frac{1}{a\sigma^2}}((\pi\alpha)\csc)\left(\frac{\sqrt{\pi_1}\,\widetilde{F}_1\left(\frac{1}{2};1-\frac{\alpha}{2};-i\alpha\sigma^2\omega\right)}{\Gamma\left(\frac{\alpha+1}{2}\right)}\right.\right.$$

$$\left.\left.-\left(\frac{1}{a\sigma^2}\right)^{-\frac{\alpha}{2}}(-i\omega)_1^{\frac{\alpha}{2}}\,\widetilde{F}_1\left(\frac{\alpha+1}{2};\frac{\alpha+2}{2};-i\alpha\sigma^2\omega\right)\right)\right) \tag{5.9}$$

由此我们可以得到二阶矩的平均差[1]：

α	二阶矩的平均差
$\frac{5}{2}$	$\frac{\sqrt[4]{\frac{5}{3}}2^{3/4}\left(2\,{}_2F_1\left(\frac{1}{4},\frac{7}{4};\frac{5}{4};-\frac{5}{6}\right)+3\left(\frac{6}{11}\right)^{3/4}\right)\sigma^2\Gamma\left(\frac{7}{4}\right)}{\sqrt{\pi}\Gamma\left(\frac{5}{4}\right)}$
3	$\frac{6\sigma^2}{\pi}$
$\frac{7}{2}$	$\frac{5\ 7^{3/4}\left(7\,{}_2F_1\left(\frac{3}{4},\frac{9}{4};\frac{7}{4};-\frac{7}{6}\right)-3\,{}_2F_1\left(\frac{7}{4},\frac{9}{4};\frac{11}{4};-\frac{7}{6}\right)\right)\sigma^2\Gamma\left(\frac{5}{4}\right)}{6\ 6^{3/4}\sqrt{\pi}\Gamma\left(\frac{7}{4}\right)}$
4	$\frac{1}{7}\left(3\sqrt{21}-7\right)\sigma^2$
$\frac{9}{2}$	$\frac{3\sqrt[4]{\frac{3}{2}}\left(6\left(\frac{2}{5}\right)^{3/4}-6\,{}_2F_1\left(\frac{5}{4},\frac{11}{4};\frac{9}{4};-\frac{3}{2}\right)\right)\sigma^2\Gamma\left(\frac{11}{4}\right)}{5\sqrt{\pi}\Gamma\left(\frac{9}{4}\right)}$
5	$\frac{\sigma^2\left(7\sqrt{15}-16\tan^{-1}\left(\sqrt{\frac{5}{3}}\right)\right)}{6\pi}$

1　根据习惯，我们采用平均差而不用标准差来描述统计性质，因为标准差统计量不稳定且信息量不足。

下一部分

下一章我们会探索高维空间，高维空间中有一些效应可以类比，有些则不那么显而易见——比如在多变量条件下，相关性存在但协方差不存在的情况。

第六章　高维空间厚尾†[1]

本章会以较为浅显的方式讨论高维空间中的分布，主要介绍：(1)多元随机变量的肥尾效应；(2)分布的椭圆特性；(3)随机统计量和相应特征向量的分布；(4)当矩不存在时应当如何研究协方差和相关性（比如多元柯西分布）。

6.1　高维空间中的厚尾，有限矩

和之前的章节一样，我们会从尺度凸性的角度出发直观地理解肥尾，不过这次换成了高维空间。

假设 $\vec{X}=(X_1,X_2\ldots X_m)$ 是 $p\times 1$ 维随机向量，内部各随机变量由多元高斯分布生成。考虑联合概率分布 $f(x_1\ldots x_m)$，我们可以将 m 个变量的多元正态分布表示为 $\mathcal{N}(\vec{\mu},\Sigma)$，其中均值为 $\vec{\mu}$，协方差矩阵为 Σ，以及联合概率分布：

$$f(\vec{x})=(2\pi)^{-m/2}|\Sigma|^{-1/2}\exp\left(-\frac{1}{2}(\vec{x}-\vec{\mu})^T\,\Sigma^{-1}(\vec{x}-\vec{\mu})\right) \tag{6.1}$$

这里 $\vec{x}=(x_1\ldots x_m)\in\mathbb{R}^m$，$\Sigma$ 为 $m\times m$ 的对称正定矩阵。

1　讨论章节。

我们可以采用和 4.1 中相同的方法，在保持方差不变的条件下增厚尾部：

$$
\begin{aligned}
f_a(\vec{x}) = & \frac{1}{2}(2\pi)^{-m/2}\left|\Sigma_1\right|^{-1/2}\exp\left(-\frac{1}{2}(\vec{x}-\vec{\mu})^T \Sigma_1^{-1}(\vec{x}-\vec{\mu})\right) \\
& + \frac{1}{2}(2\pi)^{-m/2}\left|\Sigma_2\right|^{-1/2}\exp\left(-\frac{1}{2}(\vec{x}-\vec{\mu})^T \Sigma_2^{-1}(\vec{x}-\vec{\mu})\right)
\end{aligned} \quad (6.2)
$$

在这里，a 为决定随机波动率大小的参数，$\Sigma_1=\Sigma(1+a), \Sigma_2=\Sigma(1-a)$。[1]

注意，在图 6.1 中，我们可以看到分布的概率密度在中心聚集，和一维的情况类似。[2]

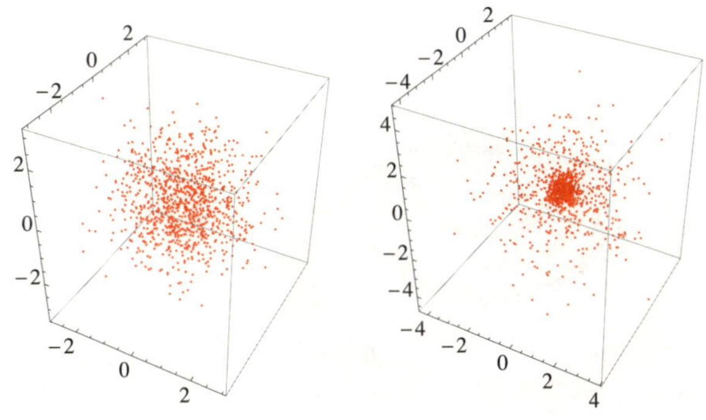

图 6.1　高维空间中的厚尾：薄尾（左图）和厚尾（右图）对应方差相同的三维分布。和单变量厚尾“钟形曲线”的尖峰类似，可以看到三维厚尾分布的密度在中心区域显著增加。

6.2　联合肥尾分布及其椭圆特性

随着维数和随机变量的增加，我们之前定义的肥尾之外出现了更有意

1　和我们在一维空间中类似，可以简化使得 $\vec{\mu}(0\ldots0)$。

2　我们在保持相关性为常数的情况下，使方差随机化从而构造厚尾，这也是为了保持矩阵的正定性质。

思的现象。

什么是椭圆等高分布？从标准的定义来看 [88]，我们认为 $p\times1$ 维变量 X 满足椭圆分布（椭圆等高分布）的前提条件是，特征函数 φ 可以表示为：

$$\varphi(t)=\exp(it'\mu)\Psi(t\Sigma t') \tag{6.3}$$

其中 μ 为位置参数，Σ 为非负定矩阵，Ψ 为某标量函数，对概率密度也可以采用类似的定义。目前先认为 Ψ 是协方差矩阵 Σ 的函数。

直观地说，椭圆分布应该展示出等高线图一般的椭圆特性，可以在图 6.2 和图 6.4 中看到 2D（双变量）和 3D（三变量）对应的情形。而非椭圆分布会体现出不一样的形状特征，如图 6.3 和图 6.5 所示。

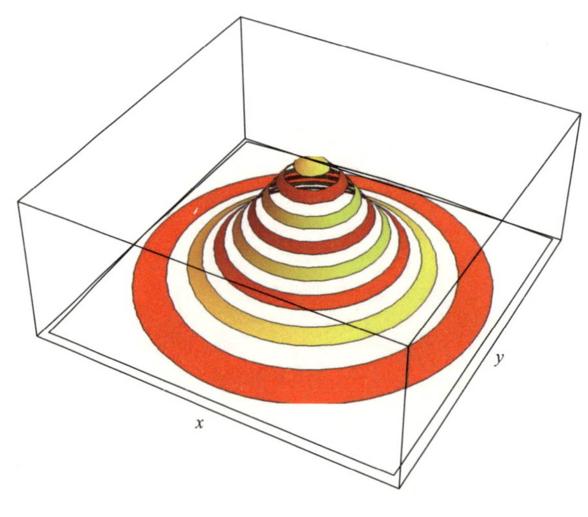

图 6.2　联合幂律分布（学生 T 分布）的椭圆等高线图。

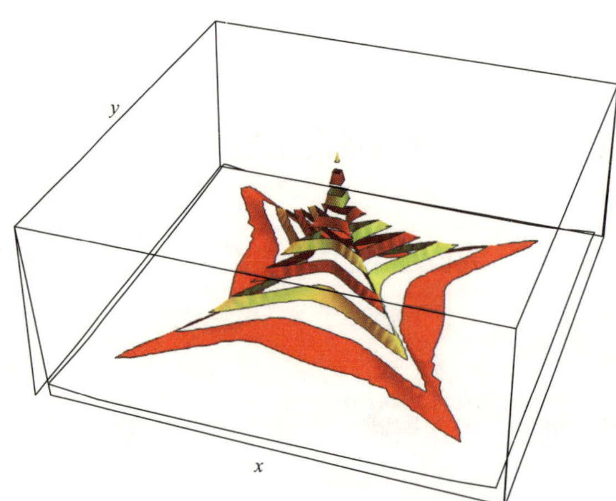

图 6.3　随机相关性产生的非椭圆联合分布。

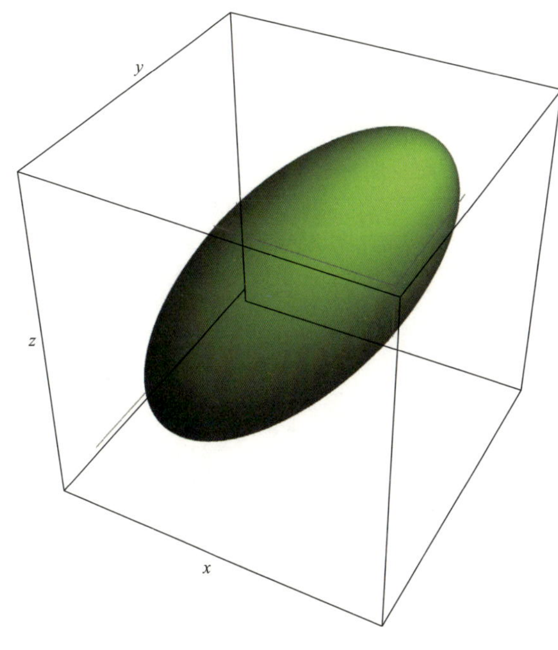

图 6.4　在密度一致的情况下，多元随机变量分布（x, y, z）联合分布的椭圆等高线。

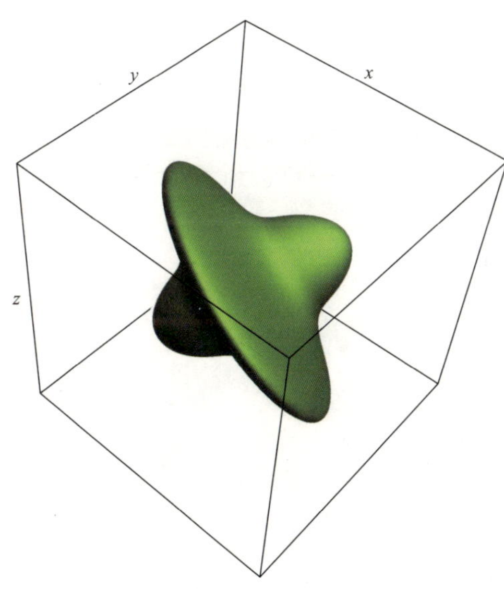

图 6.5　随机相关性产生的非椭圆联合分布，及在密度一致情况下的多元随机变量分布（x, y, z）。

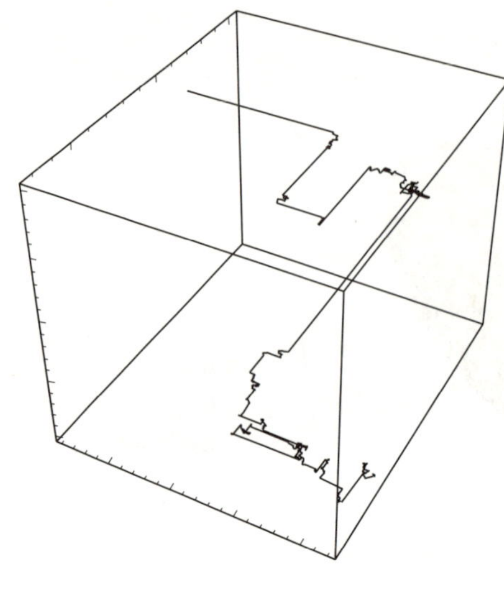

图 6.6　带跳跃的历史走势：图为一个肥尾过程的历史走势，其尾部事件服从 80/20 法则，$\alpha \approx 1.13$，也即 3D 列维过程。

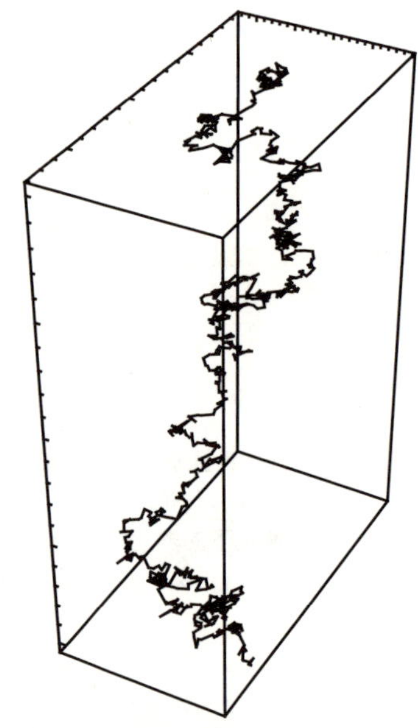

图 6.7　图为“大缓和”或“长期和平”的支持者脑海中所想：一个薄尾过程的历史走势。

椭圆分布的主要性质是，在线性变化下是封闭的。正如我们在第三章身高和财富的例子中看到的那样，椭圆分布意味着（在双变量情况下），尾部来自单一偏差的概率较低。

椭圆性与金融领域的主要理论缺陷　在投资组合构建和投资组合理论

中，椭圆分布线性变换下的封闭性质为该领域提供了极佳的特性（实际上，如果分布的椭圆性不成立，整个投资组合理论将不复存在）。

在椭圆条件下，所有投资组合的回报都可以被完全描述为位置和尺度的分布，任意两个具备同样位置和尺度的资产都有着完全相同的收益分布。

具有讽刺意味的是，列维稳定分布是椭圆分布——但只是定义上的。

因此，椭圆性（有限方差条件）允许现代投资组合理论（MPT）在所谓的“非正态”情况下推广其结果，最早始于 [183]，也可参见 [121]。然而，对了解随机协方差的人来说，资产回报在任何测度下都不满足椭圆特性，参见奇切帕提奇和布绍 [42] 以及 E.8 中描述相关性稳定性的直观图表。

一个简单的示例是，通过 $1 \pm a$ 来表达，假设双变量正态分布的特征函数为 $\Psi(t_1,t_2)=e^{-\rho t_2 t_1-\frac{t_1^2}{2}-\frac{t_2^2}{2}}$。下面我们将 ρ 随机化，假设概率 p 取 ρ_1，（$1-p$）取 rho_2。

$$\Psi(t_1,t_2)=pe^{-\rho_1 t_2 t_1-\frac{t_1^2}{2}-\frac{t_2^2}{2}}+(1-p)pe^{-\rho_2 t_2 t_1-\frac{t_1^2}{2}-\frac{t_2^2}{2}} \tag{6.4}$$

图 6.8 展示了 $p=\frac{1}{2}$ 和 $\rho_1=\rho_2$ 时的结果。

我们还可以更严谨一些，表现出两者的差异，将协方差矩阵 Σ 随机化，比较公式 6.3 中的 $\Psi\left(t\mathbb{E}(\Sigma)t'\right)$ 和 $\mathbb{E}\left(\Psi\left(t\Sigma t'\right)\right)$。

分散化投资

之前提到过，金融理论在肥尾条件下会失效（除了“过拟合”，没有其他修补原框架的方法），其根源就在于分布缺乏椭圆性。也就是说，所有基于马科维茨式的构建投资组合的方法，或者基于多元化理念的分散配置，都无法降低风险，只是“伪降低”了日频波动率。长期来看，使用杠杆几乎一定会导致破产。[1]

1　这里还包括一种讨厌的“风险平价”投资方法，这种方法一般假借理论和学术之名来筹集资金，又被称为“资产收集法”。

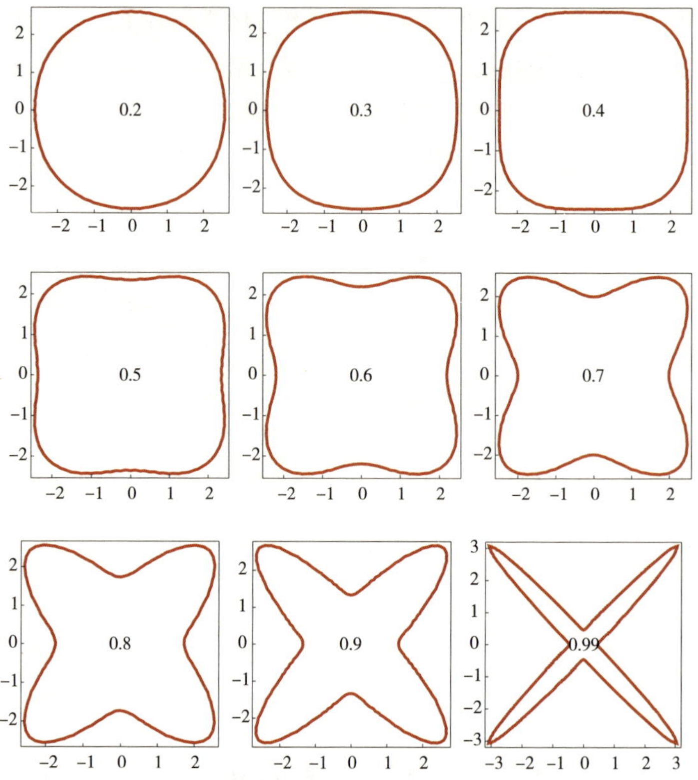

图 6.8　双变量标准正态分布的随机相关性：由不同 ρ 组合出的概率等高线，我们只对公式 6.4 取了一个非常简单的情况，以概率 $p=\frac{1}{2}$ 在 $\rho_1=\rho$ 和 $\rho_2=-\rho$ 中切换。

6.3　多元学生T分布

多元学生 T 分布是一种便捷的建模方式，因为在 $\alpha=1$ 的情况下，它会呈现柯西分布特征。还有一种方式是多元稳定分布，我们将看到，它没有明确的概率密度函数。

假定 $\mathbf{X}$ 为服从多元学生 T 分布的 $(p\times 1)$ 向量，$\mathbf{X}\sim S_t(\mathbf{M},\mathbf{\Sigma},\alpha)$，这里 $\mathbf{M}$ 是长度为 p 的向量，$\mathbf{\Sigma}$ 是 $p\times p$ 矩阵，α 是帕累托尾的尾部指数，PDF 可以表示为：

$$f(\mathbf{X})=\left(\frac{(\mathbf{X}-\mathbf{M})\boldsymbol{\Sigma}^{-1}(\mathbf{X}-\mathbf{M})}{\nu}+1\right)^{-\frac{1}{2}(\nu+p)} \tag{6.5}$$

在最简单的情况下，$p=2$，$\mathbf{M}=(0,\ 0)$，$\boldsymbol{\Sigma}=\begin{pmatrix}1 & \rho \\ \rho & 1\end{pmatrix}$，

$$f(x_1,x_2)=\frac{\nu\sqrt{1-\rho^2}\left(\frac{-\nu\rho^2+\nu-2\rho x_1x_2+x_1^2+x_2^2}{\nu-\nu\rho^2}\right)^{-\frac{\nu}{2}-1}}{2\pi\left(\nu-\nu\rho^2\right)} \tag{6.6}$$

6.3.1 肥尾条件下的椭圆性和独立性

以两个柯西分布变量 x 和 y 概率密度的乘积为例：

$$f(x)f(y)=\frac{1}{\pi^2\left(x^2+1\right)\left(y^2+1\right)} \tag{6.7}$$

显然，结果没有椭圆性，正如我们在第三章中所举的两人财富的和为 3 600 万美元的例子。如果和联合分布 $f_\rho(x,y)$ 进行比较：

$$f_\rho(x,y)=\frac{1}{2\pi\sqrt{1-\rho^2}\left(y\left(\frac{y}{1-\rho^2}-\frac{\rho x}{1-\rho^2}\right)+x\left(\frac{x}{1-\rho^2}-\frac{\rho y}{1-\rho^2}\right)+1\right)^{3/2}} \tag{6.8}$$

这里将 ρ 设为 0，也即假设变量不相关，

$$f_0(x,y)=\frac{1}{2\pi\left(x^2+y^2+1\right)^{3/2}} \tag{6.9}$$

得到的是椭圆分布，因此我们可以看到，变量不相关和相互独立是两个不同的概念。

> 两个随机变量 X 和 Y 相互独立可以定义为：
>
> $$\frac{f(x,y)}{f(x)f(y)}=1$$
>
> 这里不管相关系数的取值。在椭圆分布类中，相关系数为 0 的双变量高斯分布既相互独立，也不相关。但对柯西分布或学生 T 分布就不成立。

相关系数为 0 的多元稳定分布依然不满足独立性条件，原因如下所述。

随机向量 $\mathbf{X}=(X_1 \ldots X_k)'$ 满足多元稳定分布的条件是，对于所有的元素，线性组合 $\mathbf{Y}=a_1 X_1+\cdots+a_k X_k$ 都满足稳定分布条件。也就是说，对于任何常向量 $\mathbf{a} \in \mathbb{R}^k$，随机变量 $\mathbf{Y}=\mathrm{a}^T \mathbf{X}$ 应该服从稳定分布。而线性组合要落在同样的分布类的条件是椭圆性。因此，从定义上看，$f_0(x, y)$ 和 $f(x) f(y)$ 就不一定相等。以有明确概率密度函数的柯西分布为例，密度函数乘积的分母包括一个额外的 $x^2 y^2$ 项，会把概率密度等高线向一边或另一边拉扯，这和第三章介绍的例子类似。

6.4 肥尾和互信息

我们注意到，因为我们构造多元分布时的设计，变量在相互独立的条件下交互信息依然不为 0，因为在“相关性” ρ 为 0 时，联合概率密度函数与概率密度函数乘积之比不为 1。

那么，学生 T 分布（包括柯西分布）下的互信息是多少呢？

$$\mathbb{1}(X, Y)=\mathbb{E} \log \left(\frac{f(x, y)}{f(x) f(y)}\right)$$

上式期望基于 X 和 Y 的联合分布。互信息因为有 log 操作所以具备可加性［请注意，可以使用任何对数基数，并通过除以 log(2) 的方式进行转换］。因此 $\mathbb{1}(X, Y)=\mathbb{E}(\log f(x, y))-\mathbb{E} \log (f(x))-\mathbb{E} \log (f(y))$ 或 $\mathbb{H}(X)+\mathbb{H}(Y)-\mathbb{H}(X, Y)$，这里的 $\mathbb{H}$ 代表熵，$\mathbb{H}(X, Y)$ 是联合熵。

无论取什么参数，高斯分布的互信息都是 $-\frac{1}{2} \log (1-\rho^2)$。因此，对于服从多元学生 T 分布 (α, ρ) 的 X, Y，互信息 $\mathbb{1}_\alpha(X, Y)$ 可以表示为：

$$\mathbb{1}_\alpha(X, Y)=-\frac{1}{2} \log \left(1-\rho^2\right)+\lambda_\alpha \tag{6.10}$$

其中：

$$\lambda_\alpha=-\frac{2}{\alpha}+\log (\alpha)+2 \pi(\alpha+1) \csc (\pi \alpha)+2 \log \left(B\left(\frac{\alpha}{2}, \frac{1}{2}\right)\right)-(\alpha+1) H_{-\frac{\alpha}{2}} +(\alpha+1) H_{-\frac{\alpha}{2}-\frac{1}{2}}-1-\log (2 \pi) \tag{6.11}$$

csc(.) 是余割函数，$B(.,.)$ 是 β 函数，$H(.)^{(r)}$ 是调和数 $H_n^r = \sum_{i=1}^{n} \frac{1}{i^r}$，$H_n = H_n^{(1)}$，$\lambda_\alpha \underset{\alpha\to\infty}{\to} 0$。

简要总结一下，像互信息这种和熵有关的统计量会比相关性有意义得多，互信息具备捕捉非线性的能力。

6.5 肥尾和随机矩阵，一个小插曲

如图 6.9 所示，随机矩阵的特征值可以类比高斯分布的半圆形分布结果。

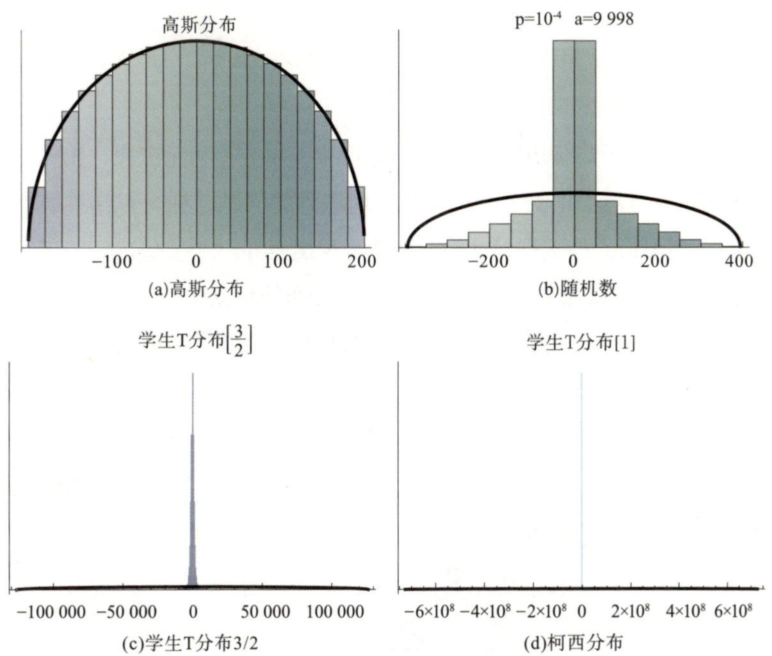

图 6.9 随机矩阵特征值的不同形状。高斯分布下特征值服从维格纳半圆分布，柯西分布对应自由度为 1 的学生 T 分布。

假设 **M** 为一个（n，n）的对称矩阵，特征值 $\lambda_i, 1\leqslant i\leqslant n$ 满足 $\mathbf{M}\mathbf{V}_i = \lambda_i \mathbf{V}_i$，$\mathbf{V}_i$ 为第 i 个特征向量。

定义在 $[-R, R]$ 上的维格纳半圆分布，可以被视为中心为（0，0）并标准化之后的半圆形：

$$\text{对} -R \leqslant \lambda \leqslant R, \text{有} f(\lambda) = \frac{2}{\pi R^2}\sqrt{R^2 - \lambda^2} \tag{6.12}$$

当矩阵的大小 n 接近无穷时，此分布会成为（n，n）对称矩阵特征值的极限分布（有限矩条件）。

我们将在下面进一步介绍随机矩阵的“肥尾性”及其收敛性质。

上面的描述等价于描述矩阵的肥尾性，我们可以认为，单变量分布的四阶矩达到高斯水平（等于 3），相当于在随机矩阵中，特征值触及维格纳半圆。

6.6 相关性和未定义方差

下面来看一个矛盾现象：在某些情况中，协方差为无穷大，相关性却为有限值。不过这和第三章讨论 PCA 时遇到的问题一样——样本误差极大，我们需要极大的数据量才能使两者显现出差异。

问题：为什么在幂律分布类中，肥尾分布的单变量均值（和高阶矩）都为无穷或未定义，但在高维条件下，却可以存在无限（或有限）的协方差和有限的标准差？

以一个定义在 $(-\infty,\infty)$ 上的分布为例，假设各阶矩均不存在：$\mathbb{E}(X)$ 无定义，$\mathbb{E}(X^2)=\infty$，协方差不存在，$\mathbb{E}(XY)$ 无定义。但是 n 个随机变量的相关性（非中心化）依然在 −1 到 1 之间。

$$r \triangleq \frac{\sum_{i=1}^{n} x_i y_i}{\sqrt{\sum_{i=1}^{n} x_i^2}\sqrt{\sum_{i=1}^{n} y_i^2}}, n = 2,\ 3\ldots$$

由亚指数性质，在 $x \to \infty$ 时，我们有 $\mathbb{P}(X_1 + \cdots + X_n > x) \sim \mathbb{P}(\max(X_1 \ldots X_n) > x)$。这里幂律分布类包含在亚指数分布类 $\mathfrak{S}$ 之中。

将随机变量按照绝对值排序，使 $|x_1| \leqslant |x_2| \leqslant \cdots \leqslant |x_n|$。

令 $\kappa_1 = \sum_{i=1}^{n-1} x_i y_i$，$\kappa_2 = \sum_{i=1}^{n-1} x_i^2$，$\kappa_3 = \sum_{i=1}^{n-1} y_i^2$，对所有的 $n \geqslant 2$：

$$\lim_{x_n \to \infty} \frac{x_n y_n + \kappa_1}{\sqrt{x_n^2 + \kappa_2}\sqrt{y_n^2 + \kappa_3}} = \frac{y_n}{\sqrt{\kappa_3 + y_n^2}}$$

$$\lim_{y_n \to \infty} \frac{x_n y_n + \kappa_1}{\sqrt{x_n^2 + \kappa_2}\sqrt{y_n^2 + \kappa_3}} = \frac{x_n}{\sqrt{\kappa_2 + x_n^2}}$$

$$\lim_{\substack{x_n \to +\infty \\ y_n \to +\infty}} \frac{x_n y_n + \kappa_1}{\sqrt{x_n^2 + \kappa_2}\sqrt{y_n^2 + \kappa_3}} = 1$$

$$\lim_{\substack{x_n \to +\infty \\ y_n \to -\infty}} \frac{x_n y_n + \kappa_1}{\sqrt{x_n^2 + \kappa_2}\sqrt{y_n^2 + \kappa_3}} = -1$$

$$\lim_{\substack{x_n \to -\infty \\ y_n \to +\infty}} \frac{x_n y_n + \kappa_1}{\sqrt{x_n^2 + \kappa_2}\sqrt{y_n^2 + \kappa_3}} = -1$$

图 6.10 展示了一种可能的相关性分布。相关性有限并不意味着方差低：这里相关性虽然存在，但因为收敛极慢，噪声很大，其统计意义非常有限。

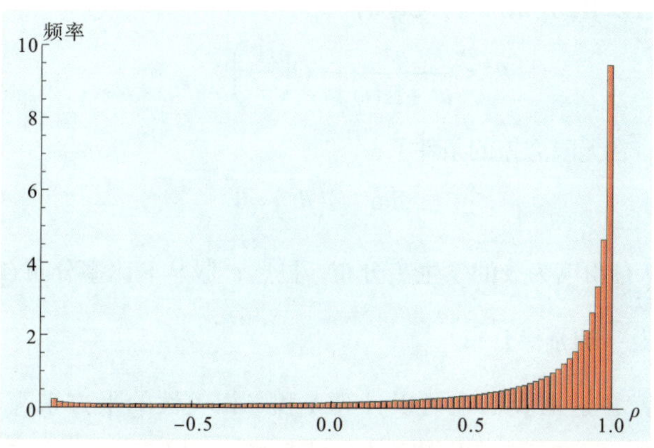

图6.10　10^3 个样本的相关性分布，双变量T分布存在相关性（尾部指数2/3，相关性3/4），但没什么意义。

6.7　线性回归模型的肥尾残差

第三章我们曾提到线性回归在肥尾条件下会失效，这在实际应用中很常见。比如，收入和财富显然服从幂律分布（这里引出不少问题，参见第十三章关于基尼系数的讨论），智商分数根据计算方法服从高斯分布，但依然有人在两者之间做线性回归，根本意识不到其中的不恰当之处。

以下面的线性回归为例，其中自变量和因变量服从不同类的分布：

$$Y = aX + b + \epsilon$$

X 服从标准高斯分布 $\mathcal{N}(0, 1)$，ϵ 服从幂律分布，$\mathbb{E}(\epsilon) = 0$ 且 $\mathbb{E}\left(\epsilon^2\right) < +\infty$，不存在其他参数限制条件。

显然，我们可以按照 1 减去残差求和除以平方偏差求和的方法计算决定系数 R^2，从而给我们构造的模型提供更一般化的解。因为 $X \sim \mathcal{N}$ (0, 1)，$aX+b \sim \mathcal{N}$ (b，$|a|$)，我们有：

$$R^2 = 1 - \frac{SS_{res}}{SS_{tot}} = 1 - \frac{\sum_{i=1}^{n}\left(y_i - (ax_i + b + \epsilon_i)\right)^2}{\sum_{i=1}^{n}\left(y_i - \overline{y}\right)^2}$$

我们可以看到，对于较大的 n，

$$R^2 = \frac{a^2}{a^2 + \mathbb{E}\left(\epsilon_i^2\right)} + O\left(\frac{1}{n^2}\right) \tag{6.13}$$

当然，在无限方差的条件下：

$$\lim_{E\left(\epsilon^2\right) \to +\infty} \mathbb{E}\left(R^2\right) = 0$$

ϵ 服从自由度为 α 的学生 T 分布，显然 ϵ^2 服从 F 比率分布 $(1, \alpha)$——尾部指数为 $\frac{\alpha}{2}$ 的幂律分布。

注意，在这里我们也可以计算 X 和 Y 相关性的平方来简单求“期望”。比如，假设 ϵ 满足均值为 0、尺度为 σ、尾部指数 $\alpha > 2$ 的学生 T 分布（和之前的例子相同，只是将均值固定为 0），先计算相关性：分子是协方差 $Cov(X, Y) = \mathbb{E}((aX + b + \epsilon)X) = a$，分母（$Y$ 的标准差）是 $\sqrt{\mathbb{E}\left((aX + \epsilon) - a\right)^2} = \sqrt{\frac{2\alpha a^2 - 4a^2 + \alpha\sigma^2}{\alpha - 2}}$。因此：

$$\mathbb{E}\left(R^2\right) = \frac{a^2(\alpha - 2)}{2(\alpha - 2)a^2 + \alpha\sigma^2} \tag{6.14}$$

上式的极限为：

$$\lim_{\alpha \to 2^+} \mathbb{E}\left(R^2\right) = 0$$

这里我们没有采用某个确定的 R^2，而是很谨慎地采用了 $\mathbb{E}\left(R^2\right)$。因为 R^2 是一个高度依赖于样本的随机变量，且 n 只有在非常大时才会趋于稳定（那得是一个天文数字）。而在样本内，期望永远是有限值，哪怕 ϵ 是柯西分布时也是如此！如图 6.12 和图 6.13 所示。实际上，如果用 α 和 $\mathbb{E}\left(\epsilon^2\right)$ 对 R^2 进行极大似然估计（第十三章和第十四章的“影子均值”方法），我们就会注意到，图中的智商样本误差均值大约是极大似然估计的一半，也即 R^2 会小得多（近似于 0）。[1]

这一条实际上证伪了很多与智商 - 财富或智商 - 收入有关的研究 [268]，可以在图 6.11 中看到其效果。虽然 R^2 是在 [0，1] 上的有界变量，但其逼近真实值的速度极慢——参见第十九章的 P 值问题。

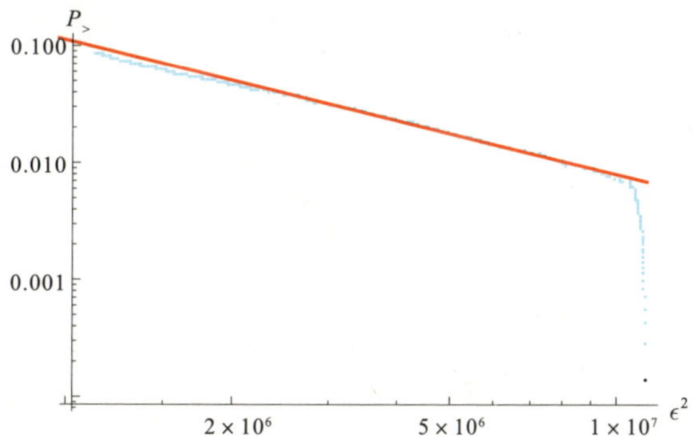

图 6.11　使用 WLS（Winsconsin Longitudinal Studies）数据对智商 – 收入进行线性回归，对所得回归的残差平方 ϵ^2 绘制生存函数 log-log 图。可以看到收入变量被缩尾了，剪掉尾部会呈现出高 R^2 的假象。实际上，哪怕不进行缩尾，因为幂律分布方差的小样本效应，两者的相关系数也会呈现出比实际高得多的数值。

1　2.2 10^9 vs 1.24 10^9。

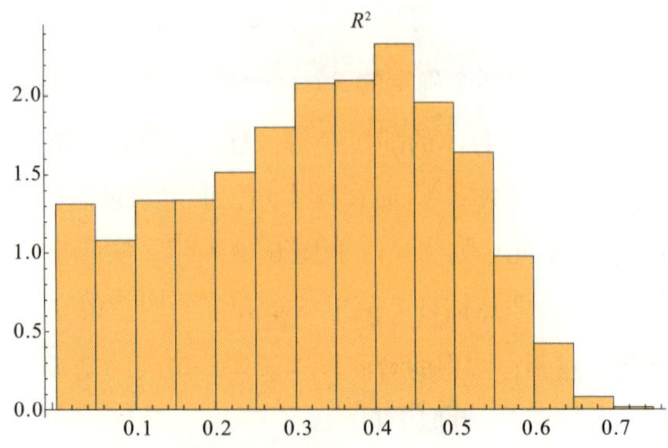

图 6.12 假设分布的方差无限，在样本内呈现出高 R^2，但其真实 R^2 为 0。要知道 R^2 实际上也是一个随机分布，这一问题和第十九章的 P 值问题类似，都是定义在 [0，1] 上的元分布带来的。

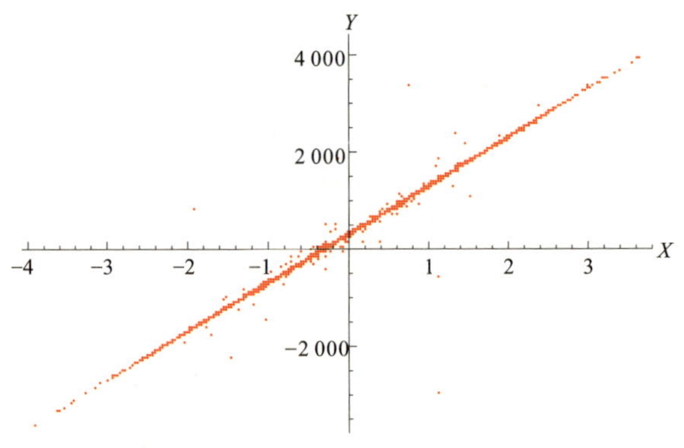

图 6.13 实际 $R^2=0$ 的柯西回归，在小样本上显现出极高的 R^2 值（图中为 0.985）。

性质 3

当肥尾随机变量和薄尾随机变量进行回归的时候，决定系数 R^2 会被高估，即便具备收敛性，我们也需要超大量的样本才能使 R^2 收敛。

有时人们会对随机变量进行非线性变换（比如取对数），尝试转化非线性为线性来解决问题。此时如果变换完全精准尚可，但只要有差异就可能导致很大的误差。和互信息不同，相关性这一指标极度敏感，不具备可加性，且常常没有意义。作者对此曾有更细致的研究 [238]。

下一部分

在第八章中，我们会研究幂律分布变量在大数定律（LLN）下的缓慢收敛，高斯分布可以比它快 10^{13} 倍。

A　殊厚尾案例

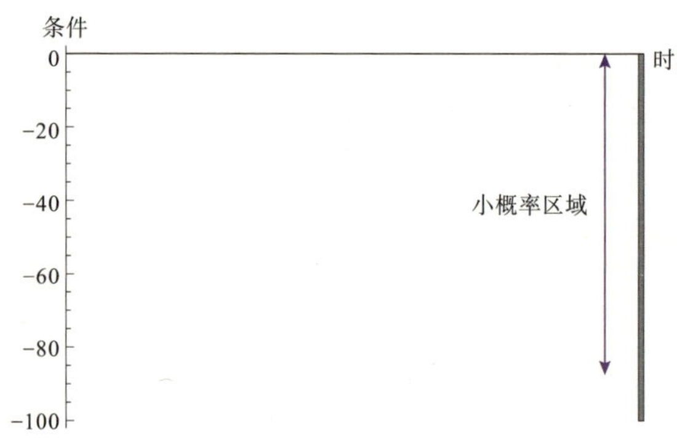

图 A.1　相较于受到大冲击，咖啡杯不太可能受到“小伤害”。因为杯子非常易碎，要么没有风险，要么全部暴露于风险。类似的收益结构在金融市场中也很普遍，尤其在对资产重定价（杀估值）的阶段，只要越过某一门槛，大波动相对小波动反而成了大概率事件。

> 对于单模型分布，厚尾是常态：在社会科学领域，我们拿出上万个变量的时间序列，也找不出一个“柏拉图式”的理想分布。但多模型分布有时会有出人意料的结果。

A.1　多重模型与厚尾，战争-和平模型

在章节 4.1 中，我们提到了随机化（让确定的变量或参数变得随机）。

通过峰度可以看到，只要稍稍随机化方差分布就会趋向厚尾，但我们保持了均值固定。

这里我们也可以随机化均值（同时保留初始平均值），产生不同的状态，将可能的分布拉开。这样一来，整体分布的“峰度”（四阶矩）反而下降了。如果将不同的均值和不同的方差联系起来，我们就会得到带有一系列“模式”的模型，每个状态都有其对应的概率。

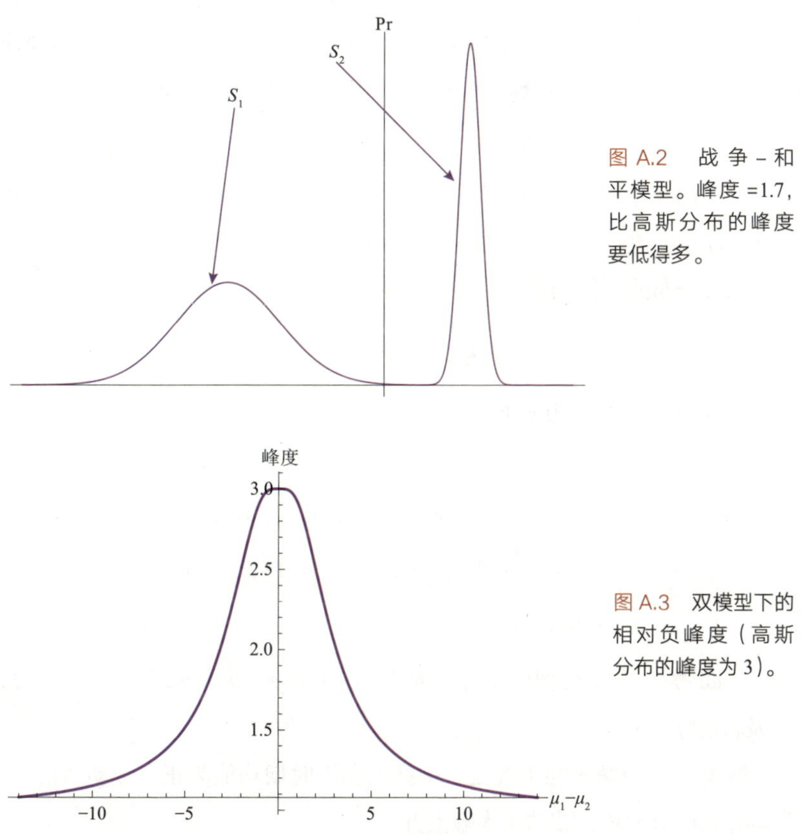

图 A.2　战争 – 和平模型。峰度 =1.7，比高斯分布的峰度要低得多。

图 A.3　双模型下的相对负峰度（高斯分布的峰度为 3）。

在多重模型下，“厚尾”的概念会失去其意义，反过来我们应该关注“中间地带”，也即期望有意义的位置 [7] [156]。

在现实生活中，很多情况都存在多种可能的状态或模式。假设所有状态的各阶矩都有限，根据下列结构：s_1 是平静状态，均值为 m_1，标准差 σ_1。s_2 是剧烈波动状态，均值为 m_2，标准差 σ_2，两个状态都有其对应的

概率 p_i。

下面考虑一种最简单的情况，即均值和方差都会改变的高斯分布：以概率 $\frac{1}{2}$ 满足 $X \sim \mathcal{N}(\mu_1, \sigma_1)$，另外 $\frac{1}{2}$ 满足 $X \sim \mathcal{N}(\mu_2, \sigma_2)$。峰度为：

$$峰度=3-\frac{2\left(\left(\mu_1-\mu_2\right)^4-6\left(\sigma_1^2-\sigma_2^2\right)^2\right)}{\left(\left(\mu_1-\mu_2\right)^2+2\left(\sigma_1^2+\sigma_2^2\right)^2\right)} \quad (A.1)$$

正如我们看到的，峰度是均值差 $d=\mu_1-\mu_2$ 的函数。对于 $\sigma_1=\sigma_2$ 且 $\mu_1 \neq \mu_2$，峰度会低于常规高斯分布，按照计算方法峰度为负值。假定要使峰度等于 3，均值的随机性需要和波动率的随机性进行对冲。

$$|d|=\sqrt[4]{6}\sqrt{\max\left(\sigma_1,\sigma_2\right)^2-\min\left(\sigma_1,\sigma_2\right)^2}$$

为了简化单阶段模型，我们假设站在某个历史时点向前看。（这里增加复杂性不会改变结果，比如定义不同状态间的转换矩阵。）

混合分布的特征函数为：

$$\phi(t)=\sum_{i=1}^{N} p_i e^{-\frac{1}{2}t^2\sigma_i^2+itm_i}$$

当 N=2 时，各阶矩如下：

$$M_1=p_1m_1+\left(1-p_1\right)m_2$$

$$M_2=p_1(m_1^2+\sigma_1^2)+\left(1-p_1\right)(m_2^2+\sigma_2^2)$$

$$M_3=p_1m_1^3+\left(1-p_1\right)m_2\left(m_2^2+3\sigma_2^2\right)+3m_1p_1\sigma_1^2$$

$$M_4=p_1(6m_1^2\sigma_1^2+m_1^4+3\sigma_1^4)+\left(1-p_1\right)(6m_2^2\sigma_2^2+m_2^4+3\sigma_2^4)$$

下面考虑各种类型的情景，都有 $p_1<\left(1-p_1\right), m_1<m_2$，$m_1<0, m_2>0$，以及核心条件：$\sigma_1>\sigma_2$。

情景 1：战争 – 和平模型 平静的和平时期均值为正，波动率很低，动荡时期均值为负，波动率大幅上升。

情景 2：条件性的状态 假设有一个债券 B，在单周期内偿付利息 r，在最后有较高的概率偿付 B（1+r），但存在一定的违约风险。因此，最终偿付刚好为 B 的可能性很低。可以参考战争 – 和平模型：两者之间没有中间状态。债券不会仅违约“一点点”。在这种分立条件下，最终得到混合分布均值的概率几乎为 0。一般来说，期望的概率密度函数

$p\left(\mathbb{E}(x)\right)$ 只是比不同状态的均值小一些，也即 $\mathbb{P}\left(x=\mathbb{E}(x)\right)<\mathbb{P}\left(x=m_1\right)$ 和 $\mathbb{P}\left(x=\mathbb{E}(x)\right)<\mathbb{P}\left(x=m_2\right)$，但在极端情况下，$\mathbb{P}\left(x=\mathbb{E}(x)\right)$ 极其小。最终落在整体均值反而成了尾部事件。

外汇市场的固定汇率也是同样的道理，一般不存在“温和”的贬值，市场的波动率只会是很小或极大，而在分立状态之间的概率密度“山谷”非常低。

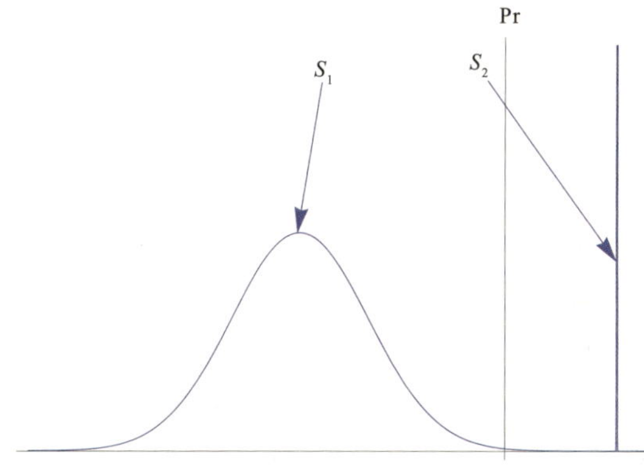

图 A.4　债券收益 / 固定汇率模型。在状态 2 中，波动率几乎消失了，获得确定性收益；而在状态 1 中，混乱不可知。这里的峰度 K=2.5。另外，咖啡杯的破碎与否则是状态 1 和状态 2 都退化的情形。

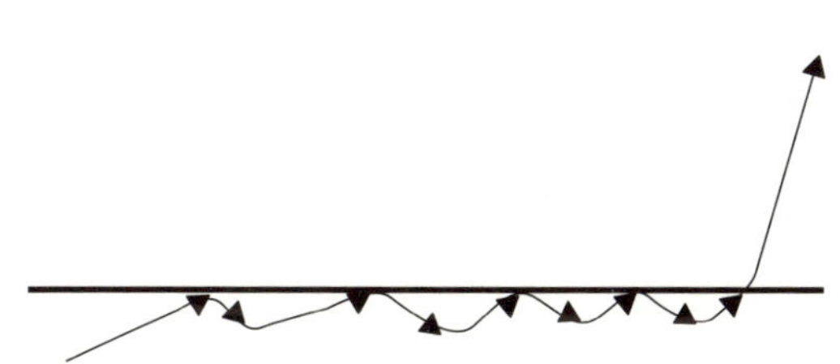

图 A.5　固定汇率所受的压力一般会在“无贬值”的状态下造成狄拉克概率密度函数（等同于低波动）。很多新手会把 S_2 状态下的低波动当成常态。

对期权收益来说，双重模型会提高平值期权的价格，降低虚值期权的价格，从而带来和“波动率微笑”完全相反的特征。

注意，咖啡杯只有破碎和完好两种状态，而且破碎这一状态可以被视为吸收态（用马尔可夫链表示转移概率），因为坏掉的杯子不会自动复原。同时，咖啡杯也不存在“轻微破碎”的状态，如图 A.1 所示。

满足双重模型的其他情景

1. 固定汇率

2. 并购

3. 职业选择和结果

4. 冲突：人与人之间，战争各方之间，以及所有不存在和谐与敌对以外状态的双边关系。

5. 条件级联

A.2　转移概率：有不可逆破碎可能的事物终将破碎

之前我们只考虑了单阶段模型，因为新信息会导致双重模型在未来发生变化，所以观察单阶段模型十分合理：只看一步，不多做预判。但下面我们做一个小练习来了解脆弱性。假设模型的结构保持不变，我们可以观察模型长期转换的行为模式。假设 P 为转移矩阵，其中 $p_{i,j}$ 是在 Δt 上从状态 i 到状态 j 的转移概率，也即 $P(S(t+\Delta t)=s_j \mid S(t)=s_i)$，这里 $S(t)$ 是阶段 t 的状态。

$$P=\begin{pmatrix} p_{1,1} & p_{1,2} \\ p_{2,1} & p_{2,2} \end{pmatrix}$$

在 n 阶段（n 步）之后，

$$P^n=\begin{pmatrix} a_n & b_n \\ c_n & d_n \end{pmatrix}$$

其中，

$$a_n=\frac{\left(p_{1,1}-1\right)\left(p_{1,1}+p_{2,2}-1\right)^n+p_{2,2}-1}{p_{1,1}+p_{2,2}-2}$$

$$b_n=\frac{\left(1-p_{1,1}\right)\left(\left(p_{1,1}+p_{2,2}-1\right)^n-1\right)}{p_{1,1}+p_{2,2}-2}$$

$$c_n=\frac{\left(1-p_{2,2}\right)\left(\left(p_{1,1}+p_{2,2}-1\right)^n-1\right)}{p_{1,1}+p_{2,2}-2}$$

$$d_n = \frac{\left(p_{2,2}-1\right)\left(p_{1,1}+p_{2,2}-1\right)^n + p_{1,1}-1}{p_{1,1}+p_{2,2}-2}$$

需要考虑的极端情况是，当存在吸收态时，$p_{1,1}=1$，因此（替换 $p_{i,\neq i|i=1,2}=1-p_{i,i}$）

$$P^n = \begin{pmatrix} 1 & 0 \\ 1-p_{2,2}^N & p_{2,2}^N \end{pmatrix}$$

“遍历性”概率为：

$$\lim_{n\to\infty} P^n = \begin{pmatrix} 1 & 0 \\ 1 & 0 \end{pmatrix}$$

这告诉我们，吸收态 S（1）最终会以概率 1 主导所有可能的情形：有不可逆破碎可能的事物终将破碎。

从“遍历性”矩阵，

$$\lim_{n\to\infty} P^n = \pi.\mathbb{1}^{\mathrm{T}}$$

$\mathbb{1}^{\mathrm{T}}$ 是单位向量 {1，1} 的转置，π 是特征向量矩阵。

其特征值为 $\lambda = \begin{pmatrix} 1 \\ p_{1,1}+p_{2,2}-1 \end{pmatrix}$，对应的特征向量 $\pi = \begin{pmatrix} 1 & 1 \\ \frac{1-p_{1,1}}{1-p_{2,2}} & 1 \end{pmatrix}$。

第二部分　中数定律

第七章　极限分布综述*，†[1]

在本说明章节中，我们根据研究需要简要整理了与极限分布有关的理论。在介绍完大数定律之后，我们会直观展示中心极限定理，观察不同分布下渐进情况的差异，然后讨论高阶矩的大数定律。下一章我们会进行更正式、更深入的研究。

大数定律和中心极限定理是同一个问题的两种回答："随着随机变量的数量趋向无穷，总体的和（或均值）的渐进性质如何？"而我们所关注的中数定律（前渐进性）是：求和的数量达不到无穷时又会如何？

7.1　温习：弱大数定律和强大数定律

标准定义如下，假设 $X_1, X_2\ldots$ 是独立同分布随机变量（勒贝格可积）的无限序列，分布期望 $\mathbb{E}(X_n)=\mu$（之后会看到，有时也可以放松 i.i.d. 条件）。对于所有的 n，样本均值 $\overline{X}_n=\frac{1}{n}(X_1+X_2+\cdots+X_n)$ 都会收敛到期望，

1　讨论章节（带有一些研究内容）。

也即对于 $n \to \infty$ ，$\overline{X}_n \to \mu$。

这里方差有限不是必要条件（当然，如果高阶矩有限会加快收敛速度）。

收敛方式有两种：以概率收敛 $\xrightarrow{P}$（意味着分布上收敛，反过来不一定成立），和更强的必然收敛 $\xrightarrow{a.s.}$（类似于点对点收敛）（也被称为几乎处处收敛或几乎必然收敛）。这里的差异分别对应弱大数定律和强大数定律。

弱大数定律 可以总结为（也被称为金钦定律或伯努利定律）：随着序列不断增多，样本平均值超过某个阈值的概率逐渐变小。在估计理论中，如果一个估计量在概率上收敛于被估计量，则被称为估计量一致。

$$\text{当} n \to \infty \text{时}, \overline{X}_n \xrightarrow{P} \mu$$

也即对于任意的正值 ε：

$$\lim_{n\to\infty} \mathbb{P}(|\overline{X}_n - \mu| > \varepsilon) = 0$$

注意，标准的证明方法为切比雪夫不等式：如果 X 具备有限非 0 方差 σ^2，对于任意实数 $k > 0$，

$$\Pr\left(|X-\mu| \geqslant k\sigma\right) \leqslant \frac{1}{k^2}$$

强大数定律 表达的是，随着求和数 n 趋向无穷，均值收敛到期望的概率为 1。

$$\text{当} n \to \infty \text{时}, \overline{X}_n \xrightarrow{a.s.} \mu$$

也就是

$$\mathbb{P}\left(\lim_{n\to\infty} \overline{X}_n = \mu\right) = 1$$

放松 i.i.d. 条件 接下来，在某些条件下我们可以放松独立同分布的假设：科尔莫戈罗夫证明了在非同分布的情况下，只要求和项 X_i 分布的二阶矩有限即可。

这里的放松独立性，是指允许变量之间存在弱依赖。一般来说，放松之后的条件为：（1）有限方差 $\mathbb{V}\left(X_i\right) \leqslant c$；（2）协方差矩阵 $\lim_{|i-j|\to+\infty} \text{Cov}(X_i, X_j) = 0$。

但实际上，（1）和（2）可以进一步弱化为 $\sum_{i=1}^{n} \mathbb{V}\left(X_i\right) = o\left(n^2\right)$，$\left|\text{Cov}\left(X_i,\right.\right.$

$X_j)\Big| \leqslant \varphi(|i-j|)$，这里 $\frac{1}{n}\sum_{i=1}^{n}\varphi(i)\to 0$。见伯恩斯坦 [19] 和科兹洛夫（俄罗斯）[148]。[1]

我们的兴趣点 在本章和下一章中，我们的目标是考量上述收敛的"速度"。注意，在独立同分布的强假设下，不需要方差有限的条件，因此我们可以通过平均差来观察收敛情况。

7.2 中心极限过程

我们将从广义中心极限定理（GCLT）的简化版本开始，该理论源自保罗·列维（传统 CLT 和公式推导将在稍后介绍）。

7.2.1 稳定分布

和上面的定义相同，假设 $X_1, X_2 \ldots X_n$ 为独立同分布随机变量，它们的和为 S_n，我们有：

$$\frac{S_n - a_n}{b_n} \xrightarrow{D} X_s \tag{7.1}$$

这里的 X_s 依然服从稳定分布 S，a_n 和 b_n 为标准化常量，$\xrightarrow{D}$ 代表以分布形式收敛（$n\to\infty$ 时 X 的分布）。下一章我们会对 S 的性质进行严谨定义，目前可以先认为随机变量 X_s 服从稳定分布（α 稳定分布），表示为 $X_s \sim S(\alpha_s, \beta, \mu, \sigma)$，特征函数 $\chi(t)=\mathbb{E}\left(e^{itX_s}\right)$ 有如下形式：

$$\chi(t)=e^{\left(i\mu t-|t\sigma|_s^{\alpha}\left(1-i\beta\tan\left(\frac{\pi\alpha-s}{2}\right)\operatorname{sgn}(t)\right)\right)}, \alpha_s \neq 1 \tag{7.2}$$

约束条件为 $-1\leqslant\beta\leqslant 1$ 和 $0\leqslant\alpha_s\leqslant 2$。[2]

---

1 感谢"romanoved"，一位在 Mathematics Stack Exchange 数学问答论坛的陌生俄语答主。

2 我们会用 $\alpha_s \in (0, 2]$ 来表示柏拉图稳定分布的尾部指数，而用 $\alpha_p \in (0,\infty)$ 来表示渐进等价的帕累托分布参数，并在有歧义时加以区分，一般 α 可以通过上下文来理解。

图 7.1　保罗·列维（1886—1971）年，广义中心极限定理的提出者。

“稳定分布”的概念意味着，该类型分布在求和条件下保持稳定：假设你对下一章定义的 $\mathfrak{S}$ 类分布（实际上是相同的分布，但特征函数的参数不同）进行随机变量求和，得到的分布依然会落在同样的类型中。直观看，$\chi(t)^n$ 和 $\chi(t)$ 的类型相同，其 $\mu \to n\mu, \sigma \to n^{\frac{1}{\alpha}}\sigma$。这一类分布中有知名的高斯分布、柯西分布和 $\alpha = 2, 1, \frac{1}{2}$ 的列维分布，其余分布的概率密度函数都不存在解析式。[1]

7.2.2　稳定分布的大数定律

下面我们回到大数定律。

在一般情况下，可以观察到稳定分布的大数定律，如图 7.2 所示。

$$\lim_{n\to\infty} \chi\left(\frac{t}{n}\right)^n = e^{i\mu t}, 1 < \alpha_s \leqslant 2 \tag{7.3}$$

1　其实部分解析式也可以通过特殊函数来表达，比如，作者偶然发现的一个分布：参数 $\alpha = \frac{3}{2}, \beta = 1, \mu = 0, \sigma = 1$ 的稳定分布 S，$\mathrm{PDF}(x) = -\frac{\sqrt[3]{2}e^{\frac{x^3}{27}}\left(\sqrt[3]{3}x\mathrm{A_i}\left(\frac{x^2}{3\ 2^{2/3}\sqrt[3]{3}}\right)+3\sqrt[3]{2}\mathrm{A_i'}\left(\frac{x^2}{3\ 2^{2/3}\sqrt[3]{3}}\right)\right)}{3\ 3^{2/3}}$，在后面用来表征帕累托分布求和的极限分布。

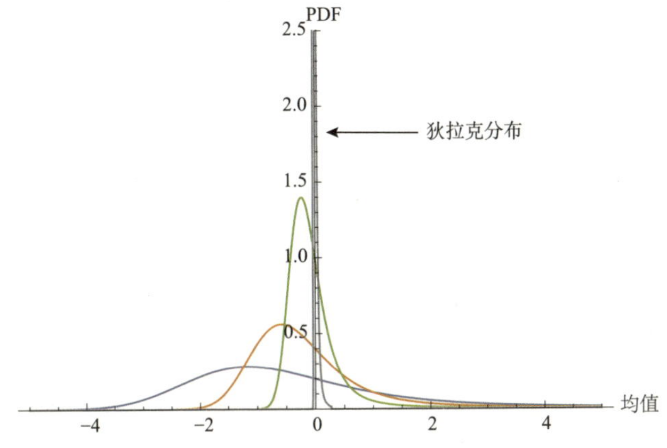

图 7.2　大数定律显示，分布会围绕均值不断收敛，最终退化为均值点上的狄拉克分布。

当最终收敛到 μ 时，退化分布满足狄拉克特征函数，其傅里叶变换为（这里参数化成特征函数的逆函数）：

$$\frac{1}{\sqrt{2\pi}}\mathcal{F}_t\left(e^{i\mu t}\right)(x)=\delta(\mu+x) \tag{7.4}$$

此外，我们可以进一步观察 $1<n<+\infty$ 对应每一步的“实时”收敛情况，下一节将进行讨论。

7.3　CLT的收敛速度：直观探索

我们知道，如果 X 方差有限，稳定分布随机变量的均值 X_s 会是高斯分布。但是要知道，X_s 是 $n\to\infty$ 的极限情况，而实际上能“多快”逼近极限的问题要复杂得多。对于 CLT 的收敛速度，可以考虑下列四种情况。

7.3.1　迅速收敛：均匀分布

考虑最简单的情况——均匀分布，假设定义域为 [0，1]，其概率密度 $\phi(x_1)=1,\ 0\leqslant x_1\leqslant 1$，在定义域上的积分为 1。现在，增加另外一个独立同分布的变量 x_2，和 x_1+x_2 立刻改变了形状！参见图 7.3 中的 $\phi_2(.)$，形状立刻变成了三角形。再添加一个变量，现在考虑 $X_1+X_2+X_3$ 分布的概率密度 ϕ_3，n=3 时几乎是钟形了。

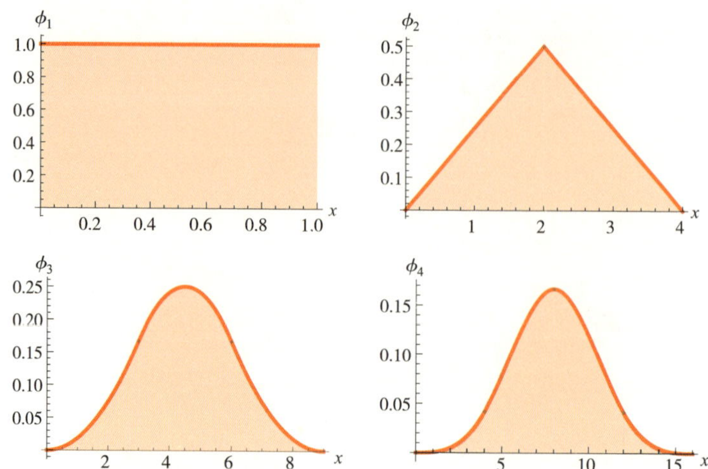

图 7.3　最快的 CLT：均匀分布在几步之后就会变成高斯分布，图中为 1，2，3，4 个变量求和的情况，3 个变量之后我们就会看到钟形曲线出现。

均匀分布的和分布：

$$\phi_n(x)=\sum_{k=0}^{n}(-1)^k\binom{n}{k}\left(\frac{x-L}{H-L}-k\right)^{n-1}\operatorname{sgn}\left(\frac{x-L}{H-L}-k\right), nL\leqslant x\leqslant nH$$

7.3.2　中速收敛：指数分布

下面我们看看指数分布的随机变量和。

初始概率密度

$$\phi_1(x)=\lambda e^{-\lambda x}, x\geqslant 0$$

对 n 变量求和 [1]

$$\phi_n(x)=\left(\frac{1}{\lambda}\right)^{-n}\frac{x^{n-1}e^{-\lambda x}}{\Gamma(n)}$$

通过将 x 替换为 n/λ 可以得到（图 7.4 中 $\lambda=1$）：

$$\frac{\left(\frac{1}{\lambda}\right)^{-n}x^{n-1}e^{\lambda(-x)}}{\Gamma(n)}\underset{n\to\infty}{\to}\frac{\lambda e^{-\frac{\lambda^2\left(x-\frac{n}{\lambda}\right)^2}{2n}}}{\sqrt{2\pi}\sqrt{n}}$$

1　我们使用归纳法推导变量和的概率密度，在分布简单时相对容易。另一种方法是通过特征函数推导，如后面的帕累托分布。

也即均值 $\frac{n}{\lambda}$，方差 $\frac{n}{\lambda^2}$ 正态分布的概率密度。

在图 7.4 中，我们可以看到，和分布趋向高斯分布的速度相对缓慢，主要在于分布的偏斜和高斯分布的完全对称还存在一定距离。

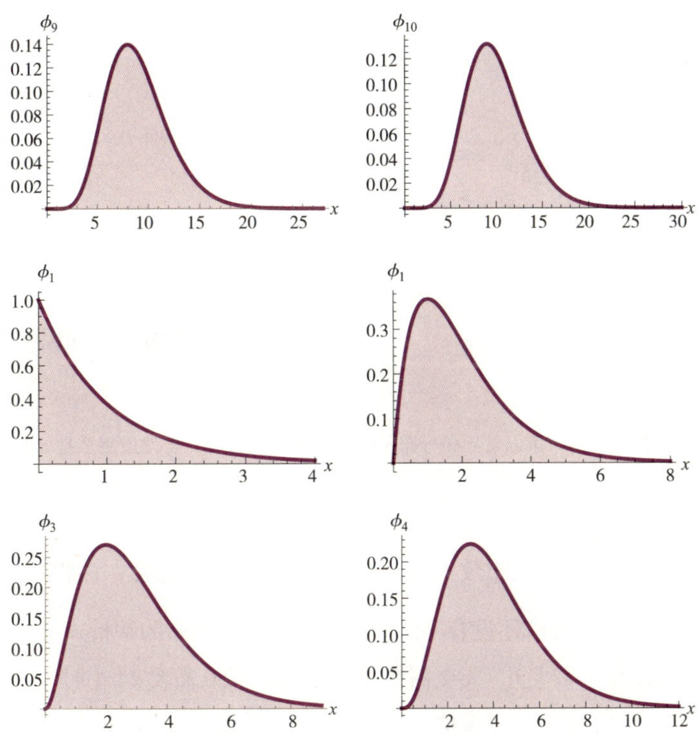

图 7.4 指数分布，概率密度 ϕ 和求和数量的关系，虽然收敛比均匀分布慢一些，但也差得不多。

7.3.3 慢速收敛：帕累托分布

考虑定义在 $[1,\infty)$ 上最简单的帕累托分布：

$$\phi_1(x) = 2x^{-3}$$

通过反转特征函数，

$$\phi_n(x) = \frac{1}{2\pi}\int_{-\infty}^{\infty} \exp(-itx)\left(2E_3(-it)\right)^n dt, x \geqslant n$$

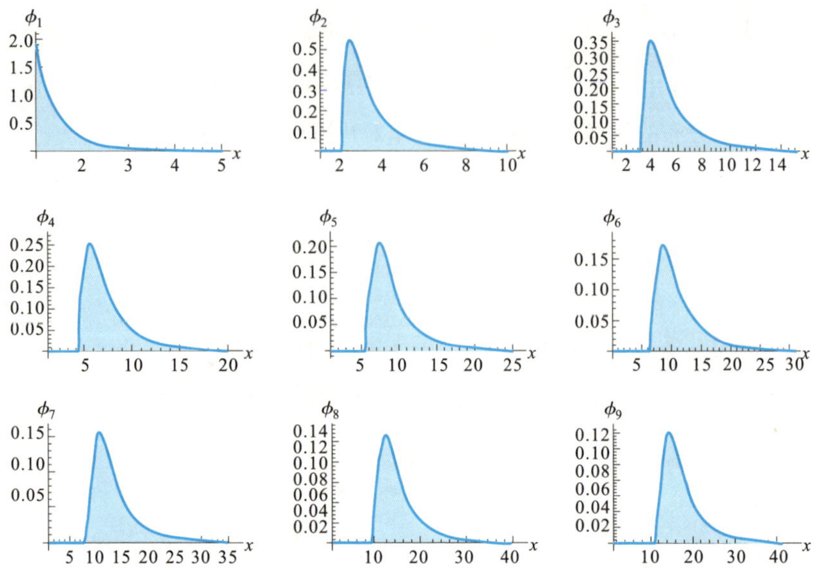

图 7.5　帕累托分布，可以看到和分布不想失去其有偏特征，虽然最终还是会收敛到高斯分布。

这里的 $E_{(\cdot)}(.)$ 代表指数积分 $E_n(z)=\int_1^\infty \frac{dte^{t(-z)}}{t^n}$，显然，该积分需要用数值方法计算（目前还没有办法写出帕累托求和分布的解析式）。其计算时间复杂度呈指数上升（n=2 需要 45 秒钟 vs n=50 需要 24 小时），我们在图 7.4 中使用了蒙特卡罗模拟。

回忆一下公式 7.1 中收敛需要归一化常数项 a_n 和 b_n。根据乌柴金和佐洛塔廖夫 [257]，在限制 $1<\alpha_p\leqslant 2$ 的条件下，我们有：

$$\mathbb{P}(X>x)=cx^{-\alpha_p}$$

随着 $x\to\infty$（假设这里 c 为常量，下一章会提到“缓变函数”的正式定义），那么

$$\mathbb{P}(X<x)=d|x|^{-\alpha_p}$$

归一化常数变成了 $a_n=n\mathbb{E}(X),\alpha_p>1$（其他情况 [257] 在实践中不太可能发生）和

$$
b_n = \begin{cases} \pi n^{\frac{1}{\alpha_p}} \left(2\sin\left(\frac{\pi \alpha_p}{2} \right) \Gamma\left(\alpha_p\right) \right)^{-\frac{1}{\alpha_p}} (c+d)^{\frac{1}{\alpha_p}}, \ 1 < \alpha_p < 2 \\ \sqrt{c+d}\sqrt{n\log(n)}, \ \alpha_p = 2 \end{cases} \quad (7.5)
$$

对称参数 $\beta = \frac{c-d}{c+d}$，显然对所有的 $\alpha_p > 2$，分布都会收敛到高斯分布。

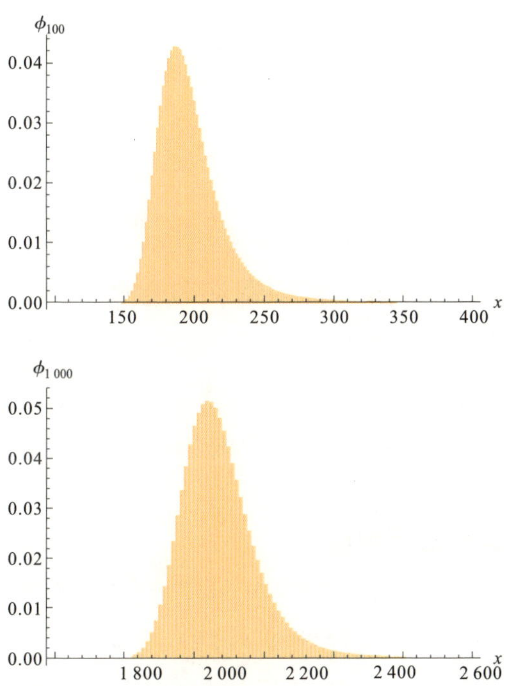

图 7.6　帕累托分布 ϕ_{100} 和 $\phi_{1\,000}$ 对于趋向高斯分布的速度并没有太大提升。但是你得有足够多的耐心和足够长的寿命去见证它，虽然当 $\alpha = 2$ 时，和分布最终还是会收敛到高斯分布。

7.3.4　半立方帕累托分布及其收敛分布族

这里比较有意思的是 $\alpha = \frac{3}{2}$ 的情况，与 7.3.1 中的和分布缓慢趋向对称的形式不同。下一章会提到，我们不能把它和稳定分布的性质进行类比，实际上它的尾部更肥。

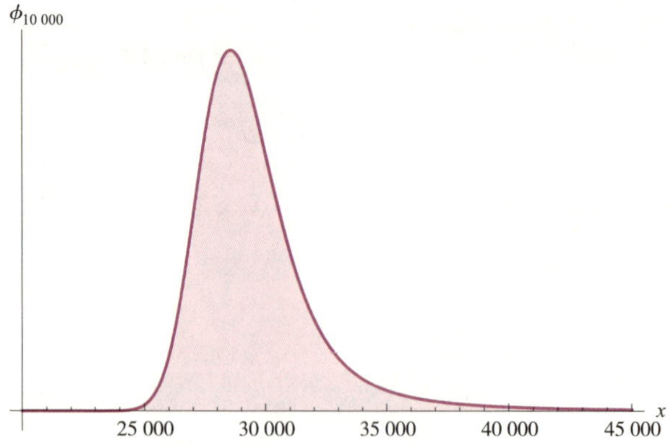

图 7.7　半立方帕累托分布在现实中永远不会走向对称，这里 $n=10^4$。

7.4　累积量和收敛性

由于高斯分布（作为收敛标准）偏度为 0，原始峰度为 3，我们可以通过观察各阶矩的收敛情况来近似地刻画中心极限定理生效的速度。

定义 7.1　（超额 p 累积量）

假定 $\chi(\omega)$ 是给定分布的特征函数，n 是独立随机变量的求和数目，p 是矩的阶数。我们可以定义 p 阶矩对应的累积量比率：

$$K_k^p \triangleq \frac{(-i)^p \partial^p \log\left(\chi(\omega)^n\right)}{\left(-\partial^2 \log\left(\chi(\omega)^n\right)\right)^2}$$

$K(n)$ 是相对于高斯分布的超额 p 阶矩（$p>2$），$K_n^4=0$ 表示 n 个独立变量和的高斯性。

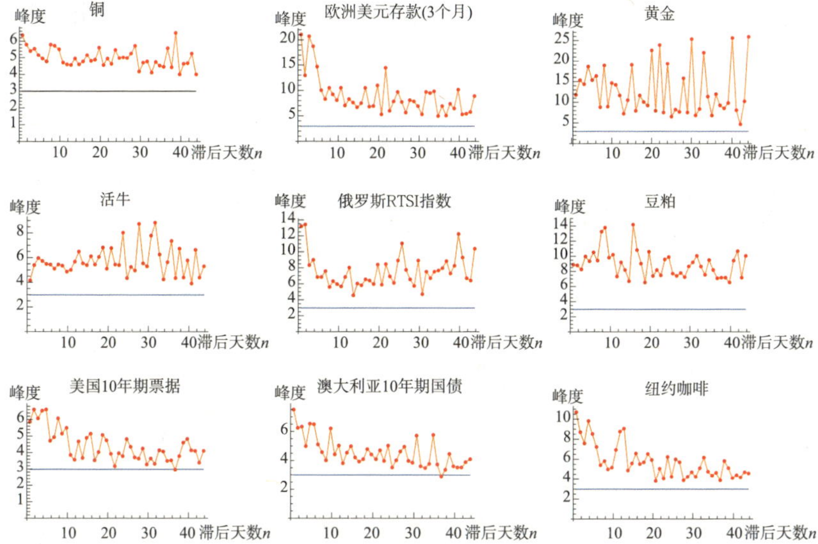

图 7.8　几个金融市场资产累计收益率的四阶矩，大家一般觉得它们会收敛到正态分布，但实际上并不收敛（[228] 中的数据）。对于这些低频数据，我们还没有可靠的方法可以证明其收敛于高斯分布。

> **评论 6**
>
> 对于所有幂律类之外的概率分布，我们有
>
> $$\lim_{n\to\infty} K_N^p = 0$$
>
> 同时，对薄尾分布来说，$\lim\limits_{p\to\infty} K_N^p$ 是有限值，换句话说，根据矩是收敛的还是发散的，我们可以清晰地定义出分布类型的边界。

对于幂律以外的分布，$\forall p \in \mathbb{N}_{>2}$，$K_N^p$ 都以 N^{p-2} 的速率衰减。

要想证明上面的结论，可以通过公式 8.4，将稳定分布作为极限分布，同时利用比分布尾部指数高的 p 阶矩的不可导性即可。

表 7.1 展示了 n 个变量求和的累积量 $K(.)$ 的性质。

在随机波动率模型下（对数伽马方差），理论上的下降速率为 $\frac{1}{N^2}$，然而图 10.2 展示的下降速率完全不同。由此可见，我们并不在这一分

布类中。在 [228] 中也可以看到，诸多经济变量求和之后的峰度并无收敛性。

表 7.1　n 个独立薄尾分布随机变量求和，其收敛速率的累积量

分布	泊松分布（λ）	指数分布（λ）	伽马分布（a,b）	对称双状态波动率（σ_1, σ_2）	Γ - 方差（a,b）
K(2)	1	1	1	1	1
K(3)	$\frac{1}{n\lambda}$	$\frac{2\lambda}{n}$	$\frac{2}{a\,b\,n}$	0	0
K(4)	$\frac{1}{n\lambda^2}$	$\frac{3!\lambda^2}{n}$	$\frac{3!}{a^2\,b^2\,n}$	$\frac{3(1-p)p}{n}\times\frac{(\sigma_1^2-\sigma_2^2)^2}{(p\sigma_1^2-(p-1)\sigma_2^2)^3}$	$\frac{3b}{n}$

7.5　数理基础：传统版本的中心极限定理

本小节对各类中心极限定理（CLT）做了归纳总结。

标准版本（林德伯格 - 列维）CLT　假定和之前一样，有独立同分布的随机变量序列，其中 $\mathbb{E}(X_i)=\mu,\mathbb{V}(X_i)=\sigma^2<+\infty$，$\overline{X}_n$ 是 n 个样本的均值。当 n 趋向无穷时，随机变量和 $\sqrt{n}(\overline{X}_n-\mu)$ 会在分布上趋向高斯分布 [20][21]：

$$\sqrt{n}(\overline{X}_n-\mu)\xrightarrow{d}N(0,\sigma^2)$$

以分布形式收敛的意思是，累积密度函数 CDF 对所有的实数 z，点对点收敛到 $\mathcal{N}(0,\sigma)$ 的 CDF：

$$\lim_{n\to\infty}\mathbb{P}(\sqrt{n}\left(\overline{X}_n-\mu\right)\leqslant z)=\lim_{n\to\infty}\mathbb{P}\left(\frac{\sqrt{n}\left(\overline{X}_n-\mu\right)}{\sigma}\leqslant\frac{z}{\sigma}\right)=\Phi\left(\frac{z}{\sigma}\right),\sigma>0$$

这里 $\Phi(z)$ 是 z 处的标准正态 CDF 值。收敛性对 z 均匀意味着：

$$\lim_{n\to\infty}\sup_{z\in\mathbb{R}}\left|\mathbb{P}\left(\sqrt{n}\left(\overline{X}_n-\mu\right)\leqslant z\right)-\Phi\left(\frac{z}{\sigma}\right)\right|=0$$

sup 代表最小上界，也即集合的上确界。

李雅普诺夫 CLT　在李雅普诺夫的推导中，求和变量应该相互独立，

但不一定要同分布。该理论要求随机变量 $|X_i|$ 存在某些矩（$2+\delta$，这些矩的增速受到下面给出的李雅普诺夫条件的限制）。

条件如下，定义：

$$s_n^2 = \sum_{i=1}^{n} \sigma_i^2$$

如果对于 $\delta > 0$：

$$\lim_{n\to\infty} \frac{1}{s_n^{2+\delta}} \sum_{i=1}^{n} \mathbb{E}\left(| X_i - \mu_i |^{2+\delta} \right) = 0$$

那么，随着 n 趋于无穷，和 $\frac{X_i - \mu_i}{s_i}$ 在分布上收敛于标准正态分布。

$$\frac{1}{s_n} \sum_{i=1}^{n} (X_i - \mu_i) \xrightarrow{D} N(0,\ 1)$$

系列随机变量如果满足李雅普诺夫条件，那么也满足下面的林德伯格条件，反之不一定成立。

林德伯格条件　中心极限定理在林德伯格弱假设下成立，和之前的表达类似，对所有的 $\varepsilon > 0$：

$$\lim_{n\to\infty} \frac{1}{s_n^2} \sum_{i=1}^{n} \mathbb{E}\left((X_i - \mu_i)^2 \mathbb{1}_{\{|X_i - \mu_i| > \varepsilon s_n\}} \right) = 0$$

$\mathbb{1}$是指示函数，那么随机变量 $Z_n = \frac{\sum_{i=1}^{n} (X_i - \mu_i)}{s_n}$ 在 $n \to \infty$ 时以分布形式收敛到正态分布。

林德伯格条件是中心极限定理的充分条件，但不是必要条件，除非满足：

$$\max_{1\leq k\leq n} \frac{\sigma_i^2}{s_n^2} \to 0, n \to \infty$$

此时，林德伯格为中心极限定理的充分必要条件。

7.6　高阶矩的大数定律

7.6.1　高阶矩

测试肥尾性的方法之一是，将大数定律应于用高阶矩，观察它们是如何收敛的。在第三章中，我们观察了随机变量X的大数定律，而累积量的矩均值也与之类似，可以作图观察X^p的行为（原始值或中心化均可）。通过不断增加样本，观察均值（或者方差）的波动是否降低来验证大数定律的效果。如果矩不存在，该图会出现偶发的跳跃——或者大样本会产生完全不同的均值。而如果矩存在，增加样本量会使均值趋于稳定，不再跳跃。

另一种作图方法是，计算最大单一观测值对总体矩的贡献，并随着n增加观察其占比的变化，这也被称为MS图[115]，如图7.9所示。

表7.2　峰度$K(t)$，收益率变量t取1日、10日和66日窗口

	$K(1)$	$K(10)$	$K(66)$	Max Quartic	年数
澳元/美元	6.3	3.8	2.9	0.12	22
澳大利亚10年期国债	7.5	6.2	3.5	0.08	25
澳大利亚3年期国债	7.5	5.4	4.2	0.06	21
豆油	5.5	7.0	4.9	0.11	47
30年期国债	5.6	4.7	3.9	0.02	32
巴西博维斯帕	24.9	5.0	2.3	0.27	16
英镑/美元	6.9	7.4	5.3	0.05	38
巴黎CAC40指数	6.5	4.7	3.6	0.05	20
加拿大元	7.4	4.1	3.9	0.06	38
纽约可可	4.9	4.0	5.2	0.04	47
纽约咖啡	10.7	5.2	5.3	0.13	37
铜	6.4	5.5	4.5	0.05	48
玉米	9.4	8.0	5.0	0.18	49
原油	29.0	4.7	5.1	0.79	26
CT	7.8	4.8	3.7	0.25	48
德国DAX指数	8.0	6.5	3.7	0.20	18
欧元债券	4.9	3.2	3.3	0.06	18
欧元/德国马克	5.5	3.8	2.8	0.06	38
欧洲美元1个月	41.5	28.0	6.0	0.31	19
欧洲美元3个月	21.1	8.1	7.0	0.25	28
英国富时指数	15.2	27.4	6.5	0.54	25
黄金	11.9	14.5	16.6	0.04	35
燃料油	20.0	4.1	4.4	0.74	31
生猪	4.5	4.6	4.8	0.05	43
雅加达股票指数	40.5	6.2	4.2	0.19	16

续表

	$K(1)$	$K(10)$	$K(66)$	Max Quartic	年数
日本国债	17.2	16.9	4.3	0.48	24
活牛	4.2	4.9	5.6	0.04	44
纳斯达克指数	11.4	9.3	5.0	0.13	21
天然气	6.0	3.9	3.8	0.06	19
日经指数	52.6	4.0	2.9	0.72	23
5 年期票据	5.1	3.2	2.5	0.06	21
俄罗斯 RTSI 指数	13.3	6.0	7.3	0.13	17
短期英镑	851.8	93.0	3.0	0.75	17
白银	160.3	22.6	10.2	0.94	46
小盘股	6.1	5.7	6.8	0.06	17
大豆	7.1	8.8	6.7	0.17	47
豆粕	8.9	9.8	8.5	0.09	48
标准普尔 500 指数	38.2	7.7	5.1	0.79	56
白糖	9.4	6.4	3.8	0.30	48
瑞士法郎	5.1	3.8	2.6	0.05	38
10 年期票据	5.9	5.5	4.9	0.10	27
小麦	5.6	6.0	6.9	0.02	49
日元 / 美元	9.7	6.1	2.5	0.27	38

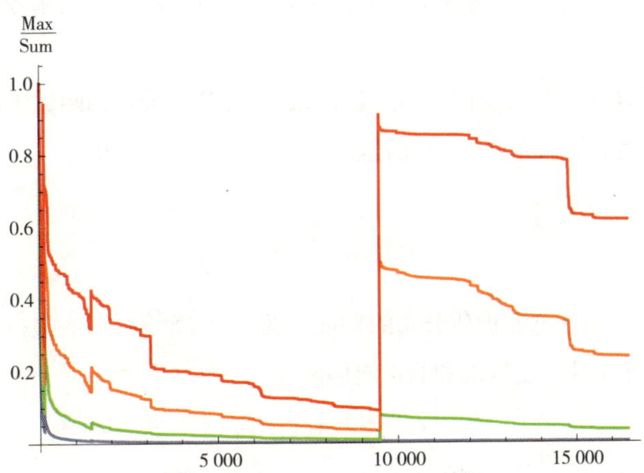

图 7.9 MS 图展示了标准普尔 500 指数过去 60 年（截至 2018 年）收益率分布的累积矩（阶数 p=1，2，3，4）。章节 10.2.6 会展示完整的 MS 图。

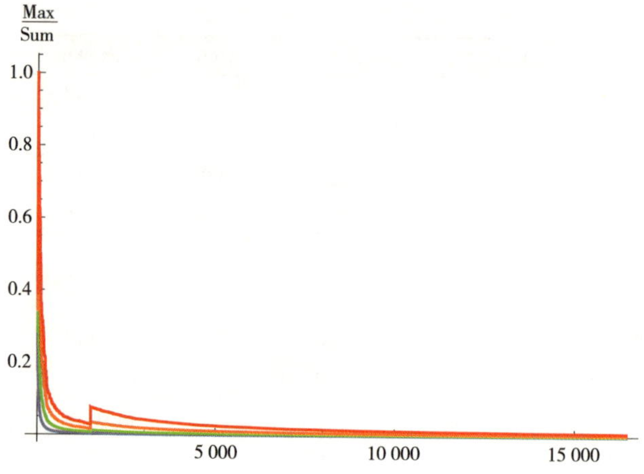

图 7.10 和图 7.9 类似的高斯分布对照组。

7.7 稳定分布的平均差

让我们先用 L^1 范数准备好下一章的结论，假设有一个均值有限方差无限的分布。[1] 显然，在这种条件下，我们无法通过 L^2 范数测量分布围绕均值的离散程度。

L^1 范数求和的误差如下所示。假设 $\theta(x)$ 是赫维赛德函数（也称阶跃函数，对负值输入返回 0，正值返回 1）。由 $\operatorname{sgn}(x)=2\theta(x)-1$，其特征函数为：

$$\chi^{\operatorname{sgn}(x)}(t)=\frac{2i}{t} \tag{7.6}$$

令 $\chi^d(.)$ 为任意非退化分布的特征函数。对 $\chi^{\operatorname{sgn}(x)}*(\chi^d)^n$ 进行卷积，就可以得到 n 个独立变量求和的正向偏离：

$$\chi^m=\int_{-\infty}^{\infty}\chi^{\operatorname{sgn}(x)}(t)\chi^d(u-t)^n\,dt$$

在我们的例子中，平均绝对偏差是 χ 的正值的两倍：

1 根据惯例，当我们描述随机变量的矩无穷大时（比如 X^2 或者随机变量的方差），对单尾分布用**无限**，对双尾分布用**未定义**（如柯西分布）。

$$\chi(|S_n|)=(2i)\int_{-\infty}^{\infty}\frac{\chi(t-u)^n}{t}du$$

也即 χ 的希尔伯特变换，积分项是柯西主值积分（2015）[193]，根据我们的定义，所有求和项来自同一分布，所以可以将 $\chi(t)^n$ 替换为 $\chi_s(t)$，和 $\sigma_s=n^{1/\alpha}\sigma$ 的特征函数一致，β 也保持不变：

$$\mathbb{E}(|X|)=2i\frac{\partial}{\partial u}\text{p.v.}\int_{-\infty}^{\infty}\frac{\chi_s(t-u)}{t}dt\,|_{t=0} \tag{7.7}$$

希尔伯特变换 H[193]：

$$(Hf)(t)=\frac{2}{\pi i}\int_{0}^{\infty-}\chi_s(u+t)-\chi_s(u-t)dt$$

可以重写为：

$$(Hf)(t)=-i\frac{\partial}{\partial u}\left(1+\chi_s(u)+\frac{1}{\pi i}\int_{0}^{\infty-}\chi_s(u+t)-\chi_s(u-t)-\chi_s(t)+\chi_s(-t)\frac{dt}{t}\right) \tag{7.8}$$

下面考虑 7.2.1 中定义的稳定分布。

推导积分中的第一项，用 $z=\log(t)$ 进行变量替换，

$$\mathbb{E}|X|_{(\tilde{\alpha}_s,\beta,\sigma_s,0)}$$

$$=\int_{-\infty}^{\infty}2i\alpha_s e^{-(\sigma_s e^z)^{\alpha_s}-z}(\sigma_s e^z)^{\alpha_s}\left(\beta\tan\left(\frac{\pi\alpha_s}{2}\right)\sin\left(\beta\tan\left(\frac{\pi\alpha_s}{2}\right)(\sigma_s e^z)^{\alpha_s}\right)+\right.$$

$$\left.\cos\left(\beta\tan\left(\frac{\pi\alpha_s}{2}\right)(\sigma_s e^z)^{\alpha_s}\right)\right)dz$$

从而得到漂亮的积分表达：

$$\mathbb{E}|X|_{(\tilde{\alpha}_s,\beta,\sigma_s,0)}=$$

$$\frac{\sigma_s}{2\pi}\Gamma\left(\frac{\alpha_s-1}{\alpha_s}\right)\left(\left(1+i\beta\tan\left(\frac{\pi\alpha_s}{2}\right)\right)^{1/\alpha_s}+\left(1-i\beta\tan\left(\frac{\pi\alpha_s}{2}\right)\right)^{1/\alpha_s}\right) \tag{7.9}$$

下一部分

下一章我们会讨论一个核心问题：该如何应用中数定律？我们如何比较不同类型的分布？

第八章 需要多少数据？肥尾的定量衡量方法‡[1]

本章我们会讨论中数定律。我们针对所有一阶矩有限的单变量单模型分布，构造了一个可操作的统计量，其定义域为 [0，1]，0 代表最薄尾（高斯分布），而 1 代表最肥尾。该统计量想要解决的问题是："对于给定数据集，你需要多少数据才能得出具备统计意义的结论？"

该统计量的应用：

· 在高斯分布之外，帮助确定统计显著所需的样本大小 n。

· 帮助衡量收敛到高斯分布（或稳定分布）的速度。

· 在实践中可以对不同类型的肥尾分布进行比较。

· 评估投资组合达到指定分散化程度所需的证券数目。

· 帮助理解方差参数化之后，对数正态分布特征的不一致性。

本章主要考量渐进行为，聚焦于可操作性，以填补有限 n 求和条件下的大量研究空白。

---

1 研究章节。
这里着重感谢米哈伊尔·卢拉基斯的评论，他严格推导了学生 T 分布和对数正态分布下的极限 κ。同时感谢施皮罗斯·马克里达基斯的耐心和智慧。该论文最初发表于《更高维度下的极值与风险》(*Extremes and Risks in Higher Dimensions*)，于 2016 年 9 月 12 日至 16 日在莱顿大学洛伦兹中心做过讲演，并于 2017 年 10 月发表在柯朗研究所吉姆·盖思勒尔的纪念论文集中。还要感谢让 - 菲利普·布绍、约翰·艾因马尔、帕斯奎尔·西里洛等人。劳伦斯·德哈恩建议将统计量的名称从"gamma"改为"kappa"以避免混淆。还要感谢科尔曼·汉弗莱、迈克尔·劳勒、丹尼尔·迪弗雷纳和其他参与讨论、推导与提供见解的人士。

背景：肥尾性的常规测度有：（1）幂律分布类的尾部指数；（2）有限矩分布的峰度。两者在应用时都有分布限制，且不支持不同类分布之间的参数化比较。比如，对列维稳定分布之外的分布，或是不同数量求和的分布，上述指标都无法比较其幂律性。我们不知道应该如何比较 100 **个自由度为 3 的学生 T 分布随机变量的总和**与**列维分布或对数正态分布的总和**，也不知道该如何比较 100 **个自由度为 3 的学生 T 分布的总和**与**自由度为 2 的单一学生 T 分布**。

因此，我们提出一个可操作的指标，基于有限数量随机变量求和时（n 个变量）大数定律的收敛速率，来比较在有限一阶矩条件下，n 个独立变量求和的分布。

这样一来，无论是对数正态分布、指数分布、帕累托分布还是学生 T 分布，只要在皮尔逊分布族内，我们就可以进一步得到直接的解析式或模拟结果（模拟边界）。

8.1 定义与介绍

如何就“肥尾性”比较一个方差有限、尾部指数 $\alpha = 2.1$ 的分布和高斯分布？这两个分布都属于二阶矩有限的正规变化类分布，从渐进极限来看，求和之后都会收敛到高斯分布。但是在渐进极限之前，目前还没有有效的比较手段，因为常规的高阶矩统计量（如峰度）并不可用。同样，我们也无法比较一个方差无限的帕累托分布和其极限 α 稳定分布（假定两者的尾部指数相同）。还有，我们如何比较自由度为 3 的学生 T 分布和尾部指数为 1.95 的列维稳定分布？上面两个分布均值均有限，但只有学生 T 分布的方差有限，在实践中，学生 T 分布在少量求和的状态下会展现出更为“肥尾”的特性。

“肥尾性”的标准　市面上对肥尾有着诸多不同的“定义方法”，每一种都有自己的排序标准。如果圈定在各阶矩有限的分布类中，峰度是合理的定义，可以以高斯分布为基准对不同分布进行比较。对于幂律分布类，尾部指数是合理的定义。此外，还可以采用极值法，考量样本超过某个最大值的概率，再对其进行尺度归一化（参考极值理论）。在实践中，我们会把肥尾视为一种集中度的概念，比如“单一观测会在多大程度上贡献统计性质”，或者尺度调整（均值调整）后，“整个国家的财富在多大程度上集中在少数富人手里”？

这里我们采用的标准对应上一段最后的集中度概念：“在给定分布下，额外数据在多大程度上提高了观测均值的稳定性。”不仅出于统计学目的，也可以将其理解为：“在我的投资组合中增加一种证券，会在多大程度上提高组合的稳定性？”

我们的统计量和常规的渐进测度不同（比如极值理论中使用的统计量），因为本质上我们的统计量代表的是渐进极限之前的性质。

真实生活和现实世界，恰恰发生在渐进极限之前。

该统计量可以做什么？我们采用的 κ 有如下作用（如图 8.1 所示）：

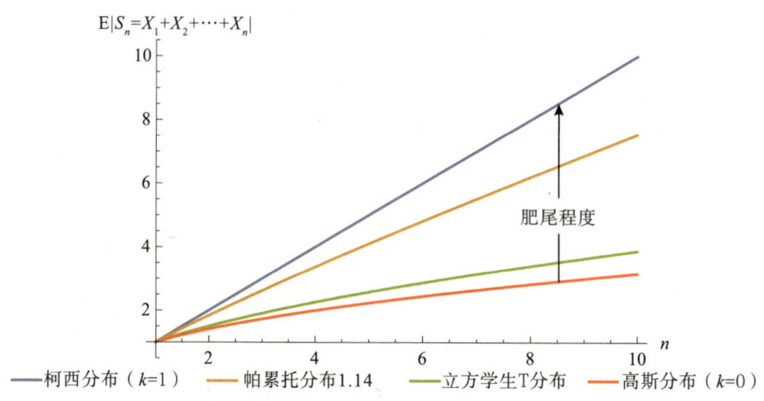

图 8.1　直观理解 κ 所衡量的概念：相同随机变量求和之后，总体平均差如何随样本量增加而增长，以此去比较不同类型分布的渐进性质。

- 可以对 n 个相同或不同分布的随机变量求和进行比较，并描述给定分布的前渐进性质。
- 给出当前分布和极限分布的距离，一般是列维 α 稳定分布（高斯分布是其中的一个特例）。

- 用于统计推断，对大数定律收敛的“速度”进行评价，表达形式为随样本量 n 增大，以均值为中心的平均绝对偏差的变化。
- 支持不同单变量分布的“肥尾性”比较，且只需要分布存在一阶矩的弱条件。
- 帮助我们计算运行蒙特卡罗模拟所需的合理数量。

统计推断 对于最后一条，大家似乎忽略了趋向极限的“速度”（见第三章对 9 400 页的《统计学百科全书》的评述）。我们在市面上很少看到关于多长时间才能逼近渐进状态的论述，或是如何在 n 较大但又没有大到满足“近似正态分布”时处理 n 变量求和的方式。

强调一下我们的格言：“统计学不是标准。”提出该统计量旨在描述**标准是什么样的**，并从统计置信度的角度衡量偏离标准的程度。

8.2 统计量

定义 8.1 （κ统计量）

假定 $X_1, X_2 \ldots X_n$ 为均值有限的独立同分布随机变量，$\mathbb{E}(X) < +\infty$。令 $S_n = X_1 + X_2 + \cdots + X_n$ 为部分项求和，令 $\mathbb{M}(n) = \mathbb{E}(|S_n - \mathbb{E}(S_n)|)$ 为相对 n 变量均值的期望平均差。可以定义从 n_0 开始的 n 个额外求和量带来的收敛“速率”：

$$\kappa_{n_0,n} = \min\left\{\kappa_{n_0,n} : \frac{\mathbb{M}(n)}{\mathbb{M}(n_0)} = \left(\frac{n}{n_0}\right)^{\frac{1}{2-\kappa_{n_0,n}}}, n_0 = 1,\ 2\ldots\right\}$$

其中 $n > n_0 \geqslant 1$，因此：

$$\kappa(n_0, n) = 2 - \frac{\log(n) - \log(n_0)}{\log\left(\frac{\mathbb{M}(n)}{\mathbb{M}(n_0)}\right)} \quad (8.1)$$

对于 $n = n_0 + 1$，我们可以直接用 κ_{n_0} 表示。

另外，对于 $\kappa(n_0, n)$，和“局部”利率类似，我们可以将其分解为“局部”中间值的和：

$$\kappa\left(n_0,n\right)=2-\frac{\log\left(n\right)-\log\left(n_0\right)}{\sum_{i=0}^{n}\frac{\log\left(i+1\right)-\log\left(i\right)}{2-\kappa\left(i,i+1\right)}} \tag{8.2}$$

平均差的使用 注意，我们使用的测度是对均值的平均绝对偏离，这里为了适用方差无限的情况使用了 L^1 范数——实际上即使方差有限，在幂律分布下，样本的二阶矩地不稳定且缺乏意义，而平均差是鲁棒性更好的指标。（除了峰度等于 3 的高斯分布，平均差一般都更“有效”，[237] 中有更多的相关讨论，[187] 中列举了平均差的其他优点。）

表 8.1 双变量求和的 Kappa，κ_1

分布	κ_1
学生 T 分布（α）	$2-\frac{2\log(2)}{2\log\left(\frac{2^2-\alpha\Gamma(\alpha-\frac{1}{2})}{\Gamma\left(\frac{\alpha}{2}\right)^2}\right)+\log(\pi)}$
指数 / 伽马分布	$2-\frac{\log(2)}{2\log(2)-1}\approx 0.21$
帕累托分布（α）	$2-\frac{\log(2)}{\log\left((\alpha-1)^{2-\alpha}\alpha^{\alpha-1}\int_0^{\frac{2}{\alpha-1}}-2\alpha^2(y+2)^{-2\alpha-1}\left(\frac{2}{\alpha-1}-y\right)\left(B_{\frac{1}{y+2}}(-\alpha,1-\alpha)-B_{\frac{y+1}{y+2}}(-\alpha,1-\alpha)\right)dy\right)}$
方差 $\sigma^2 a$ 变化的正态分布（μ,σ）w.p p^4.	$2-\frac{\log(2)}{\log\left(\frac{\sqrt{2}\left(\sqrt{\frac{ap}{p-1}+\sigma^2}+p\left(-2\sqrt{\frac{ap}{p-1}+\sigma^2}+p\left(\sqrt{\frac{ap}{p-1}+\sigma^2}-\sqrt{2a\left(\frac{1}{p-1}+2\right)+4\sigma^2}+\sqrt{a+\sigma^2}\right)+\sqrt{2a\left(\frac{1}{p-1}+2\right)+4\sigma^2}\right)\right)}{p\sqrt{a+\sigma^2}-(p-1)\sqrt{\frac{ap}{p-1}+\sigma^2}}\right)}$

续表

分布	κ_1
对数正态分布（μ,σ）	$\approx 2-\frac{\log(2)}{\log\left(\frac{2\,\text{erf}\left(\frac{\sqrt{\log\left(\frac{1}{2}(e^{\sigma^2}+1)\right)}}{2\sqrt{2}}\right)}{\text{erf}\left(\frac{\sigma}{2\sqrt{2}}\right)}\right)}$

8.3 收敛性基准，稳定分布类

定义 8.2 （$\mathfrak{P}$ 类分布）

随机变量 X 满足 $\mathfrak{P}$ 类幂律分布（正规变换）的定义如下：

$$\mathfrak{P}=\left\{X:\mathbb{P}(X>x)\sim L(x)x^{-\alpha}\right\} \tag{8.3}$$

这里～表示随着 $x\to\infty$，左项和右项比例的极限趋于1。$L:[x_{\min},+\infty)\to(0,+\infty)$ 是缓变函数，对任意 k > 0，有 $\lim_{x\to+\infty}\frac{L(kx)}{L(x)}=1$，常数项 $\alpha>0$。

下面我们取相同的参数，定义同分布随机变量之和的吸引场。

定义 8.3

（$\mathfrak{S}$ 类稳定分布）随机变量 X 遵循稳定（或 α 稳定）分布，可以符号化地写为 $X\sim S(\tilde{\alpha},\beta,\mu,\sigma)$，特征函数需要满足下列形式：

$$\chi(t)=\begin{cases} e^{\left(i\mu t-|t\sigma|^{\tilde{\alpha}}\left(1-i\beta\tan\left(\frac{\pi\tilde{\alpha}}{2}\right)sgn(t)\right)\right)}, & \tilde{\alpha}\neq 1 \\ e^{it\left(\frac{2\beta\sigma\log(\sigma)}{\pi}+\mu\right)-|t\sigma|\left(1+\frac{2i\beta sgn(t)\log(|t\sigma|)}{\pi}\right)}, & \tilde{\alpha}=1 \end{cases} \tag{8.4}$$

相应地，我们定义稳定分布参数 $\tilde{\alpha}$：

$$\alpha\triangleq\begin{cases}\alpha\mathbb{1}_{\alpha<2}+2\mathbb{1}_{\alpha\geqslant 2} & \text{如果}X\text{属于}\mathfrak{P}\text{类}\\ 2 & \text{如果}X\text{不属于}\mathfrak{P}\text{类}\end{cases} \tag{8.5}$$

下面我们进一步讨论 $\mathfrak{S}$ 类分布。

8.3.1 稳定分布的等价表述

对于所有的 n_0 和 $n \geqslant 1$, $\tilde{\alpha} \geqslant 1$ 的 $\mathfrak{S}$ 类稳定分布都有：

$$\kappa_{(n_0,n)} = 2 - \tilde{\alpha}$$

上式来自如下性质：

$$\mathbb{M}(n) = n^{\frac{1}{\alpha}} \mathbb{M}(1) \tag{8.6}$$

因此，在高斯分布时，$\kappa_{n_0,n} = 0$。

这样一来，n 变量求和的前渐进问题可以降级为：

- $n_0 = 1$ 时（或者从求和分布自身开始）分布的性质是什么？
- n_0 个变量的和分布性质如何？
- $\kappa_n \to 2 - \tilde{\alpha}$ 的方式是什么，速率如何？

8.3.2 样本充足率的实际置信度

置信区间： 简单来看，κ 越高，置信区间取值就越不足。对于任何 κ 大于 0.15 的分布，其求和“近似于正态分布”的可信度极低。由此我们可以质疑大量研究肥尾的论文。

例如，表 8.2 的计算为比较不同参数的不同分布提供了示例（我们对比了不同参数的帕累托分布，对称学生 T 分布以及 κ 为 0 的高斯分布）。

表 8.2　主要结果总结

分布	κ_n
指数 / 伽马分布	有显式解
对数正态分布（μ,σ）	κ_n 没有显式解，但是其上界和下界有显式解（高低 σ 或 n），中间地带的 σ 与皮尔逊 IV 分布近似
帕累托分布（α）（常数）	κ_2 有显式解（所有 α 的下界）
学生 T 分布（α）（缓变函数）	κ_1 有显式解，$\alpha = 3$

表 8.3 比较帕累托分布和学生 T 分布（尾部指数 α 相同）

α	帕累托分布	帕累托分布	帕累托分布	学生 T 分布	学生 T 分布	学生 T 分布
	κ_1	$\kappa_{1,30}$	$\kappa_{1,100}$	κ_1	$\kappa_{1,30}$	$\kappa_{1,100}$
1.25	0.829	0.787	0.771	0.792	0.765	0.756
1.5	0.724	0.65	0.631	0.647	0.609	0.587
1.75	0.65	0.556	0.53	0.543	0.483	0.451
2	0.594	0.484	0.449	0.465	0.387	0.352
2.25	0.551	0.431	0.388	0.406	0.316	0.282
2.5	0.517	0.386	0.341	0.359	0.256	0.227
2.75	0.488	0.356	0.307	0.321	0.224	0.189
3	0.465	0.324 6	0.281	0.29	0.191	0.159
3.25	0.445	0.305	0.258	0.265	0.167	0.138
3.5	0.428	0.284	0.235	0.243	0.149	0.121
3.75	0.413	0.263	0.222	0.225	0.13	0.10
4	0.4	0.253 2	0.211	0.209	0.126	0.093

正如本章介绍的那样，统计推断需要的样本量是由求和量 n 决定的。然而，大家常常罔顾这一点而误用大数定律。因此，我们需要一个和样本量有关的严谨统计量。

很多领域（尤其是金融领域）的学术论文直接将有限方差当成肥尾分布的二元分类边界 [99]：因此将尾部指数大于 2 的幂律分布也归为“高斯族”，从而在应用中直接使用方差这样的统计量。但实际上，在金融领域，更自然的边界条件是期望有限 [229]。因此 Kappa 统计量有如下价值：

令 $X_{g,1}, X_{g,2} \ldots X_{g,n}$ 为一系列均值为 μ、尺度为 σ 的高斯变量，令 $X_{v,1}, X_{v,2} \ldots X_{v,n_v}$ 为一系列其他分布变量，通过尺度重整使两者的 $\mathbb{M}(1)$ 相同，也即 $\mathbb{M}^{v}(1) = \mathbb{M}^{g}(1) = \sqrt{\frac{2}{\pi}}\sigma$。我们需要考虑的是给定 n_g 下 n_v 的取值。

κ_n 不仅可以表征大数定律下的收敛速率，还可以描述 $\kappa_n \to 0$ 时，分布求和的中心极限定理相对于高斯分布的偏离程度，如图 8.2 所示。

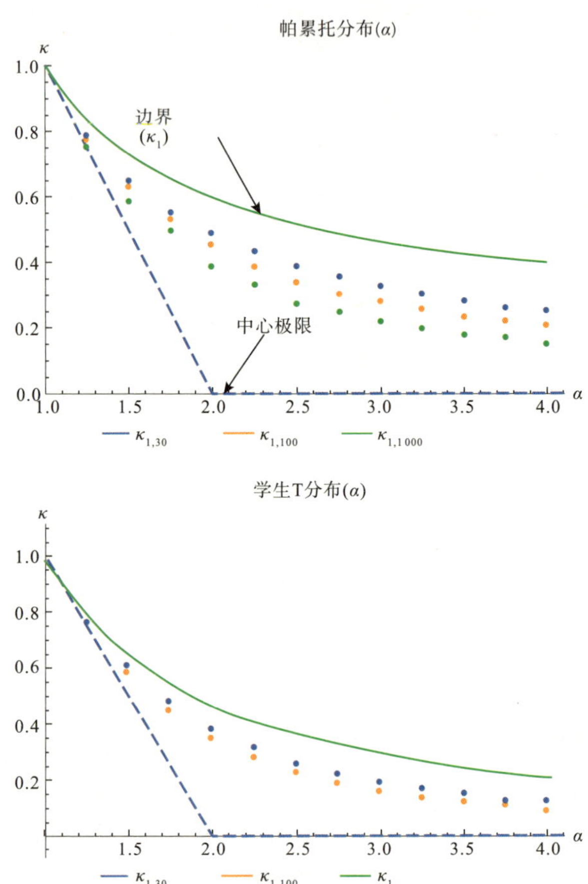

图 8.2 观察不同分布下的广义中心极限定理：帕累托分布和学生 T 分布，指数为 α，κ 收敛到 $2-(\mathbb{1}_{\alpha<2}\alpha+\mathbb{1}_{\alpha\geqslant 2}2)$ 的 $\mathfrak{P}$ 类分布，或 $\mathfrak{S}$ 类稳定分布。我们可以看到收敛的速度有多慢，在 1 000 次求和之后变化依然不大。这也打破了曼德博的结论，即无限方差帕累托分布可以归到稳定分布中。

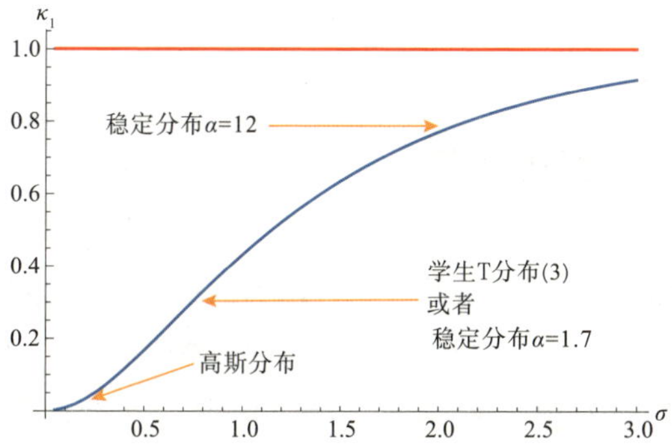

图 8.3　对数正态分布在 σ 较小时和高斯分布类似，但之后会迅速表现得像幂律分布。这也有助于大家理解，关于财富分布是对数正态（吉布拉）还是帕累托（齐普夫）分布的争论实际上没有显著差异。

$$n_{\min} = \inf\{n_v : \mathbb{E}\left(\left|\sum_{i=1}^{n_v} \frac{X_{v,i} - m_v}{n_v}\right|\right) \leqslant \mathbb{E}\left(\left|\sum_{i=1}^{n_g} \frac{X_{g,i} - m_g}{n_g}\right|\right), n_v > 0\} \tag{8.7}$$

上值可以通过下面的公式，按照高斯分布的 $\kappa_n = 0$，目标分布的 κ_n，通过简单的近似逆推求得：

$$n_v = n_g^{-\frac{1}{\kappa_{1,n_g-1}}} \approx n_g^{-\frac{1}{\kappa_{1,-1}}}, n_g > 1 \tag{8.8}$$

这个近似归因于收敛缓慢。比如，一个自由度为 3（$\alpha = 3$）的学生 T 分布需要 120 个观测值才能使均值调整后的方差（也即置信区间）下降到高斯分布 30 个样本时的状态，也即对应 4 倍的数据量。同样，尾部指数 $\alpha = 3$ 的单尾帕累托分布需要 543 个观测值才等价于 30 个样本的高斯分布，是学生 T 分布的 4.5 倍。这样一来可以看到：（1）从统计意义上讲，方差的有限性并不表示肥尾；（2）尾部指数也不是一个好的比较指标；（3）对称学生 T 分布和帕累托分布不等价的原因是，学生 T 分布的“钟形形态”（来自缓变函数）抑制了分布中心的偏差。

同时，我们也可以得到一些反直觉的结论。根据公式 8.8，大家所熟知的 80/20 法则，其尾部指数 $\alpha \approx 1.14$，需要比高斯分布多 10^9 的样本量。

8.4 数量化效应

8.4.1 非对称分布的一些奇异特性

当稳定分布有偏的时候，其 κ 指数依然可以和对称分布保持一致（换句话说，κ 对公式 8.4 中的 β 参数是不变的，在求和时保持不变）。但是按照我们的定义，单尾帕累托分布会比等价的对称帕累托分布更肥尾。

因为在现实生活中，我们根本无法观察到稳定分布，稳定分布只存在于理论数学的研究中，但帕累托分布很常见。这一点在现有文献中还没有很完善的总结。乌柴金和佐洛塔廖夫 [257] 就用一个稳定分布替换了一个帕累托分布。

曼德博提出，使用极值稳定分布（对应 $\beta=1$）来描述日常经验法则比使用齐普夫－帕累托分布更可取。而从后续诸多理论和出版文献中可以看出，曼德博的思想得到了越来越广泛的认可。人们希望通过这种方式，在数学模型的框架内确认经验性原则，同时厘清这些原则的形成机制。

但这两个分布不是一回事，哪怕经过很大的 n 求和之后，两者也完全不同。

8.4.2 学生 T 分布向高斯分布的收敛速率

在附录中，我们通过 $\alpha=3$ 时学生 T 分布的解析解（也是金融领域常出现的“立方”分布），展示了速率为 κ 时，求和趋向 0 的收敛速率为 $\frac{1}{\log(n)}$。这样一来就补充了布绍和波特 [28][214] 的结论（得到学生 T 立方分布在 n 变量求和时，和分布密度函数伪解析式）。他们的方法是观察极限分布的尾部性质，将密度近似为高斯分布的定为“高斯分布区”，将保留幂律尾的定为“幂律区”。两个区域的“交叉”分布沿中心以 $\sqrt{n\log(n)}$ 标准差的极慢速度移动。实际上，我们可以预期更多求和会使结果倾向于落在分布中心，而非落在边缘。所以，根据概率密度函数在中心和尾部的不同分配模式，中心极限定理的收敛速度会由此产生差异。

后续我们会继续探究从帕累托分布到列维稳定分布的收敛情况，该研究方向目前只有数值解。

8.4.3 对数正态分布既非薄尾，又非肥尾

正如我们在图 8.2 中所见，参数 σ 越小，对数正态分布表现得越像高斯分布，而当 σ 很大时，其行为更像某种柯西分布（单尾柯西分布，$\alpha=1$，$\beta=1$ 的稳定分布），此时的 κ 更接近 1。这一点为以往随机变量属于帕累托分布还是对数正态分布的论辩提供了新思路，比如关于财富分布的讨论 [162][53][54]。实际上，在真实世界的应用场景中，这种论辩毫无必要。正如 P. 西里洛 [44] 看到的，很多时候帕累托分布只是方差较大的对数正态分布，而实际产生的统计效应差异却比想象的要小得多。

8.4.4 κ 可以为负吗？

正如混合高斯分布（随机均值而非随机波动率模型）的峰度可以小于 3 一样（或者按照峰度相对于高斯分布的测度，减去 3 为“负值”），κ 统计量在峰度为“负”的时候也可以为负。这种情况对应双模型分布（即在固定方差的情况下概率化均值，用均值变化替代标准差变化形成不同的叠加模型），在单模型分布中该情况不会出现。

推导细节见附录。

8.5 效应总结

总结一下，极限定理（大数定律和中心极限定理）考量的是 $n \to +\infty$ 时的行为，而我们考量的主要是有限 n 在较小和较大时的行为。

由此我们可以给出实践中的几种影响。

8.5.1 投资组合的伪稳定性

自然，上述方法也可以用于构建投资组合，向投资组合中添加证券追求分散化和对样本增加观测追求统计显著性，两者的“稳定化”效应非常

类似。“需要多少数据？”也可以说是“需要多少只证券？”。显然，现代金融学中的马科维茨配置方法 [166] 只在 κ 接近 0 时有效（马科维茨本人似乎并没有用这种方法构建他的投资组合 [178]）。而在实践中，人们会采用带凸性的指标，否则会低估尾部风险导致“爆仓”，就如以投资组合理论为指导的著名对冲基金“长期资本管理”在 1998 年发生的事 [236][250]。

之前我们说过，帕累托 80/20 分布需要比高斯分布多 10^9 量级的样本量。同样，这样收益分布对应的投资组合风险会比现代投资组合理论高 8 个数量级。按照这样的推理，在构建组合时，人们需要更多的投资标的。

同时，我们也知道，哪怕峰度这样的简单标准来自 [228]，我们也无法找到尾部薄如高斯分布的金融资产。也就是说，马科维茨的投资组合配置方法绝对不是最佳模式。在实践中，股票投资顾问会相对聪明地采用 $1/n$ 的方式来配置，而行为金融学家将其错误地归类为“行为偏差”（错误归类是指虽然该现象存在，但并非一种“偏差”，恰恰相反，是研究人员使用了错误的工具，而非决策者犯了错误）。比如贝纳茨和塞勒 [18] 认为，这种“过度分散化”的行为模式偏离了最优投资方法，他们（在 [16] 中）描述道：当面对 n 个投资选择时，将资金平均分配到各个机会上，我们将这种方式称为“1/n 法则”。但是，额外增加分散化和标准配置方法一样有效（见 [265][62] 温德克利夫与博伊尔对此的评论）。简言之，等权配置的投资组合在一系列指标上都优于标准普尔 500 指数。但即使是后两篇批评论文也没有考虑到肥尾效应的全部特性，这一点我们可以给出更精确的解释。图 8.4 展示了和马科维茨相比的投资组合效应。

这种错误归类的偏差导致政策制定者“助推”人们采用错误的配置方法 [236]，从而让大家的投资组合增加了数倍的风险。

再多评论几句金融领域投资组合的风险。标准普尔 500 指数的 κ 值约为 0.2，但要考虑到它本身就是 n=500 的一篮子证券，即便证券之间有相关性，且相对稳定的股票所占权重更高，κ 也不低。而单一股票的 κ 值介于 0.3 和 0.7 之间，这意味着投资者必须采用“过度分散化”的资产配置模式。

同样，κ 指标在数据预测和处理方面为我们提供了一些指导。比如，预测需要多少样本，以及我们需要多少年的数据才能证明气候条件“发生了变化”，等等，见 [160]。

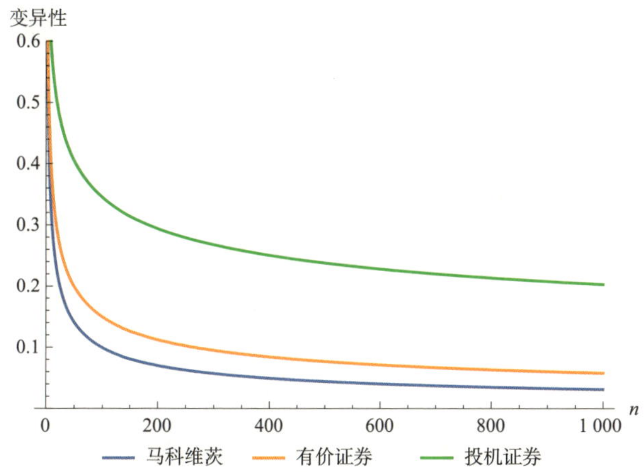

图 8.4 为什么 $1/n$ 法则有效：如果想要降低马科维茨组合的理论风险，我们需要在组合中加入远远超过当前数量的证券。为了简化，我们假设这些证券互不相关，实际上它们并不是独立的，这使得上述效应更加显著。

8.5.2 其他领域的统计推断

目前我们只考虑了单变量分布，在高维空间中，一个潜在的研究领域是极端肥尾多元分布的等价表达。这里的样本量无法通过马尔琴科 – 帕斯图尔分布（又名威舍特分布）来获取，因为在这种情境中，增加变量数目无法移除随机矩阵的噪声。

8.5.3 最终评述

正如我们一直强调的，“统计学不是标准”，但是我们可以找到一种合适的方法来衡量和标准偏离得有多远。

8.6 附录、推导和证明

这里我们放上了一些推导。

8.6.1 立方学生 T 分布（高斯族）

本书格外关注自由度为 3 的学生 T 分布，它在金融领域非常流行 [99]。因为方差有限，它经常被错误地近似为高斯分布，但这对我们了解它的收敛速率毫无帮助。曼德博和塔勒布 [165] 指出，立方分布的求和极限更像幂律分布，这里可以通过和分布的 PDF 解析式给出证明。

假设 X 为概率密度函数为 $p(x)$ 的随机变量：

$$p(x)=\frac{6\sqrt{3}}{\pi\left(x^2+3\right)^2},x\in(-\infty,\infty) \tag{8.9}$$

命题 8.1

令 Y 为 $X_1,X_2\ldots X_n$（也即 n 个同样的变量）的和，令 $\mathbb{M}(n)$ 为 n 个变量求和的平均绝对偏差。收敛的“速率” $\kappa_{1,n}=\kappa_{1,n}=\left\{\kappa:\frac{\mathbb{M}(n)}{\mathbb{M}(1)}=n^{\frac{1}{2-\kappa}}\right\}$ 为：

$$\kappa_{1,n}=2-\frac{\log(n)}{\log\left(e^n n^{-n}\Gamma(n+1,n)-1\right)} \tag{8.10}$$

这里 $\Gamma(.,.)$ 是缩写的伽马函数 $\Gamma(a,z)=\int_z^{\infty}dt t^{a-1}e^{-t}$。

因为平均差 $\mathbb{M}(n)$：

$$\mathbb{M}(n)=\begin{cases}\frac{2\sqrt{3}}{\pi}, & n=1\\ \frac{2\sqrt{3}}{\pi}\left(e^n n^{-n}\Gamma(n+1,n)-1\right), & n>1\end{cases} \tag{8.11}$$

可以进行如下推导，对 PDF 和 MAD 我们采用不同的路径。

由 n 变量求和的特征函数：

$$\varphi(\omega)=\left(1+\sqrt{3}|\omega|\right)^n e^{-n\sqrt{3}|\omega|}$$

可以得到随机变量 Y 的 PDF：

$$p(y)=\frac{1}{\pi}\int_0^{\infty}\left(1+\sqrt{3}\omega\right)^n e^{-n\sqrt{3}\omega}\cos(\omega y)d\omega$$

经过艰苦的整合，我们得到公式 8.11。此外，由于下面的结果在文献中没有出现，我们有一个有用的结果，即 Y 的 PDF 可以写成：

$$p(y)=\frac{e^{n-\frac{iy}{\sqrt{3}}}\left(e^{\frac{2iy}{\sqrt{3}}}E_{-n}\left(n+\frac{iy}{\sqrt{3}}\right)+E_{-n}\left(n-\frac{iy}{\sqrt{3}}\right)\right)}{2\sqrt{3}\pi} \quad (8.12)$$

这里 $E_{(.)}(\cdot)$ 是指数积分 $E_n z=\int_1^{\infty}\frac{e^{t(-z)}}{t^n}dt$。

根据性质（来自阿布拉莫维茨和斯特根的新研究）[69]，

$$n^{-n-1}\Gamma(n+1,n)=E_{-n}(n)=e^{-n}\frac{(n-1)!}{n^n}\sum_{m=0}^{n}\frac{n^m}{m!}$$

对渐进性我们有如下结论（由米哈伊尔·卢拉基斯提出）：

$$\mathbb{M}(n)=\frac{2\sqrt{3}n!}{\pi n^n}\sum_{m=0}^{n-1}\frac{n^m}{m!}$$

更进一步有：

$$e^{-n}\sum_{m=0}^{n-1}\frac{n^m}{m!}=\frac{1}{2}+O\left(\frac{1}{\sqrt{n}}\right)$$

（从泊松分布随机变量 X_n 求和收敛到高斯分布的中心极限定理可得：$e^{-n}\sum_{m=0}^{n-1}\frac{n^m}{m!}=\mathbb{P}(X_n<n)$。因为 n 个参数为 1 的泊松分布求和等于参数为 n 的泊松分布，由中心极限定理又有 $Z_n=(X_n-n)/\sqrt{n}$ 趋向标准正态分布。所以，当 $n\to\infty$ 时，$\mathbb{P}(X_n<n)=\mathbb{P}(Z_n<0)\to 1/2$。[1] 或者用另一种方法，$1+\frac{n}{1!}+\frac{n^2}{2!}+\cdots+\frac{n^{n-1}}{(n-1)!}\sim\frac{e^n}{2}$，见 [179] 中的证明。）

通过极限性质 $\lim_{n\to\infty}\frac{n!\exp(n)}{n^n\sqrt{n}}=\sqrt{2\pi}$，我们可以得到如下渐进性质：

$$\lim_{n\to\infty}\log(n)\kappa_{1,n}=\frac{\pi^2}{4}$$

所以 κ 以 $\frac{1}{\log(n)}$ 的极慢速度趋向 0（此时均值为高斯分布）。按照曼德博的说法，哪怕求和数量达到 10^6，也无法将渐进行为描述为高斯分布 [165]。

8.6.2 对数正态分布

从 n 变量求和的行为来看，我们在 σ 较低的时候可以观察到求和分布

1 来自数学讨论社区，罗伯特·伊斯雷尔。

偏向于高斯分布，而在σ较高的时候偏向于对数正态分布，在两种情形下我们都可以清晰地求得κ_n。

对数正态分布（参数为μ和σ）的特征函数没有表达式，但是我们可以通过递归得到i变量求和的K_i。对于同样的随机变量X_i，有$K_i^n = K_i\left(\Sigma_n X_i\right) = nK_i\left(X_1\right)$。

求和累积量：

$$K_1^n = ne^{\mu+\frac{\sigma^2}{2}}$$
$$K_2^n = n(e^{\sigma^2}-1)e^{2\mu+\sigma^2}$$
$$K_3^n = n\left(e^{\sigma^2}-1\right)^2(e^{\sigma^2}+2)e^{3\mu+\frac{3\sigma^2}{2}}$$
$$K_4^n = \dots$$

这可以帮助我们计算出：偏度$=\dfrac{\sqrt{e^{\sigma^2}-1}\left(e^{\sigma^2}+2\right)e^{\frac{1}{2}\left(2\mu+\sigma^2\right)-\mu-\frac{\sigma^2}{2}}}{\sqrt{n}}$，峰度$=3+\dfrac{e^{2\sigma^2}\left(e^{\sigma^2}\left(e^{\sigma^2}+2\right)+3\right)-6}{n}$

我们可以直接从累积量 / 矩的表达式证明：

$$\lim_{n\to\infty}\kappa_{1,n}=0,\ \lim_{\sigma\to 0}\kappa_{1,n}=0$$

这样一来就明确了κ的下边界。

令$\kappa_{1,n}^*$为对数正态分布在和分布依然保持对数正态特征时的κ，一阶矩和二阶矩相同，我们有：

$$0\leqslant\kappa_{1,n}^*\leqslant 1$$

$$\kappa_{1,n}^* = 2-\frac{\log(n)}{\log\left(\dfrac{n\operatorname{erf}\left(\dfrac{\sqrt{\log\left(\dfrac{n+e^{\sigma^2}-1}{n}\right)}}{2\sqrt{2}}\right)}{\operatorname{erf}\left(\dfrac{\sigma}{2\sqrt{2}}\right)}\right)}$$

探索尝试　在下面不同的探索方法中，我们会通过两步看到：（1）在较高σ条件下，大数定律会变慢，$\kappa_{1,n}\to\kappa_{1,n}^*$；（2）$\kappa_{1,n}^*\overset{\sigma\to\infty}{\to}1$。

卢拉基斯证明　在较高σ条件下，$\kappa_{1,n}$的上界逼近1，这里我们

可以简单总结一下米哈伊尔·卢拉基斯[1]的正式证明。从 $\mathbb{E}\left(|X-m|\right)=2\int_m^\infty (x-m)f(x)dx=2\int_m^\infty \overline{F}_X(t)dt$ 开始，$f(.)$ 为概率密度函数，m 为均值，$\overline{F}_X(.)$ 是生存函数，从而有 $\mathbb{M}(n)=2\int_{nm}^\infty \overline{F}(x)dx$，假设 $\mu=\frac{1}{2}\sigma^2$，或 $X=\exp\left(\sigma Z-\frac{\sigma^2}{2}\right)$，这里 Z 为标准正态变量。$S_n=X_1+X_2+\cdots+X_n$，可以得到 $\mathbb{M}(n)=2\int_m^\infty \mathbb{P}(S_n>t)dt$。通过亚指数性 [196]，$\mathbb{P}(S_n>t)\geqslant\mathbb{P}\left(\max_{0<i\leqslant n}(X_i)>t\right)\geqslant n\mathbb{P}(X_1>t)-\binom{n}{2}\mathbb{P}(X_1>t)^2$。所以 $\mathbb{P}(X_1>t)\overset{\sigma\to\infty}{\to}1$ 且第二项趋于 0（霍尔德不等式）。

跳过一些中间步骤，我们能得到 $\liminf\limits_{\sigma\to\infty}\frac{\mathbb{M}(n)}{\mathbb{M}(1)}\geqslant n$，同时又要满足边界条件 $\frac{\mathbb{M}(n)}{\mathbb{M}(1)}\leqslant n$，因此，对于 $\sigma\to\infty$，$\frac{\mathbb{M}(n)}{\mathbb{M}(1)}=n$，也即 $\kappa_{1,n}\overset{\sigma\to\infty}{\to}1$。

采用皮尔逊族的计算方法 为了方便计算，在参数 σ 不大的时候（小于 0.3），我们可以近似地采用皮尔逊族的计算方法。虽然对数正态分布本身并不属于皮尔逊族分布（属于正态分布，但作为近似计算依然可行）。直观地说，在 σ 较低的时候，因为大偏差不存在，前四阶矩已经足够了。而在 σ 较高的时候，保留对数正态分布才是正确的方式。

皮尔逊族分布的相关资料较多，因为其在信息论等领域也有一定的应用。对于对数正态分布的求和可参考聂和陈的论文 [180]，对于皮尔逊 IV 分布参见 [41][65]。

皮尔逊族要求尺度调整后的分布密度函数满足如下条件：

$$f'(x)=-\frac{(a_0+a_1x)}{b_0+b_1x+b_2x^2}f(x) \tag{8.13}$$

可以看到，在皮尔逊族内，a_0、b_2 等参数确定了分布，也即皮尔逊 IV 分布。最终我们可以得到平均差的解析式，为 n、σ、μ 的函数。

令 m 为均值，迪亚科尼斯等人 [67] 使用了一个棣莫弗和苏祖基用过的老方法 [221]，使用 $\mathbb{E}\left(|X-m|\right)=2\int_m^\infty (x-m)f(x)dx$ 加分部积分的方式，

1　卢拉基斯的论文为启发式推导提供了正式的证明。

可以得到平均绝对偏差的解析解。

$$\mathbb{E}\left(\left|X-m\right|\right)=\frac{2\left(b_0+b_1m+b_2m^2\right)}{a_1-2b_2}f\left(m\right) \tag{8.14}$$

我们使用 n 个对数正态变量的和来拟合对应参数，令 $a_1=1, m=\frac{b_1-a_0}{1-2b_2}$，我们有：

$$\begin{cases} a_0=\dfrac{e^{\mu+\frac{\sigma^2}{2}}\left(-12n^2+(3-10n)e^{4\sigma^2}+6(n-1)e^{\sigma^2}+12(n-1)e^{2\sigma^2}-(8n+1)e^{3\sigma^2}+3e^{5\sigma^2}+e^{6\sigma^2}+12\right)}{2\left(6(n-1)+e^{2\sigma^2}\left(e^{\sigma^2}\left(5e^{\sigma^2}+4\right)-3\right)\right)} \\ b_2=\dfrac{e^{2\sigma^2}(e^{\sigma^2}-1)(2e^{\sigma^2}+3)}{2\left(6(n-1)+e^{2\sigma^2}\left(e^{\sigma^2}\left(5e^{\sigma^2}+4\right)-3\right)\right)} \\ b_1=\dfrac{(e^{\sigma^2}-1)e^{\mu+\frac{\sigma^2}{2}}(e^{\sigma^2}\left(e^{\sigma^2}\left(e^{\sigma^2}\left(-4n+e^{\sigma^2}\left(e^{\sigma^2}+4\right)+7\right)-6n+6\right)+6(n-1)\right)+12(n-1))}{2\left(6(n-1)+e^{2\sigma^2}\left(e^{\sigma^2}\left(5e^{\sigma^2}+4\right)-3\right)\right)} \\ b_0=-\dfrac{n\left(e^{\sigma^2}-1\right)e^{2(\mu+\sigma^2)}\left(e^{\sigma^2}\left(-2(n-1)e^{\sigma^2}-3n+e^{3\sigma^2}+3\right)+6(n-1)\right)}{2\left(6(n-1)+e^{2\sigma^2}\left(e^{\sigma^2}\left(5e^{\sigma^2}+4\right)-3\right)\right)} \end{cases}$$

多项式展开　其他的方法对获取 κ_n 的帮助不大，如 Gram-Charlier 展开式，如施莱赫 [210] 和比利 [14] 等。在 σ 较高的时候，随着我们加入高阶多项式，近似变得不太稳定，可参见迪弗雷纳的评论 [70][71]。

8.6.3　指数分布

指数分布是“入门级”肥尾，处于薄尾和肥尾的边界。

$$f\left(x\right)=\lambda e^{-\lambda x}, x\geqslant 0$$

对 $Z=X_1, X_2 \ldots X_n$ 求和，由卷积公式 $f\left(y\right)=\int_0^y f\left(x\right)(y-x)dx=\lambda^2 ye^{-\lambda y}$，通过递归可以得到：

$$f_n\left(z\right)=\frac{\lambda^n z^{n-1}e^{-\lambda z}}{(n-1)!} \tag{8.15}$$

也即伽马分布，由此可以计算 n 变量求和的平均差：

$$\mathbb{M}\left(n\right)=\frac{2e^{-n}n^n}{\lambda\Gamma\left(n\right)} \tag{8.16}$$

所以：

$$\kappa_{1,n}=2-\frac{\log(n)}{n\log(n)-n-\log(\Gamma(n))+1} \tag{8.17}$$

我们可以看到，虽然指数分布处于亚指数的边界，但其渐进行为也很缓慢（和学生 T 分布类似）。

$$\lim_{n\to\infty}\log(n)\kappa_{1,n}=4-2\log(2\pi)$$

8.6.4 负 Kappa 和负峰度

假设我们考虑均值和方差都在不同状态间游走的高斯分布，一种最简单的情况是以 $\frac{1}{2}$ 的概率属于分布 $X\sim\mathcal{N}(\mu_1\sigma_1)$，同时以 $\frac{1}{2}$ 的概率属于分布 $X\sim\mathcal{N}(\mu_2,\sigma_2)$。

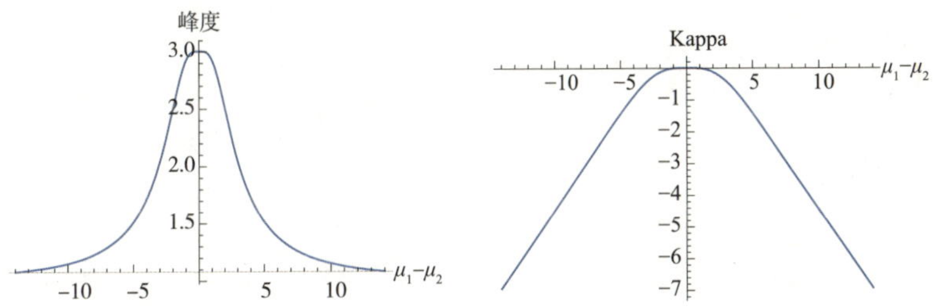

图 8.5 A.3 中的负峰度和对应的 Kappa 统计量。

在这种情况下，如果按照双模型 μ_1 和 μ_2 不同，联合分布的尾部可能比高斯分布还薄。如果两者相隔几个标准差，效应就会变得更加显著。这里令 $d=\mu_1-\mu_2$，$\sigma=\sigma_1=\sigma_2$（此时峰度最小）。

$$\kappa_1=\frac{\log(4)}{\log(\pi)-2\log\left(\dfrac{\sqrt{\pi}de^{\frac{d^2}{4\sigma^2}}\operatorname{erf}\left(\dfrac{d}{2\sigma}\right)+2\sqrt{\sigma^2}e^{\frac{d^2}{4\sigma^2}}+2\sigma}{de^{\frac{d^2}{4\sigma^2}}\operatorname{erf}\left(\dfrac{d}{2\sqrt{2}\sigma}\right)+2\sqrt{\dfrac{2}{\pi}}\sigma e^{\frac{d^2}{8\sigma^2}}}\right)}+2 \tag{8.18}$$

$\mu_1-\mu_2$ 的差值越大，κ 值就会负得越厉害。

下一部分

接下来，我们会采用一些基础的分析手段来衡量标准普尔 500 指数的幂律性质。我们也会展示从样本简单估计尾部和用极大似然参数估计，再外推尾部性质的方法的差异。

第九章　极值和隐藏尾部*，†[1]

当数据服从肥尾分布时，会有一部分分布不体现在过去的样本中，也即被“隐藏起来”。因此，过去的极值（极大值或极小值）并不是未来极值的良好预测指标——破纪录的事情总会发生。用过去的最高水位来预防洪水是非常天真的行为。第三章曾提到卢克莱修谬论，我们也可以用如下方式阐述：**只有傻瓜才会认为世界上最高的山峰和最长的河流是他见过的那些**。

在本章中，我们会先介绍极值理论，之后聚焦于其在肥尾上的应用。当数据满足幂律分布时，首先可以推导出 n 个观测极大值的分布。我们也会具体展示幂律分布变量的最大值吸引域（MDA）是如何渐进趋向弗雷歇分布的。

更一般地讲，极值理论为极值的严谨处理和样本外推创造了条件。我们在介绍“隐藏均值”的时候会给出示例，同时也会看到传统风险管理文献中对应存在的诸多谬误。

1　阐述章节（带有一些研究内容）。
《物性论》卢克莱修
我们知道，这条河是伟大的。
不可能看到比它更伟大的事物，绝不可能。
无论是树木、人类，还是各种各样的东西。
可以看到，最伟大的事物已经终结于此。

9.1 极值理论简介

假设$X_1, X_2 \ldots X_n$是相互独立的帕累托分布随机变量，其概率密度函数（CDF）为$F(.)$

图 9.1 卢克莱修，罗马哲学家和诗人。

我们可以精确地表示随机变量最大值（或最小值）的分布。n个变量最大值的 CDF 为：

$$\mathbb{P}\left(X_{\max} \leqslant x\right)=\mathbb{P}\left(X_1 \leqslant x \ldots X_n \leqslant x\right)=$$

$$\mathbb{P}\left(X_1 \leqslant x\right) \ldots \mathbb{P}\left(X_n \leqslant x\right)=F(x)^n \qquad (9.1)$$

对应所有随机变量x都不超过$X_{\max}$的概率。PDF 则是公式 9.1 的导数：$\psi(x)=\frac{\partial F(x)^n}{\partial x}$

极值分布关注的是随机变量的极大值，$x \rightarrow x^*$，$x^*=\sup \{x: F(x)<1\}$（分布的右"端点"）所归属的吸引域 [116]，可以表示为：

$$\max \left(X_1 \ldots X_n\right) \xrightarrow{P} x^*$$

这里$\xrightarrow{P}$代表以概率形式收敛。那么核心问题来了，x^*服从怎样的分布？从工程师的视角出发，我们可以接受之前公式 9.1 的表示形式，但如果有耐心和算力，我们也可以借助数值方法完整地测试其统计性质，这也是处理渐进性的唯一方式，从而回答"当n较小，x尚未逼近x^*时会发生什么”。

了解渐进状态下的结构对统计研究非常有意义。

费雪－蒂皮特－格涅坚科定理的定义如下（恩布列切等 [82]，德哈恩和费雷拉 [116]）。假设存在一系列“归一化”常量 $a_n > 0$ 和 $b_n \in R$，使：

$$\mathbb{P}\left(\frac{M_n - b_n}{a_n} \leqslant x\right) \underset{n\to\infty}{\rightarrow} G(x) \tag{9.2}$$

那么

$$G(x) \propto \exp\left(-(1+\xi x)^{-1/\xi}\right)$$

这里 ξ 是极值指数，管理分布的尾部行为。G 被称为广义极值分布（GED），由 $\xi = 0$、$\xi > 0$ 和 $\xi < 0$ 定义的子族分别对应耿贝尔、弗雷歇和韦布尔分布三个子类。

（子类 1）耿贝尔分布 $\xi = 0$, $\lim\limits_{\xi\to 0} \exp\left(-(\xi x+1)^{-1/\xi}\right)$

$$G(x) = \exp\left(-\exp\left(-\left(\frac{x-b_n}{a_n}\right)\right)\right), x \in \mathbb{R}$$

M_n 分布具备指数型尾部。

（子类 2）弗雷歇分布 $\xi = \frac{1}{\alpha}$

$$G(x) = \begin{cases} 0 & x \leqslant b_n \\ \exp\left(-\left(\frac{x-b_n}{a_n}\right)^{-\alpha}\right) & x > b_n \end{cases}$$

如之前所示，M_n 分布有着幂律类型的右尾，$\alpha > 0$。

（子类 3）韦布尔分布 $\xi = -\frac{1}{\alpha}$

$$G(x) = \begin{cases} \exp\left(-\left(-\left(\frac{x-b_n}{a_n}\right)\right)^{\alpha}\right) & x < b_n \\ 1 & x \geqslant b \end{cases}$$

此时 M_n 分布的右侧定义域有限（定义域存在最大值边界），同样 $\alpha > 0$。

9.1.1 各类幂律尾如何趋向弗雷歇分布

如果用工程师而非数学家的方式思考，根据现有的帕累托分布和弗雷歇分布，我们可以观察两者是如何趋近的，也即从幂律尾的渐进性质推导出弗雷歇分布。

我们采用的推理方式适用于所有的帕累托尾变量，只需要缓变函数近似于一个常量的点——“卡拉玛塔点”。

帕累托分布的 CDF 如下，假定下界和尺度均等于L，尾部指数为α：

$$F(x)=1-\left(\frac{L}{x}\right)^{\alpha}$$

因此n个观测极大值的 PDF 为：

$$\psi(x)=\frac{\alpha n\left(\frac{L}{x}\right)^{\alpha}\left(1-\left(\frac{L}{x}\right)^{\alpha}\right)^{n-1}}{x} \tag{9.3}$$

而弗雷歇分布的 PDF 为：

$$\varphi(x)=\alpha\beta^{\alpha}x^{-\alpha-1}e^{\beta^{\alpha}\left(-x^{-\alpha}\right)} \tag{9.4}$$

下面考虑x“非常大”时的情况，此时两个函数值相同，$\psi\left(x^{*}\right)\rightarrow\varphi\left(x^{*}\right)$。

$$\lim_{x\to\infty}\frac{\psi(x)}{\varphi(x)}=n\left(\frac{1}{\beta}\right)^{\alpha}L^{\alpha} \tag{9.5}$$

对于“较大”的x，可以相应地近似采用$\beta=Ln^{1/\alpha}$。公式 9.5 向我们展示了尾部α是如何在分布变换中保持不变的。

性质 4

独立同分布随机变量极大值分布的尾部指数和变量自身的尾部指数相同。

现在，在实践中，图 9.2 告诉我们可以在“哪里”使用此近似。

性质 5

我们可以拟合出幂律尾极值的精确渐进形式。

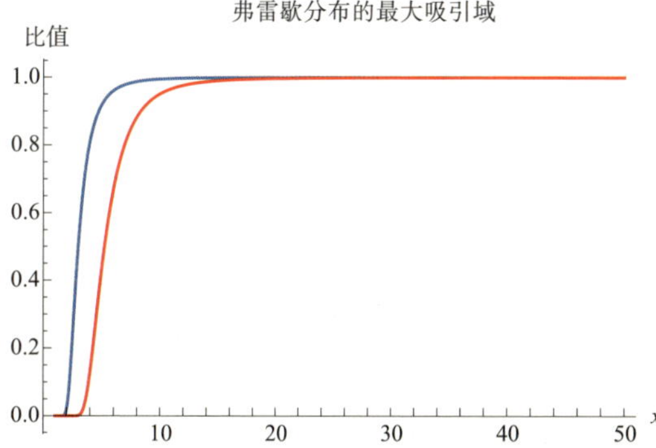

图 9.2　幂律极大值的精确分布和弗雷歇分布的 CDF 比值。我们可以直观地看到两者的相似性，以及 x 如何趋近最大吸引域。这里 $\alpha=2, L=1$。PDF 的比值结果与左图类似，而高斯分布的性质明显不同，后面会展示两者的差异。

9.1.2　高斯分布的情形

上面弗雷歇分布相对比较简单，因为幂律的定量表达非常清晰，很容易推导极限情况的参数。而对高斯分布和其他分布来说，需要用分层函数对归一化常量 a_n 和 b_n 做更多的近似和推导。这里费雪和蒂皮特 [94] 的论文已经告诉我们，"从正态分布出发，趋向极限分布的速度极慢"（被加索尔等人引用 [101]）。

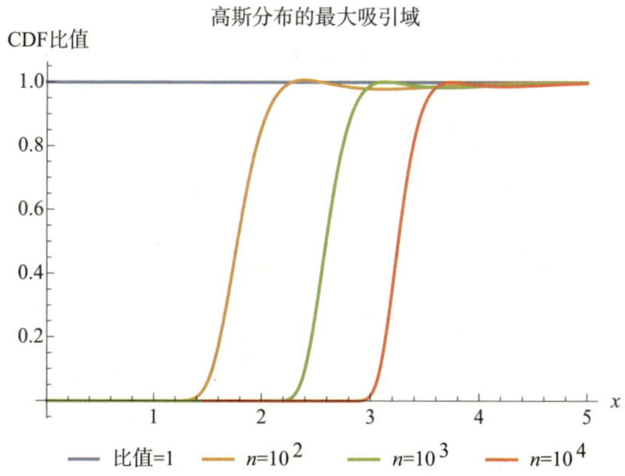

图 9.3　高斯分布的行为，和幂律不同，高斯分布很难找到好的参数化方式。y 轴代表 n 变量最大值分布和参数化 EVT 的 CDF 比值。

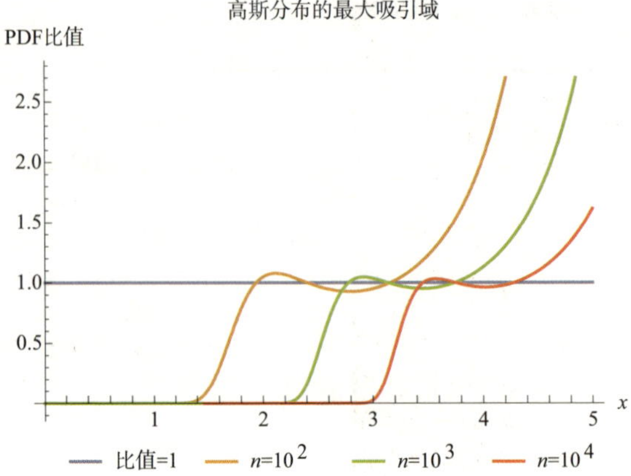

图 9.4　和图 9.3 相同，但展示的是 PDF 的比值。我们不太可能通过这样的方式对尾部做良好的近似。

下面我们会基于 [120] 和后续的研究，进一步观察高斯分布的归一化常数项。

考虑公式 9.2 中 $M_n = a_n x + b_n$，假设 M_n 服从极值分布 EVT（CDF 为 e^{-e^x}，是耿贝尔分布极小值的镜像分布，假设 $\frac{M_n - b_n}{a_n}$ 服从 CDF 为 $1-e^{-e^x}$ 的耿贝尔分布，然后对分布做 $-M_n$ 变换即可）。[1] 参数化之后 M_n 的 CDF 为 $e^{-e^{-\frac{x-b_n}{a_n}}}$。

为方便起见，近似如下 [2]：$a_n = \frac{b_n}{b_n^2+1}$，同时 $b_n = -\sqrt{2}\operatorname{erfc}^{-1}\left(2\left(1-\frac{1}{n}\right)\right)$，$\operatorname{erfc}^{-1}$ 是互补误差函数的逆函数。

1　我们遵循惯例用耿贝尔分布计算极小值，用合理参数化调整后的 EVT 来计算极大值。

2　恩布列切等人 [82] 提出 $a_n = \frac{1}{\sqrt{2\log(n)}}, b_n = \sqrt{2\log(n)} - \frac{\log(\log(n)) + \log(4\pi)}{2\sqrt{2\log(n)}}$，$b_n$ 的第二项只在 n 很大时有意义，该近似的速率为 $\sqrt{\log(n)}$。

图 9.5　高水位线：1910 年巴黎大洪水时的最高水位值。显然，我们应该考虑到未来的水位可能会突破该值，而合理的风险管理方案是，按照估算的未来极大值会超出“多少”来设定保护措施。我们永远都在重复卢克莱修谬论。

性质 6

对于尾部性质和尾部风险，最好的方式是直接从 n 个高斯变量的精确分布出发，我们可以写出标准高斯分布 $F^{(g)}$ 最大值的 CDF：

$$\frac{\partial F^{(g)}(K)}{\partial K}=\frac{e^{-\frac{K^2}{2}}2^{\frac{1}{2}-n}n\,\mathrm{erfc}\left(-\frac{K}{\sqrt{2}}\right)^{n-1}}{\sqrt{\pi}} \tag{9.6}$$

其中 erfc 是误差函数的补函数。

9.1.3　皮克兰兹 - 巴尔克马 - 德哈恩定理

超出某值的条件分布函数在概率密度上等价于超出偏差的“林迪”条件期望 [116，190]，我们会在第十六章进一步使用这一概念。

假设有一个随机变量 X，其分布函数 F 未知，我们想要估计 X 在某个阈值 u 之上的条件分布函数 F_u，定义为：

$$F_u(y)=\mathbb{P}(X-u\leqslant y\mid X>u)=\frac{F(u+y)-F(u)}{1-F(u)} \tag{9.7}$$

其中 $0\leqslant y\leqslant x^*-u$，这里 x^* 是基准分布 F 的右端点（有限或无限）。那么存在可测函数 $\sigma(u)$ 使得：

$$\lim_{u\to x^*}\sup_{0\leqslant x\leqslant x^*-u}\left|F_u(x)-G_{\xi,\sigma(u)}(x)\right|=0 \tag{9.8}$$

左边相反，$G_{\xi,\sigma(u)}(x)$是广义帕累托分布（GPD）：

$$G_{\xi,\sigma(u)}(x)=\begin{cases}1-\left(1+\dfrac{\xi x}{\sigma}\right)^{-\frac{1}{\xi}} & ,\xi\neq 0\\ 1-\exp\left(-\dfrac{x}{\sigma}\right) & ,\xi=0\end{cases} \tag{9.9}$$

如果 $\xi>0$，此时 $G_{.,.}$ 为帕累托分布，如果 $\xi=0$，如上所示，$G_{.,.}$ 为指数分布，如果 $\xi=-1$，$G_{.,.}$ 是均匀分布。

该理论允许我们对超出某值的情形进行统计推断。在第十六章中，我们会进一步讨论其在战争和暴力趋势分析中的应用。

9.2 幂律分布看不见的尾

假定 K_n 为 n 个独立同分布幂律随机变量的极大值，$K_n=\max(X_1, X_2\ldots X_n)$，$\phi(.)$ 为分布的概率密度函数。我们可以将矩分解为两部分，其中一部分为 K_0 之上的“隐藏”矩，如图 9.6 所示。

$$\mathbb{E}\left(X^p\right)=\underbrace{\int_L^{K_n} x^p\phi(x)\,dx}_{\mu_{0,p}}+\underbrace{\int_{K_n}^{\infty} x^p\phi(x)\,dx}_{\mu_{K,p}}$$

这里 μ_0 是分布可见的部分，而 μ_K 是隐藏的部分。

基于归一化的经验分布 ϕ_e：

$$\underbrace{\int_L^{K_n}\phi_e(x)\,dx-\int_{K_n}^{\infty}\phi(x)\,dx}_{\text{修正后的}}+\int_{K_n}^{\infty}\phi(x)\,dx=1 \tag{9.10}$$

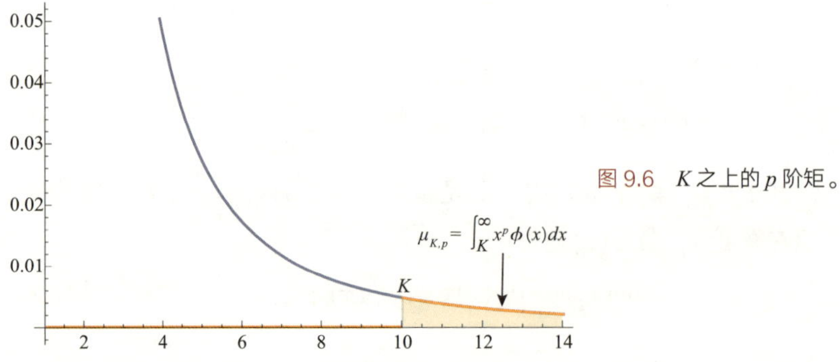

图 9.6　K 之上的 p 阶矩。

拉东–尼科迪姆导数：

$$\mathrm{E}\left(X^{p}\right)=\int_{L}^{K_{n}} x^{p} \frac{\partial \mu(x)}{\partial \mu_{e}(x)} \phi_{e} d x+\int_{K_{n}}^{\infty} x^{p} \phi(x) d x \tag{9.11}$$

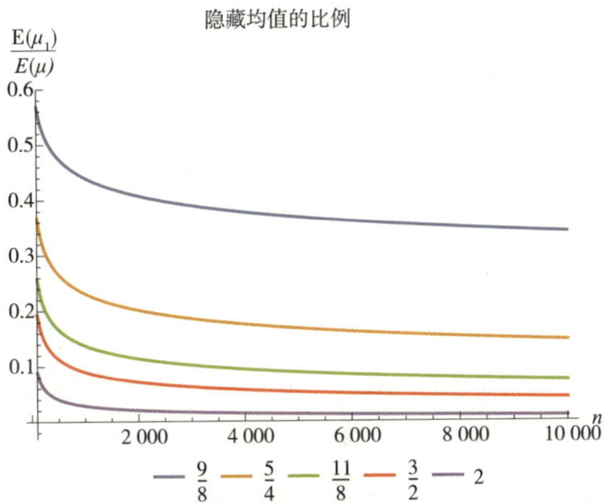

图 9.7　对不同的尾部指数 α，隐藏均值占整体均值的比例。

命题 9.1

假设随机变量 X 的生存函数在某个点可以令人满意地近似为常量，也即 $\mathbb{P}(X>x) \approx L^{-\alpha} x^{-\alpha}$，该点为 K^{*}。

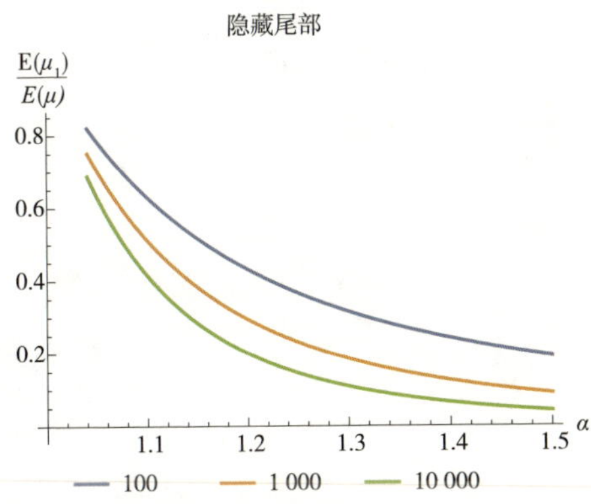

图 9.8　在不同的样本大小 n 下，隐藏均值占整体均值的比例。

在 $K > K^*$ 的假设下，当存在 n 个样本时，隐藏矩 $\mu_{K,p}$ 的分布概率密度函数为 $g_{(.,.,.)}(.)$：

$$g_{n,p,\alpha}(z) = nL^{\frac{\alpha p}{p-\alpha}}\left(z-\frac{pz}{\alpha}\right)^{\frac{p}{\alpha-p}}\exp\left(n\left(-L^{\frac{\alpha p}{p-\alpha}}\right)\left(z-\frac{pz}{\alpha}\right)^{-\frac{\alpha}{p-\alpha}}\right) \tag{9.12}$$

其中 $z \geqslant 0, p > \alpha, L > 0$。

在 $K > L > 0$ 时，分布在 K 以上的 p 阶矩期望可以表示为：

$$\mathbb{E}\left(\mu_{K,p}\right) = \frac{\alpha\left(L^p - L^\alpha K^{p-\alpha}\right)}{\alpha - p} \tag{9.13}$$

我们可以看到，样本生存函数的分布（也即 p=0）属于指数分布，PDF 为：

$$g_{n,\,0,\,\alpha}(z) = ne^{-nz} \tag{9.14}$$

因此，只和 n 有关，经验分布超出某值的概率并不依赖于肥尾程度。

为了计算均值，我们只需要做一个随机下界 $K > K_{\min}$ 的积分：

$$\int_{K_{\min}}^{\infty}\left(\underbrace{\int_{K_n}^{\infty} x^p \phi(x)\,dx}_{\mu_{K,p}}\right) f_K(K)\,dK$$

对于完整分布 $g_{n,p,\alpha}(z)$，我们先将帕累托分布的均值重整为尺度 L，因此 $K_{\min} = L$。

通过换元法进行标准变换 $K \sim \mathcal{F}(\alpha, Ln^{\frac{1}{\alpha}})$ 就可以得到上述结果，其中弗雷歇分布的 PDF 为 $f_K(K) = \alpha nK^{-\alpha-1}L^\alpha e^{n\left(-\left(\frac{L}{K}\right)^\alpha\right)}$。

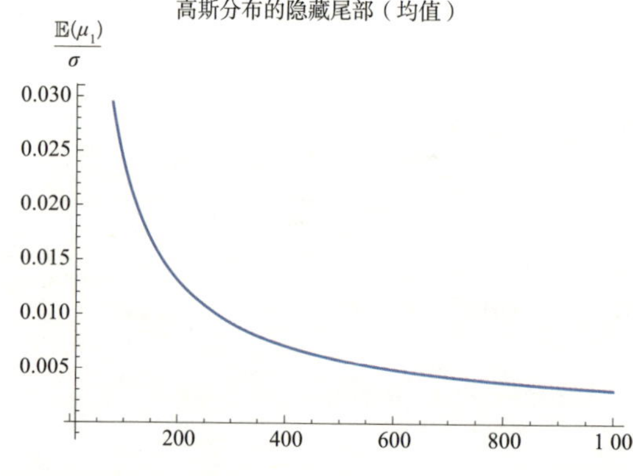

图 9.9　对于不同样本数量 n，隐藏均值的占比（按标准差计）。

9.2.1 和正态分布对比

对于 PDF 为 $\phi^{(g)}(.)$ 的高斯分布，$\mu_K^{(g)}=\int_K^{\infty}\phi^{(g)}(x)\,dx=\frac{2^{\frac{p}{2}-1}\Gamma\left(\frac{p+1}{2},\frac{K^2}{2}\right)}{\sqrt{\pi}}$。

和之前类似，在不使用耿贝尔分布（极值理论或“镜像耿贝尔分布”）的条件下，我们可以从标准高斯分布的 CDF 直接推出最大值的精确分布 $F^{(g)}$：

$$\frac{\partial F^{(g)}(K)}{\partial K}=\frac{e^{-\frac{K^2}{2}}2^{\frac{1}{2}-n}n\,\mathrm{erfc}\left(-\frac{K}{\sqrt{2}}\right)^{n-1}}{\sqrt{\pi}}$$

erfc 为误差函数的补函数。

在 p=0 时，“看不见的尾”的期望 $\approx\frac{1}{n}$。

$$\int_0^{\infty}\frac{e^{-\frac{K^2}{2}}2^{-n-\frac{1}{2}}n\Gamma\left(\frac{1}{2},\frac{K^2}{2}\right)\left(\mathrm{erf}\left(\frac{K}{\sqrt{2}}\right)+1\right)^{n-1}}{\pi}dK=\frac{1-2^{-n}}{n+1}$$

9.3 附录：经验分布的经验有限

人们对于非参经验分布存在一个常见的误解，认为**不管基础分布如何**，哪怕底层分布服从肥尾分布，随着 n 增大，累积经验分布在频率上的误差都会是高斯分布（假设定义域无界）。因为 CDF（或生存函数）都是在 [0, 1] 上的分布，由顿斯科定理，序列 $\sqrt{n}\left(F_n(x)-F(x)\right)$ 在分布上收敛于均值为 0、方差为 $F(x)\left(1-F(x)\right)$ 的正态分布（F_n 为 n 变量求和的样本 CDF 或生存函数，F 为实际 CDF 或生存函数）。而通过格利文科 – 坎泰利定理，我们甚至可以找到更强的收敛形式。

正是因为存在如此显著的性质，大家才会假设分布收敛的尾部性质和分布本身无关。而且在极端情况下，经验分布 CDF 和生存函数的方差 $F(x)\left(1-F(x)\right)$ 还会下降，更是加深了这一误解。但不同于概率，尾部的极端收益却不一定如此。

Crash Beliefs From Investor Surveys

William N. Goetzmann
Yale School of Management, Yale University

Dasol Kim
Weatherhead School of Management, Case Western Reserve University

Robert J. Shiller
Yale University

Draft: March 19, 2016

Please do not quote without permission

Abstract: Historical data suggest that the base rate for a severe, single-day stock market crash is relatively low. Surveys of individual and institutional investors, conducted regularly over a 26 year period in the United States, show that they assess the probability to be much higher. We examine the factors that influence investor responses and test the role of media influence. We find evidence consistent with an availability bias. Recent market declines and adverse market events made salient by the financial press are associated with higher subjective crash probabilities. Non-market-related, rare disasters are also associated with higher subjective crash probabilities.

Keywords: Crash Beliefs, Availability Bias, Investor Surveys

JEL: G00, G11, G23, E03, G02

图 9.10　从另一个角度审视基础概率谬误。所谓的“基础概率”实际上是一种基于历史极值的经验性评估，正如在 [227] 中，罗马诗人卢克莱修在《物性论》中认为，世界上最高的山峰是自己过去见过的最高山峰。左图内容在和作者沟通后以“未经允许”的方式引用。

从极值性质来看，如果将概率乘以尾部偏差，真实的尾部误差会大大增加。

对美国的股票市场指数来说，如图 9.11 所示，经验分布会导致尾部收益的低估程度比正常值高 5～70 倍。第十一章我们会再次讨论二元和连续收益，并比较在肥尾机制下人们对真实世界概率和收益的混淆。

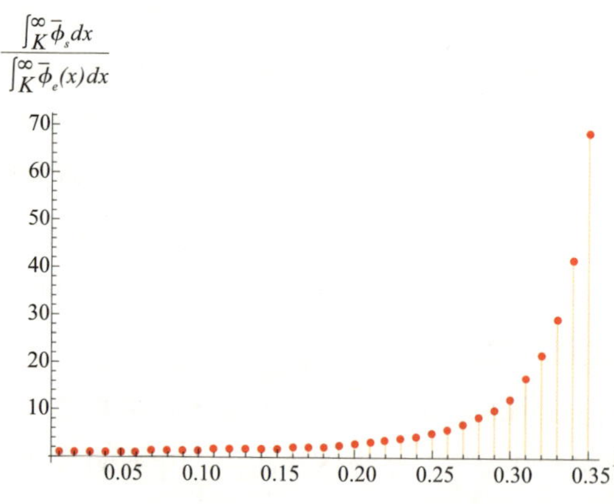

图 9.11　该图展示了尾部 CVar 风格的测度和平滑后经验分布的相对比值。虽然经验分布方法号称拥有“经验”，但在极端尾部，该方法对收益的低估程度比正常值高 70 倍。

B　增速和结果并非同类分布

作者和帕斯奎尔·西里洛的共同研究揭示了流行病（瘟疫）的致死率服从幂律分布，并且尾部指数显著小于 1。也就是说，该分布所有的信息都集中在尾部。因此，除非在某种情况下我们可以忽略总体无条件统计量（比如证明“这次不一样”），否则就不该基于点估计或分布期望来进行风险管理。

由此带来以下悖论：X_t 是 t_0 和 t 之间的死亡人数，服从均值未定义的帕累托分布，但其指数增长率不是同类分布！增长率会服从薄尾类分布，如指数分布等。

西里洛和塔勒布（2020）[48] 的论文通过极值理论揭示了流行病的死亡人数 X_T（定义为未来 T 时刻的死亡人数）服从 $\alpha<1$ 的幂律尾分布，其生存函数 $\mathbb{P}(X>x)=L(x)x^{-\alpha}$。如果我们用 L 的最小值来简化上式，$L(x)\sim L$，可得生存函数：

$$\mathbb{P}(X>x)=Lx^{-\alpha} \tag{B.1}$$

B.1　谜题

考虑一般情况下的模型，

$$X_t = X_0 e^{r(t-t_0)} \tag{B.2}$$

其中

$$r = \frac{1}{t-t_0}\int_{t_0}^{t} r_s ds \tag{B.3}$$

r_s 是瞬时增速，将该分布归一化到 L=1 后，我们可以证明如下结论（假设 X_t 具备公式 13.13 的生存函数）：

定理 1

如果 r 的定义域为 $(-\infty,\infty)$，那么其增长率 $\rho = r(t-t_0)$ 的 PDF φ 可以参数化定义为：

$$\varphi(\rho) = \begin{cases} \dfrac{e^{-\frac{\rho}{b}}}{2b} & \rho \geqslant 0 \\ \dfrac{e^{-\frac{-\rho}{b}}}{2b} & \rho < 0 \end{cases}$$

这里的 $b = \dfrac{1}{\alpha}$。

如果 r 的定义域为 $(0,\infty)$，那么 PDF φ 为：

$$\varphi(\rho) = \begin{cases} \alpha e^{\alpha(-\rho)} & \rho \geqslant 0 \\ 0 & \rho < 0 \end{cases}$$

这里我们得到的是指数分布或双指数分布（拉普拉斯分布）。

评论 7

给我们的启示：不能在增速 r 和 X_T 之间做简单的性质类推，因为只要 r 有很小的误差（不为 0），在指数变换的过程中，误差就会出现爆炸式增长。

反之同样成立：如果 r 服从指数分布，则根据公式 13.13，X_T 一定服从帕累托分布。

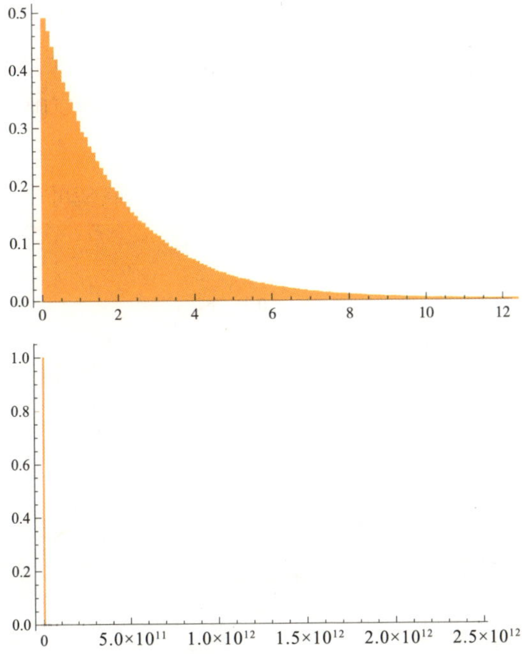

图 B.1　上面的直方图从 $\lambda=\frac{1}{2}$ 的指数分布中产生，r 的数目为 10^6 。下面是 $X=e^r$ 的直方图，可以看到两个分布存在巨大差异。相应的样本峰度分别为 9 和 10^6（实际上，下面的图分布的二阶矩就已经为无穷大了），后者所有的矩都由单一的超大偏差主导。

可以通过换元法简单推导如下：令 r 服从密度函数 ϕ 的分布，定义域为 (a, b)，在标准情况下，$u=g(r)$ 服从的新分布其密度函数满足：

$$\psi(u)=\frac{\phi\left(g^{(-1)}(u)\right)}{g'\left(g^{(-1)}(u)\right)}$$

定义域为 $[g(a), g(b)]$。

B.2　瘟疫的分布极度肥尾

从图 B.2 中我们可以看到，无论怎样选择样本子集，拟合后我们都会得到 α 很小的幂律分布。在有关极值理论的论文 [48] 中我们也用了相同的数据，该图预先给出了分析结果（此图不在论文中）。这是我们见过的最小的尾部指数。这意味着，在医药领域推进流行病学研究的同时，政策制定者必须用极值理论进行决策，或者简单地依靠预防性原则——也就是说，在成本仍然可控的时候尽早切除癌变组织。[1]

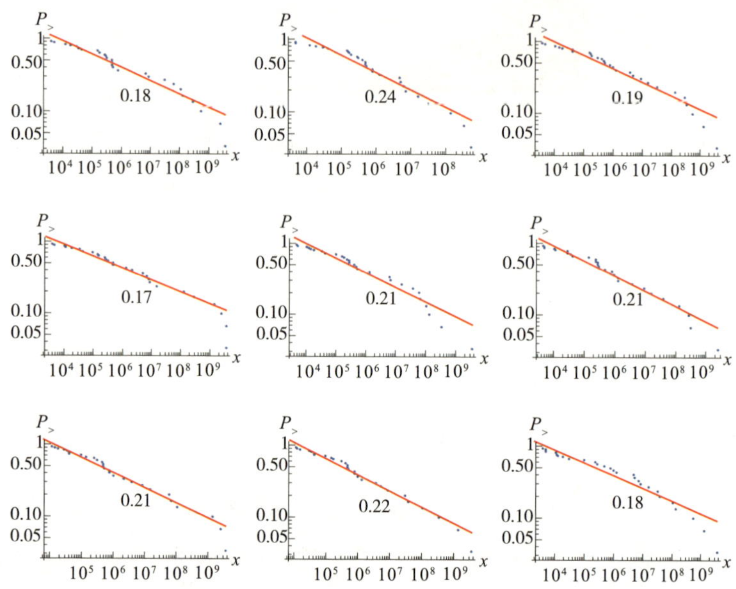

图 B.2 从历史上 60 次最大的瘟疫中随机选取一半，按照当今人口进行数据归一化，可以看到，分布尾部的帕累托性和相应参数的鲁棒性都很好。虽然通过极值理论得到的尾部指数会稍高一些，但依然远小于 1。这也是作者在职业生涯中见过的最小的尾部指数。

1 在制定政策的时候，依赖于单点预测是一个严重的错误。实际上，正如第十一章所述，使用生存函数进行预测总是错误的，在结果二元的条件下，遵循“科学研究的范式”来预测显得荒谬可笑。

C 大偏差理论简介

> 最近有关该领域的研究文献迅速增多，让我们跟随它们一起回到克拉默界问题。在章节 3.1 中，身高与富有异常值背后的边界逻辑是，在某些条件下尾部事件发生的概率会呈指数式下降。这也是风险管理领域的核心要素，如之前提到的灾难原则，尾部呈指数式下降是分散化有效的必要条件。

大偏差理论可以帮助我们理解尾部行为，同时能让我们理解事物为什么在薄尾条件下不会崩坏，更重要的是，为什么在肥尾或不满足克拉默条件的时候会崩坏 [118]。

假设 M_N 为 N 个同分布随机变量的均值，当 N 很大时，考虑尾部概率：

$$\mathbb{P}(M_N > x) \approx e^{-NI(x)}$$

这里 $I(.)$ 是克拉默函数或速度函数（瓦拉丹 [260]，登博和泽图尼 [59]）。如果我们知道 X 的分布，那么通过勒让德变换，$I(x)=\sup_{\theta>0}(\theta x-\lambda(\theta))$，$\lambda(\theta)=\log\mathbb{E}\left(e^{\theta(X)}\right)$ 是累积量生成函数。

函数 $\theta(x)$ 的行为可以告诉我们，单个事件在整体收益中的贡献（它可以和克拉默条件联系起来，需要分布存在指数矩）。

伯努利变量的一个特例是切诺夫界，它严格限制了该类离散变量的边界。

C.1 简单示例：切诺夫界

二元收益有着非常严格的边界。令 $(X_i)_{1<i\leqslant n}$ 为一系列独立的 {0，1} 伯努利试验，其中 $\mathbb{P}(X=1)=p$, $\mathbb{P}(X=0)=1-p$。这些变量的和 $S_n=\Sigma_{1<i\leqslant n}X_i$，期望 $\mathbb{E}(S_n)=np=\mu$，定义 δ 为“与均值的距离”，根据切诺夫界：

对所有的 $\delta>0$

$$\mathbb{P}\left(S\geqslant(1+\delta)\mu\right)\leqslant\left(\frac{e^{\delta}}{(1+\delta)^{1+\delta}}\right)^{\mu}$$

对 $0<\delta\leqslant1$

$$\mathbb{P}\left(S\geqslant(1+\delta)\mu\right)\leqslant 2e^{-\frac{\mu\delta^2}{3}}$$

让我们计算一下，抛 n 次硬币正面朝上的概率比实际均值高 50%。这里 $p=\frac{1}{2},\mu=\frac{n}{2}:\mathbb{P}\left(S\geqslant\left(\frac{3}{2}\right)\frac{n}{2}\right)\leqslant 2e^{-\frac{\mu\delta^2}{3}}=e^{-\frac{n}{24}}$，也即对 n=1 000，其概率为每 1.24×10^{18} 次会有一次正面朝上。

证明 由马尔可夫界我们有：$\mathbb{P}(X\geqslant c)\leqslant\frac{\mathbb{E}(X)}{c}$，这里我们将 X 替换成某个正函数 $g(x)$，因此 $\mathbb{P}\left(g(x)\geqslant g(c)\right)\leqslant\frac{\mathbb{E}\left(g(x)\right)}{g(c)}$。下面会用 $g(x)=e^{\omega X}$ 代入此性质。

考虑 $(1+\delta)$, $\delta>0$ 作为“与均值的距离”，因此对于 $\omega>0$，

$$\mathbb{P}\left(S_n\geqslant(1+\delta)\mu\right)=\mathbb{P}\left(e^{\omega S_n}\geqslant e^{\omega(1+\delta)\mu}\right)\leqslant e^{-\omega(1+\delta)\mu}\mathbb{E}\left(e^{\omega S_n}\right) \quad (\text{C.1})$$

$\mathbb{E}\left(e^{\omega S_n}\right)=\mathbb{E}\left(e^{\omega\Sigma(X_i)}\right)=\mathbb{E}\left(e^{\omega X_i}\right)^n$，根据停时的独立性，得到 $\left(\mathbb{E}\left(e^{\omega X}\right)\right)^n$。

我们有 $\mathbb{E}\left(e^{\omega X}\right)=1-p+pe^{\omega}$，因为 $1+x\leqslant e^{x}$，

$$\mathbb{E}\left(e^{\omega S_n}\right)\leqslant e^{\mu(e^{\omega a}-1)}$$

替换公式 C.1 可得：

$$\mathbb{P}\left(e^{\omega S_n}\geqslant e^{\omega(1+\delta)\mu}\right)\leqslant e^{-\omega(1+\delta)\mu}e^{\mu\left(e^{\omega}-1\right)} \quad (\text{C.2})$$

我们可以通过调节 ω 来收紧边界，调节不等式右边使其取最小值。由

$$\omega^* = \left\{ \omega : \frac{\partial e^{\mu\left(e^{\omega}-1\right)-(\delta+1)\mu\omega}}{\partial \omega} = 0 \right\}$$ 可得 $\omega^* = \log\left(1+\delta\right)$。

从而得到边界：$e^{\delta\mu}\left(\delta+1\right)^{(-\delta-1)\mu}$。

霍夫丁 [130] 对切诺夫界进行了扩展，将边界从伯努利变量扩展到所有独立随机变量。

D 帕累托性质拟合

图 D.1 伟大的本华·曼德博将统计分布和分形几何通过在所有尺度上的自相似性联系在一起。当人们让他解释自己的理论时，他回答“rugosité”，意思是“太难了”——他花了五十年才发现这是他的专长。（图为沃尔夫冈·拜尔创作的海马，来自维基共享资源。）

我们先进行一些回顾。

定义 D.1（幂律分布类 $\mathfrak{P}$）

随机变量 $X \in \mathbb{R}$ 满足缓变函数分布类 $\mathfrak{P}$（帕累托尾或幂律尾）的条件是，其生存函数（这里可以取变量的绝对值）以固定的指数 α 或 α' 渐进下降，也即

$$\mathbb{P}(X > x) = L(x)x^{-\alpha} \tag{D.1}$$

（右尾）或

$$\mathbb{P}(-X > x) = L(x)x^{-\alpha'} \tag{D.2}$$

（左尾）

这里 $\alpha, \alpha' > 0$，$L:(0,\infty) \to (0,\infty)$ 是缓变函数，定义为对所有的 $k > 0$：

$$\lim_{x\to\infty}\frac{L(kx)}{L(x)} = 1$$

值得庆幸的是，参数 α 服从倒伽马分布，且求和后迅速收敛到高斯分布，不需要很大的 n 就能进行较好的估计。在图 D.2 中我们可以看到两者在拟合时的差异。

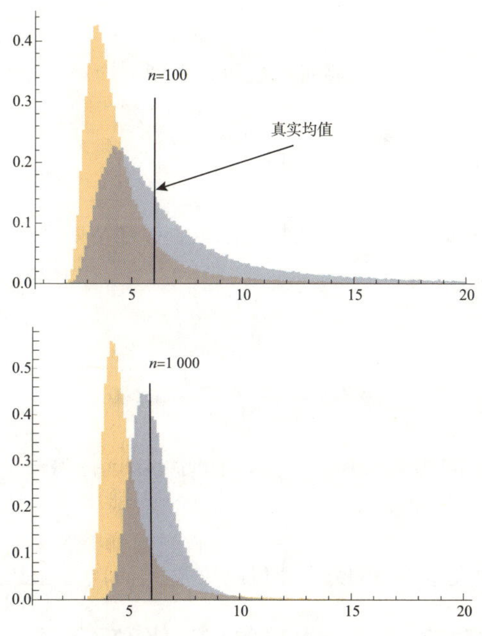

图 D.2　对于 $\alpha=1.2$ 的帕累托分布，对比 10^5 个样本均值的蒙特卡罗模拟（方法 1 和方法 2，黄色）和极大似然均值估计（方法 3，蓝色）在 n=100 和 n=1 000 时的差异。我们可以看到，MLE 对分布的近似更为可靠。我们也可以测试估计偏差，因为数据有偏，方法 1 和方法 2 会低估样本均值，我们需要 10^7 量级的数据才能降到和方法 3 相同的误差。

正如我们所见，所谓方差有限的幂律分布实际上存在问题。我们在第八章会看到，方差有限并不起什么作用。

D.1 样本尾部指数的分布

考虑标准帕累托分布随机变量 X，PDF 满足：

$$\phi_X(x) = \alpha L^\alpha x^{-\alpha-1}, x > L \tag{D.3}$$

假定尺度重整后 $L=1$。

其极大似然函数是 $\mathcal{L} = \prod_{i=1}^{n} \alpha x_i^{-\alpha-1}$。最大化极大似然估计函数 $\log(\mathcal{L}) = n(\log(\alpha) + \alpha\log(L)) - (\alpha+1)\sum_{i=1}^{n}\log(x_i)$ 的 $\hat{\alpha} = \frac{n}{\sum_{i=1}^{n}\log(x_i)}$。下面令 $l = -\frac{\sum_{i=1}^{n}\log X_i}{n}$，通过特征函数可以得到平均对数分布：

$$\psi(t)^n = \left(\int_1^\infty f(x)\exp\left(\frac{it\log(x)}{n}\right)dx\right)^n = \left(\frac{\alpha n}{\alpha n - it}\right)^n$$

也即伽马分布（n，$\frac{1}{\alpha n}$）的特征函数。标准结果为 $\hat{\alpha}' \triangleq \frac{1}{l}$ 服从倒伽马分布，密度函数如下：

$$\phi_{\hat{\alpha}}(a) = \frac{e^{-\frac{\alpha n}{\hat{\alpha}}}\left(\frac{\alpha n}{\hat{\alpha}}\right)^n}{\hat{\alpha}\Gamma(n)}, a > 0$$

无偏估计 因为 $\mathbb{E}(\hat{\alpha}) = \frac{n}{n-1}\alpha$，我们可以选择另一个无偏随机变量 $\hat{\alpha}' = \frac{n-1}{n}\hat{\alpha}$，尺度重整后的分布密度函数为 $\phi_{\hat{\alpha}'}(a) = \frac{e^{\frac{\alpha-\alpha n}{\hat{\alpha}}}\left(\frac{\alpha(n-1)}{a}\right)^{n+1}}{\alpha\Gamma(n+1)}$。

在 $\alpha > 1$ 时截断 因为 $\alpha \leqslant 1$ 时分布的均值不存在，所以我们将分布的参数限制在 $1+\epsilon, \epsilon > 0$。当前我们的样本估计量存在下截断，也即以 $\epsilon > 0$ 为截断点，严格大于 1，$\sum\frac{n-1}{\log(X_i)} > 1+\epsilon$，或者 $\mathbb{E}(\hat{\alpha}|_{\hat{\alpha}>1+\epsilon})$：

$\phi_{\hat{\alpha}''}(a)=\dfrac{\phi_{\hat{\alpha}'}(a)}{\int_{1+\epsilon}^{\infty}\phi_{\hat{\alpha}'}(a)da'}$，因此，大于 1 的尾部指数分布为：

$$\phi_{\hat{\alpha}''}(a)=\frac{e^{\frac{\alpha n^2}{a-an}}\left(\dfrac{\alpha n^2}{a(n-1)}\right)^n}{\alpha\left(\Gamma(n)-\Gamma\left(n,\ \dfrac{n^2\alpha}{(n-1)(\epsilon+1)}\right)\right)},a\geqslant 1+\epsilon \tag{D.4}$$

我们可以从图 D.2 中看到，在单尾帕累托分布条件下，通过尾部 α 的“插入式”均值可能是一个更好的拟合方法。

第十章 “事实就是这样”：标准普尔500指数分析†[1]

本章是对标准普尔 500 指数历史数据的**诊断研究**，我们会通过一系列测试逐步展开其统计图像。显然，标准普尔 500 指数的收益率服从幂律分布（同时还有一些额外的复杂因素，如向上和向下的不对称）。按照之前的介绍，在这种情况下，绝大多数常规统计分析方法都会失效。我们研究的主要方向有：

- 不断延长时间窗口，观察样本累积峰度的行为
- 观察不同 K 值下，条件期望 $\mathbb{E}(X|_{X>K})$ 的行为
- 极大值比率图（MS 图）
- 回撤情况（某时间窗口内的最大下行量）
- 极值与破纪录情况，观察极值的出现是否独立

通过这样一系列研究，我们可以确定的是，所有定义在二阶矩上的分析在方法论和实际应用中都不成立，比如现代投资组合理论（MPT）、因子分析、GARCH 模型、条件方差和随机波动率等。

1 本章基本上以图为主，文字为辅，主要论点都以不收敛的形式体现在图中。

10.1 帕累托性和矩

问题定义 正如序言所述，认知从薄尾转向肥尾不是**改变裙子的颜色**那么简单。金融和经济学领域的寻租客只会说，“我们知道这是肥尾分布”，但他们根本不理解，当大数定律作用速度很慢的时候，样本均值和高阶矩远远达不到统计意义上的有效（同时他们也不理解遍历性）。这也使得投资行业存在大量的无效分析。

帕累托性可以清晰地定义为，分布的某些高阶矩不存在，表现上就是分布缺乏大数定律的收敛效应。

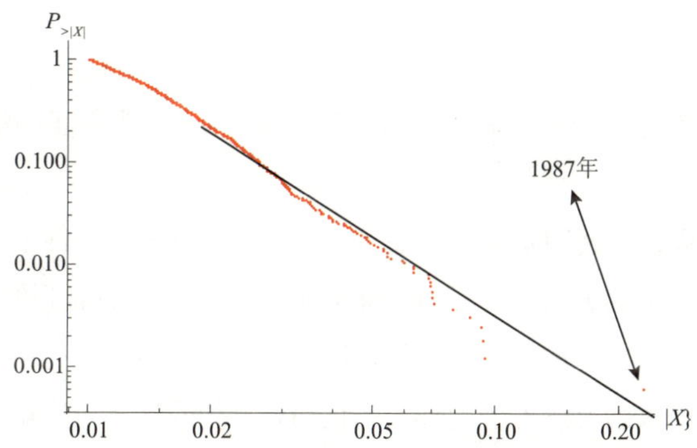

图 10.1 在 log-log 图上直观表示帕累托性，横轴代表收益率，纵轴代表生存函数。假设我们移除 1987 年崩盘的数据点，剩余数据可能适用于对数正态分布或幂律类以外的肥尾类分布，因为其生存函数终端的斜率（尾部指数）趋于无穷，在图上以接近垂直的斜率下降。但正如老话所说，一切只需要一个单一事件……

评论 8

假定：

（1）正规变化类分布不存在比 α 更高阶的矩，更精确地讲：

- 如果 $p>\alpha$，且 p 为偶数或分布定义为单尾，则 $\mathbb{E}\left(X^{p}\right)=\infty$
- 如果 p 为奇数或分布定义为双尾，则 $\mathbb{E}\left(X^{p}\right)$ 无定义

（2）正规变化类之外的分布各阶矩均存在，$\forall p \in \mathbb{N}^{+}$，

$$\mathbb{E}\left(X^p\right)<\infty$$

$$\exists p \in \mathbb{N}^+ \ s.t. \ \mathbb{E}\left(X^p\right) \text{未定义或为无限大} \Leftrightarrow X \in \mathfrak{P}\text{。}$$

下面我们来看检验矩“无穷大”的方法。对于证明矩无穷大，很多人会感到困惑，因为在给定测度下，任意样本的矩都是有限可测的。这里我们需要检验的是矩的不收敛性，假设$\|\boldsymbol{X}\|_p$为加权 p– 范数：

$$\|\boldsymbol{X}\|_p \triangleq \left(\frac{1}{n}\sum_{i=1}^{n}|x_i|^p\right)^{1/p}$$

我们有幂律分布的性质：

$$\mathbb{E}\left(X^p\right) \not< \infty \Leftrightarrow \|\boldsymbol{X}\|_p \text{不收敛。}$$

提问　为什么分布一旦属于幂律尾（ $\alpha \leqslant 4$ ），就会证伪绝大多数使用 L^2 范数的方法？

简单来说，即使四阶矩不存在，在无穷大高阶矩的条件下，方差二阶矩本身的方差也为无穷大，这样一来我们就会陷入之前看到的抽样问题：假设幂律分布的 α 接近 1（尽管略高于 1），在三阶矩无限的情况下，虽然均值存在，但永远无法被观测到。而我们观测到的样本二阶矩不能提供有效信息，因为它几乎永远无法收敛到真实值。

10.2　收敛性测试

收敛法则可以帮助我们**排除**某些类型的概率分布。

10.2.1　测试 1：累积样本峰度

如果分布的峰度存在，随着时间尺度的不断延长，最终数据就会收敛于高斯分布。因此，我们可以不断延长区间来计算收益率的峰度，如图 10.2 所示。

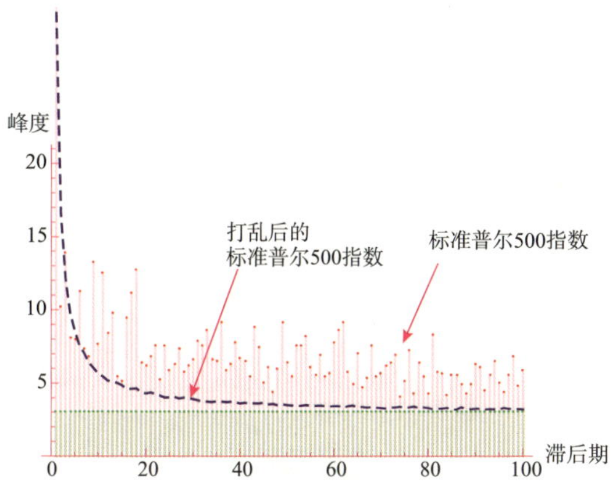

图 10.2 标准普尔 500 指数在过去 17 000 次观测中的峰度收敛性分析，我们对标准普尔 500 指数的原始数据和打乱后的数据按不同周期分别计算峰度。可以看到，原始数据的四阶范数无收敛性，但打乱以后收敛性显著。由此可知，“肥尾性”主要来自数据的时序结构，尤其是波动率的聚集现象。薄尾分布在速率为 $1/n$ 时的预期下降见表 7.1。

结论 从图 10.2 中得出的结论是，月收益率的峰度不显著低于日峰度。按照预期，峰度会以 n^{-1} 的速率下行。但随着数据量增加，我们并没有看到峰度显著下降。由此我们可以排除很多类型的分布，包括简单的随机波动率模型（如方差伽马模型），下面我们会进一步论证。

这里有一个常见的误解：在《塔勒布可以从马科维茨那里学到什么》[255] 一文中，投资组合理论的提出者之一杰克·特雷诺曾表达了他的反对意见，他认为数据在“短期”可能是肥尾的，但是在所谓的“长期”中会回归高斯分布。不好意思，事实并非如此（我们只要加入遍历性问题，就会消除，至少是模糊短期和长期的差别）。

原因是，我们无法在峰度无限大的条件下讨论分布向“高斯分布”的收敛（不论其低阶矩是否存在）。而且，对于 $\alpha \approx 3$，中心极限定理生效非常缓慢，我们需要 10^6 量级的数据才能得出有效结论，而这也远远超出金融市场历史数据的量级 [27]。

10.2.2 最大回撤

对于资产 S 的可交易区间 $(t_0,\ t_0+\Delta t,\ t_0+n\Delta t)$，我们要研究的变量是：

$$\delta(t_0,\ t,\ \Delta t) = \text{Min}\left(S_{i\Delta t+t_0} - \left(\text{Min} S_{j\Delta t+t_0}\right)_{j=i+1}^{n}\right)_{i=0}^{n} \tag{10.1}$$

和收益率一样，回撤可以使用价格最小值的对数来计算，而回撤的窗口区间可能长达 n=5、100、252 天，如图 10.10 所示，回撤服从帕累托分布。

10.2.3 经验 Kappa

由第八章中的 Kappa 表达式：

$$\kappa(n_0,\ n) = 2 - \frac{\log(n) - \log(n_0)}{\log\left(\frac{\mathbb{M}(n)}{\mathbb{M}(n_0)}\right)} \tag{10.2}$$

缩写为 $\kappa_n = \kappa(1,\ n)$。我们可以通过自举法进行经验估计，从而清晰地看到尾部符合幂律——负回报满足 $\alpha < 3$ 的幂律尾。

10.2.4 测试 2：超越某值的条件期望

> **结论** 该测试的结论见图 10.4，在 X（或 $-X$）大于某个任意阈值 K 的条件下，X（或 $-X$）的条件期望值和 K 成正比。

定义 10.1

假设 K 定义于 $\mathbb{R}^+$，超出某值的条件期望定义为：

$$\varphi_K^+ \triangleq \frac{\mathbb{E}(X)|_{X>K}}{K}$$

$$\varphi_K^- \triangleq \frac{\mathbb{E}(-X)|_{X>K}}{K}$$

对于在幂律类以外的分布，我们有：

$$\lim_{K\to\infty} \varphi_K = 0$$

对于满足定义 10.1 的分布，由范德维克法则 [44][228] 我们有：

$$\lim_{K\to\infty} \varphi_K / K = \frac{\alpha}{1-\alpha}$$

图 10.4 显示了条件期望在 K 很大的时候并未显著下降，至少在表现上与非帕累托分布不一致。

10.2.5 测试 3：四阶矩的不稳定性

论文 [228] 的主要思想是，标准普尔 500 指数在 50 年的历史数据中峰度一度大于 80% 是由单一观测值贡献的。而我们也可以在其他社会经济学变量中看到同样的效应，如黄金、原油、白银、其他股票市场和软商品等。如此大的路径依赖也说明了收益分布的四阶矩完全不稳定，或者也可以认为其四阶矩不存在。

10.2.6 测试 4：MS 图

另外一个检测 $\mathbb{E}\left(X^p\right)$ 是否存在的方法是，通过观察给定样本的高阶矩行为，检测大数定律的收敛性（或不收敛性）。其中一个便捷的工具是极大值–求和比例图（MS 图），如图 10.3 所示。MS 图依赖于极大值的

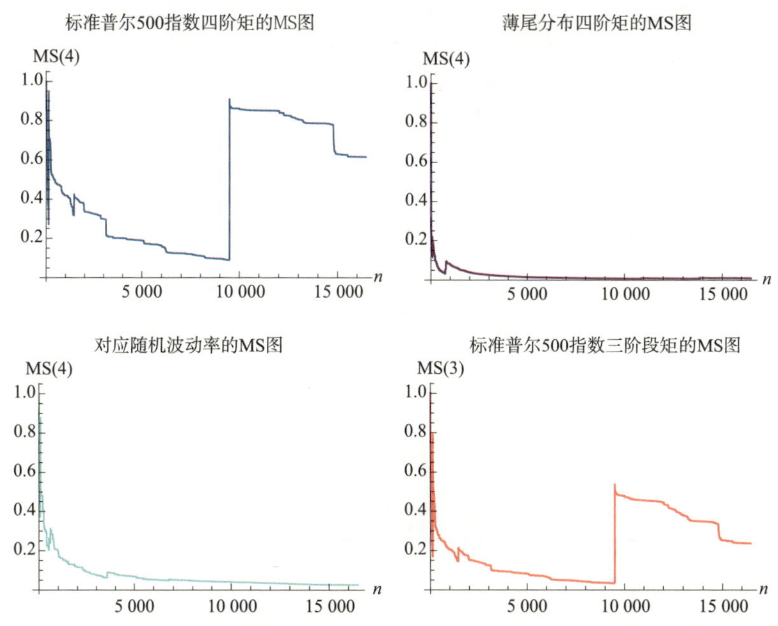

图 10.3 对比这些 MS 图：p=4 的标准普尔 500 指数（或称"p 阶矩的大数定律"），p=4 的高斯分布和峰度相等（全样本峰度 30）的随机波动率模型。所有我们能定义的"收敛性"在合理的时间尺度内都不成立。再对比 p=3 的标准普尔 500 指数的 MS 图和 p=4 的高斯分布 MS 图，我们可以认为，分布的四阶矩为无穷，而三阶矩不确定。

大数定律 [184]。对于非负独立同分布随机变量序列 $X_1, X_2 \dots X_n$，假设对 $p=1, 2, 3\dots\ \mathbb{E}\left[X^p\right]<\infty$，那么随着 $n\to\infty$：

$$R_n^p = M_n^p / S_n^p \xrightarrow{a.s.} 0$$

其中 $S_n^p = \sum_{i=1}^{n} X_i^p$ 为部分和，而 $M_n^p = \max\left(X_1^p, X_2^p \dots X_n^p\right)$ 为部分最大值。（我们可以对随机变量取绝对值，这样在随机变量取负值时也可以求奇数矩。）

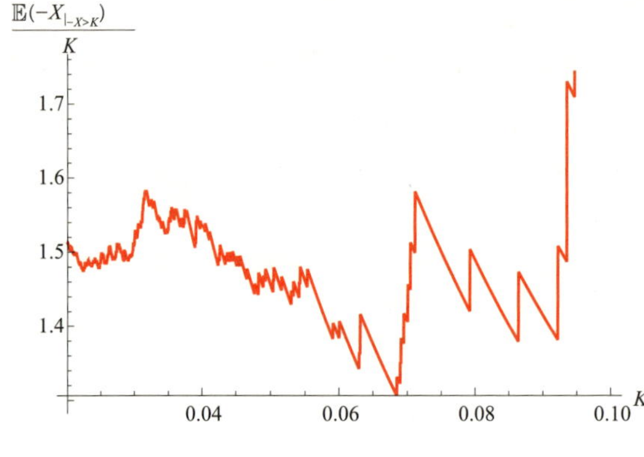

图 10.4 “林迪测试”，对不同的 K 计算小于 K 的条件期望，由此测试分布的尺度。理论上，该测度会随着 K 的增加而下降。

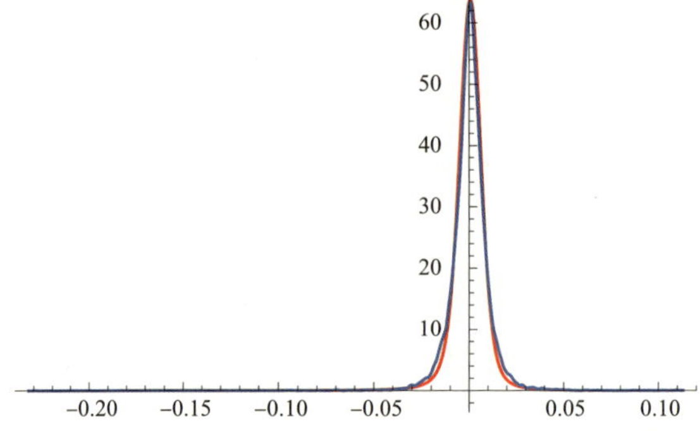

图 10.5 经验分布可以很好地拟合 $\alpha_l=1.62$ 的列维稳定分布。

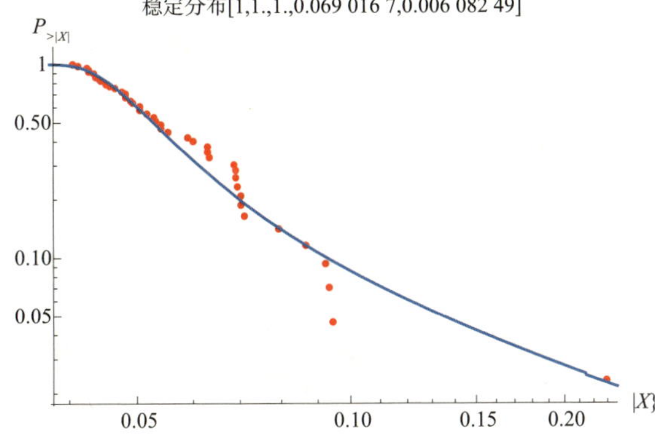

图 10.6　尾部数据甚至可以拟合一个均值无限、$\alpha_l=1$ 的稳定分布。

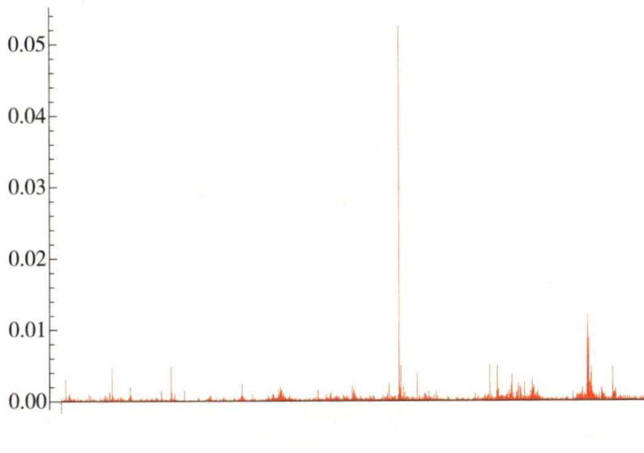

图 10.7　16 500 个标准普尔 500 指数的平方历史收益率，没有任何一个 GARCH（1，1）模型可以产生图中这样的锯齿，这也是伟大的本华·曼德博所说的“粗糙性”。

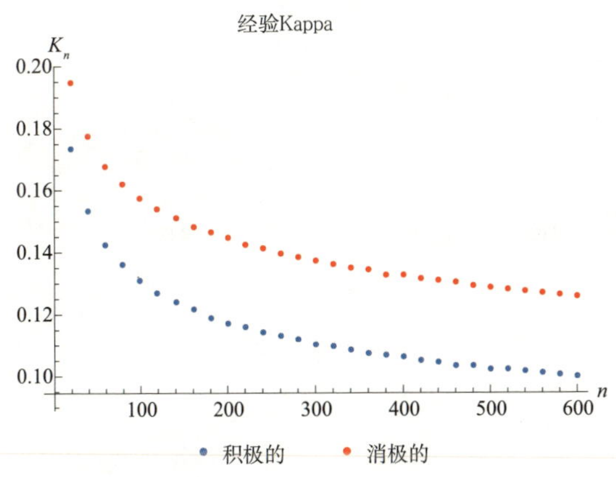

图 10.8　通过 n 个样本经验估计的 Kappa。

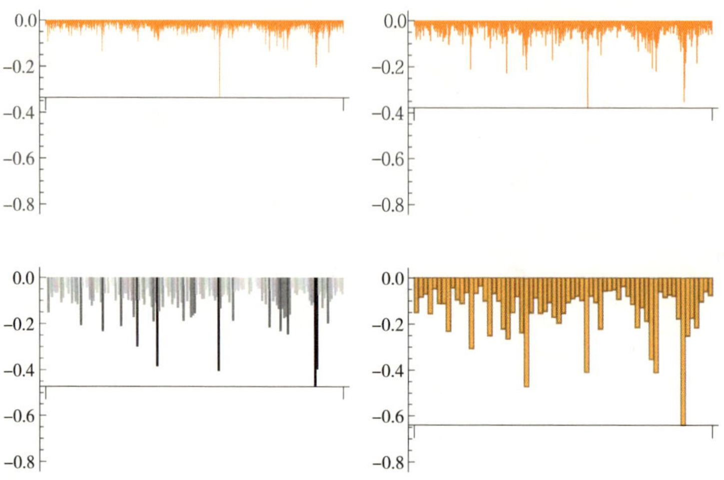

图 10.9　滚动窗口 n=5、30、100 和 252 天的相应回撤。最大回撤可以由公式 10.1 循环计算得到。这里我们使用给定 S 之后一段时间内最小值 S 的对数来计算。

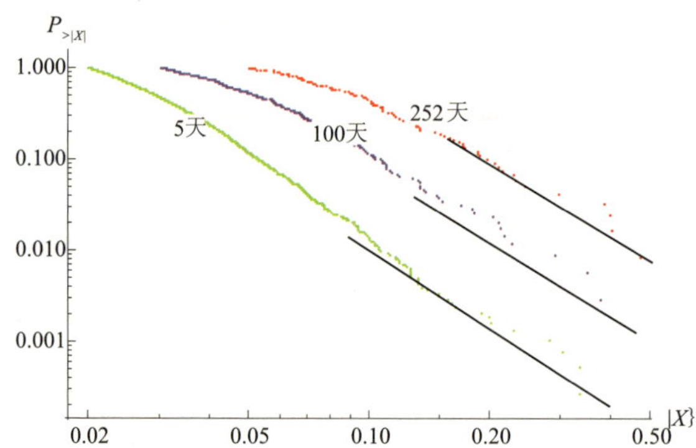

图 10.10　回撤和尺度的帕累托性。

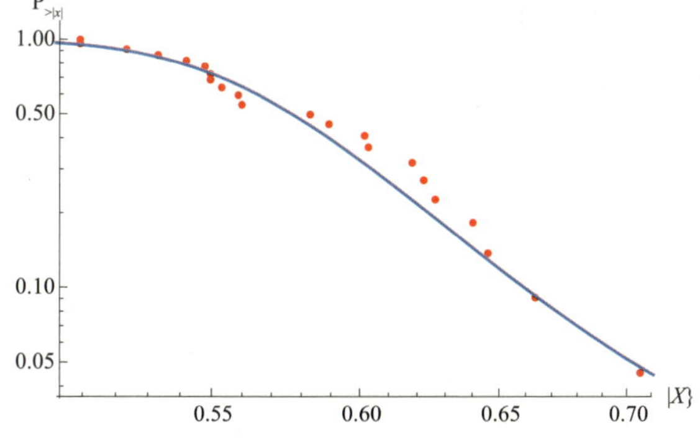

图 10.11　用回撤值拟合稳定分布。

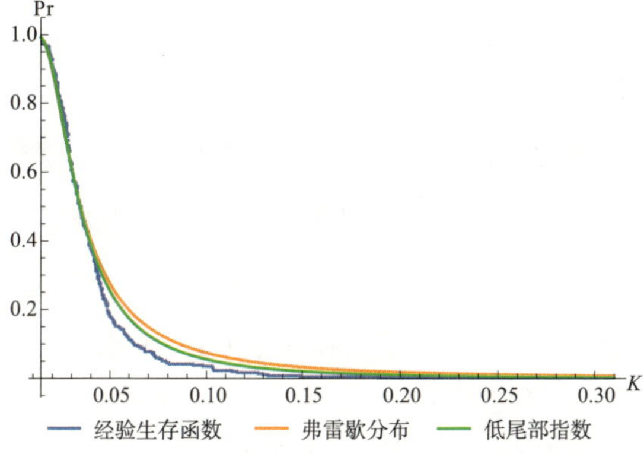

图 10.12　通过弗雷歇分布来纠偏标准普尔 500 指数的经验分布。

我们之前对比展示了高斯分布和学生 T 分布（尾部指数为 3）的 MS 图。可以看到，标准普尔 500 指数展示出典型的陡峭幂律特征，在 16 000 个观测值（50 年）的时间尺度上 MS 图都没有下降到大数定律起作用的临界点。

10.2.7　历史记录和极值

耿贝尔极值法如下所示（恩布列切等 [82]），假定 $X_1, X_2 \ldots X_n$ 为离散时间序列，最大值出现在 $t \geqslant 2$ 的区域，$M_t = \max(X_1, X_2 \ldots X_t)$，可以基于 n 个数据点计算极值统计量 $N_{1,t}$。

$$N_{1,t} = 1 + \sum_{k=2}^{t} \mathbb{1}_{X_t > M_{t-1}} \tag{10.3}$$

无论底层分布如何，N_t 的期望 $\mathbb{E}(N_t)$ 都是调和数 H_t，方差为 $H_t - H_t^2$，

其中 $H_t=\sum_{i=1}^{t}\frac{1}{i^r}$。我们可以注意到，调和数是增速很慢的凹函数，近似等价于对数函数。也可以通过 $\log(n)+\gamma$ 近似表示，γ 是欧拉常数，该近似满足 $\frac{1}{2(t+1)}\leqslant H_t-\log(t)-\gamma\leqslant\frac{1}{2t}$（数学世界网站 [263]）。

> **评论 9**
>
> 上述检验极值独立性的耿贝尔测试可以作为充分条件，证明标准普尔 500 指数的对数极度负回报收敛于极值分布的最大吸引域。

完整时间序列 在图 10.17 和图 10.18 中，我们将标准普尔 500 指数的收益率打乱再进行统计（无放回地进行重抽样，样本容量约为 17 000 个，重复 10^3 次），极值统计量的均值为 10.4（通过相应的标准差用调和数计算）。$N_{1.7\times10^4}=16$，生存函数 $S(16)=\frac{1}{40}$，因此可以认为，正极端值相互独立的假设不成立。

另外，负极端值的次数为 9 次，和期望类似公式 10.3，其偏差在 1/2 个标准差内，足以证明负回报的独立性。

子集极值 如果不直接看整个时期的数据，而是将其拆成几个区间，由测度的凸性和詹森不等式，我们可以得到 $N_{t_1+\delta,\ t_1+\Delta+\delta}$ 共计 T/δ 个观测值。这里取 $\Delta=10^3$ 和 $\delta=10^2$，也即将 $T\approx17\times10^3$ 天拆成 170 个子集。结果见图 10.16，我们均无法拒绝独立性假设。

子集极值总结 至少对负回报的部分，我们可以应用极值理论。

10.2.8 左右尾不对称

在图 10.13 中，我们可以注意到左右尾的不对称性，其中左尾显著厚于右尾。这对想要精确建模的分析师来说是一个灾难，但是对风险管理人员和期权交易员却不一定。

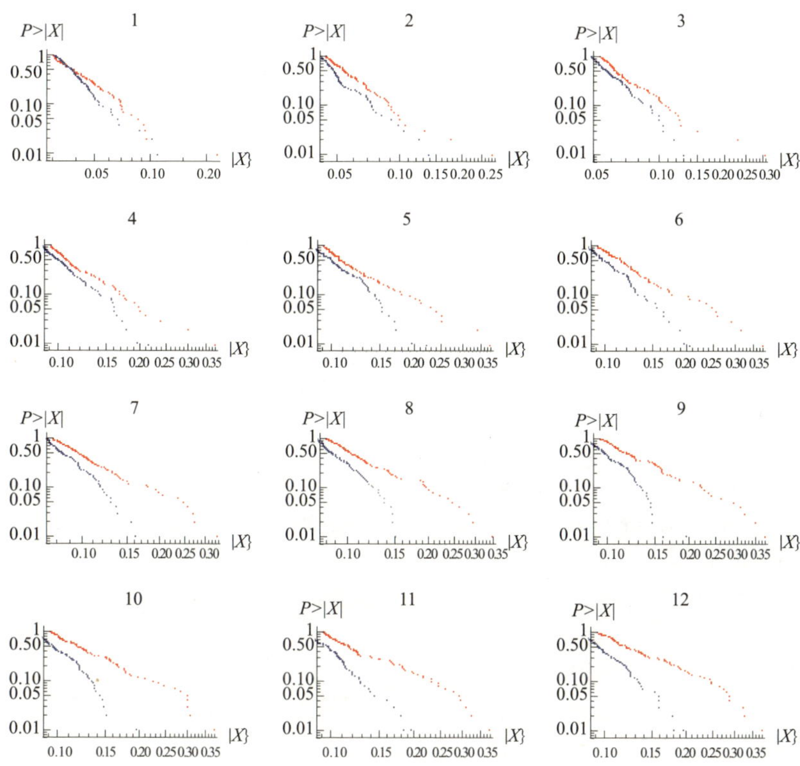

图 10.13　我们将对数回报率按正负分开，计算从 1 到 15 天的重叠累计回报。显然，负回报看上去更符合幂律分布，而右尾的帕累托性没有那么显著。

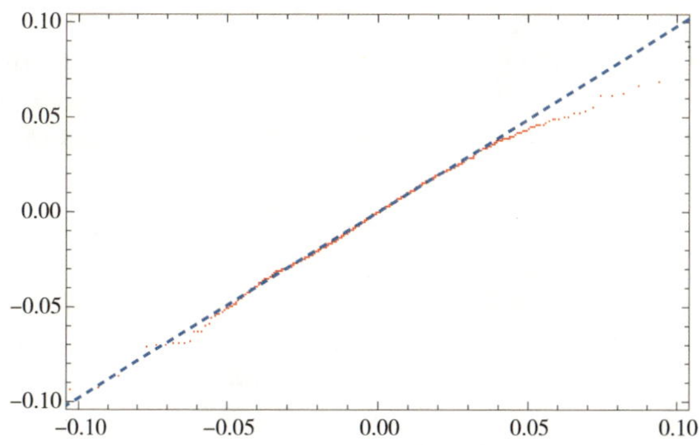

图 10.14　比较学生 T 分布和标准普尔 500 指数经验分布的 QQ 图：两者的左尾比较贴合，右尾则不然。

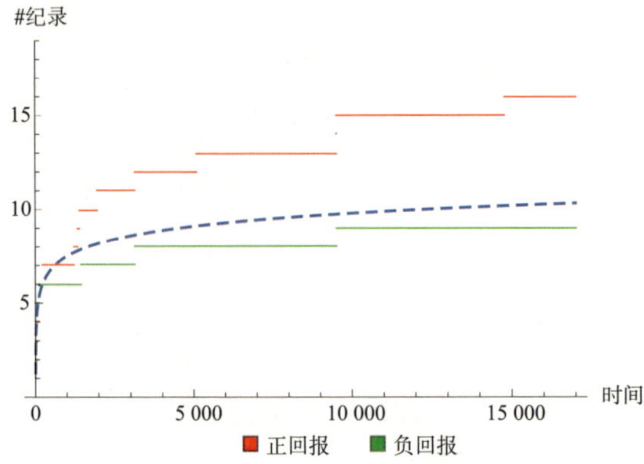

图 10.15 极值测试显示极端负回报相互独立，而极端正回报存在相关性。独立观测序列的极值以调和数的 $H(t)$ 方式随时间增长（图中虚线，近似于对数函数），但这里正回报的极值增速比标准要快 2.5 倍标准差，因此不能假设极端正回报相互独立。该测试无法得出极值以外的相关性。

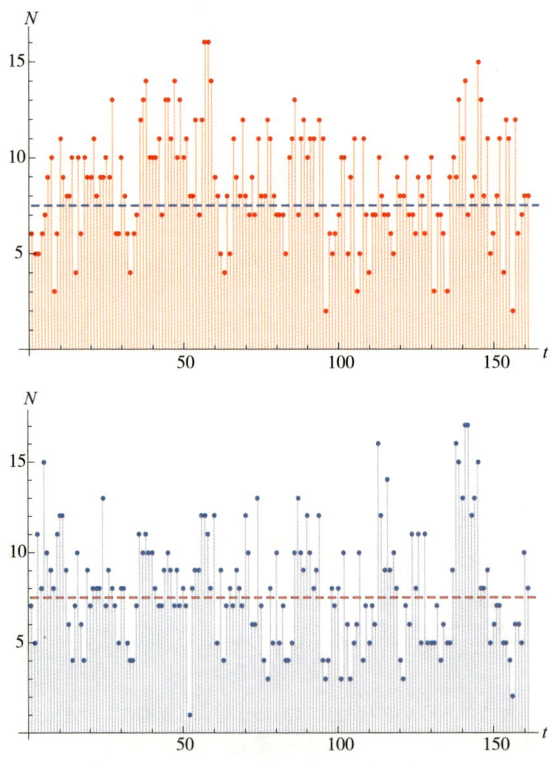

图 10.16 测试一下较短的时间区间子集，对比 t=1 000 天重叠观测的极大值（极小值）和期望调和数 H(1 000)。

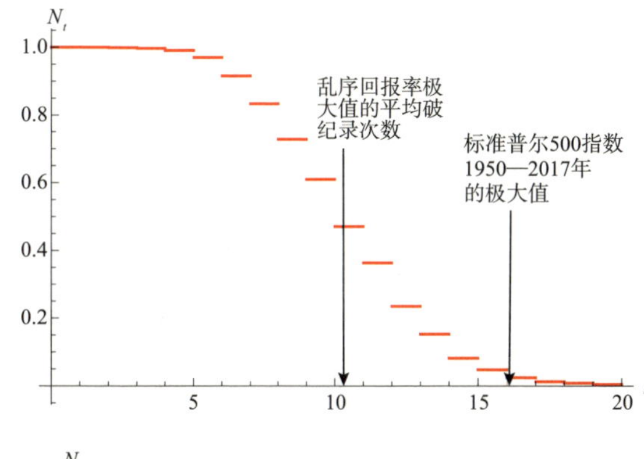

图 10.17　标准普尔 500 指数正回报率极大值的生存函数，通过 10^3 次全样本重抽样计算（保留所有回报率，仅打乱次序，破坏波动的时序结构），结果在 16 次以上（观测到标准普尔 500 指数在此期间打破极值的次数）的概率为 1/40。

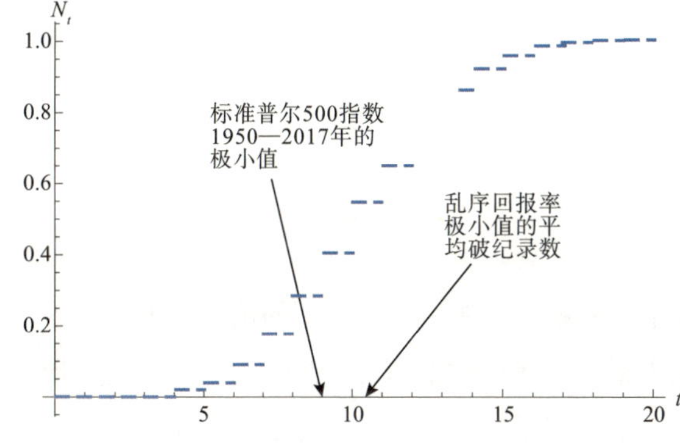

图 10.18　和之前类似，标准普尔 500 指数（10^3 次全样本重抽样）负回报率极值的 CDF，结果在 9 次以上（观测到标准普尔 500 指数在此期间打破极值的次数）的概率为 $\frac{2}{5}$。

10.3　总结：事实就是这样

本章探究了一个简单的课题：标准普尔 500 指数的回报率服从幂律分布（按市值计算，标准普尔 500 指数是美国股票市场的主体）。按照维特根斯坦的尺子，我们用任何其他类型的模型来拟合它都不合适。因此，目前学术界使用的标准分析方法完全错误，如现代投资组合理论 MPT 或所谓的“基础崩盘概率”（认为人们高估了尾部事件概率）。超过 7 万篇论文和几个大的研究领域都存在问题，还不包括基础经济学领域依赖于“方差”和“相关性”的大约 10^6 量级的论文。我们必须知道这些统计量存在问题，并学会和它们共存。正如老话所说，“法律是冰冷的，但它就是法律”，或者用更现代的黑手党的风格来说：

> 事实就是这样。

E 计量经济学的问题

计量经济学存在很大问题，该领域几乎所有的论文在现实世界中都无法复现。在第十章中，我们做了两类可靠性测试，无论是带参方法还是稳健统计，都证明了计量经济学的方法论存在本质性谬误。也就是说，其方法论的可靠性根本不支持有效风险决策。而决策者也只能在遇到问题时不断追加解释来修补原来的理论。本章是论文 [228] 的简要总结。

对经济学变量来说，其“峰度”的绝大部分可以被 1 万次观测中的某个观测解释（即 40 年数据中的某一天）。峰度是有限矩条件下衡量“肥尾”的标准测度，用来测量所考虑的分布偏离标准高斯分布的程度，或者尾部事件对总体统计性质的影响。对美国股市来说，1987 年那一天的崩盘就决定了 1952 年至 2008 年 80% 的峰度。利率、汇率、商品和其他金融变量也存在同样的问题。通过对不同时期不同变量的广泛研究，我们发现，峰度这一统计量完全不稳定。这里问题的关键不是数据存在“肥尾”（这一点人们知道，虽然有时也会忘记），而是我们永远无法通过标准统计手段确定尾部“有多肥”，永远不可能。[1]

图 E.1 感谢斯特凡·加西奇。

这意味着，经济学中**基于平方项**的工具并不**科学**（或者用术语“L^2 范数”表示），如标准差、方差、相关性、回归等能在教材上找到的指标（只有在少数变量有界的时候适用）。你在学术研究中看到的所谓“p 值”对经济金融变量根本没有意义。即使是在量化金融中使用的随机微积分这样的复杂分析手段也不适用于经济学，除非情况特殊。

E.1 标准带参风险统计量的表现

这样一来，绝大多数基于这些标准统计方法的经济学论文根本**无法**被复现。更糟糕的是，这些工具还会催生不可知的风险敞口。没有任何修正

1 在经济学（丑陋而单调）的研究框架内，跟踪宏观经济变量（如美国每周申请失业金的人数）似乎可行，但最终该模型也被“砰”的一声打碎了。新冠肺炎疫情期间，申请失业金的人数经历了“30 个标准差”的“意外”跳空：在 2020 年 4 月的**一次**观测后，峰度（失业率变化的对数）从 8 直接上升到 >550。这样一来，几乎所有的样本高阶矩都可以归于该数据点，且影响随矩的阶数升高而增强——所以，我们必须接受这样的事实，即该变量一定属于幂律分布，不存在高阶矩，也不存在有意义的低阶矩。
这种尾部性质直接否定了整个宏观经济建模史，以及经济学家基于平均斯坦类指标得出的所有结论和制定的政策。虽然经济学家被困在学术引用循环中，可能没有意识到，这是一种欺诈行为，但其他人并没有忽视这一点。在本书编写过程中，人们开始意识到分布越肥尾，制定政策时就越应当遵循极端期望和极值理论（EVT）。在极端情况下，高斯模型和幂律模型之间的差异会更加明显。

模型可以准确地衡量罕见事件，我们只知道罕见事件被低估了，但不知道被低估了多少。

[228] 使用了对数回报率 $X_t \triangleq \log\left(\frac{P(t)}{P(t-i\Delta t)}\right)$ 和 n 样本四次方的极大值 $\mathrm{Max}\left(X_{t-i\Delta t}^4\right)_{i=0}^n$。令 $Q(n)$ 为 n 样本 Δt 频率上最大的四次方贡献。

$$Q(n)=\frac{\mathrm{Max}\left(X_{t-i\Delta t}^4\right)_{i=0}^n}{\sum_{i=0}^n X_{t-i\Delta t}^4}$$

对我们来说，采用中心矩或非中心矩没有差别——结论几乎一致。

对高斯类分布（如卡方分布变量的平方分布），其最大贡献 $Q\left(10^4\right)$ 约为 $0.008 \pm 0.002\,8$。直观上我们可以得到四阶矩性质：

$$\mathbb{P}\left(X > \mathrm{Max}\left(x_i^4\right)_{i \leqslant 2 \leqslant n}\right) \approx \mathbb{P}\left(X > \sum_{i=1}^n x_i^4\right)$$

表 E.1　四阶矩的最大单一观测值贡献

证券	Max Q	年数
白银	0.94	46
标准普尔 500 指数	0.79	56
原油	0.79	26
英镑	0.75	17
燃料油	0.74	31
日经指数	0.72	23
富时指数	0.54	25
日本国债	0.48	24
欧洲美元 1 个月存款利率	0.31	19
白糖 #11	0.3	48
日元	0.27	38
巴西博维斯帕指数	0.27	16
欧洲美元 3 个月存款利率	0.25	28
CT	0.25	48
德国 DAX 指数	0.2	18

简单来说，四阶矩表征的是二阶矩的稳定性，而二阶矩表征的是样本自身的稳定性。

如果我们另找一个不同的时间区间，上述金融变量按峰度贡献的排序就会发生变化，当前排名高的会降低，而一些排名低的会升高，这也是该测度时序不稳定的一种表现。

数据集描述 这里列举了2008年8月可交易宏观资产的市场数据。“可交易”的定义是，存在实际收盘价的资产（比如利率、汇率、股票指数等，均源于市场而非官方估计）。

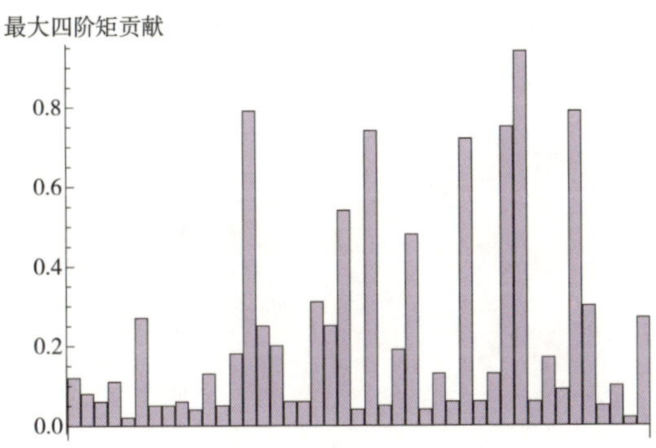

图 E.2 表 E.1 中不同证券的最大四阶矩贡献。

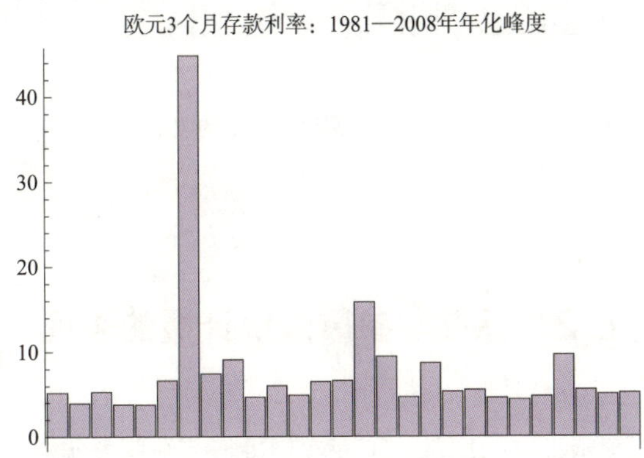

图 E.3 在不重合的周期内，欧元存款利率的峰度。

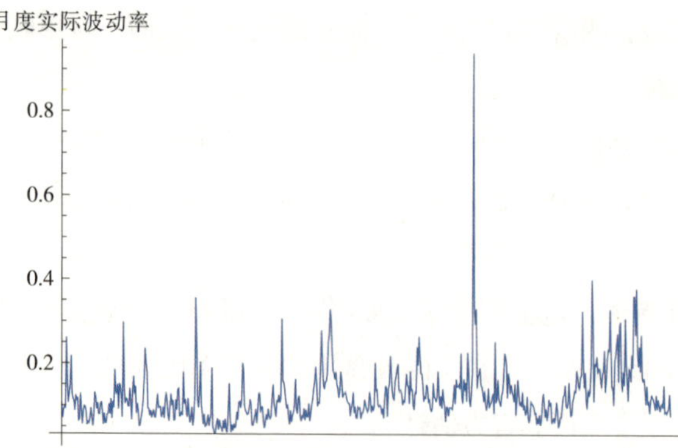

图 E.4　标准普尔 500 指数的月度实际波动率（也即标准差）。可以看到，唯一成立的结构性规律就是其值不低于 0，也即一般规律。

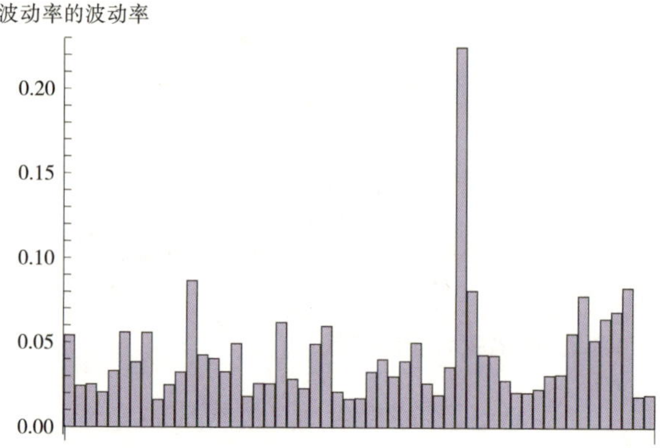

图 E.5　采用表 E.1 中相同的数据集计算的月度波动率的波动率，其值非常不稳定，难以预测。

E.2　标准非参风险统计量的表现

过去能否预示未来的尾部？下面我们进行一个非参实验，以完全基于经验概率分布的方式进行。

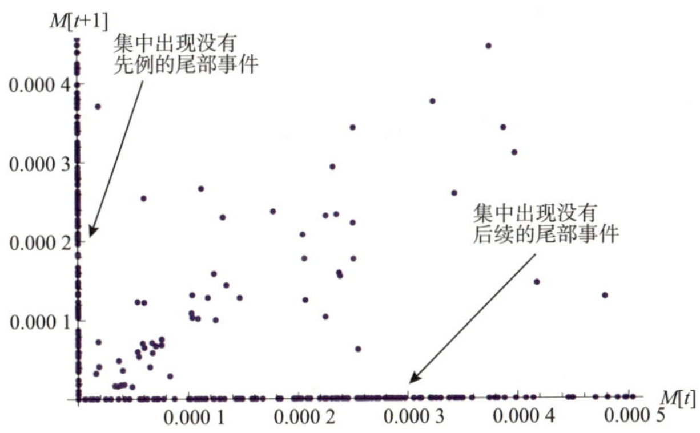

图 E.6　比较某个阈值水平之上（股票为 4%）的单日绝对偏差 $M[t]$ 和后续偏差 $M[t+1]$，可以看到，在长达 50 年的数据中，大偏差基本上没有向前的继承性（极少），也没有向后的延续性（极少）。

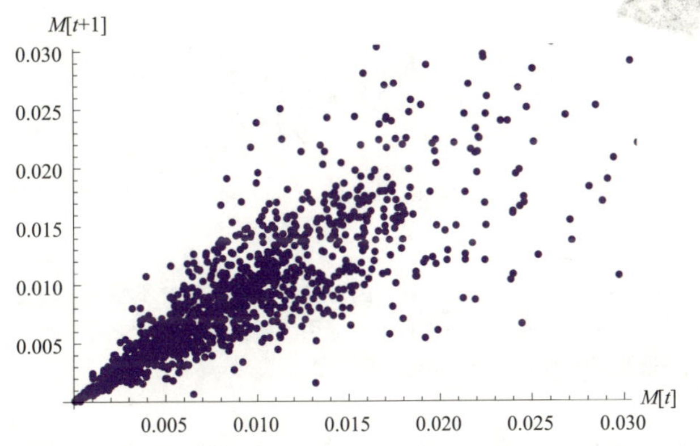

图 E.7　同样是平均偏差，“常规状态”基本上可以预测“常规状态”。图中比较了宏观经济变量的 $M[t]$ 和后续绝对偏差 $M[t+1]$ 。

上面还是在一维范围内，当观察如协方差矩阵这样的高维性质时，情况会变得更糟。我们在讲到均值 – 方差优化的时候会再讨论模型误差的处理问题。

因为 x_t 的定义域为 $\mathbb{R}^N$，协方差矩阵过于敏感会使样本中观察到的矩和条件矩极度不稳定。随着维数的增长，多维向量的尾部事件会更加难以模拟和拟合。

目前经济学/计量经济学领域的反馈 对上述问题他们没有任何回应，他们还在使用标准差、回归、GARCH 模型、风险值等其他类似的指标。

比索问题 本华·曼德博曾表示，一切事物都可以用带泊松跳跃的过程来拟合。这就类似于我们总能用 n–1 个参数的多项式来拟合 n 个数据点。如果你使用的是一个参数要不断变化的模型，那么它一定不是幂律模型。

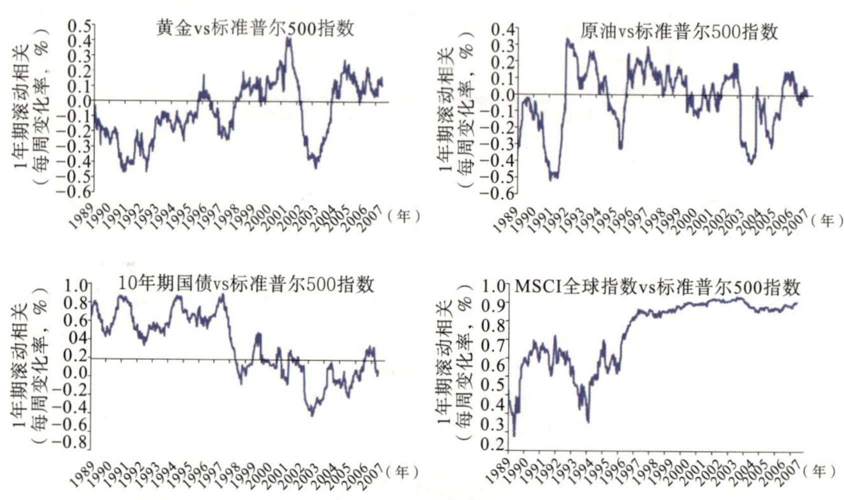

图 E.8 相关性也是存在问题的统计量，因为变量自身方差并不稳定，再加上不同随机变量的乘数效应，由此带来的随机性可以完全否定相关性的合理之处。而使用相关性方法展开研究的投资组合理论也就显得毫无意义了。

很多研究者使用“异常值”或者“比索问题”[1] 来表示他们知道肥尾的存在（他们只知道肥尾是分布的尾），却完全忽略了其统计意义（首先对肥尾的拟合手段只有泊松模型，而且泊松跳跃还是薄尾分布）。这里我们采用的方法完全相反：不要自欺欺人地将异常值藏起来。相反，应该以它们为基础构建认知框架。换句话说，应该像美国联邦航空管理局和美国食品药品监督管理局那样，从预防灾难的角度设计安全措施。我们需要丢弃常规的认知框架，保留极值作为唯一的信息源，以此考虑风险管理才是真

1 比索问题指的是在货币市场上发现的汇率异常值现象，后来成了计量经济学中异常值和无法解释行为的代名词。

正安全的方法。因为在尾部事件中，绝大多数常规分析方法和应对政策都会被摧毁，根本不适用。

有关黑天鹅的类“比索问题”误区

（……）“黑天鹅”（塔勒布，2007）这一文化符号被用来表征极其罕见的灾难，因为其发生频率过低，无法使用常规统计方法研究和推断。但是我们认为这一视角并没有多大帮助，因为这使我们陷入了一种无助的不可知论状态，只能被动地被不可知事件重创。

上文来自罗闻全，显然他没有认真读过这本他批评的书。

缺乏风险共担 很多人可能会很疑惑，为什么计量经济学采用如此错误的方法论却依然在发展，而“学院派”研究人员又是怎样一起参与这一夸张的行为艺术的？总的来说，他们只关心低阶量而忽略了高阶效应。尾部事件由于极为罕见，甚至不会出现在数据中，这样一来，研究人员虽然犯了原则性错误，但绝大多数时候看起来还是很聪明的。从源头上讲，科研人员、“量化”风险管理者和学院派经济学家完全没有风险共担的特性，因此也不会在错误的风险测度下受损：受损的是其他人。只要这种伤害他人又能逃脱罪责的行为继续被允许，上面这种行为艺术就会持续下去。（更多内容参见塔勒布和桑迪斯 [246]，塔勒布 [236]。）

F 有关机器学习

在期权交易中我们知道，只要加入时间价值进行平滑处理，一维收益函数就可以分解为一系列看涨期权和看跌期权的加权线性组合。这样一来，单个期权可以被视为某种基础构件。更精确地讲，期权叠加构造出的收益可以表示为 $S=\sum_{i}^{n}\omega_i C\left(K_i,\ t_i\right)$, $i=1,\ 2\ldots n$，其中 C 是看涨期权价格（或估值），ω 为权重，K 是行权价格，t 是期权到期时间。根据定义，欧式看涨期权 C 在到期日 t 时会给出 $\max(S-K,\ 0)$ 的收益。[1]

另外，机器学习的鼻祖——神经网络和非线性回归从阶跃函数开始，然后平滑得到 sigmoid 类型的 S 曲线，而我们只需要一系列不同的 sigmoid 函数就可以拟合任意**样本**。

因此，这一部分讨论的主要是如何通过不同的基础构件来获取肥尾性。在机器学习领域，人们逐渐脱离了早期的 S 曲线，开始使用线性整流函数（ReLu）或斜坡函数（斜坡函数和看涨期权的收益形状完全一致）。研究人员发现，这类函数具备很好的外推特性，可以更好地处理样本外的尾部

---

1 这一通用近似方法是交易员发现的，类似于我们下面讨论的 sigmoid 函数（西本科[52]）。

事件（因为根据定义，不存在所谓样本内的超预期“尾部事件”）。

什么是 sigmoid 函数？先来考虑一下图 F.2 中的收益函数，用公式表示为 $S:(-\infty,\ \infty)\to(0,\ 1)$，$S(x)=\frac{1}{2}\tanh\left(\frac{\kappa x}{\pi}\right)+\frac{1}{2}$，或者我们也可以用三个参数的函数表示为 $S_i:(-\infty,\ \infty)\to(0,\ a_1)$ $S_i(x)=\frac{a_i}{e^{(c_i-b_i x)}+1}$。同时还可以是正态分布的累积密度函数 $\mathcal{N}(\mu,\ \sigma)$。通过 σ 控制平滑度（如果 $\sigma\to 0$ 就会变成图 F.1 中的阶跃函数）。所有有界的 sigmoid 函数都可以被视为阶跃函数用参数平滑之后的结果。

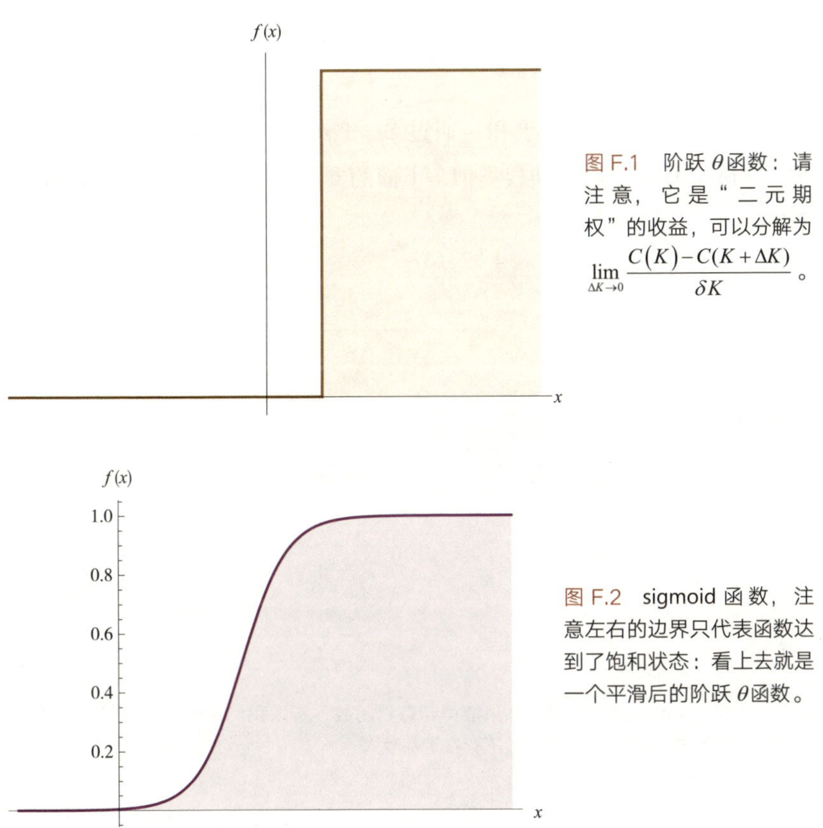

图 F.1 阶跃 θ 函数：请注意，它是“二元期权”的收益，可以分解为 $\lim_{\Delta K\to 0}\frac{C(K)-C(K+\Delta K)}{\delta K}$。

图 F.2 sigmoid 函数，注意左右的边界只代表函数达到了饱和状态：看上去就是一个平滑后的阶跃 θ 函数。

在图 F.3 中，我们还可以通过 n 变量求和来构建 sigmoid 函数 $\chi^n(x)=\sum_i^n \omega_i S_i(x)$，但要满足：

评论 10

对于 $\chi^n(x)\in[0,\infty)\vee[-\infty,0)\vee(-\infty,\infty)$，必须有$n\to\infty$。

我们需要无穷多个无界函数求和来构建。所以无论“经验分布”的最大值取在何处，最后的观测都会符合 sigmoid 函数尾部走平的状态。

现在让我们来看期权收益。图 F.4 展示了常规期权到期时的收益——从定义上和机器学习中的 ReLu 激活函数完全一致。图 F.5 展示了如下函数：$\rho:(-\infty,\infty)\to[k,\infty), K\in\mathbb{R}$：

$$\rho(x,K,p)=k+\frac{\log\left(e^{p(x-K)}+1\right)}{p} \tag{F.1}$$

我们可以对该函数求和，通过 $\Sigma_i=1^n\rho(x,K_i,p_i)$ 来拟合非线性函数。实际上和组合看涨期权类似，上面的参数 p_i 可以控制时间价值和平滑度。

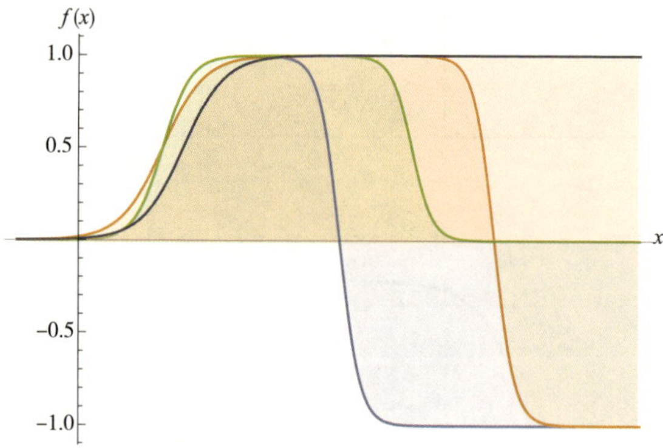

图 F.3　对 sigmoid 函数求和依然只能得到有界函数，所以我们需要无穷多的函数求和来复制“开放式”收益，此类函数不存在饱和状态。

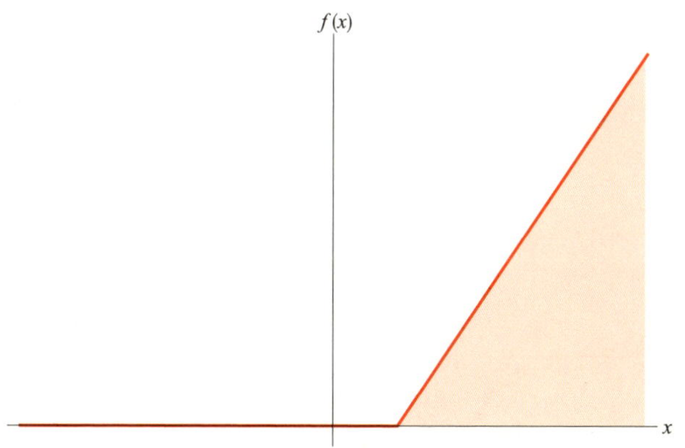

图 F.4　期权到期时的收益，右侧处于开放状态。

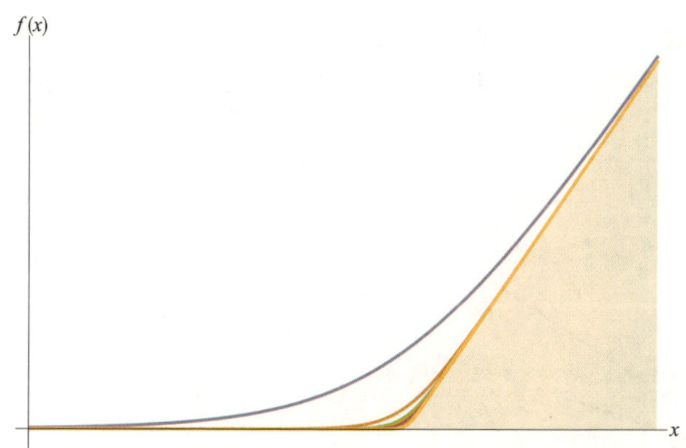

图 F.5　按公式 11.18, $k=0$ 时的 ρ 函数，我们可以通过不同的 p 来平滑拟合不同的收益。

F.1　拟合有角函数

从图 F.6 中可以看出，在等式 $S=\sum_i^n \omega_i C(K_i, t_i)$ 中，ω_i 实际上对应夹角的 arctan 值，图 F.7 展示了正的 ω 值，负值则对应其补角。

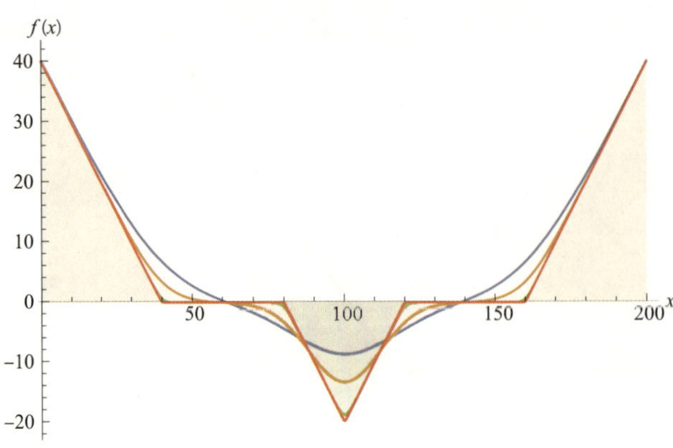

图 F.6　蝶式图形（通过期权 /ReLu 激活函数求和获得），两边的尾部对应开放式收益，同时一阶矩和二阶矩互换。该图优美而有力，哪怕没有相应的文字描述，期权交易员和机器学习研究人员也可以很好地理解。

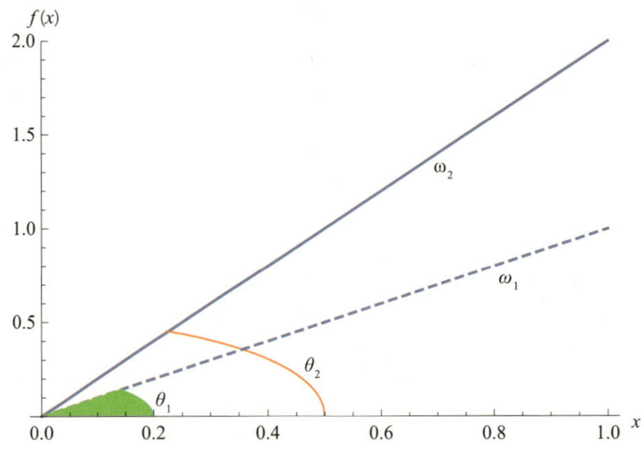

图 F.7　$\omega=\arctan\theta$，通过拟合上述夹角，我们可以将非线性函数转化为一系列期权的和。

总结

我们可以对一系列不同行权价的看涨期权进行加权求和，从而描述所有的非线性单变量函数。在机器学习中，对应的 ReLu 函数可以比 sigmoid 函数更好地适用于尾部（sigmoid 函数本身就是一系列相邻行权价看涨看跌期权的价差组合）。我们可以使用函数与笛卡儿坐标的夹角得到各求和部分的权重。

第三部分　预报、预测和不确定性

第十一章　肥尾条件下的概率校准‡[1]

二元预测（或统计预测）能力和结果的关系是什么？这里我们总结了二元预测或“信仰”（认为某特殊事件会发生 / 不会发生）和现实世界中连续收益的差异（某事件带来的定量收益或损失），并揭示了它们在决策科学文献中如何被混用以及相关的认知误区。

情况如下：

（1）虚假的心理学研究： 尤其是那些认为人们高估尾部概率和罕见事件的研究，以为参与者对市场崩盘、生态灾难等事件反应过度。但很多所谓的“行为偏差”不过是心理学家的误判。另外，为了鼓励大家预测市场，哈耶克的话也时常被滥用。

（2）在二元空间成为一个“好预测家”不一定能带来好的结果， 反之亦然，尤其是在非线性条件下。二元预测的历史记录在一些分布类中可能还是反向指标，在不确定性更高或统计分布更复杂时更容易混淆。

（3）机器学习： 一些非线性收益函数虽然不适合直观表达和“预测”，但在期权和机器学习领域都有很好的应用。

（4）M 竞赛： M_4-M_5 竞赛分数比布里尔分数更适用于现实世界中的

1　研究章节。

变量。

本章附录展示了不同收益的精确分布和数学性质，以及测试置信度和样本充足性的布里尔分数。

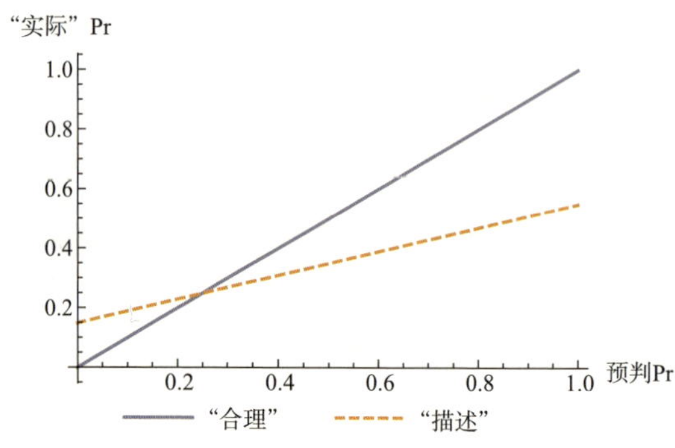

图 11.1 [13] 中描述的“典型行为模式”，认为人们的决策心理高估了小概率事件。核心内容见 1977 年和 1978 年的文献 [152][153]。我们注意到左侧的估计：（1）对洪水、飓风、食物中毒等肥尾事件，大家将其计入概率是因为它们会带来严重后果；（2）概率估计存在误差，将不确定性考虑在内应该会增加尾部概率。

11.1 连续 vs 离散分布：定义和评述

例 11.1 ［我们没法吃到观点和（二元）预测］

在不确定性系列的第一部中（《随机漫步的傻瓜》，2001[226]），背景叙述者（某交易员）被上司问道：“你预测市场是上涨还是下跌？”“上涨！”他自信地回答。然后上司非常生气地发现，在公司的仓位暴露中这名交易员在做空市场（会从市场下跌中受益）。

交易员发现很难向老板解释清楚这样做其实并不矛盾，因为某人可以从二元的角度相信市场向上的概率大于向下的概率，但是如果下跌，有小概率会下跌得非常多。所以，实际上空头仓位对应正期望回报，理性选择是做空市场。按照交易员的说法，“你吃到的不是预测，而是盈亏”（或者“你没法把预测货币化”）。

如果观点和仓位暴露不在一个方向上，那是因为观点是高维决策降维表达的结果。如果从决策论的视角审视上司所犯的错误，他实际上混淆了二元事件（0 阶矩）或事件概率和对应的期望收益（一阶矩，以及非线性时的高阶矩），两者的收益函数有时可能类似，但也可能完全不同。

评论 11.1

简单来说，概率校准需要我们估计零阶矩，而现实世界需要我们估计各阶矩（除了赌博下注或心理学实验，在这种人工环境中，收益函数被压缩了）。而且肥尾的核心性质是高阶矩呈爆炸式增长（甚至无穷大），同时权重越来越高。

11.1.1 与描述的差异

上面交易员的例子在数学上比较简单（虽然这样的错误经常发生）。当收益函数非线性（与高阶矩相关）或更为复杂时会遇到更大的问题，比如在决策和风险管理领域。我们一旦不用文字描述，在数学上将其转化为合约或仓位暴露，就会出现一系列严重的分布问题。

定义 11.1（事件）

实数随机变量 $X:\Omega\to\mathbb{R}$，定义于概率空间 $(\Omega,\mathcal{F},P)$，$X(\omega)$ 是结果 $\omega\in\Omega$ 的函数。事件定义为 Ω 内的可测子集（可数或不可数），可测量的意思是，可以通过随机变量中的值来定义。

定义 11.2（二元预测 / 收益）

二元预测（观点或收益）是取两个可能值的随机变量：

$$X:\Omega\to\{X_1,X_2\}$$

其中 $X_1,X_2\in R$。

也就是说，结果存在于二元集合中，比如 $\{0, 1\}\{-1, 1\}$，或者某事件会发生 / 不会发生。假如有收益，收益也会被映射到二元空间中（如果事件发生为某固定值，不发生为另一个值）。除非另有说明，否则在本章讨论中我们默认使用 $\{0, 1\}$ 集合。

现实世界中收益二元的情况有：

· 赌场赌博、彩票、抛硬币、“游戏”环境，或二元期权（比如，股票市场跌到某个点之下得到固定收益，反之无收益），上述都可以定义为某种形式的“赌博”。[1]

- 结果为二元的选举（比如全民公投、美国总统选举），而选举结果对经济的影响不属于此类。[2]
- 单个患者在用药一段时间后痊愈与否。痊愈周期和期望寿命（基于疾病的生存时间）不属于此类，流行病相关的概念不属于此类。
- 具备给定用户画像的某人在给定时间是否购买指定产品，购买数量不属于此类。

评论 11.2（二元观点等价于收益）

二元“信仰”也应该被映射到某种最终收益上（可以对概率进行尺度重整化），德菲内蒂 [57] 提出，某种“信仰”或“预测”（聚焦于两种可能的结果）等价于对 $\{0,1\}$ 二元随机变量下注的期望。此时“观点”可以被视为赌博的价格，在该位置参与者买卖意愿相等。自相矛盾的观点则会导致套利机会，比如“荷兰赌”，一系列定价错误的组合可以获得确定的方向性收益。

定义 11.3（现实世界的开放式连续收益）

$$X:\Omega\to[a,\infty)\vee(-\infty,b]\vee(-\infty,\infty)$$

连续收益发生在一个区间而非有限集合中。它对应一个无界随机变量（单向或双向无界）。

注意 我们在研究中主要比较二元收益与连续开放式收益（无界定义域）。很多离散收益可以被看作标准连续收益模型的离散子集。我们也不

---

1 个人投资者购买二元期权一般是赌博，这在很多地方都是被明令禁止的，如欧洲证券及市场管理局、www.esma.europa.eu 和美国，它被认为是另一种形式的互联网赌博，遭到很多决策论科学家的抗议，见阿罗等人 [3]。我们认为这种禁令是有意义的，因为和金融市场相比，赌博无法创造经济价值，而运用金融市场可以合理对冲自身的风险敞口。

2 连续收益变量对应二元赌博市场的情况非常少见，唯一的例外是二元期权，但也没有风靡很长时间。根据作者的经验，1993—1998 年主要是避税推动了二元期权的发展。

考虑三元收益的情况，比如在 {–1，0，3} 中取值，因为它们与二元的属性类似（可以用二元变量的和来构造）。此外，许多下有底上有顶的变量（有界定义域），例如事件受害者或灾难的数量，在分析和实践中也被当成开放变量使用 [46]。

现实世界中连续收益的例子：

· 战争、地震、药物等因素造成的伤亡

· 市场崩盘的量级，衰退的严重性，通胀水平

· 策略的收益

· 新产品上市的销售和利润率情况

· 一般来说，就是保险合同涵盖的一切

大多数自然界和社会科学变量都是连续变量，其统计分布不存在有界定义域，所以我们无法按照有上限的方式来处理。

图 11.2　混淆概率和预期回报的问题深深嵌入心理学和金融学领域，感谢斯特凡·加西奇。

案例 11.2

在二元空间 {0, 1} 中的预测可以根据概率计算，比如可以根据消费者伊安尼斯·帕帕佐普洛斯（虚构人物）的线上行为，基于概率检验他是否会购买某种商品（如婚戒）。但如果用它来衡量潜在新产品能否“成功”，那就会出现和上面交易员案例类似的误区。因为公司的销售实际上非常肥尾，哪怕成功概率很低也值得一试。可以参考风险投资或期权交易——收益概率小于 1/1 000 的虚值期权依然有吸引力。

更重要的是，概率预测的误差不会体现在最终结果上，但是 $\lambda^{(M_4)}$ 会。

期权交易员非常了解这一差异，被称为“二元期权”的金融衍生合

约会给出 $\{0,1\}$ 类的收益（取决于标的资产 S 最终是否在行权价 K 之上），而一般的金融期权会给出 $[0,\infty)$ 的收益，比如 $\max(S-K, 0)$，或者更糟 $(-\infty,0)$，因为损失无上界，期权卖方可能有破产的风险。在《动态对冲》[225] 中，我们讨论了两者在数学和经济效应上的差异。因为前者只能提供固定收益，后者有着无限收益，我们无法用一个来复制（对冲）另一个，尤其是在加入肥尾和参数不确定的条件以后——两种收益结果完全不能转换。这一点在数学金融领域是众所周知的，但决策论领域对其知之甚少。

评论 11.3（衍生品理论）

我们的研究方法来自不同类型金融衍生品（或期权）的理论和实践：（1）二元期权（在事件发生时获得固定收益）；（2）"香草" 期权（具有连续收益的标准期权）。两者无法相互对冲 [225]。而且，假设在看涨的条件下，两者的行权价均为 K，当我们增加分布的峰度时（保持前三阶矩不变），或者在对数正态分布下提升分布尺度的不确定性，两者的价值会呈反向变动。

评论 11.4（条款清单）

因为金融衍生品在法律和数学上都必须符合"条款清单"，这也为收益提供了明确的法律保障，其数学、统计学和经济差异都得到了极致的展现。

预测市场和实际金融市场之间一直存在某种对立，正如我们所见，预测可能仅仅对赌博者有意义，但是无法被用来对冲经济风险。

其数学差异和不可对冲性可以证明如下。假设 X 为定义在 R 上的随机变量，我们可以将预测的收益表示为 $\theta_K:\mathbb{R}\to\{0, 1\}$，

$$\theta_K(x)=\begin{cases}1 & x\geqslant K\\0 & x<K\end{cases} \tag{11.1}$$

而自然收益 $g:\mathbb{R}\to\mathbb{R}$。因为 $\frac{\partial}{\partial x}\theta_K(x)$ 是 K 处的狄拉克 δ 函数，$\delta(K)$ 和 $\frac{\partial}{\partial x}g_K(x)$ 至少对 $x\geqslant K$ 一阶可导（在线性条件下一阶导为常数，如期权

在行权价 K 之上的部分），此时不可能通过补偿方差使导数相同。[1] 这一点在图 11.3 中有所体现。

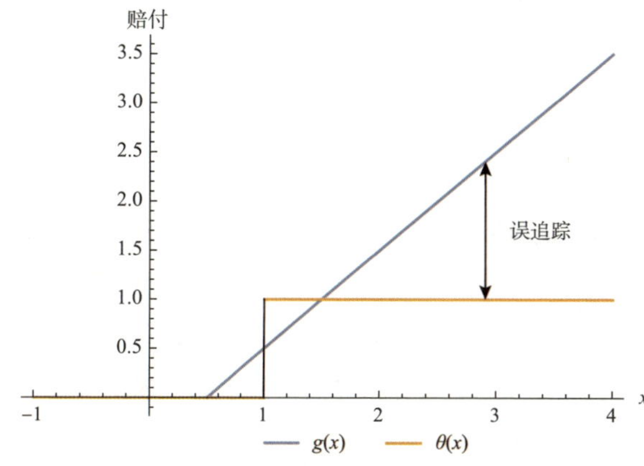

图 11.3　比较二元下注的收益［阶跃函数 $\theta(.)$］和连续开放式暴露 $g(x)$。直观上看，两者的导数差异无法通过对冲来填平。

11.1.2　肥尾条件下不存在“崩溃”、“灾难”或“成功”

某“事件”量级的不确定性会带来一些数学上的效应，即便是在 2019 年，也有部分文献出现了将 $[0,\infty)$ 的事件二元化的错误。最近一篇有关校准观点的文章写道：“……如果有人认为美国正处于经济崩溃的边缘或气候灾难迫在眉睫……”经济“崩溃”和气候“灾难”不应当被表达为一种 $\{0,1\}$ 事件，它们在现实世界中可能的取值有很多，需要考虑事件的特征尺度。实际上，在肥尾条件下，因为特征尺度不存在，并没有所谓“典型”的崩溃或灾难，因此，二元预测或信仰不能作为衡量标准。

下面我们来看薄尾和肥尾的差异。

定义 11.4（特征尺度）

令 X 为定义在 $(0,\infty)$ 或 $(-\infty,\infty)$ 上的随机变量，$\mathbb{E}$ 为“真实世界”（物理世界）分布下的期望操作符，经典结果如下 [82]：

1　如果想用二元收益复制出开放连续收益，我们需要无穷多的投注来求和，这就断绝了将预测转化为真实金融市场结果的可能。紧支撑上定义的分布矩永远有限，但实数域上定义的分布则不一定。

$$\lim_{K\to\infty}\frac{1}{K}\mathbb{E}\left(X\,|_{X>K}\right)=\lambda \quad (11.2)$$

- 如果 $\lambda=1$，X 属于薄尾分布类 D_1，存在特征尺度
- 如果 $\lambda>1$，X 属于肥尾正规变化分布类 D_2，不存在特征尺度
- 如果

$$\lim_{K\to\infty}\mathbb{E}\left(X\,|_{X>K}\right)-K=\mu$$

其中 $\mu>0$，那么 X 属于边界指数类

这一点可以用以下方式表达：我们不可能通过二元合约来对冲某种“崩溃”的风险，因为我们无法事先知道崩溃的量级，也就不可能知道要使用多大价值的合约。反过来，提供连续收益的保险合同和期权才能提供所需的对冲。换个视角：将这类事件降维成语言表述上的“崩溃”或“灾难”，就相当于健康保险只有在某人“病得很重”时提供一笔收益（不管疾病本身的类型和严重程度如何）。

在期望收益的积分中，将收益和概率分开研究并不可取。[1] 在类似的实验中，代理商需要估计食物中毒以及相关疾病导致的死亡人数：误解概率的代理商遭到了大家的批评。但这也是实验本身存在的问题：人们不一定能把概率和收益分开。

11.2 心理学中对尾部概率的伪高估

定义 11.5（积分替换）

假设有阈值 $K\in\mathbb{R}^+$，$f(.)$ 是密度函数，$p_K\in[0,1]$ 是超过该值的概率，$g(x)$ 是影响函数。令 I_1 为超过 K 的期望收益：

$$I_1=\int_K^\infty g(x)f(x)dx$$

1 在实际情况中，自 1960 年以来的所有经济学变量都属于 D_2 类，或者至少是中间的亚指数类分布（包括对数正态分布）[99,162,163,164,226]，其他社会科学变量也类似，如城市规模、语言词汇、网络连接、公司规模、公司收入、宏观经济数据、货币数据、州际冲突、内战伤亡 [46,199]、运营风险、地震、海啸、飓风和其他自然灾害损失、收入不平等程度 [40] 等。这样一来，更合理的问题就变成了：高斯分布的变量在哪里？在所有需要预测的现实决策中，高斯分布的数目似乎比我们预估的少了一个数量级。

令I_2为K处的影响乘以超过K的概率：

$$I_2 = g(K)\int_K^{\infty} f(x)\,dx = g(K)\,p_K$$

人们时常会混淆I_1和I_2，两者只有在$g(.)$在K之上为常数时才相等［比如$g(x)=\theta_K(x)$，阶跃θ函数］，如果$g(.)$是一阶导为正的变化函数，只有在薄尾分布下I_1才会等价于I_2，在肥尾条件下不成立。[1]

对于本书的所有讨论和案例，我们都假设$g(x)=x$，在11.5小节之后我们会进一步考虑更复杂的非线性情况。

定理 2：I_1/I_2的收敛性

如果X在公式11.2描述的薄尾分布类D_1中，

$$\lim_{K\to\infty}\frac{I_1}{I_2}=1 \tag{11.3}$$

如果X属于正规变化类D_2，

$$\lim_{K\to\infty}\frac{I_1}{I_2}=\lambda>1 \tag{11.4}$$

证明　通过公式11.2推导如下。

11.2.1　薄尾情况

由我们对薄尾分布的定义［一般对应亚指数类以外的所有分布，用(g)表示］，PDF为$f^{(g)}(.)$：

$$\lim_{K\to\infty}\frac{\int_K^{\infty} x f^{(g)}(x)\,dx}{K\int_K^{\infty} f^{(g)}(x)\,dx}=\frac{I_1}{I_2}=1 \tag{11.5}$$

高斯分布是其中的特例：令$g(.)$为高斯分布的PDF（中心化＋归一化），

$$\int_K^{\infty} x g(x)\,dx=\frac{e^{-\frac{K^2}{2}}}{\sqrt{2\pi}} \tag{11.6}$$

1　这一点也解释了（第十一章）在肥尾条件下，二元下注会永远导致“非对称风险”。

$K_p = \frac{1}{2}\text{erfc}\left(\frac{K}{\sqrt{2}}\right)$，其中 erfc 是误差函数的补函数，$K_p$ 是与概率 p 对应的阈值。

$K_p \frac{I_1}{I_2}$ 对应保险行业中的逆米尔斯比率。

11.2.2 肥尾情况

对于所有正规变化类分布，定义其尾部生存函数如下：在 K 很大时，

$$\mathbb{P}(X > K) \approx LK^{-\alpha},\ \alpha > 1$$

这里 L>0，$f^{(p)}$ 是该类分布的 PDF：

$$\lim_{K_p \to \infty} \frac{\int_K^{\infty} x f^{(p)}(x)\, dx}{K \int_{K_p}^{\infty} f^{(p)}(x)\, dx} = \frac{\alpha}{\alpha - 1} > 1 \qquad (11.7)$$

11.2.3 误区

混淆 I_1 和 I_2 众多实验都证明，参与者会高估单一收益的小概率事件，包括卡尼曼和特沃斯基（1978）[139] 之前的开创性论文。卡尼曼与特沃斯基的知名结论虽然成立，但是后来经常被误用。实际上，几乎所有的后续文献都将 I_2 和 I_1 搞混了（作者在《黑天鹅》中称其为戏局谬误）[226]，实验游戏不过是现实世界中的一维。该结论在心理学上可能是成立的，因为它可以在类似的场景下复现人们的行为，但在该条件之外的推广都有问题，尤其是扩展到真实风险的认知上——我们对真实世界的风险敞口很少会是 I_1。换句话说，人们可以在高估事件概率的同时低估期望收益。

混淆还在持续 上述误区在卡尼曼与特沃斯基提出 40 年后的今天依然存在。在行为金融学领域，巴尔贝里斯（2003）将 I_2 等价于 I_1，得出人们错误计算了概率的伪结论。同时，很多倡议放松对博彩市场监管的决策科学家也曲解了二元预测对现实世界的适用性，如阿罗等人 [3]（尤其是在金融市场存在的前提下）。

另一个危险的例子是“违约 VaR”（在险价值），用 I_2 来表达，比如违约概率 x（1- 预期回收率），这完全不同于违约时的真实预期损失。金融

和风险管理领域使用了完全错误的方法来近似计算 CVaR[1]，而这种近似也是 2008 年金融危机的诱因之一 [244]。

问题在于，他们按照抵押物的期望价值计算回收残值，却没有加上违约这一外部条件。在大量违约事件发生时，抵押物的期望价值通常远低于正常情况。当 2007 年放弃抵押物成为常态时，大部分抵押物的期望价值都下跌了 1/3 左右！

对哈耶克信息理论的误解 以价格机制为基石的“哈耶克式”论点无法得到对市场的预测，见 [30] 和桑斯坦 [220]：价格存在于金融和商业市场，而价格不是二元赌注的结果。对哈耶克来说 [127]，信息的整合是通过价格和套利者来完成的（他的原话）——而套利者只交易产品、服务和金融证券，而不是二元赌注。

定义 11.6（二元实验中的修正概率）

令 p^* 为使 $I_1 = I_2$ 的概率（在误差范围内），我们有：

$$p^* = \{p : I_1 = I_2 = K\}$$

下面我们给出“在尾部”概率 p 对应的 K_p，对高斯分布来说，$K_p = \sqrt{2}\text{erfc}^{-1}(2p)$，对帕累托尾分布来说，$K_p = p^{-1/\alpha}$。

所以，对于帕累托分布，真实连续概率和二元概率的比值为：

$$\frac{p^*}{p} = \frac{\alpha}{1-\alpha}$$

这样一来，当分布估计错误时，甚至会出现 p^* 大于 1 的情况。

表 11.1 和表 11.2 展示了给定概率 p 时，相应的尾部 K_p，如：

$$K_p = \left\{\inf K : \mathbb{P}(X > K) > p\right\}$$

1 VaR 的数学表达式为，假定有随机变量 X，分布函数为 F，阈值：$\alpha \in [0, 1]$

$$\text{VaR}_\alpha(X) = -\inf\{x \in \mathbb{R} : F_X(x) > \alpha\}$$

相应的 CVaR 为：

$$\text{ES}_\alpha(X) = \mathbb{E}\left(-X\,|_{x \leqslant -\text{VaR}_\alpha(X)}\right)$$

以及相应的调整后的概率 p^*。[1][2] 此处概率要在左半边（$p<0.5$）。这还是在已知概率分布的温和情况下，如果分布参数不确定，问题就更大了。[3]

对于大家最为熟知的 80/20 法则（帕累托发现 20% 的人拥有 80% 的土地），尾部指数 $\alpha=1.16$，所以调整后的概率为原始值的 7 倍多。

表 11.1　高斯分布的概率高估

p	K_p	$\int_{K_p}^{\infty} xf(x)dx$	$K_p\int_{K_p}^{\infty} f(x)dx$	p^*	$\frac{p^*}{p}$
$\frac{1}{10}$	1.28	1.75×10^{-1}	1.28×10^{-1}	1.36×10^{-1}	1.36
$\frac{1}{100}$	2.32	2.66×10^{-2}	2.32×10^{-2}	1.14×10^{-2}	1.14
$\frac{1}{1\,000}$	3.09	3.36×10^{-3}	3.09×10^{-3}	1.08×10^{-3}	1.08
$\frac{1}{10\,000}$	3.71	3.95×10^{-4}	3.71×10^{-4}	1.06×10^{-4}	1.06

表 11.2　帕累托分布的概率高估

p	K_p	$\int_{K_p}^{\infty} xf(x)dx$	$K_p\int_{K_p}^{\infty} f(x)dx$	p^*	$\frac{p^*}{p}$
$\frac{1}{10}$	8.1	8.92	0.811	1.1(sic)	11
$\frac{1}{100}$	65.7	7.23	0.65	0.11	11
$\frac{1}{1\,000}$	533	5.87	0.53	0.011	11
$\frac{1}{10\,000}$	4 328	4.76	0.43	0.001 1	11

当不确定性增加时，概率和预期收益呈反向变动　下面我们来看在

1　这里用左尾和右尾没有区别，在金融领域，损失表示为负值，主要研究左尾，而风险为正的其他领域主要聚焦于右尾。

2　此处 K_p 等价于金融领域的在险价值 VaR_p，p 为损失概率。

3　德维克法则（见西里洛 [44]）：$\frac{I_1}{I_2}$ 和金融领域 K_p 的期望损失相关。

有偏分布下，二元概率和期望是如何反向变动的。以风险中性对数正态分布 $\mathcal{L}(X_0-\frac{1}{\sigma^2},\sigma)$ 为例，PDF 为 $f_L(.)$，均值 X_0，方差 $\left(e^{\sigma^2}-1\right)X_0^2$。我们可以调整参数 σ 来增加不确定性。在 X_0 之上的合约期望 $\mathbb{E}_{>X_0}$ 为：

$$\mathbb{E}_{>X_0}=\int_{X_0}^{\infty}xf_L(x)dx=\frac{1}{2}X_0\left(1+\operatorname{erf}\left(\frac{\sigma}{2\sqrt{2}}\right)\right)$$

超过 X_0 的概率为：

$$\mathbb{P}(X>X_0)=\frac{1}{2}\left(1-\operatorname{erf}\left(\frac{\sigma}{2\sqrt{2}}\right)\right)$$

其中 erf 为误差函数。随着 σ 增加 $\operatorname{erf}\left(\frac{\sigma}{2\sqrt{2}}\right)\to 1$，此时 $\mathbb{E}_{>X_0}\to X_0$, $\mathbb{P}(X>X_0)\to 0$。期权交易员对该结论非常了解（见《动态对冲》[225]），因为此时 X_0 处的二元期权价值为 0，而相同行权价的标准看涨期权会大幅上涨。这是风险投资的典型情况：项目的风险越大，成功的概率越低，但成功后的回报越高。所以期望可以趋于 $+\infty$，但成功概率会趋于 0。

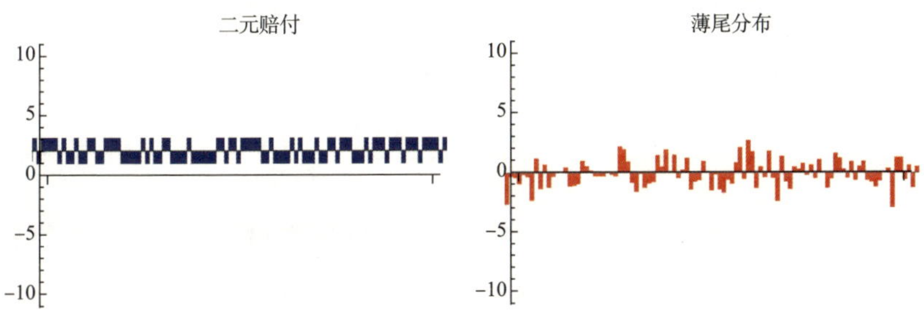

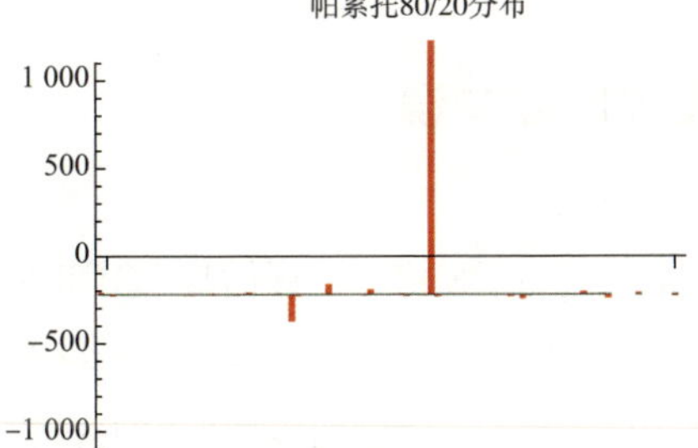

图 11.4　比较两类分布下的三种收益，对于二元收益，薄尾和肥尾分布类似。前两张图是按比例绘制的，而第三张图（$\alpha=1.16$ 的帕累托分布）需要将这个比例乘以两个数量级。

11.2.4 分布的不确定性

评论 11：分布的不确定性

由于詹森不等式的存在，在参数不确定的情况下，差异 $I_1 - I_2$ 会增大，表现为较高的峰度，这是由于薄尾分布尺度 σ 的随机性，又或者由于帕累托分布尾部指数 α 的随机性。

证明 首先，在高斯世界中，我们可以通过随机波动率评估 $I_1 - I_2 = \int_K^\infty xf^{(g)}(x) - \int_K^\infty f^{(g)}(x)$，假设高斯分布的尺度为 σ，K 为常数：

$$\frac{\partial^2\left(\int_K^\infty xf^{(g)}(x)dx\right)}{\partial\sigma^2} - \frac{\partial^2\left(\int_K^\infty f^{(g)}(x)dx\right)}{\partial\sigma^2} = \frac{e^{-\frac{K^2}{2\sigma^2}}\left((K-1)K^3-(K-2)K\sigma^2\right)}{\sqrt{2\pi}\sigma^5} \tag{11.8}$$

对所有的 $K>0$ 均为正值（$K>0$ 时 $K^4-K^3-K^2+2K>0$）。

其次，我们考虑帕累托分布下 $\frac{I_1}{I_2}$ 对 α 参数不确定性的敏感程度（能给出确定的表达式）。在 $\alpha>1$ 时（满足有限均值条件）：

$$\frac{\partial^2\left(\int_K^\infty xf^{(p)}(x)dx \Big/ \int_K^\infty f^{(p)}(x)dx\right)}{\partial\alpha^2} = \frac{2K}{(\alpha-1)^3} \tag{11.9}$$

结果为正值，在 α 较小时会显著增加。也即尾部越肥，期望收益的不确定性越大，I_1 和 I_2 的差异也越大。

11.3 校准和校准失误

心理学文献也对概率估计的“校准”进行了研究——评估某人对事件概率估计准确度的均值（部分情况下大数定律成立）[152] [143]，参见图 3.13。而这一评估方法存在重大缺陷，只有在二元收益的少数情况下有效（那些只有“赢 / 输”二元结果的预测），这类收益要么不存在，要么会极大地误导我们。因此，这类情况在实践中没有什么意义。

从本质上看，像布里尔分数这样的校准工具都是薄尾的，而要评估的变量一般都是肥尾的，这导致处理难度大大增加。

所以用一句老话说，就是“你没法吃到预测”，绝大多数时候收益都是高度有偏的，所以在概率上去校准没有任何意义。

评论 12：分布差异

二元预测和布里尔分数一类的校准工具都属于薄尾分布类。

后文我们将给出证明。

11.4 表现统计量

本节的主要思想见表 11.3，我们比较了用于衡量表现的各类统计量的概率分布，为每项给出明确的表达式或将其归为某类分布。显然，随机变量的分布如果归类错误，最后在衡量表现时就会出现很大的偏差。由于大数定律的渐进性，不同的分布需要不同大小的样本量。底层变量即使是肥尾分布，只要是一系列的二元预测，也会迅速收敛到薄尾高斯分布。但是跟踪真实世界盈亏的变量需要远远更多的样本数量，比如当底层变量服从帕累托分布时 [235]。

我们先从四种可能的情况开始：

1. 生存条件下真实世界的表现，比如交易盈亏或某种累计量化分数。
2. 下注记录，某人二元预测的正确率。
3. 德菲内蒂的布里尔分数 $\lambda(B)_n$。
4. M_4 竞赛中 n 个观测的 M_4 分数 $\lambda_n^{M_4}$，以及后续的 M_5 分数。

表 11.3　评估表现的不同统计量

统计量	名称	对现实世界的适用性
$P^{(r)}(T)$	累计盈亏	适用于真实世界分布，尤其是存在生存条件过滤时

续表

统计量	名称	对现实世界的适用性
$P^{(p)}(n)$	下注记录	在肥尾下扭曲了表现，只对二元下注或薄尾分布有效
$\lambda(n)$	布里尔分数	在肥尾下扭曲了表现的准确性，忽略了高阶矩
$\lambda_n^{(M_4)}$	M_4 分数	不能代表真实世界的准确度，但是可以映射到底层变量的真实分布上
$\lambda_n^{(M_5)}$	M_5 分数	包含了准确率和生存条件，需要预测时间序列的极值
$g(.)$	机器学习非线性收益函数（并非统计量）	通过函数表达了风险敞口，反映真实的经济变量或盈亏。类似于金融衍生品合约的收益

收益空间中的盈亏（生存条件下） “盈亏”（P/L）是一系列表现之后的累计盈利或亏损额。假设 X_i 是实数域 $\mathbb{R}$ 上一维随机变量 X 的取值，$t=1,\ 2,\ 3\ldots n$。真实世界的收益 $P_r(.)$ 可以简单表示为：

$$P_r(n)=P(0)+\sum_{k\leq N}g(x_t) \tag{11.10}$$

其中 $g_t:\mathbb{R}\to\mathbb{R}$ 是代表收益的评价函数，g 可能是路径依赖的（以符合生存条件），也即 g 是之前时间 $\tau<t$ 结果的函数，或者给累计求和量 $\sum\tau\leq tg(x_\tau)$ 引入一个吸收壁（破产可能），在这种情况下，我们可以写为：

$$P^{(r)}(T)=P^{(r)}(0)+\sum_{t\leq n}\mathbb{1}_{\left(\sum_{\tau<t}\mathcal{G}(x_\tau)>b\right)}\,g(x_t) \tag{11.11}$$

b 定义为 $\mathbb{R}$ 上的某个阈值，我们称为生存线，$\mathbb{1}_{(.)}$ 是属于 $\{0,\ 1\}$ 的指示函数。

公式 11.11 最后带有指示函数的条件，也被用来表达是否具备遍历性 [226]。

点评 11.5

P/L 完全对应真实世界中的分布，同时带有吸收壁的生存条件。

频率空间 标准的心理学文献中有两种方法。

（1）使用预测数目

$$P^{(p)}(n)=\frac{1}{n}\sum_{i\leq n}\mathbb{1}_{X_t\in\chi} \tag{11.12}$$

$\mathbb{1}_{X_t \in \chi} \in \{0, 1\}$ 是随机变量 $x \in \chi_t$ 是否在“预测范围内”的指示函数。T 是这类事件发生的总次数，其中 $f_t \in [0, 1]$ 是某人对事件 t 的预测概率。

（2）使用分数（校准法）

在无法直接观测到表现时，研究者会用更高级的统计量来校准。这里我们用所谓的“黄金法则”，德菲内蒂的布里尔分数 [58]。大家喜欢这个分数，因为在概率上它能够完美校准，不存在观点套利：如果某人下注事件以概率 1 发生，那么只有事件在所有时刻都发生时这个人才能得到满分。

$$\lambda_n^{(B)} = \frac{1}{n} \sum_{t \leq n} \left(f_t - \mathbb{1}_{X_t \in \chi} \right)^2 \tag{11.13}$$

当布里尔分数最小时，预测最准。

实践应用：M_4 和 M_5 竞赛

在 M 系列竞赛（马克里达基斯 [159]）中，参与者会用各种方法进行点估计（也会进行区间预测），之后就预测能力进行评价。上一场 M_4 竞赛举办于 2018 年，最终评价主要依靠分数 $\lambda^{M_{4_j}}$，该分数在参与者给出一阶矩和离散度时表现良好。

定义 11.7（M_4 一阶矩预测分数）

M_4 分数（马克里达基斯 [159]）对参与者的评价方法如下，$j = 1, 2$

$$\lambda_n^{(M4)_j} = \frac{1}{n} \sum_i^n \frac{\left| X_{f_i} - X_{r_i} \right|}{s_j} \tag{11.14}$$

这里 $s_1 = \frac{1}{2}\left(\left|X_{f_i}\right| + \left|X_{r_i}\right|\right)$，$s_2$ 一般是阶段 i 所有可得观测的平均差（比如“简单”预测或样本测试的平均绝对偏差），X_{f_i} 是对变量 i 的点估计，X_{r_i} 是变量的真实值，n 是人为设置的实验次数。

换句话说，这是平均绝对尺度误差（MASE）和对称平均绝对百分比误差（sMAPE）的应用 [133]。

而改进之后的 M_5 分数（竞赛于 2020 年举办）会加上对变量极值的预测，并用定义 11.7 中相同的方法进行测试。

11.4.1 分布推导

$P^{(p)}(n)$的分布

评论 13

无论底层变量 X 属于什么分布类型，二元预测记录 $P^{(p)}(n)$ 都会渐进趋向均值为 p、标准差为 $\sqrt{\frac{1}{n}(p-p^2)}$ 的正态分布。

结果非常明显，推导见附录。

布里尔分数 λ_n 的分布

定理 3

无论底层变量 X 服从什么分布，甚至不需要 $(f_1-\mathbb{1}_{A1})$ … $(f_n-\mathbb{1}_{An})$ 的独立性条件，对于 $n<+\infty$，分数 λ_n 的 q 阶矩都存在，$\mathbb{E}\left(\lambda_n^q\right)<+\infty$。

证明 对所有的 i，$\left(f_i-\mathbb{1}_{Ai}\right)^2 \leqslant 1$。

实际上，我们可以在独立下注的规则上逼近分数的完整分布。假设二元预测 f_i 相互独立，服从贝塔分布 $B(a,b)$（近似包括所有的 [0,1] 单模型分布，加上两个狄拉克函数构成的伯努利分布）。令 p 为预测成功率 $p=\mathbb{E}\left(\mathbb{1}_{Ai}\right)$，$n$ 次估计的布里尔分数的特征函数为：

$$\begin{aligned}\varphi_n(t)=\pi^{\frac{n}{2}}&\left(2^{-a-b+1}\Gamma(a+b)\right.\\&\left(p_2\widetilde{F}_2\left(\frac{b+1}{2},\frac{b}{2};\frac{a+b}{2},\frac{1}{2}(a+b+1);\frac{it}{n}\right)\right.\\&\left.\left.-(p-1)_2\widetilde{F}_2\left(\frac{a+1}{2},\frac{a}{2};\frac{a+b}{2},\frac{1}{2}(a+b+1);\frac{it}{n}\right)\right)\right)\end{aligned} \tag{11.15}$$

这里 ${}_2\widetilde{F}_2$ 是正则化广义超几何函数，${}_2F_2(.,.;.,.;.)=\frac{{}_2F_2(a;b;z)}{\left(\Gamma(b_1)\ldots\Gamma(b_q)\right)}$，

${}_pF_q(a;b;z)$ 的展开式是 $\sum_{k=0}^{\infty}\frac{(a_1)_k\dots(a_p)_k}{(b_1)_k\dots(b_p)_k}Z^k/k!$，$(a)_{(\cdot)}$ 是 Pochhammer 表达式。

所以我们可以证明，在上述独立求和的条件下：

$$\lambda_n \xrightarrow{D} \mathcal{N}(\mu,\sigma_n) \tag{11.16}$$

$\mathcal{N}$ 为高斯分布，参数 μ 为均值，σ_n 为标准差。

证明 μ 和 σ_n 的参数化见附录。

真实 P/L 或量化测度 P_r 的分布

评论 14

以 T 时刻生存为条件，量化测度 $P^{(r)}(T)$ 的分布和底层变量 $g(x)$ 的分布相同。

如果不存在吸收壁（没有生存条件），该结论显然成立。

M_4 分数的分布

平均差的分布和变量自身的分布属于同一分布类。布里尔分数属于 L_2 范数，基于二阶矩（一定存在）。德菲内蒂之前展示了用平方偏差来衡量概率更为有效，然而对非二元预测来说，特别是在肥尾条件下，用平均差效果更好，哪怕二阶矩存在也是如此 [239]。

11.5 收益函数/机器学习

之前的例子主要是一些简单的收益函数，可以看到，有时候混淆 I_1 和 I_2 问题不大（薄尾环境下）。然而，有时候问题很大。

非线性收益函数下概率的不可分割性 如果我们看非线性收益函数

g(.)，比如随机变量 X 变化时的经济效应或量化影响，I_1 和 I_2 的差异会变大，混淆两者会产生严重问题。

点评 11.6（概率是积分核）

概率只是一个积分或求和的核，自身并不独立存在，经济世界主要关注量化的收益结果。

评论 15：概率的不可分割性

令 $F:A\to[0,1]$ 为某概率分布（导数为 f），$g:\mathbb{R}\to\mathbb{R}$ 是评价函数，也即"收益"。显然对于 A 的子集 A'：

$$\int_{A'} g(x)dF(x)=\int_{A'} f(x)g(x)dx \neq \int_{A'} f(x)dxg\left(\int_{A'} dx\right)$$

也可以表示为离散形式，假设 $\pi(.)$ 是概率密度函数：

$$\sum_{x\in A'}\pi(x)g(x)\neq\sum_{x\in A'}\pi(x)g\left(\frac{1}{n}\sum_{x\in A'}x\right)=\text{事件概率}\times\text{事件平均收益} \tag{11.17}$$

证明　由詹森不等式可得。

换句话说，事件概率只有在 $g(x)$ 是阶跃 θ 函数时等于期望收益。

下面我们不依靠文字表述的"信仰"或"预测"，只看清晰的数学函数表达。

对 g 的误解　图 11.5 显示了摩根士丹利对冲失败的故事，"崩盘"的概念被错误地转化为非线性暴露。2007 年，在房地产市场下跌前的华尔街，摩根士丹利决定对冲房地产的"崩盘"。问题是，他们没有意识到地产"崩盘"有很多种可能，有些比他们预期的还要糟。他们的头寸在微幅下跌时会受益，在大幅下跌时会巨亏。结果他们正确预测了危机，却在"对冲"仓位上赔了 100 亿美元。

图 F.6 展示了更复杂的收益——蝶式收益。

函数 g 和机器学习　按照近似法（西本科 [52]），可以看到 g 对应多种非线性的机器学习函数。同时也可以对应一般的期权收益（见《动态对冲》[225])。

定义函数 $\rho:(-\infty,\infty)\to[K,\infty)$，对于 K, $r.v.\ X\in\mathbb{R}$：

$$\rho_{K,p}(x)=k+\frac{\log\left(e^{p(x-K)}+1\right)}{p} \tag{11.18}$$

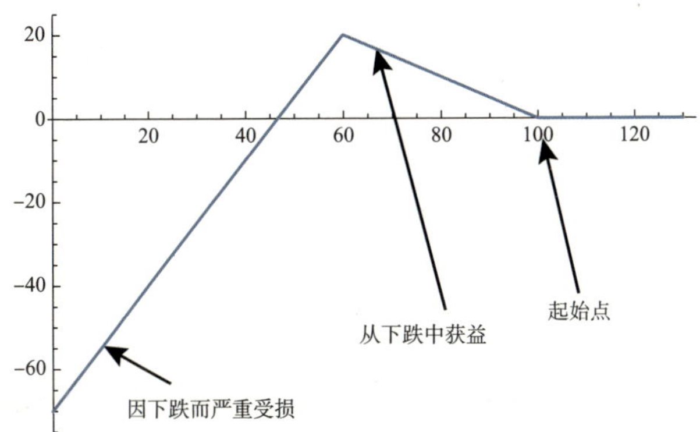

图 11.5 摩根士丹利的故事：无法用语言描述的非线性收益示例。这一类暴露被衍生品交易员称为“圣诞树”，可以通过购买一个行权价 K 的看跌期权，卖出更低行权价 $K-\Delta_1$ 的看跌期权以及 $K-\Delta_2$ 的看跌期权，$\Delta_2\geqslant\Delta_1\geqslant 0$。

我们可以将所有非线性收益函数 g 通过权重 $\omega_i\in\mathbb{R}$ 表示为：

$$g(x)=\sum_i \omega_i \rho_{K_i,p}(x) \tag{11.19}$$

$\rho_{K_i,p}(x)$ 对应行权价为 K，到期时间为 t，所有 ρ 的和为 1，利率为 0，只有标的标准差 σ 可变的看涨期权。

同时 $g(.)$ 的期望是一系列 ReLu 函数期望的和：

$$\mathbb{E}(g(x))=\sum_i \omega_i \mathbb{E}\left(\rho_{K_{i,p}}(x)\right) \tag{11.20}$$

方差和其余高阶统计量则无法以简单解析式的形式展现。

点评 11.7

风险管理的核心在于，改变收益函数 $g(.)$，而不是进行“好的预测”。

λ 不是一个统计量，而是一个可以应用不同统计量的指标。

生存问题

决策有先后顺序。因此，只要能降低触碰吸收壁的概率，哪怕为此进行错误的校准也是一个好主意，参见《非对称风险》[226] 中对时间概率和系综概率的阐述。因为有生存条件概率，某天内 n 个赌徒盈亏求和的期望和一个赌徒 n 天的盈亏期望完全不同。

这样一来，衡量一个最终会破产的投资者的表现没有任何意义。[1]

11.6 结论

最后，在现实世界中，真正重要的是表现（经济效益或其他），而在不重要或甚至可能有帮助的地方进行错误的“校准”不仅不应被惩罚，还应该被鼓励。在机器学习中，大家都知道偏差 – 方差法是提高性能的手段 [124]，同时理性也是必要的生存机制（参见《非对称风险》[226]）和心理适应机制（布赖顿和吉仁泽 [33] 有力地证明了偏差的价值）。如果犯错误没有有害的结果，还能帮你更好地生存和成长，那么它显然不算是一个错误。哪怕它让你付出了一些代价，如果它在社会中长期存在，那就说明此类错误依然可能隐藏着进化优势。比如，**将石头误认为熊比将熊误认为石头**要好得多。

我们也看到了，在风险管理领域，永远不应该基于概率空间做决策。

11.7 附录：证明和推导

11.7.1 二元计数分布 $p^{(p)}(n)$

我们来看伯努利随机变量的均值，虽然结果很明显，但值得重新推导。参数为 p 的伯努利分布的特征函数是 $\psi(t)=1-p+e^{(It)}p$。我们主要研究

1 M_5 竞赛有望通过让参与者预测时间序列的最小值（或最大值）来规避这一问题。

N 变量求和的累积生成函数 $\psi'(\omega)=\log\psi\left(\frac{\omega}{N}\right)^{N}$，用 $\kappa(p)$ 表示累积量的 p 阶矩：

$$\kappa(p)=-i^{p}\frac{\partial^{p}\psi'}{\partial t^{p}}\bigg|_{t\to 0}$$

所以有 $\kappa(1)=p,\kappa(2)=\frac{(1-p)p}{N},\kappa(3)=\frac{(p-1)p(2p-1)}{N^{2}},\kappa(4)=\frac{(1-p)p(6(p-1)p+1)}{N^{3}}$，也即证明 $P^{(p)}(N)$ 的大数定律以速率 $\sqrt{N}$ 收敛，中心极限定理会以 $\frac{1}{N}$ 的速率达到高斯分布（上面累积量的峰度为 $3-\frac{6(p-1)p+1}{n(p-1)p}$）。

11.7.2 布里尔分数的分布

基准概率 f　首先考虑基准概率分布 f，我们用贝塔分布来分别描述无条件和有条件的情况（公式 11.15 中 a 和 b 的参数化表示）。

概率分布　我们来看非参测试的标准结果，科尔莫戈罗夫 [146] 论证了概率的概率分布（原文如此）稳定的合理性，换句话说，X 概率的分布不依赖于 X 的分布（[68][143]）。

概率积分转换如下。令 X 为连续分布，累积分布函数 CDF 为 F_X。那么在没有额外信息的条件下，随机变量 U 定义为 $U=F_X(X)$ 是 0 和 1 之间的均匀分布。证明如下：对 $t\in[0,1]$，

$$\mathbb{P}(Y\leqslant u)=P(F_X(X)\leqslant u)=\mathbb{P}\left(X\leqslant F_X^{-1}(u)\right)=F_X\left(F_X^{-1}(u)\right)=u \quad (11.21)$$

也即均匀分布的累积密度函数，无论 X 是什么分布，都是如此。

显然，我们面对的是：（1）贝塔分布的 f（在纯随机情况下的特例是均匀分布，或者当准确率有偏的时候为贝塔分布）；（2）概率为 p 的伯努利随机变量 $\mathbb{1}_{At}$。

下面我们考虑一般情况，令 $g_{a,b}$ 为贝塔的 PDF：

$$g_{a,b}(x)=\frac{x^{a-1}(1-x)^{b-1}}{B(a,\ b)},\ 0<x<1$$

结果会更长一些，但依然在可控范围内：

$$\mu=\frac{\left(a^{2}\left(-(p-1)-ap+a+b(b+1)p\right)\right)\Gamma(a+b)}{\Gamma(a+b+2)}$$

$$\sigma_n^2=\frac{1}{n(a+b)^2(a+b+1)^2}\left(a^2(p-1)+a(p-1)-b(b+1)p\right)^2+$$
$$\frac{1}{(a+b+2)(a+b+3)}(a+b)(a+b+1)(p(a-b)(a+b+3)$$
$$\left(a(a+3)+(b+1)(b+2)\right)-a(a+1)(a+2)(a+3))$$

我们可以进一步证明，布里尔分数的尾部比高斯更薄，因为其峰度小于 3。

证明　先从 $y_j=(f-\mathbb{1}_{Aj})$ 开始，y_j 代表连续贝塔分布随机变量和离散伯努利变量的差异，下标均为 j。y_j 的特征函数 $\Psi_f^{(y)}=\left(1+p\left(-1+e^{-it}\right)\right)\,{}_1F_1(a;\ a+b;\ it)$，其中 ${}_1F_1(.;.;.)$ 是库默尔合流超几何函数，

$${}_1F_1(a;\ b;\ z)=\sum_{k=0}^{\infty}\frac{a_k\frac{z^k}{k}!}{b_k}$$

由此我们可以得到 $y_j^2=\left(f_j-\mathbb{1}_{Aj}\right)^2$ 的特征函数：

$$\Psi^{\left(y^2\right)}(t)=\sqrt{\pi}2^{-a-b+1}\Gamma(a+b)\left(p_2\widetilde{F}_2\left(\frac{b+1}{2},\ \frac{b}{2};\ \frac{a+b}{2},\ \frac{1}{2}(a+b+1);\ it\right)-(p-1)\right.$$
$$\left.{}_2\widetilde{F}_2\left(\frac{a+1}{2},\ \frac{a}{2};\ \frac{a+b}{2},\ \frac{1}{2}(a+b+1);\ it\right)\right) \qquad (11.22)$$

${}_2\widetilde{F}_2$ 是正则化广义超几何函数，${}_2F_2(.,.;.,.;.)=\frac{{}_2F_2(a;\ b;\ z)}{(\Gamma(b_1)\ldots\Gamma(b_q))}$，${}_pF_q(a;\ b;\ z)$ 展开式为 $\sum_{k=0}^{\infty}\frac{(a_1)_k\ldots(a_p)_k}{(b_1)_k\ldots(b_p)_k}\frac{Z^k}{k!}$，$(a)_{(.)}$ 是 Pochhammer 符号。

我们可以直接证明均值 $\frac{1}{n}\sum_i^n y_i^2$ 的分布收敛：

$$\lim_{n\to\infty}\Psi_{y^2}\left(\frac{t}{n}\right)^n=\exp\left(-\frac{it\left(p(a-b)(a+b+1)-a(a+1)\right)}{(a+b)(a+b+1)}\right) \qquad (11.23)$$

结果为退化高斯分布（狄拉克），位置参数 $\frac{p(b-a)+\frac{a(a+1)}{a+b+1}}{a+b}$。

最终，我们可以得到收敛速率，也即高阶矩向高斯分布趋近的速度，以四阶累积量 $\kappa_4=-i\frac{\partial^4\log\psi_{.}(.)}{\partial t^4}|_{t\to0}$ 的行为为例：

（1）熵最大的情况 a=b=1，无论 p 为何值：

$$\kappa_4 |_{a=1,\, b=1} = -\frac{6}{7n}$$

（2）方差最大的情况：

$$\lim_{\substack{a\to 0\\ b\to 0}} \kappa_4 = -\frac{6(p-1)p+1}{n(p-1)p}$$

所以我们有 $\frac{\kappa_4}{k_2^2} \underset{n\to\infty}{\to} 0$ 的速率为 n^{-1}。

另外，我们还可以得到 N=1 时布里尔分数的概率密度函数，对 $0<z<1$,

$$p(z) = \frac{\Gamma(a+b)\left((p-1)z^{\frac{a}{2}}\left(1-\sqrt{z}\right)^{b} - p\left(1-\sqrt{z}\right)^{a} z^{\frac{b}{2}}\right)}{2\left(\sqrt{z}-1\right)z\Gamma(a)\Gamma(b)} \tag{11.24}$$

第十二章 鞅过程大选预测：套利法‡[1]

本章我们衡量了二元结果的不确定性效应，并将其应用于美国大选。在量化金融领域，我们知道，当标的资产波动率上行时，套利法则会将相应的二元期权的价格推到50%附近，在剩余期限内，期权价格的波动会变小。与直觉相反的是，标的资产的波动率越大，二元期权价格的波动率越低。该效应对所有二元定价的事物都成立——但我们经常看到人们的二元预测违背无套利规则，比如2016年的美国大选，当时政治学家和预测者犯了严重的错误，比如：（1）认为候选人特朗普只有0.1%~3%的胜率；（2）在不确定性增强的情况下，胜率修正值在15%和48%之间大幅波动。

---

1 研究章节。

作者在这里感谢德鲁夫·马德卡和拉斐尔·杜阿迪对论文进行了详尽讨论，并在成文过程中对文中数学证明的细致检查，以及对大量不一致术语符号的处理。感谢彼得·卡尔帮助讨论了有界鞅的性质和变换，感谢戴维·希姆科、安德鲁·莱斯涅夫斯基和安德鲁·帕帕尼古劳提供的讨论意见。感谢阿瑟·布赖特曼指导各类逻辑-正态积分的数值近似方法。感谢纽约大学工学院和彭博量化金融研讨会的参与者。同时还要感谢布鲁诺·迪皮尔、迈克·劳勒、《量化金融》的主编以及社交媒体上的热心人士。在彭博社工作的德鲁夫·马德卡研究了类似的问题，并独立提出预测波动率与其界限/套利界限之间的关系（和文中的发现相同）。文中所有错误全部归于作者本人。

按照惯例，大选的预测质量可以通过德菲内蒂的统计方法来评估，也即最小化布里尔分数（衡量与最终结果偏离程度的统计量，适用于从天气到大选的各类预测）。但目前除了数量金融领域，其他领域还没有对预测概率变化做出过合理评估。按照德菲内蒂自己的原则，概率可以被视为二元"选项"的价格，这一点和传统的研究方法相悖。

在本章中，我们使用了量化金融领域的动态连续方法，认为某人对选举结果的概率预测等价于"可交易"的出价，也即一个存在套利边界的二元期权（实际上二元期权也被用于博彩市场）。这样一来，对未来的修正预期适用于鞅过程定价，否则就会存在对某人的观点进行买卖的潜在套利机会。

我们在转向连续时间并叠加标准鞅过程时，会遇到一个数学难点：在概率预测空间，标的证券的取值为 $[0,1]$。我们的方法是，通过算术布朗运动构造一个双重（或"影子"）鞅过程 Y，区间为 $[L,H]$，X 定义于 $(-\infty,\infty)$，由此进行大选定价。在该过程中 Y 可以理解为需要获得大选胜利所需的票数。这里主要的复杂之处在于从 X 到 Y 的变换，如果 Y 是鞅过程，那么 X 不是鞅过程（反之亦然）。

构建 Y 过程可以让我们在概率估计的波动率和中间变量（如投票数）之间建立套利关系。可以看到，当最终结果高度不确定时：（1）预测的无套利价格（如二元期权价格）会逼近 50%；（2）即使民意调查或其他方面发生较大波动，预测概率也不应该有太大的变化。[1]

定价基于：（1）二元期权的价值（预测概率）；（2）对 Y 的预测；（3）在剩余时间内对 Y 预测的波动情况（见图 12.1 和图 12.2）

1 我们模型的核心属性是不允许 $B(.)$ 的波动超过预期 Y 的波动：在只有两个候选人的情况下，低于（高于）0.5 都会受到 Y 上界（下界）的限制。实际上，我们从预期投票比例 47% 对 53% 这样的小差异中就可能得到 98% 对 2% 的获胜概率。这一方法在高度不确定的情况下会防止胜率大幅偏离预期投票比例，同时又会给出一个相对保守的胜率估计。

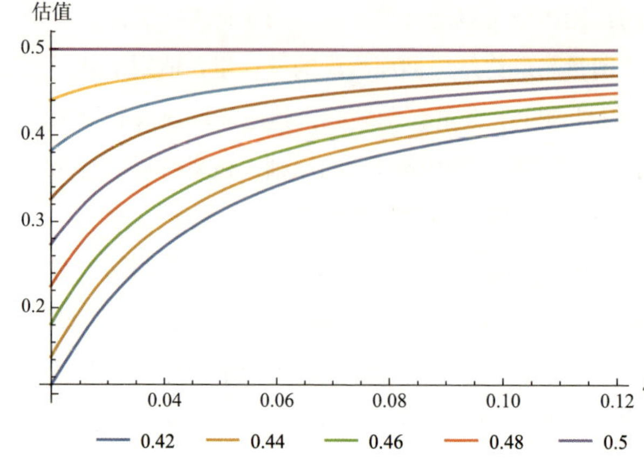

图 12.1 不同期望投票比例 $Y\in[0,1]$ 下的大选套利“估计”（估值），s 是当前到大选结束时 Y 的期望波动率。我们可以看到，在不确定性更大的情况下，估计结果趋向 0.5，并且对预期变动越发不敏感。

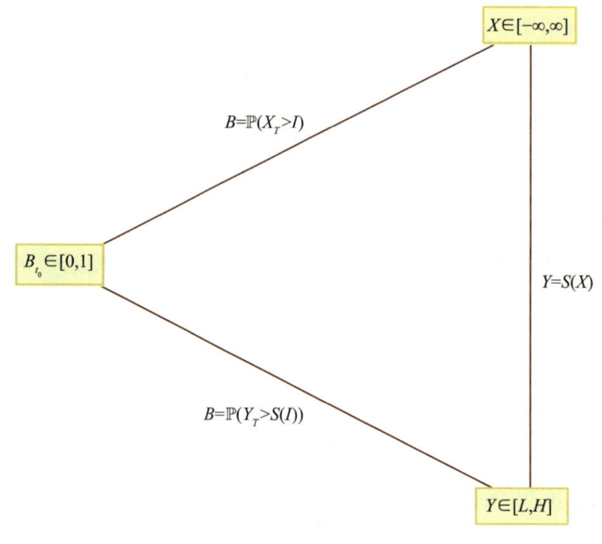

图 12.2 X 是定义在 $\mathbb{R}$ 上的不可观测无界随机变量（某种影子变量），通过类 sigmoid 函数 $S(.)$ ——映射到“投票”或“大选投票”结果 Y 上，变量 B 是底层分布对应的二元变量期望。

12.0.1 主要结论

我们先阐明一下所用到的数学符号。

符号

Y_0 t_0 时刻预期的投票比例（[0,1] 空间）。投票可以是普选票或者选举人票，只要保持一致即可。

T　大选最终公布结果 Y_T（不可撤销）的时刻，或到期日。

t_0　当前评估胜率的时刻，所以 $T-t_0$ 是到大选之前的时间区间，单位为年。

s　Y 的年化波动率，或在剩余时间内 Y 的不确定性。为不失一般性，我们在这里假设 s 为固定值，实际上 s 是路径依赖的。

$B(.)$　“预测概率”，或对大选结果进行连续无套利估计，其套利边界由 $B(.)$，Y_0 和波动率 s 确定。

主要结论

$$B\left(Y_0,\sigma,t_0,T\right)=\frac{1}{2}\operatorname{erfc}\left(\frac{l-\operatorname{erf}^{-1}\left(2Y_0-1\right)e^{\sigma^2\left(T-t_0\right)}}{\sqrt{e^{2\sigma^2\left(T-t_0\right)}-1}}\right) \tag{12.1}$$

其中：

$$\sigma\approx\frac{\sqrt{\log\left(2\pi s^2 e^{2\operatorname{erf}^{-1}\left(2Y_0-1\right)^2}+1\right)}}{\sqrt{2}\sqrt{\left(T-t_0\right)}} \tag{12.2}$$

l 是我们所需的阈值（默认为 0.5），$\operatorname{erfc}(.)$ 是误差函数的补函数 $1-\operatorname{erf}(.)$，$\operatorname{erf}\left(z\right)=\frac{2}{\sqrt{\pi}}\int_0^z e^{-t^2}dt$。

这里可能要回答一下统计学家和非量化金融领域人士的疑问：“为什么不能直接假设变量 Y 为贝塔分布？”原因是：（1）这一章的主要目的是构建二元预测的无套利时序模型；（2）目前无法求解贝塔分布或有界分布的连续时间随机过程。

12.0.2　框架

本章剩余部分的内容组织如下。首先，我们会展示 Y 随机过程以及从布朗运动出发所需的变换。其次，我们会用公式 12.1 推导套利关系。再次，我们会讨论德菲内蒂的方法，展示鞅过程定价和最小化布里尔分数的关系（评价预测的常规标准）。

σ 的解析式不存在　我们注意到，Y 的积分 $\int_{t_0}^{T}\frac{\sigma}{\sqrt{\pi}}e^{-\operatorname{erf}^{-1}\left(2y_s-1\right)^2}ds$ 没有解析解，但是 X 对应的积分可解。因此，我们可以通过随机性传导的方法来求得 Y 概率密度的“解析解”。但我们无法写出矩，因为逻辑正态积分没有直接的表达式。

X 和 Y 的时间切片分布 时间切片分布是 t 时刻 Y 的概率密度函数，代表某个时刻的情况，t_0 时的初始值为 $y_0=\frac{1}{2}+\frac{1}{2}\operatorname{erf}\left(x_0\right)$。反过来，按照 y_0 对应的 x_0，X 在 $T-t_0$ 区间为正态分布：

$$\mathbb{E}(X,T)=X_0 e^{\sigma^2(T-t_0)}$$

$$\mathbb{V}(X,T)=\frac{e^{2\sigma^2(T-t_0)}-1}{2}$$

峰度为 3。通过概率转换我们可以得到给定 y_0 以后 Y 的概率密度函数 φ：

$$\varphi(y;y_0,T)=\frac{1}{\sqrt{e^{2\sigma^2(t-t_0)}-1}}\exp\left\{\operatorname{erf}^{-1}(2y-1)^2-\frac{1}{2}\left(\coth\left(\sigma^2 t\right)-1\right)\right.$$
$$\left.\left(\operatorname{erf}^{-1}(2y-1)-\operatorname{erf}^{-1}(2y_0-1)e^{2\sigma^2(t-t_0)}\right)^2\right\} \tag{12.3}$$

并且有 $\mathbb{E}(Y_t)=Y_0$。

对于方差 $\mathbb{E}\left(Y^2\right)$，如之前所述，无法从 $\varphi(.)$ 得到解析解，也无法用随机积分表示。但我们可以使用前两个矩的不确定性传播方法（delta 法）进行估计。

对有限矩随机变量 X，其函数 f 的方差可以近似地表示为 $V\left(f(X)\right)=f'\left(\mathbb{E}(X)\right)^2 V(X)$

$$\frac{\partial S^{-1}(y)}{\partial y}\Big|_{y=Y_0} \quad s^2\approx\frac{e^{2\sigma^2(T-t_0)}-1}{2} \quad s\approx\sqrt{\frac{e^{-2\operatorname{erf}^{-1}(2Y_0-1)^2}\left(e^{2\sigma^2(T-t_0)}-1\right)}{2\pi}} \tag{12.4}$$

反过来我们有：

$$\sigma\approx\frac{\sqrt{\log(2\pi s^2 e^{2\operatorname{erf}^{-1}(2Y_0-1)^2}+1)}}{\sqrt{2}\sqrt{T-t_0}}$$

也即公式 12.2 展示的结果。

如果进一步使用带有高阶矩的展开项，精确度不会大幅提高。虽然 s 在中心区域附近是高度非线性的，但是经过 sigmoid 类的转换，总量的波动就不足以对高阶量产生显著影响了。

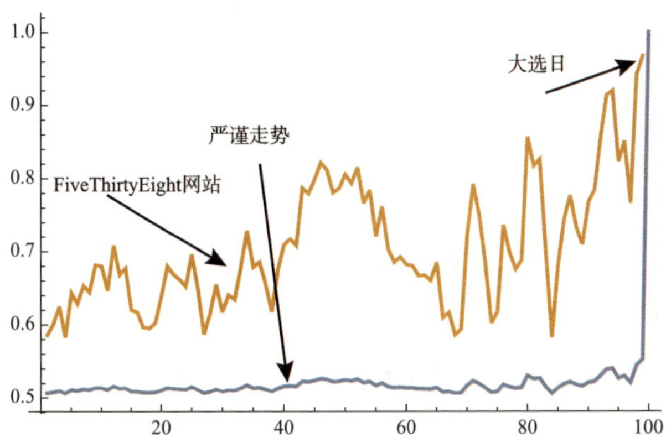

图 12.3 理论方法 vs 实际方法。可以看到，估计的走势和估计的波动不一致，否则会突破套利边界。

12.0.3 有关风险中性的讨论

由于对另一种方式缺乏信心，我们默认采用风险中性估值方法。虽然变量 Y 不一定是可交易的，但是给套利定价过程加上风险溢价会给其他变量带来负面效果，因此存在一定的问题。另外，二元下注的期权价格需要满足无荷兰赌的条件（德菲内蒂的无套利形式）[97]，也即在为概率预测对应的二元期权合理定价时，所有押注的参与方都不会拥有某种“优势”。最后，所有偏离风险中性的行为都会降低布里尔分数，因为这样会偏离最终的预测结果。

同时也要注意，这里和金融领域不同，我们不需要融资利率假设。

12.1 巴舍利耶风格的估值

令 $F(.)$ 是变量 X 的函数，满足：

$$dX_t = \sigma^2 X_t dt + \sigma dW_t \tag{12.5}$$

我们希望证明 X 对应简单的巴舍利耶期权价格 $B(.)$。无套利思想主要在于连续预测本身必须为鞅过程。

对满足公式 12.5 的 X 应用伊藤引理 $F \triangleq B$ 可以得到：

$$dF = \left[\sigma^2 X \frac{\partial F}{\partial X} + \frac{1}{2}\sigma^2 \frac{\partial^2 F}{\partial X^2} + \frac{\partial F}{\partial t}\right] dt + \sigma \frac{F}{X} dW$$

因为 $\frac{\partial F}{\partial t} \triangleq 0$，$F$ 必然满足偏微分方程：

$$\frac{1}{2}\sigma^2 \frac{\partial^2 F}{\partial X^2} + \sigma^2 X \frac{\partial F}{\partial X} + \frac{\partial F}{\partial t} = 0 \qquad (12.6)$$

也即令 B 为无漂移项鞅过程。

对于二元期权，终值 $B(X,t) \triangleq F, F_T = \theta(x-l)$，此处 $\theta(.)$ 是阶跃 θ 函数，l 为阈值：

$$\theta(x) = \begin{cases} 1, x \geqslant l \\ 0, x < l \end{cases}$$

t_0 时刻的初始值为 x_0，最终 T 时刻的值为：

$$\frac{1}{2}\operatorname{erfc}\left(\frac{x_0 e^{\sigma^2 t} - l}{\sqrt{e^{2\sigma^2 t} - 1}}\right)$$

也即 X 过程下形成的正态分布生存函数。

同样，通过之前一一对应的设定（博雷尔集），

$$\theta(y) = \begin{cases} 1, y \geqslant S(l) \\ 0, y < S(l) \end{cases}$$

由此，我们可以对相关过程 $B(Y,t) = \mathbb{P}\left(Y > \frac{1}{2}\right)$ 定价（或是任何与阈值 l 相关的过程），

$$B(Y_0, t_0) = \mathbb{P}\left(x > S^{-1}(l)\right)$$

从投票比例出发的定价可以表示为：

$$B(Y_0, \sigma, t_0, T) = \frac{1}{2}\operatorname{erfc}\left(\frac{l - \operatorname{erf}^{-1}(2Y_0 - 1)e^{\sigma^2 (T - t_0)}}{\sqrt{e^{2\sigma^2 (T - t_0)} - 1}}\right)$$

本章主要公式 12.1 可以具体表示为：

$$B(y_0, \sigma, t_0, T) = \frac{1}{\sqrt{e^{2\sigma^2 t} - 1}} \int_l^1 \exp\left(\operatorname{erf}^{-1}(2y-1)^2 - \frac{1}{2}\left(\coth\left(\sigma^2 t\right) - 1\right)\right.$$
$$\left.\left(\operatorname{erf}^{-1}(2y-1) - \operatorname{erf}^{-1}(2y_0 - 1)e^{\sigma^2 t}\right)^2\right) dy$$

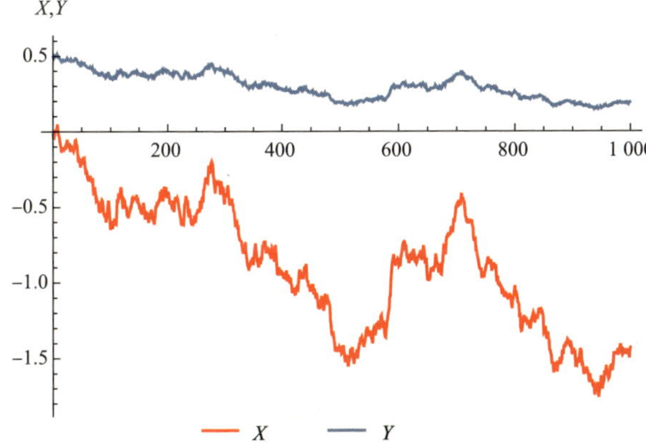

图 12.4 原过程和双重过程。

12.2 有界双重鞅过程

Y_t 是选举日该随机过程的终值。属于 [0,1] 集合，也可以推广为 $[L,H], L,H \in [0,\infty)$。某候选人获胜的阈值为固定值 l。Y 可以代表原始投票数，选举人票数或其他变量。我们假设 Y_t 为中间过程在 t 时刻的取值，代表从民意调查（修正的估计）或其他此类系统中生成的投票数据。

接下来，我们构造一个无界算术随机过程，一个通过 sigmoid 类型变换得到的有界“双重”随机过程。这是一种很好的构造方法，可以将有界随机过程映射到无界布朗运动，或是将有界收益映射到无界收益，如图 12.2 所示。

命题 12.1

sigmoid 类型的变换 $S: x \to y, \mathbb{R} \to [0,1]$ 有两种形式，(a) $\frac{1}{2}+\frac{1}{2}\operatorname{erf}(x)$ 和 (b) $\frac{1}{1+\exp(-x)}$。如果 X 为鞅过程，则 Y 只有在 $Y_0=\frac{1}{2}$ 时为鞅过程；反之，如果 Y 为鞅过程，X 只有在 $X_0=0$ 时为鞅过程。

证明 简单证明如下，由伊藤引理 dX_t 的漂移项为（1）$\sigma^2 X(t)$ 或（2）$\frac{1}{2}\sigma^2 \operatorname{Tanh}\left(\frac{X(t)}{2}\right)$，$\sigma$ 代表波动率，对应标的为 (a) X_t 和（b）Y 服

从鞅过程下的 X_t。dY_t 的漂移项为（1）$\frac{\sigma^2 e^{-\text{erf}^{-1}(2Y-1)^2}\text{erf}^{-1}(2Y-1)}{\sqrt{\pi}}$ 或（2）$\frac{1}{2}\sigma^2 Y(Y-1)(2Y-1)$，$X$ 为鞅过程。

我们选择了 Y 为鞅过程，然后求解变换细节。该随机过程的性质由卡尔 [35] 证明。令 X 为算数布朗运动（公式 12.5），漂移项依赖于 X 和固定尺度 σ：

$$dX_t = \sigma^2 X_t dt + \sigma dW_t, 0 < t < T < +\infty$$

可以看到，该式和奥恩斯坦・乌伦贝克过程类似，一般表示为 $dX_t = \theta(\mu - X_t)dt + \sigma dW$，除了有 $\mu = 0$，且均值回归相关系数为负，$\theta = -\sigma^2$，或者我们可以将其描述为“均值排斥”过程。

我们将 $X \in (-\infty, \infty)$ 通过下面的方式映射到双重过程 Y 上，$S: \mathbb{R} \to [0,1], Y = S(x)$，

$$S(x) = \frac{1}{2} + \frac{1}{2}\text{erf}(x)$$

通过伊藤引理（S 为二阶可导，$\frac{\partial S}{\partial t} = 0$），双重过程变为（因为 S 是点对点变换，$y \triangleq S(x)$）：

$$dS = \left(\frac{1}{2}\sigma^2 \frac{\partial^2 S}{\partial x^2} + X\sigma^2 \frac{\partial S}{\partial x}\right)dt + \sigma \frac{\partial S}{\partial x} dW$$

漂移项为 0 的过程可以表示为：

$$dY_t = s(Y)dW_t$$

对所有的 $t > \tau, \mathbb{E}(Y_t \mid Y_\tau) = Y_\tau$，尺度参数：

$$s(Y) = \frac{\sigma}{\sqrt{\pi}} e^{-\text{erf}^{-1}(2y-1)^2}$$

如图 12.5 所示，$S(y)$ 可以通过二次函数 $y(1-y)$ 乘以常数来近似。

我们可以反推公式 12.5，$S^{-1}(y) = \text{erf}^{-1}(2y-1)$，再应用伊藤引理，结果期权在 X 和 Y 上的定价相同，哪怕一个存在漂移项，另一个是鞅过程也是如此。换句话说，人们可以用自己的直接估计为选举，或者更复杂的中间变量 X 设定阈值。最后总结一下我们的方法，在无界的 X 上对期权定价更方便，对应巴舍利耶式的期权价格。

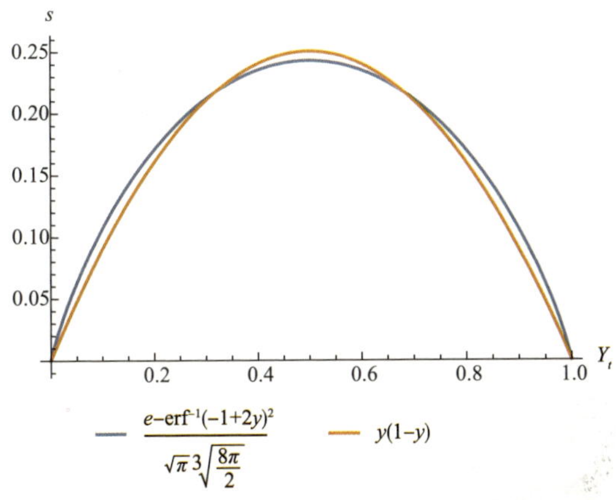

图 12.5　Y 的瞬时波动率，对于两种变换，波动率都是 Y 的函数且差异不大。我们通过常量 $\frac{1}{\sqrt[3]{\frac{8\pi}{2}}}$ 尺度调整后的二次形式 $y-y^2$ 进行比较。偏离 $\frac{1}{2}$ 时波动率会下降，在边缘降到最低，从而维持 Y 在 (0,1) 的条件，这里简单假设 $\sigma=t=1$ 。

12.3　与德菲内蒂概率评估的关系

本章简单介绍传统概率评估方法的背景。伟大的德菲内蒂 [58] 展示了对 {0,1} 随机变量的“概率”进行“评估”需要非线性的损失函数，从而使**概率评估**的定义和交易员二元投注的 P/L 存在差异。

假设有一个投注代理人，遵循两阶段（t_0 和 t_1）n 次重复投注模型，投资策略 $\mathfrak{S}$ ，投注 $b_{o,i}\in[0,1]$ ，投注索引为 $i=1,2\ldots n$ ，其结果为二元随机变量 $\mathbb{1}_{t_1,i}$ 。他投注 n 次的 P/L 取绝对值可以表示为：

$$L_1(\mathfrak{S})=\frac{1}{n}\sum_{i=1}^{n}\left|\mathbb{1}_{t_1,i}-\mathrm{b}_{t_0,i}\right|$$

比如，假设 $\mathbb{E}\left(\mathbb{1}_{t_1}\right)=\frac{1}{2}$，投注概率 $\frac{1}{2}$ 会导致期望损失为 $\frac{1}{2}$，和投注 0 或者 1 的结果相同，这样一来，参与者没有动力对概率的精确值投注。

如果我们对同样的随机变量和时序稳定概率投注，此时 L_1 统计量将是准确的：

$$L_1(\mathfrak{S})=\frac{1}{n}\left|\mathbb{1}_{t_1,i}-\sum_{i=1}^{n}b_{t_0,i}\right|$$

德菲内蒂提出了一个“布里尔分数”类型的函数，二次损失函数 L_2：

$$L_2(\mathfrak{S})=\frac{1}{n}\sum_{i=1}^{n}\left(\mathbb{1}_{t_1,i}-b_{t_0,i}\right)^2$$

其最小值位于 $b_{t_0,i}=\mathbb{E}\left(\mathbb{1}_{t_1}\right)$。

图 12.6　布鲁诺·德菲内蒂（1906—1985），统计学家、哲学家、保险数学家，他构建了概率评估的布里尔分数，我们展示了该分数动态适用于鞅过程。来源：DeFinetti.org。

现实中的衍生品是连续定价的。在两阶段网格模型中，对于同样的 t_1 和随机过程 $b_t, t_0 \geqslant t \geqslant t_1$，我们想知道二元投注的套利“价值”是否等于期望值，或者是否对应布里尔分数。虽然没有涉及二次损失函数，但因为投注是鞅过程的函数，所以投注本身也是鞅过程。此时条件期望具备时间不变性且不存在套利机会。如果价格“偏高”，套利者可以“做空”该定价。反之，如果价格“偏低”，套利者可以“购买”该定价，如此反复。阶段 t 和 $t+\Delta t$ 的投注一致性强化了这一概率规则。也就是说，某人可以从预测者手中先“购买”预测，然后“卖回”给他，预测者在偏离无套利定价的情况下产生正期望“回报”。

从目前大家的预测情况看，虽然部分大选预测者已经意识到他们应该最小化布里尔分数，但绝大多数人的认知中并不存在预测需要遵循鞅过程的概念。

12.4 总结和评述

如图 12.1 所示，二元期权除了给出结果预测，更多是提供了关于结果不确定性的信息，这是交易员非常熟悉的一点 [225]。

如果有两个以上的候选人，该过程可以进行如下扩展。构造一个随机过程 $Y_{1,t}$，$Y_{1,t}$ 是 [0,1] 过程，$Y_{2,t}$ 是 $(Y_{1,t},1]$ 过程，$Y_{3,t}$ 则是剩余的 $1-Y_{1,t}-Y_{2,t}$。更一般的情况是，$Y_{n-1,t}\in(Y_{n_2,t},1]$，同时 $Y_{n,t}$ 为剩余项 $Y_n=1-\sum_{i=1}^{n-1}Y_{i,t}$。如果有 n 个候选人，剩余项为第 n 名候选人。

附录：一切通向数量金融

背景　奥布里·克莱顿给编辑发了一封邮件，对上述方法的根本性“错误”提出了批评。作者和德鲁夫·马德卡回应并探讨了数量金融方法在生活中的价值。

我们很高兴可以回复克莱顿的邮件，解答他的一些困惑，同时也可以借此机会澄清大众对数量金融和套利定价的误解。我们可以非常自豪地讲，“条条大路通向数量金融”，也就是说，套利定价法可以广泛应用于各类二元预测。这里还要提及另一位作者马德卡（2017）[158]，他和塔勒布（2018）[234] 几乎同时独立推导出类似的结论。

错误的说法

塔勒布对概率预测的批评完全没有根据，尤其是对大选预测网站 FiveThirtyEight 而言，他（塔勒布）认为 FiveThirtyEight 的预测“违背了套利的边界”。

我（在 [234] 中）完全没有提到 FiveThirtyEight，克莱顿一定是把我的论文和推特论战混为一谈了。该文旨在以严谨的方式论证大选过程，而非新闻式的公开讨论，文中只有一句话提到了 2016 年大选。[1]

我们先不讨论他对本文出发点的曲解，来看克莱顿的具体论点。

错误的套利定价

按照克莱顿的描述，要么研究错了（他的原文写道，“首先，他的选举预测所依赖的数量金融的基本假设之一是错误的”），要么只能算“部分正确”。先不论塔勒布（2018）[234] 压根没有对 FiveThirtyEight 进行评价，让我们来看看克莱顿的逻辑。

克莱顿考虑了三个阶段，$t_0 = 0$，中间阶段 t 和最终时间 T，$t_0 \leqslant t < T$。他展示了未来概率的某种特殊分布，从 t_0 开始观测，时间从 $t = \frac{T}{2}$ 开始，结束于 T，在该时间区间是均匀分布的。实际上，在他的构造下，运用概率积分变换，我们会看到概率近似于对称的贝塔分布，参数为 a 和 b，且 $a = b$。当 $t = \frac{T}{2}$ 时，我们有 $a = b = 1$（也即均匀分布）。在 $\frac{T}{2}$ 之前形状是凸的，在 $t = t_0$ 时为狄拉克函数。在 $\frac{T}{2}$ 之后形状是凹的，t 接近 T 时会变成 0 和 1 处的两个狄拉克函数（类似于伯努利分布，也类似于 $a = b = \frac{1}{2}$ 的 arcsine 分布）。

克莱顿的构造极具误导性，因为他在讨论套利定价和套利压力时，用 t_0 时刻的过滤条件分析了 t 时刻的价格分布。投资者只会在 t 时刻对 t 到 T 的期权估值（而非 t_0 时刻）：在这种约束下，无论距离行权价有多远，或者标的价格取什么值，二元期权都会随 $\sigma \to \infty$ 自动收敛到 $\frac{1}{2}$。这里的 σ 不是实际波动率，而是未来波动率。这可以从二元期权定价模型和塔勒布（2018）[234] 的框架中得到。价格不是一种概率（甚至不是概率分布），而是一种预期。简单地说，作为套利者，在为二元期权定价时，我们肯定会根据已有信息考虑**未来的波动率**，而不是无条件的概率分布本身。

当 σ 无穷大时，一切都变成了噪声，这种程度的噪声会淹没所有信号。

1　顺便说一下，FiveThirtyEight 的问题不是在 5 个月里将大选概率从 0.55 调高到 0.85，而是在一个很短的时间内突然改变了概率——这一点马德卡（2017）[158] 有所提及。

另一种方法是假设不确定性极高，从信息论和最大熵的角度来理解概率趋向 $\frac{1}{2}$：伯努利分布（概率 p 和 1–p）的熵为 $I=-\left(\left(1-p\right)\log\left(1-p\right)+p\log\left(p\right)\right)$，在 $\frac{1}{2}$ 处取最大值。

如果想报出优于 $\frac{1}{2}$ 的价格，我们就需要有足够的信息来打败噪声，下面我们会看到这并不容易。

套利

数量金融领域还有一个对波动率的限制。因为大选结果可以被视为欧式二元期权，所以该期权价格在反映标的波动率的时候，存在 1 和 0 的上下界。

从本质上讲，如果二元期权的价格波动太大，简单的高卖低买策略就能保证带来正回报。[1] 该结论可以通过 $[L,H]$ 之间的有界算术布朗运动来获得：

$$dB_t=\sigma dW_t \tag{12.7}$$

随机积分 $2\int^{T}\left(B_0-B_t\right)dB_t=\sigma^2T-\left(B_T-B_0\right)^2$ 可以通过 0 成本的方式复制。也就是说，B_T 的价值受到右边平方项最大差异的制约。如果某个预测者给出了过于激进的波动概率，而且他也愿意交易这一预测（风险共担），那么别人可以通过卖出高预测值，买入低预测值的方式对他进行套利。

总之，所有数字化的概率预测都应该被视为一种价格——德菲内蒂认为预测者应该风险共担。在这样的条件下，二元预测遵从套利法则和衍生品定价，符合数量金融领域中的建模描述。用数量金融方法进行二元预测和贝叶斯方法并不互斥［塔勒布 (2018) 没有说概率应该等于 $\frac{1}{2}$，只是说由于套利作用和限制条件，会有一个向 $\frac{1}{2}$ 回归的作用］。因为最后只会有一

1　来自布鲁诺 · 迪皮尔在纽约大学的连续时间金融课，也是 2019 年春季的期末试题。

个价格 1 或 0，这就约束了之前的时序结构。[1]

克莱顿质疑量化金融方法的原因可能是，现实生活中概率和投票并非鞅过程，而可交易的概率（真实预测）是鞅过程。这也是塔勒布（2018）[234] 把投票（可能是模糊的和不可交易的）利用中间项转化到概率空间 [0,1] 的原因。

致谢

感谢拉斐尔·杜阿迪，纽约大学工学院金融工程专业的学生，以及纽约彭博量化金融研讨会的参与者。

1　量化金融模型以外的另一种视角：假定有一个标准的概率分数，令 $X_1, X_2 \ldots X_n$ 是 $\left[0,1, B_T \in \{0,1\}\right]$ 之间的随机变量，我们定义分数为（需要对每个单独的 B_T 最小化该项）：

$$\lambda_n = \frac{1}{n}\sum_{i=1}^{n}(x_i - B_T)^2$$

对于任何给定的常量 B_T 和期望预测 $\bar{x}\sum_{i=1}^{n} x_i$，$\lambda_n$ 的最小值源于 $x_1 = \cdots = x_n$。为了战胜狄拉克预测 $x_1 = \cdots = x_n = \frac{1}{2}$，此时 $\lambda = \frac{1}{4}$，预测者需要达到 75% 的准确率（均匀分布的预测分数为 $\frac{1}{3}$），这向我们展示了波动和信号之间的权衡。

第四部分　肥尾条件下的不均估计

第十三章　无限方差下的基尼系数估计‡[1]

本章主要探讨肥尾机理下如何估计基尼系数，比如均值有限方差无限的稳定分布类［尾部指数 $\alpha \in (1,2)$ ］。在这种情况下，因为肥尾条件会导致下偏，基尼系数无法通过传统的非参方法进行可靠估计，这对正在进行的关于经济不平等的讨论具有重要意义。

我们首先讨论基尼系数的非参估计，在数据从薄尾过渡到肥尾分布的过程中（特别是在方差无穷的情况下），观察基尼系数的渐进对称分布是如何发生转变的。我们还会展示非参基尼系数的偏差如何随着 α 值的降低而增加。之后，我们会证明极大似然估计法优于非参方法，达到相同估计效率所需的样本更少。

最后，我们针对肥尾数据设计了一种纠偏机制来修正小样本偏差，可以对非参估计和极限渐进分布的均值差异进行合理调整。

13.1　介绍

贫富差距的研究横跨经济学、统计学和经济物理学，和肥尾紧密相连，

1　研究章节，与丰塔纳里和西里洛合著。

一般都用方差无穷的分布来描述 [39] [144]。对于肥尾分布的原型“帕累托分布”我们都不陌生，这一分布最初被用来描述家庭收入。然而在研究财富分布的时候，数据的肥尾性可能会带来问题，因为很多财富不均或集中度统计量的估计效率（和一致性）大大降低。

本章主要描述肥尾是如何影响经济学中最常见的收入不平等指标——基尼系数 [78] [110] [144] 的，该统计量一般用于（常常也会被误用）经济和金融物理文献，作为描述全球财富分布和集中度的主要工具 [39] [191]。

有关基尼系数的文献纷繁驳杂（如 [78] [222]），但奇怪的是，几乎没有人关注基尼系数在肥尾条件下的行为，更荒诞的是：（1）收入和财富的经验分布非常肥尾 [144] [191]；（2）基尼系数本身就可以被视为变化和肥尾性的测度 [76] [79] [80] [95]。

估计基尼系数一般采用非参方法：按照数据的经验分布，通过公式 13.5 计算基尼系数。但是在本章中，我们会看到肥尾条件下这一估计存在下偏。所以，我们的目标是在肥尾情况下，推导非参基尼系数估计的极限分布，并提出可行的策略，定量纠正这一偏差。我们也会展示极大似然方法相对于非参估计的优势，可以在数据量更少的情况下提高估计效率（极大似然估计的模型误差不是主要矛盾）。[1]

图 13.1 意大利统计学家科拉多·基尼（1884—1965）。图片来源：博科尼。

1 分位数贡献的非参测度也存在类似的偏差，也即类似“前 1% 的人拥有总财富的 x%”的分位数贡献 [242]。本文将该问题扩展应用到更广的基尼系数上，并联系极限定理进行深入研究。

我们的研究和财富不均问题紧密相连，参见托马斯·皮凯蒂最近重新提起的讨论 [191]。因为在肥尾和无限方差的条件下，估计的基尼系数可能会推翻一些经济领域的分析，或者使其“不那么可靠”。我们为什么要相信一个有偏估计呢？

当讲到肥尾数据时，我们所指的机理是：正随机变量 X，累积分布函数 $F(x)$，正规变化阶数 α [136]，对于 $\bar{F}(x)=1-F(x)$，满足：

$$\lim_{x\to\infty} x^{\alpha}\bar{F}(x)=L(x) \tag{13.1}$$

这里 $L(x)$ 是缓变函数，$\lim_{x\to\infty}\frac{L(cx)}{L(x)}=1, c>0$，尾部指数 $\alpha>0$。

正规变化分布定义了一大类随机变量，其性质在极值理论中有详细研究 [82] [116]。[44] 提到，正规变化和肥尾实际上是同义词。我们知道，如果 $X_1 \dots X_n$ 是独立同分布随机变量，且属于正规变化类，累积分布函数 $F(x)$ 满足公式 13.1，那么该过程落在弗雷歇分布的极大吸引域中，参数为 ρ，表示为 $X\in \mathrm{MDA}(\Phi(\rho))$ [116]。这也意味着，极大值 $M_n=\max(X_1,X_2\dots X_n)$ 满足：

$$P\left(a_n^{-1}(M_n-b_n)\leqslant x\right)\xrightarrow{d}\Phi(\rho)=e^{-x^{-\rho}}, \rho>0 \tag{13.2}$$

其中 $a_n>0, b_n\in\mathbb{R}$ 为两个归一化常量。显然，正规变化系数 α 和弗雷歇分布参数 ρ 的关系为：$\alpha=\frac{1}{\rho}$ [82]。

弗雷歇分布是极值理论中最大值的极限分布之一，代表肥尾和无界极限分布 [116]，另外两个分布是耿贝尔分布和韦布尔分布。正规变化和弗雷歇分布之间的联系可以帮助我们处理大量的随机变量（以及经验数据），同时也告诉我们，基尼系数受到极大值（巨额财富）的高度影响，这也和我们的直觉一致 [95] [144]，特别是在方差无限的情况下。因此，我们在肥尾条件下讨论财富不均要更为谨慎。

这里回顾一下，肥尾随机变量 X 的矩是否存在，取决于尾部指数 α，也即

$$\begin{aligned}&\text{如果 } \delta\leqslant\alpha, E\left(X^{\delta}\right)<\infty\\&\text{如果 } \delta>\alpha, E\left(X^{\delta}\right)=\infty\end{aligned} \tag{13.3}$$

在本章中，我们为肥尾过程加上均值有限和方差无限的条件，因此，根据公式 13.3，我们将重点放在尾部指数 $\alpha\in(1,2)$ 的正规变化类分布上。

表 13.1 和图 13.2 分别给出了我们核心思想的数学和图像描述，两者均基于我们构建的帕累托分布样本（尾部指数 α 等于 1.1）。

表 13.1 比较了非参基尼系数法（公式 13.5）和极大似然估计法（章节 13.3）。在表 13.1 中，我们对不同大小的样本分别模拟了 10^8 次，通过蒙特卡罗模拟给出了平均结果。如表 13.1 所示，非参估计向真实基尼系数（g=0.833 3）的收敛速度极慢且单调递增。也就是说，不仅仅是对分布的尾部，非参估计在分布对称性的收敛上也有问题。

图 13.2 定量表达了非参基尼系数的极限分布会失去正态性和对称性 [91]，在方差无限时变成有偏的肥尾分布。在章节 13.2 中我们证明，当数据的产生机理在肥尾分布的吸引域中时，基尼系数的渐进分布会变成右偏的 α 稳定分布。这种变化导致了肥尾条件下非参基尼系数估计的下偏。不过，我们对新分布的了解允许我们修正上述非参估计，提高估计质量，降低错估财富不均带来的风险，从而对经济和社会的政策制定起到正面作用 [144] [191]。

表 13.1　比较在不同样本量之下，非参法和极大似然法估计的基尼系数，底层帕累托分布 $\alpha=1.1$（有限均值无限方差）。蒙特卡罗模拟的数量：10^8

n（样本数量）	非参法		极大似然估计法		误差比
	均值	偏差	均值	偏差	
10^3	0.711	−0.122	0.833 3	0	1.4
10^4	0.750	−0.083	0.833 3	0	3
10^5	0.775	−0.058	0.833 3	0	6.6
10^6	0.790	−0.043	0.833 3	0	156
10^7	0.802	−0.031	0.833 3	0	10^5+

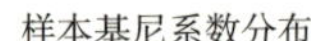

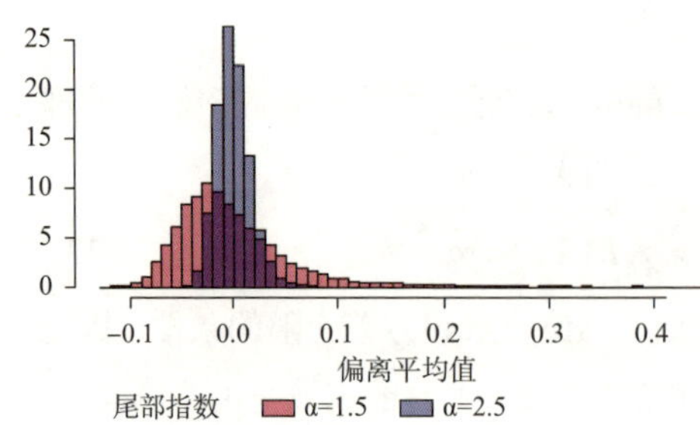

图 13.2　尾部指数不同的两个帕累托（I类）分布（均值有限方差无限），其基尼非参估计的直方图（做了中心化处理以方便比较）。样本量：10^3，取样次数：每个分布取 10^2 次。

本章的其余内容组织如下：在章节 13.2 中，我们会推导在数据满足无限方差条件时样本基尼系数的渐进分布；在章节 13.3 中，我们将讨论极大似然估计；在章节 13.4 中，我们会简单介绍帕累托分布；在章节 13.5 中，我们会提出一种纠正非参估计的方法，通过渐进分布的峰值 – 均值距离来修正小样本效应；章节 13.6 是本章的收尾；附录会包含更详尽的证明过程。

13.2 无限方差下非参估计的渐进性质

下面我们推导基尼系数非参估计的渐进分布，假定数据满足均值有限方差无限的肥尾分布。

基尼系数 g 的“随机”表达式为：

$$g=\frac{1}{2}\frac{\mathbb{E}(|X'-X''|)}{\mu}\in[0,1] \tag{13.4}$$

此处 X' 和 X'' 是随机变量 X 的独立同分布取值，累积密度函数 $F(x)\in[c,\infty),c>0$。均值有限为 $\mathbb{E}(X)=\mu$。$\mathbb{E}(|X'-X''|)$ 也被称为“基尼平均差”（GMD）[222]。为方便起见，我们定义 $g=\frac{\theta}{\mu}$，$\theta=\frac{\mathbb{E}(|X'-X''|)}{2}$。

因此，随机变量 X 的基尼系数是任意两个独立取值的平均期望偏差，并以两倍均值进行归一化处理 [81]。

对于样本集 $X_1,X_2\ldots X_n$，最常见的基尼系数非参估计可以定义为：

$$G^{NP}(X_n)=\frac{\sum_{1\leqslant i<j\leqslant n}|X_i-X_j|}{(n-1)\sum_{i=1}^{n}X_i} \tag{13.5}$$

也可以表示为：

$$G^{NP}(X_n)=\frac{\sum_{i=1}^{n}(2(\frac{i-1}{n-1}-1))X_{(i)}}{\sum_{i=1}^{n}X_{(i)}}=\frac{\frac{1}{n}\sum_{i=1}^{n}Z_{(i)}}{\frac{1}{n}\sum_{i=1}^{n}X_i} \tag{13.6}$$

其中 $X_{(1)},X_{(2)}\ldots X_{(n)}$ 是 $X_1,X_2\ldots X_n$ 的顺序统计量，满足 $X_{(1)}<X_{(2)}<\ldots<X_{(n)}$ 和 $Z_{(i)}=2\left(\frac{i-1}{n-1}-1\right)X_{(i)}$。在公式 13.6 中，渐进正态估计假

设数据的方差有限 [144] [222]，这一结果可以从公式 13.6 的 U– 统计量和 L– 估计的性质得出。

有一种标准方法可以证明公式 13.6 中估计的极限分布，适用于顺序统计量的线性组合，那就是在$n \to \infty$时，顺序统计量序列可以用一系列独立同分布随机变量表示 [56] [151]。然而，这一点一般需要数据产生机制存在某种L^2可积性，在这里我们不做这样的假设。

引理 13.1 展示了该如何处理仅L^1可积的肥尾产生的顺序统计量序列（附录中有证明）。

引理 13.1

考虑如下序列 $R_n = \frac{1}{n}\sum_{i=1}^{n}\left(\frac{i}{n} - U_{(i)}\right)F^{-1}\left(U_{(i)}\right)$，$U_{(i)}$ 是独立同均匀分布样本的顺序统计量。假设 $F^{-1}(U) \in L^1$，那么：

$$R_n \xrightarrow{L^1} 0 \tag{13.7}$$

以及

$$\frac{n^{\frac{\alpha-1}{\alpha}}}{L_0(n)} R_n \xrightarrow{L^1} 0 \tag{13.8}$$

其中 $\alpha \in (1,2)$ 且 $L_0(n)$ 为缓变函数。

13.2.1 α 稳定随机变量回顾

我们先来介绍α稳定分布的一些概念，为之后基尼系数的渐进极限研究做些铺垫。

随机变量X服从α稳定分布，$X \sim S(\alpha,\beta,\gamma,\delta)$，特征函数为：

$$E\left(e^{itX}\right) = \begin{cases} e^{-\gamma^{\alpha}|t|^{\alpha}\left(1-i\beta\,\mathrm{sign}(t)\right)\tan\left(\frac{\pi\alpha}{2}\right)+i\delta t} & \alpha \neq 1 \\ e^{-\gamma|t|\left(1+i\beta\frac{2}{\pi}\mathrm{sign}(t)\right)\ln|t|+i\delta t} & \alpha = 1 \end{cases}$$

$\alpha \in (0,2)$ 控制尾部形态，$\beta \in [-1,1]$ 控制偏度，$\gamma \in \mathbb{R}^+$ 是尺度参数，$\delta \in R$ 是位置参数。上述描述被称为α稳定分布的 S1 类参数 [181] [209]。

有趣的是，α稳定分布的α参数和公式 13.1 中的正规变化随机变量

的 α 有共通之处：如 [91] [181] 所示，顺序量为 α 的正规变化随机变量服从 α 稳定分布，两者尾部 α 相同。这也是为什么我们没有在这里区分使用不同的 α。在两个 α 一致的条件下，我们的目标是处理均值有限方差无限的分布，令 $\alpha \in (1,2)$。

回忆一下，对于 $\alpha \in (1,2]$，α 稳定随机变量 X 的期望等于位置参数 δ，$\mathbb{E}(X)=\delta$。更多细节可以参考 [181] [209]。

标准化的 α 稳定随机变量可以表示为：

$$S_{\alpha,\beta} \sim S(\alpha,\beta,1,0) \tag{13.9}$$

另外要注明的是，α 稳定分布是无限可分分布类的一个子类。因为卷积条件下的封闭性，在广义中心极限定理中 [91] 可以被用来描述部分求和的极限行为（尺度重整后），$S_n=\sum_{i=1}^{n} X_i$。在 $\alpha=2$ 时，我们会得到正态分布的特例，对应有限方差条件下传统中心极限定理的极限分布。

下面我们假设随机变量在 α 稳定分布的吸引域内，写为 $X \in \text{MDA}(S_\alpha)$，我们可以看到，部分求和的极限条件等价于公式 13.2 中部分极大值的极限条件 [82] [91]。

13.2.2 基尼系数的 α 稳定渐进极限

考虑一个样本集 $X_1, X_2 \ldots X_n$，样本均来自独立同分布的连续正规变化类随机变量，CDF 为 $F(x)$，定义见公式 13.1，尾部指数 $\alpha \in (1,2)$。样本数据的产生过程在 $\rho \in (\frac{1}{2},1)$ 的弗雷歇分布的吸引域内，$\rho=\frac{1}{\alpha}$。

对于基尼系数估计的渐进分布（公式 13.6），当数据产生机理服从无限方差条件时，会有两条定理：定理 1 表达了基尼平均差的极限分布（公式 13.6 中的分子项）；定理 2 将结果扩展到整个基尼系数。两个定理的证明见附录。

定理 1

假设有独立同分布随机变量序列 $(X_i)_{1\leq i\leq n}$，X 的定义域为 $[c,+\infty), c>0$。因此 X 属于 α 稳定随机变量的吸引域，$X \in \text{MDA}(S_\alpha), \alpha \in (1,2)$。那么样

本基尼系数的平均差 (GMD) $\frac{\sum_{i=1}^{n} Z_{(i)}}{n}$ 满足如下极限分布：

$$\frac{n^{\frac{\alpha-1}{\alpha}}}{L_0(n)}\left(\frac{1}{n}\frac{\sum_{i=1}^{n} Z_{(i)}}{n}-\theta\right)\xrightarrow{d} S_{\alpha,1} \tag{13.10}$$

这里 $Z_i=\left(2F\left(X_i\right)-1\right)X_i, \mathbb{E}\left(Z_i\right)=\theta, L_0\left(n\right)$ 是缓变函数，使公式 13.37 成立（见附录）。$S_{\alpha,1}$ 是右偏的标准化 α 稳定随机变量，定义见公式 13.9。

此外，统计量 $\frac{1}{n}\sum_{i=1}^{n} Z_{(i)}$ 是 GMD 的渐进一致估计，$\frac{1}{n}\sum_{i=1}^{n} Z_{(i)}\xrightarrow{P}\theta$。

定理 1 还可以通过公式 13.2 中定义的最大吸引域 MDA(Φ(ρ)) 来重新表述。

定理 2

和定理 1 的假设相同，基尼系数估计 $G^{NP}\left(X_n\right)=\frac{\sum_{i=1}^{n} Z_{(i)}}{\sum_{i=1}^{n} X_i}$ 满足如下极限分布：

$$\frac{n^{\frac{\alpha-1}{\alpha}}}{L_0(n)}(G^{NP}\left(X_n\right)-\frac{\theta}{\mu})\xrightarrow{d} Q \tag{13.11}$$

这里 $\mathbb{E}\left(Z_i\right)=\theta, \mathbb{E}\left(X_i\right)=\mu, L_0\left(n\right)$ 是定理 1 中定义的缓变函数，Q 是右偏 α 稳定随机变量 $S(\alpha,1,\frac{1}{\mu},0)$。

统计量 $\frac{\sum_{i=1}^{n} Z_{(i)}}{\sum_{i=1}^{n} X_i}$ 是基尼系数的渐进一致估计，$\frac{\sum_{i=1}^{n} Z_{(i)}}{\sum_{i=1}^{n} X_i}\xrightarrow{P}\frac{\theta}{\mu}=g$。

在 $\alpha\in\left(1,2\right)$ 的肥尾条件下，定理 2 告诉我们，无论数据背后的分布是什么，基尼系数的渐进分布都是右偏的。因此，极度肥尾数据不仅会导致基尼系数的极限更肥尾，也改变了极限定理的形状，使其大大偏离了常见的对称高斯形态。结果是，基尼系数虽然满足渐进一致性 [151]，但会被低估，并且基尼系数趋向真实值的过程进一步减慢，表 13.1 已经给出了一些证据。

13.3 极大似然估计

定理 2 表明，在处理无限方差的分布时，因为有偏特征和肥尾渐进极限，常见的基尼系数非参估计并非最佳选择。我们的目的是找到在肥尾条件下依然保持其常态渐进性质的估计。通过非参方法肯定不行，因为它们都包括在 α 稳定中心极限定理的范围内 [82,91]，所以我们必须尝试带参方法。

定理 3 告诉我们，一旦确定了数据生成机制所属的分布族，我们就可以通过极大似然估计来计算基尼系数。估计量不仅渐进于正态，而且渐进效率很高。

在定理 3 中，我们描述的随机变量分布属于更广泛的指数族 [221]，其密度可以表示为：

$$f_\theta(x)=h(x)e^{(\eta(\theta)T(x)-A(\theta))}$$

其中 $\theta\in\mathbb{R}$， $T(x),\eta(\theta),h(x),A(\theta)$ 是已知函数。

定理 3

令 $X\sim F_\theta$， F_θ 属于指数分布族，那么基尼系数的插入式极大似然估计量 $G^{ML}(X_n)_\theta$ 有效渐进于正态分布：

$$\sqrt{n}\left(G^{ML}(X_n)_\theta-g_\theta\right)\xrightarrow{D}\mathcal{N}\left(0,g_\theta'^2I^{-1}(\theta)\right) \tag{13.12}$$

此处 $g_\theta'=\dfrac{dg_\theta}{d\theta}$ 和 $I(\theta)$ 是费雪信息。

证明 该结果很容易从指数分布族的极大似然估计量的渐进效率和 MLE 的不变性原理得出。$g(\theta)$ 相对于 θ 的连续性和单调性能保证基尼系数服从不变法则。渐进方差则可以通过 Delta 方法 [211] 来求得。

13.4 帕累托数据

下面我们用一些人造肥尾数据进行阐述。假设有帕累托分布 I [185]，概率密度为：

$$f(x)=\alpha c^{\alpha}x^{-\alpha-1},x\geqslant c \tag{13.13}$$

很容易验证，相应的生存函数 $\bar{F}(x)$ 属于尾部指数 α 的正规变化类，缓变函数 $L(x)=c^{\alpha}$，这样我们可以应用章节 13.2 的结果得出下列推论。

推论 13.1

令 $X_1,X_2\ldots X_n$ 为独立同分布帕累托变量序列，尾部指数 $\alpha\in(1,2)$。非参基尼系数估计可以通过下面的极限来定义：

$$D_n^{NP}=G^{NP}(X_n)-g\sim S\left(\alpha,1,\frac{C_\alpha^{-\frac{1}{\alpha}}}{n^{\frac{\alpha-1}{\alpha}}}\frac{(\alpha-1)}{\alpha},0\right) \tag{13.14}$$

证明 为不失一般性，我们假设公式 13.13 中的 $c=1$。上述结果仅仅是定理 2 的拓展，因为帕累托分布隶属于 α 稳定分布的吸引域，缓变函数 $L(x)$=1。满足公式 13.37 的序列 c_n 变为 $c_n=n^{\frac{1}{\alpha}}C_\alpha^{-\frac{1}{\alpha}}$，所以我们有 $L_0(n)=C_\alpha^{-\frac{1}{\alpha}}$，独立于 n。同时分布的均值也是 α 的函数，也即 $\mu=\frac{\alpha}{\alpha-1}$。

推论 13.2

令样本 $X_1,X_2\ldots X_n$ 和推论 13.1 中的相同，G_θ^{ML} 为定理 3 中定义的基尼系数极大似然估计量。那么该估计量的极限为（按照均值 g 重整）：

$$D_n^{ML}=G_\alpha^{ML}(X_n)-g\sim N\left(0,\frac{4\alpha^2}{n(2\alpha-1)^4}\right) \tag{13.15}$$

这里 N 代表高斯分布。

证明 基尼系数极大似然估计的函数表示为 $G_\theta^{ML}=\frac{1}{2\alpha^{ML}-1}$ [144]。由于帕累托分布（最小值已知为 x_m）属于指数族，所以满足极大似然估计渐进有效的必要条件。同时，帕累托分布的费雪信息为 $\frac{1}{\alpha^2}$。

现在我们已经计算出两者的渐进分布，就可以通过帕累托性质的样本集比较极大似然估计和非参估计的收敛质量，我们可以把帕累托样本集视为广义肥尾观测量的一般化表达。

具体来讲，我们可以通过公式 13.14 和公式 13.15，近似估计有限样本下统计量和真实基尼系数 g 偏差的分布。

图 13.3 展示了两种不同估计的分布，可以看到它们对均值的偏离情况，以及增大观测数目以后分布如何变化。实际上，为了比较极大似然估计和非参估计，我们固定了极大似然估计的观测量，只改变非参估计的样本数目。我们分别研究了不同性质的尾部指数，观察估计会在多大程度上受到影响。值得注意的是，随着尾部指数不断降低趋于 1（无限均值的阈值），非参估计的分布峰值会逐步偏离真实分布的均值（由定义可知，真实分布的均值为 0）。这一效应也带来实践中的小样本偏差。而极大似然方法就不存在这样的偏差，主要是因为在不同尾部指数下其极限均为正态分布。

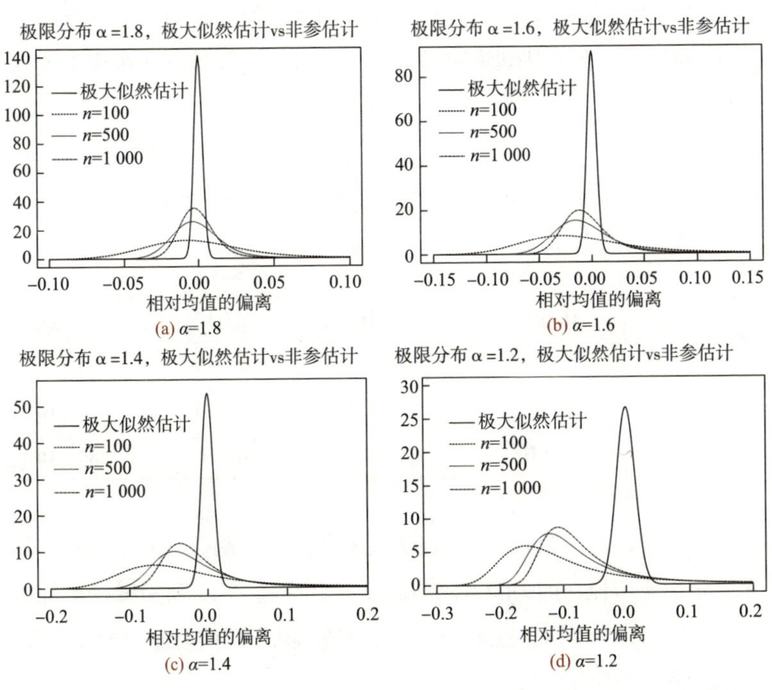

图 13.3　对于不同的尾部指数 α，比较极大似然估计和非参估计的渐进分布。极大似然估计的观测数目固定为 $n=100$。这里哪怕所有分布的均值均为 0，但因为非参估计有偏，其概率峰值也不为 0。

我们可以对上述论点进行更严谨的扩展，评估在不同尾部指数下，非参估计要达到极大似然的估计效率所需要的样本量 $\tilde{n}$。我们考虑类似于似然比率的如下函数：

$$r(c,n)=\frac{P_S\left(\left|D_n^{NP}\right|>c\right)}{P_N\left(\left|D_{100}^{ML}\right|>c\right)} \tag{13.16}$$

$P_S\left(\left|D_n^{NP}\right|>c\right)$ 和 $P_N\left(\left|D_{100}^{ML}\right|>c\right)$ 是中心化估计（非参和极大似然估计）超过给定阈值 $\pm c$ 的概率，分别对应 α 稳定分布和高斯分布，如公式 13.14 和公式 13.15 所示。在非参估计中，观测数目 n 可以变化，而极大似然估计的观测数目固定为 100。下面我们求解固定 c 时 $r(c,\tilde{n})=1$ 对应的 $\tilde{n}$。

表 13.2 展示了不同阈值 c 和尾部指数 α 对应的结果。我们可以看到，极大似然估计远超非参估计的表现，要达到 n 为 100 的极大似然估计精度，非参估计需要的数量更大。比如，当 $\alpha=1.2$ 和给定阈值 $c=\pm0.02$ 时，我们至少需要 80×10^6 的观测量来进行非参估计，才能达到和极大似然估计相同的水平。

表 13.2　和极大似然估计 n=100 相比，对于不同的阈值 c 和尾部指数 α，非参估计匹配一定尾部概率所需的样本数目 $\tilde{n}$

α	公式 13.16 中的阈值 c			
	0.005	0.010	0.015	0.020
1.8	27×10^3	12×10^5	12×10^6	63×10^5
1.5	21×10^4	21×10^4	46×10^5	81×10^7
1.2	33×10^8	67×10^7	20×10^7	80×10^6

有趣的是，满足公式 13.16 尾部概率所需的观测数目并不随阈值均匀变化。这也不奇怪，因为随着阈值趋于无穷或趋于 0，所有 n 的尾部概率都相同。所以，对单模型极限分布，我们预期某个阈值对应最大观测数目，而其他阈值所需的观测数目会更少。

我们的结论是，当存在方差无限的肥尾数据时，插入式的极大似然估计优于非参估计。

13.5 小样本修正

定理 2 也可以被用于修正小样本下的非参估计。这里的核心在于，对单模型分布，绝大多数观测会聚集在峰值附近。在对称分布中，概率峰值和均值重合，所以，大多数样本也会接近均值，但这对偏态分布不成立：右偏单模型分布的概率峰值小于均值。这样一来，因为知道非参基尼系数的渐进极限分布是右偏的，我们可以预期观测到的基尼系数总是小于真实基尼系数（以均值为标准）。我们也可以通过观察峰值和均值的距离来量化衡量其差异（偏差），一旦知道了上述距离，我们就可以反过来进行叠加修正。[1]

在理想情况下，我们希望推导修正后的非参估计量 $G^{C}(X_n)$，使得：

$$G^{C}(X_n)=G^{NP}(X_n)+\left\|m\left(G^{NP}(X_n)\right)-\mathbb{E}\left(G^{NP}(X_n)\right)\right\| \tag{13.17}$$

这里 $\left\|m\left(G^{NP}(X_n)\right)-\mathbb{E}\left(G^{NP}(X_n)\right)\right\|$ 是峰值 m 和非参基尼系数估计 $G^{NP}(X_n)$ 分布均值的距离。

如果对公式 13.17 中的表述进行修正，相当于对分布 $G^{NP}(X_n)$ 进行平移，从而使分布的峰值贴合真实的基尼系数。

理论上我们希望获得基尼系数的精确分布，从而精准修正峰值 – 均值距离 $\left\|m\left(G^{NP}(X_n)\right)-\mathbb{E}\left(G^{NP}(X_n)\right)\right\|$。但是有限分布并不那么容易推导，我们需要对数据的生成机理做出预设（对肥尾数据而言，这通常是未知的 [144]）。所以，我们建议采用章节 13.2 中的非参基尼系数的极限分布来近似有限样本分布，由此出发估计峰值 – 均值距离。这一流程允许在模型假设上有更大的自由度，且降低了需要估计的参数数量，因为极限分布只依赖于尾部指数和均值，而且均值通常可以通过尾部指数的函数来表达，帕累托分布的均值 $\mu=\dfrac{\alpha}{\alpha-1}$。

通过 α 稳定分布的位置 – 尺度性质，以及公式 13.11，我们可以将有限样本的分布 $G^{NP}(X_n)$ 近似描述为：

$$G^{NP}(X_n)\sim S\left(\alpha,1,\gamma(n),g\right) \tag{13.18}$$

---

1 我们还测试了另一种方法，用中位数和均值之间的距离来修正，结果是类似的。

其中 $\gamma(n)=\frac{1}{n^{\frac{\alpha-1}{\alpha}}}\frac{L_0(n)}{\mu}$ 是极限分布的尺度参数。

再通过 α 稳定分布峰值的线性关系，我们有：

$$\left\|m\left(G^{NP}\left(X_n\right)\right)-\mathbb{E}\left(G^{NP}\left(X_n\right)\right)\right\|\approx\left\|m\left(\alpha,\gamma(n)\right)+g-g\right\|=\left\|m\left(\alpha,\gamma(n)\right)\right\|$$

$m\left(\alpha,\gamma(n)\right)$ 是均值为 0 的 α 稳定分布的峰值函数。

这告诉我们，为了获得修正项，我们不需要了解真实基尼系数的性质，$m\left(\alpha,\gamma(n)\right)$ 并不依赖于 g。那么我们可以将修正项估计为：

$$\hat{m}\left(\alpha,\gamma(n)\right)=\arg\max_x s(x) \tag{13.19}$$

这里 $s(x)$ 是公式 13.18 中相关 α 稳定分布的概率密度，中心位置为 0。α 稳定分布的概率峰值不存在解析式，但在单模型中可以用数值方法计算 [181]。

因此，修正后的非参估计为：

$$G^C\left(X_n\right)=G^{NP}\left(X_n\right)+\hat{m}\left(\alpha,\gamma(n)\right) \tag{13.20}$$

渐进分布为：

$$G^C\left(X_n\right)\sim S\left(\alpha,1,\gamma(n),g+\hat{m}\left(\alpha,\gamma(n)\right)\right) \tag{13.21}$$

修正项 $\hat{m}\left(\alpha,\gamma(n)\right)$ 是尾部指数 α 的函数，它通过极限分布的尺度参数 $\gamma(n)$ 和样本大小 n 相联系。有必要指出，$\hat{m}\left(\alpha,\gamma(n)\right)$ 随着 n 的增加而下降，并且 $\lim_{n\to\infty}\hat{m}\left(\alpha,\gamma(n)\right)\to 0$。因为随着 n 的增加，公式 13.18 描述的分布中心越来越接近均值，密度峰值和均值之间的差异最终会降到 0。这一点保证了修正估计和非参估计的渐进等价，可以看到：

$$\begin{aligned}\lim_{n\to\infty}\left|G^C\left(X_n\right)-G^{NP}\left(X_n\right)\right|&=\lim_{n\to\infty}\left|G^{NP}\left(X_n\right)+\hat{m}\left(\alpha,\gamma(n)\right)-G^{NP}\left(X_n\right)\right|\\&=\lim_{n\to\infty}\left|\hat{m}\left(\alpha,\gamma(n)\right)\right|\to 0\end{aligned}$$

一般来讲，加入这种修正以后，$G^C\left(X_n\right)$ 在小样本中总会表现得更好。在公式 13.21 中，修正估计分布的均值为 $g+\hat{m}\left(\alpha,\gamma(n)\right)$，随着 $n\to\infty$，会趋向基尼系数的真实值 g。

从理论上说，该修正的质量依赖 $G^{NP}\left(X_n\right)$ 的精确分布和其极限 α 稳定分布，两者越相似效果越好。然而，在绝大多数时候我们不知道 $G^{NP}\left(X_n\right)$ 的精确分布，因此无法给出更多细节。

就我们目前的研究来看，很明显，修正项依赖于数据的尾部指数，也可能依赖于均值。而这些参数只要没有先验假设，就需要进行后验估计，所以估计带来的额外不确定性也会影响修正项的质量。

我们为本章做一个小结，通过一个简单的例子展示修正的影响。在蒙特卡罗实验中，我们模拟了 1 000 个帕累托分布的样本集，样本集大小从 $n=10$ 一路增加到 $n=2\,000$，对不同大小的样本，我们都计算了非参估计量 $G^{NP}\left(X_n\right)$ 和修正项 $G^{C}\left(X_n\right)$，再针对不同的 α 重复该实验。图 13.4 展示了实验结果。

按照相对于真实基尼系数的偏离这一标准，很显然，修正后的统计量总是比未修正的统计量表现得更好。我们的实验显示，对于 $n\leqslant 1\,000$ 的小样本，$\alpha\in(1,2)$ 时其增益非常显著。不过和我们预计的一样，这种改进的效果随着 n 的增加和尾部指数 α 的增大而降低。当尾部指数等于 2 时，我们会得到对称高斯分布，此时两种估计完全一致，因为方差有限，非参估计终于不再有偏。

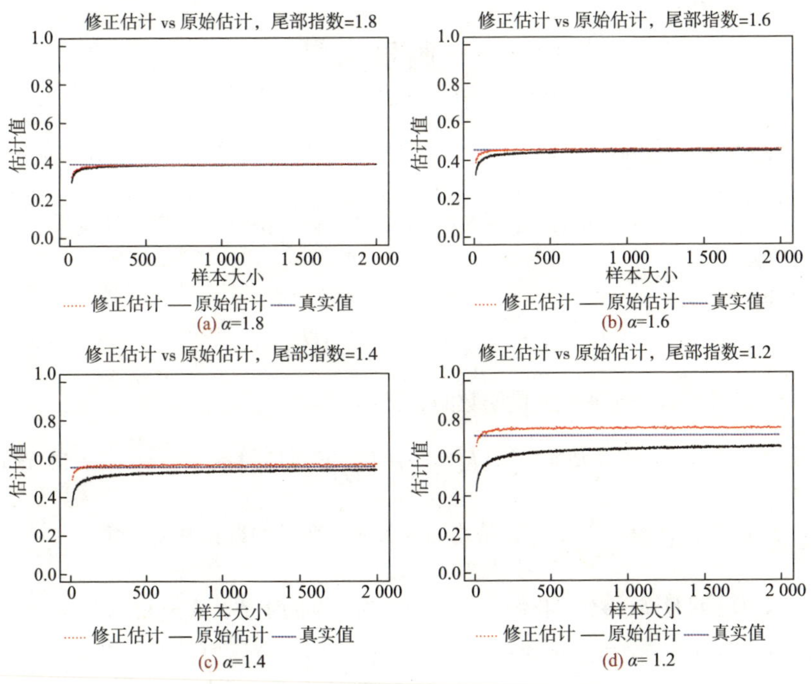

图 13.4 比较修正后的非参估计（上面的红线）和普通非参估计（下面的黑线）。对小样本来说，修正估计的质量明显更高。

13.6 总结

在本章中，我们讨论了在无限方差分布下，基尼系数非参估计的渐进行为。这是大多数文献都忽略的一点，非参方法的核心问题在于，它将渐进一致性和前渐进性质完全等价。

根据极大似然估计的性质，我们展示了带参方法可以提供更好的渐进结果，所以，只要研究数据可能存在肥尾特性，我们就强烈建议使用带参方法进行估计。

在无法完全使用带参方法的情况下，我们建议对非参估计做一个简单修正，把概率峰值和渐进分布的均值的距离纳入其中。即使修正可以解决上述问题，我们也建议谨慎使用，因为修正项的估计可能存在额外的误差。

附录

引理 13.1 证明

令 $U=F(X)$ 为随机变量 X 的标准均匀概率积分。顺序统计量 $X_{(i)} \xrightarrow{a.s.} F^{-1}\left(U_{(i)}\right)$，因此：

$$R_n=\frac{1}{n}\sum_{i=1}^{n}\left(\frac{i}{n}-U_{(i)}\right)F^{-1}\left(U_{(i)}\right) \tag{13.22}$$

通过经验分布累积密度函数的定义：

$$R_n=\frac{1}{n}\sum_{i=1}^{n}\left(F_n\left(U_{(i)}\right)-U_{(i)}\right)F^{-1}\left(U_{(i)}\right) \tag{13.23}$$

这里 $F_n(u)=\frac{1}{n}\sum_{i=1}^{n}1_{U_i\le u}$，是均匀分布随机变量的累积密度函数。

为了证明 $R_n \xrightarrow{L^1} 0$，我们将采用一个趋于 0 的上界。首先可以看到：

$$\mathbb{E}\left|R_n\right|\le\frac{1}{n}\sum_{i=1}^{n}\mathbb{E}\left|\left(F_n\left(U_{(i)}\right)-U_{(i)}\right)F^{-1}\left(U_{(i)}\right)\right| \tag{13.24}$$

为了给公式 13.24 的右侧建立边界，我们可以通过 $F^{-1}\left(U_{(i)}\right)$ L^1 可积，$F_n\left(U_{(i)}\right)-U_{(i)}$ L^∞ 可积，然后用 $p=1$ 和 $q=\infty$ 的霍尔德不等式：

$$\frac{1}{n}\sum_{i=1}^{n}\mathbb{E}\left|\left(F_n\left(U_{(i)}\right)-U_{(i)}\right)F^{-1}\left(U_{(i)}\right)\right|\leqslant\frac{1}{n}\sum_{i=1}^{n}\mathbb{E}\sup_{U_{(i)}}\left|\left(F_n\left(U_{(i)}\right)-U_{(i)}\right)\right|\mathbb{E}\left|F^{-1}\left(U_{(i)}\right)\right| \quad (13.25)$$

然后由柯西－施瓦茨不等式我们得到：

$$\frac{1}{n}\sum_{i=1}^{n}\mathbb{E}\sup_{U_{(i)}}\left|\left(F_n\left(U_{(i)}\right)-U_{(i)}\right)\right|\mathbb{E}\left|F^{-1}\left(U_{(i)}\right)\right|\leqslant \left(\frac{1}{n}\sum_{i=1}^{n}\left(\mathbb{E}\sup_{U_{(i)}}\left|\left(F_n\left(U_{(i)}\right)-U_{(i)}\right)\right|\right)^2\frac{1}{n}\sum_{i=1}^{n}\left(\mathbb{E}\left(F^{-1}\left(U_{(i)}\right)\right)\right)^2\right)^{\frac{1}{2}} \quad (13.26)$$

回想 $\sum_{i=1}^{n}F^{-1}\left(U_{(i)}\right)\xrightarrow{a.s.}\sum_{i=1}^{n}F^{-1}\left(U_i\right), i=1,2\ldots n$ 属于独立同分布序列，因为 $\mathbb{E}\left(F^{-1}\left(U_i\right)\right)=\mu$，所以第二项变成：

$$\mu\left(\frac{1}{n}\sum_{i=1}^{n}\left(\mathbb{E}\sup_{U_{(i)}}\left|\left(F_n\left(U_{(i)}\right)-U_{(i)}\right)\right|\right)^2\right)^{\frac{1}{2}} \quad (13.27)$$

最后一步是证明公式 13.27 在 $n\to\infty$ 时趋向 0。

我们知道，F_n 是均匀随机变量的累积分布函数。通过三角不等式，我们可以得到公式 13.27 内部项的上界：

$$\frac{1}{n}\sum_{i=1}^{n}\left(\mathbb{E}\sup_{U_{(i)}}\left|\left(F_n\left(U_{(i)}\right)-U_{(i)}\right)\right|\right)^2\leqslant \frac{1}{n}\sum_{i=1}^{n}\left(\mathbb{E}\sup_{U_{(i)}}\left|\left(F_n\left(U_{(i)}\right)-F\left(U_{(i)}\right)\right)\right|\right)^2+\frac{1}{n}\sum_{i=1}^{n}\left(\mathbb{E}\sup_{U_{(i)}}\left|\left(F_n\left(U_{(i)}\right)-U_{(i)}\right)\right|\right)^2 \quad (13.28)$$

由于我们处理的是均匀分布，$F(U)=u$，公式 13.28 右边的第二项可以被忽略。

然后，我们可以用 VC（Vapnik-Chervonenkis）不等式限制 $\mathbb{E}\left(\sup_{U_{(i)}}\left|\left(F_n\left(U_{(i)}\right)-F\left(U_{(i)}\right)\right)\right|\right)$，对过程取均匀上界 [29] [55] [258]：

$$\mathbb{E}\sup_{U_{(i)}}\left|\left(F_n\left(U_{(i)}\right)-F\left(U_{(i)}\right)\right)\right|\leqslant\sqrt{\frac{\log(n+1)+\log(2)}{n}} \quad (13.29)$$

结合公式 13.29 和公式 13.27 可以得到：

$$\mu\left(\frac{1}{n}\sum_{i=1}^{n}\left(\mathbb{E}\sup_{U_{(i)}}\left|\left(F_n\left(U_{(i)}\right)-U_{(i)}\right)\right|\right)^2\right)^{\frac{1}{2}} \leqslant \mu\sqrt{\frac{\log(n+1)+\log(2)}{n}} \quad (13.30)$$

随着$n\to\infty$，该项趋于0，由此证明了前面第一项。

对于第二项，我们知道，如果$\alpha\in(1,2)$，公式13.30等号右边在乘以$\frac{n^{\frac{\alpha-1}{\alpha}}}{L_0(n)}$之后依然趋向0。

定理1证明

证明的第一部分主要是将公式13.10重新改写为独立同分布随机变量的函数，替代顺序统计量以应用中心极限定理。

先从以下序列开始：

$$\frac{1}{n}\sum_{i=1}^{n}Z_{(i)}=\frac{1}{n}\sum_{i=1}^{n}\left(2\frac{i-1}{n-1}-1\right)F^{-1}\left(U_{(i)}\right) \quad (13.31)$$

对标准均匀分布U使用概率积分变换$X\overset{d}{\to}F^{-1}(U)$，移除$\frac{1}{n}\sum_{i=1}^{n}\left(2U_{(i)}-1\right)F^{-1}\left(U_{(i)}\right)$，公式13.31右边可以重写为：

$$\frac{1}{n}\sum_{i=1}^{n}Z_{(i)}=\frac{1}{n}\sum_{i=1}^{n}\left(2U_{(i)}-1\right)F^{-1}\left(U_{(i)}\right)+\frac{1}{n}\sum_{i=1}^{n}2\left(\frac{i-1}{n-1}-U_{(i)}\right)F^{-1}\left(U_{(i)}\right) \quad (13.32)$$

通过顺序统计量的性质[56]，我们可以得到必然收敛的等价形式：

$$\frac{1}{n}\sum_{i=1}^{n}Z_{(i)}\overset{a.s.}{\to}\frac{1}{n}\sum_{i=1}^{n}\left(2U_i-1\right)F^{-1}\left(U_i\right)+\frac{1}{n}\sum_{i=1}^{n}2\left(\frac{i-1}{n-1}-U_{(i)}\right)F^{-1}\left(U_{(i)}\right) \quad (13.33)$$

此时，公式13.33右边第一项是独立同分布随机变量的函数，而第二项是小量，所以：

$$\frac{1}{n}\sum_{i=1}^{n}Z_{(i)}\overset{a.s.}{\to}\frac{1}{n}\sum_{i=1}^{n}Z_i+R_n$$

上面$Z_i=\left(2U_i-1\right)F^{-1}\left(U_i\right),R_n=\frac{1}{n}\sum_{i=1}^{n}2\left(\frac{i-1}{n-1}-U_{(i)}\right)F^{-1}\left(U_{(i)}\right)$。

通过公式13.10，同时拆解公式13.33，可以将定义重写为：

$$\frac{n^{\frac{\alpha-1}{\alpha}}}{L_0(n)}\left(\frac{1}{n}\sum_{i=1}^{n}Z_{(i)}-\theta\right)=\frac{n^{\frac{\alpha-1}{\alpha}}}{L_0(n)}\left(\frac{1}{n}\sum_{i=1}^{n}Z_i-\theta\right)+\frac{n^{\frac{\alpha-1}{\alpha}}}{L_0(n)}R_n \quad (13.34)$$

从引理13.1的第二项和斯勒茨基定理，公式13.10的收敛性可以通过观察以下序列的行为来证明：

$$\frac{n^{\frac{\alpha-1}{\alpha}}}{L_0(n)}\left(\frac{1}{n}\sum_{i=1}^{n}Z_i-\theta\right) \tag{13.35}$$

这里 $Z_i=(2U_i-1)F^{-1}(U_i)=(2F(X_i)-1)X_i$，从而降低到证明 Z_i 在肥尾的吸引域中。

回忆一下我的假设，$X\in \mathrm{MDA}(S_\alpha),\alpha\in(1,2)$，该假设允许我们对肥尾变量求和使用某种具体形式的 CLT。但是我们首先要证明 $Z\in \mathrm{MDA}(S_\alpha)$，也即 $P(|Z|>z)\sim L(z)z^{-\alpha},\alpha\in(1,2),L(z)$ 为缓变函数。

请注意：

$$P(|\tilde{Z}|>z)\leqslant P(|Z|>z)\leqslant P(2X>z)$$

这里 $\tilde{Z}=(2U-1)X,U\perp X$，第二个不等式比较明显，第一个不等式因为 X 和 $F(X)$ 存在正向关系而成立，也可以通过 $2UX\leqslant 2F(X)X$ 的不等式 [122] 严格证明。

利用缓变函数的性质，我们有 $P(2X>z)\sim 2^\alpha L(z)z^{-\alpha}$。为了证明 $\tilde{Z}\in \mathrm{MDA}(S_\alpha)$，我们使用布雷曼定理，在第二个变量不算太肥尾的情况下 [267]，保证 α 稳定类分布在乘积条件下保持稳定。

为了应用该定理，将 $P(|\tilde{Z}|>z)$ 表示为：

$$P(|\tilde{Z}|>z)=P(\tilde{Z}>z)+P(-\tilde{Z}>z)=P(\tilde{U}X>z)+P(-\tilde{U}X>z)$$

$\tilde{U}$ 是满足 $\tilde{U}\perp X$ 的标准均匀分布。

我们先来看 $P(\tilde{U}X>z)$，另一边 $P(-\tilde{U}X>z)$ 的情况可以类推。对 $z\to\infty$ 有：

$$P(\tilde{U}X>z)=P(\tilde{U}X>z\,|\,\tilde{U}>0)P(\tilde{U}>0)+P(\tilde{U}X>z\,|\,\tilde{U}\leqslant 0)P(\tilde{U}\leqslant 0)$$

现在我们有 $P(\tilde{U}X>z\,|\,\tilde{U}\leqslant 0)\to 0$，通过应用布雷曼定理，$P(\tilde{U}X>z\,|\,\tilde{U}>0)$ 变成：

$$P(\tilde{U}X>z\,|\,\tilde{U}>0)\to E(\tilde{U}^\alpha\,|\,U>0)P(X>z)P(U>0)$$

因此，

$$P(|\tilde{Z}|>z)\to\frac{1}{2}E(\tilde{U}^\alpha\,|\,U>0)P(X>z)+\frac{1}{2}E((-\tilde{U})^\alpha\,|\,U\leqslant 0)P(X>z)$$

所以，

$$P\left(\left|\tilde{Z}\right|>z\right)\to\frac{1}{2}P\left(X>z\right)\left[\left(E\left(\tilde{U}\right)^{\alpha}\mid U>0\right)+E\left(\left(-\tilde{U}\right)^{\alpha}\mid U\leqslant 0\right)\right]=$$

$$\frac{2^{\alpha}}{1-\alpha}P\left(X>z\right)\sim\frac{2^{\alpha}}{1-\alpha}L\left(z\right)z^{-\alpha}$$

那么我们可以总结，根据压缩定理 [91]，随着 $z\to\infty$

$$P\left(\left|Z\right|>z\right)\sim L\left(z\right)z^{-\alpha}$$

所以 $Z\in\mathrm{MDA}\left(S_{\alpha}\right)$。

下面我们可以讨论广义中心极限定理 (GCLT) [82]，对序列 Z_i，

$$nc_n^{-1}\left(\frac{1}{n}\sum_{i=1}^{n}Z_i-\mathbb{E}\left(Z_i\right)\right)\xrightarrow{d}S_{\alpha,\beta} \tag{13.36}$$

$\mathbb{E}\left(Z_i\right)=\theta,S_{\alpha,\beta}$ 是标准的 α 稳定分布随机变量，c_n 是满足如下条件的序列：

$$\lim_{n\to\infty}\frac{nL\left(c_n\right)}{c_n^{\alpha}}=\frac{\Gamma\left(2-\alpha\right)\left|\cos\left(\frac{\pi\alpha}{2}\right)\right|}{\alpha-1}=C_{\alpha} \tag{13.37}$$

这里 c_n 可以表示为 $c_n=n^{\frac{1}{\alpha}}L_0\left(n\right)$，$L_0\left(n\right)$ 是和 $L\left(n\right)$ 不同的另一个缓变函数。

偏度参数 β：

$$\frac{P(Z>z)}{P(\left|Z\right|>z)}\to\frac{1+\beta}{2}$$

通过我们的构造 $Z\in[-c,+\infty)$，上述表达式可以简化为：

$$\frac{P(Z>z)}{P\left(Z>z\right)+P(-Z>z)}\to\frac{P(Z>z)}{P(Z>z)}=1\to\frac{1+\beta}{2} \tag{13.38}$$

所以 $\beta=1$，再结合公式 13.34，引理 13.1 的残差 R_n 和斯勒茨基定理，我们可以得出，公式 13.10 中顺序序列 $Z_{(i)}$ 也适用于同样的弱中心极限定理。

定理 2 证明

证明的第一步是，表征基尼系数的顺序序列 $\frac{\sum_{i=1}^{n}Z_{(i)}}{\sum_{i=1}^{n}X_i}$ 在分布上等价于独立同分布的序列 $\frac{\sum_{i=1}^{n}Z_i}{\sum_{i=1}^{n}X_i}$。为了证明这一点，可以将公式 13.33 因式分

解到公式 13.11，得到：

$$\frac{n^{\frac{\alpha-1}{\alpha}}}{L_0(n)}\left(\frac{\sum_{i=1}^{n} Z_i}{\sum_{i=1}^{n} X_i}-\frac{\theta}{\mu}\right)+\frac{n^{\frac{\alpha-1}{\alpha}}}{L_0(n)} R_n \frac{n}{\sum_{i=1}^{n} X_i} \tag{13.39}$$

由引理 13.1，应用连续映射和斯勒茨基定理，公式 13.39 的第二项以概率方式趋于 0。由此推导出序列满足弱中心极限定理：

$$n^{\frac{\alpha-1}{\alpha}} \frac{1}{L_0(n)}\left(\frac{\sum_{i=1}^{n} Z_i}{\sum_{i=1}^{n} X_i}-\frac{\theta}{\mu}\right) \tag{13.40}$$

按照之前 $Z_i=\left(2F\left(X_i\right)-1\right) X_i$，扩展公式 13.40，我们有：

$$\frac{n^{\frac{\alpha-1}{\alpha}}}{L_0(n)} \frac{n}{\sum_{i=1}^{n} X_i}\left(\frac{1}{n} \sum_{i=1}^{n} X_i\left(2F\left(X_i\right)-1-\frac{\theta}{\mu}\right)\right) \tag{13.41}$$

因为 X 为正随机变量，通过连续映射定理，公式 13.41 中的 $\frac{n}{\sum_{i=1}^{n} X_i}$ 以概率形式收敛于 $\frac{1}{\mu}$。所以，通过斯勒茨基定理给出最终极限。

我们先来看下面这项的极限：

$$\frac{n^{\frac{\alpha-1}{\alpha}}}{L_0(n)} \frac{1}{n} \sum_{i=1}^{n} X_i\left(2F\left(X_i\right)-1-\frac{\theta}{\mu}\right) \tag{13.42}$$

令 $\hat{Z}_i=X_i\left(2F\left(X_i\right)-1-\frac{\theta}{\mu}\right)$，因为 $\mathbb{E}\left(Z_i\right)=\theta$，$\mathbb{E}\left(X_i\right)=\mu$，所以 $\mathbb{E}\left(\hat{Z}_i\right)=0$。

为了应用广义中心极限定理，找到序列 $\frac{n^{\frac{\alpha-1}{\alpha}}}{L_0(n)} \frac{1}{n} \sum_{i=1}^{n} \hat{Z}_i$ 的极限分布，我们需要证明 $\hat{Z}_i \in \mathrm{MDA}\left(S_\alpha\right)$：

$$\frac{n^{\frac{\alpha-1}{\alpha}}}{L_0(n)}\left(\frac{\sum_{i=1}^{n} \hat{Z}_i}{n}-\mathbb{E}\left(\hat{Z}_i\right)\right) \tag{13.43}$$

因为 $\mathbb{E}\left(\hat{Z}_i\right)=0$，公式 13.43 等于公式 13.42。

为了证明 $\hat{Z} \in \mathrm{MDA}\left(S_\alpha\right)$，因为之前 $\hat{Z}_i=X_i\left(2F\left(X_i\right)-1-\frac{\theta}{\mu}\right)$ 可以被视

为 $Z_i = X_i\left(2F\left(X_i\right)-1\right)$ 移动 $\frac{\theta}{\mu}$，所以我们可以采用和定理 1 相同的方法。实际上，$\hat{Z}$ 和 Z（X 也一样）具备相同的尾部指数 α 和缓变函数 $L(n)$。

我们的前提条件有 $X\in\left[c,+\infty\right)$，$c>0$，且分布连续，所以 $\hat{Z}\in\left[-c\left(1+\frac{\theta}{\mu}\right),\infty\right)$，这样一来，$\hat{Z}$ 的左尾不会改变极限分布偏度参数 β，由公式 13.38，Z 的 β 依然等于 1。

所以，通过广义中心极限定理我们有：

$$n^{\frac{\alpha-1}{\alpha}}\frac{1}{L_0\left(n\right)}\left(\frac{\sum_{i=1}^{n}Z_i}{\sum_{i=1}^{n}X_i}-\frac{\theta}{\mu}\right)\xrightarrow{d}\frac{1}{\mu}S(\alpha,1,1,0) \quad (13.44)$$

最后做一个总结，公式 13.39 证明了基尼系数的弱极限可以通过独立同分布序列 $\frac{\sum_{i=1}^{n}Z_i}{\sum_{i=1}^{n}X_i}$ 表示，而不是顺序序列，且 α 稳定随机变量在常数项的调整下是封闭的 [209]。

第十四章　分位数贡献的估计误差和超可加性‡[1]

在样本集[2]中，衡量头部分位数对总体贡献（集中度）的统计量存在下偏、不稳定、对样本容量敏感、对大偏差凸性高等问题，因此完全不适用于幂律尾（尤其是尾部指数较低的幂律尾）。可以看到，这类统计量会随着时间的推移和样本的大小而变化，从而给出错误的集中度变化信号。同时，集中度不适用于不同分布的累加与混合，A 与 B 的加权集中度会小于 $A \cup B$ 的集中度。此外，在肥尾条件下，总量增加对应着集中度增加。我们在本章评估了统计量在同类分布和混合分布下的误差和超可加性。

14.1　介绍

维尔弗雷多·帕累托曾注意到，意大利 80% 的土地属于 20% 的人口，从而诞生了知名的 80/20 法则和幂律分布。幂律性质的自相似性 [162][163] 使得我们可以对头部的 20% 再次应用 80/20 法则，如此类推，直到得出这

1　研究章节。
2　与 R. 杜阿迪合作。

样的结果：最富有的人群将拥有总财富的 53%。

图 14.1　年轻的维尔弗雷多·帕累托，拍摄于他发现幂律规律之前。

集中度统计量高度依赖于所使用的估计方法，存在很大偏差，而帕累托观察到的真实集中度比率（也即头部分位数的形状）很可能接近 70%，所以，随着年份的增加，我们会看到集中度不断上行。实际上，对于财富分布，随着技术手段的进步、人口增加和经济增长，我们得到的统计量会随着时间的推移而上升，这不过是样本量或总价值不断增大的结果。

核心问题在于，当单尾类型的肥尾随机变量存在左边界却没有右边界时，随机变量 $X \in [x_{\min}, \infty)$ 在样本内的分位数贡献是实际分位数贡献的有偏估计。

我们先定义分位数贡献如下：

$$\kappa_q = q \frac{\mathbb{E}(X \mid X > h(q))}{\mathbb{E}(X)}$$

这里 $h(q) = \inf\{h \in [x_{\min}, +\infty), \mathbb{P}(X > h) \leqslant q\}$ 是给定概率 q 的阈值。

对于给定样本集 $(X_k)_{1 \leqslant k \leqslant n}$，其“自然”估计量 $\hat{\kappa}_q \equiv \frac{q\text{分位数}}{\text{求和}}$，在很多学术研究中表示为：

$$\hat{\kappa}_q \equiv \frac{\sum_{i=1}^{n} \mathbb{1}_{X_i > \hat{h}(q)} X_i}{\sum_{i=1}^{n} X_i}$$

$\hat{h}(q)$是概率 q 的估计阈值：

$$\hat{h}(q)=\inf\{h:\frac{1}{n}\sum_{i=1}^{n}\mathbb{1}_{x>h}\leqslant q\}$$

我们看到观测变量 $\hat{\kappa}_q$ 是真实变量 κ_q 的下偏估计，在样本外会遇到一定问题。这样的偏差和分布的肥尾程度成正比，对极度肥尾来说，哪怕样本量很大，其差异也很显著。

14.2 帕累托尾分布

假定 X 为具备"幂律"性质右尾的分布类，也即

$$P(X>x)=L(x)x^{-\alpha} \tag{14.1}$$

此处 $L:[x_{\min},\infty)\to(0,+\infty)$ 是缓变函数，定义为 $\lim\limits_{x\to+\infty}\frac{L(kx)}{L(x)}=1,\ k>0$。

在分位数阈值较小的时候（<50%），满足上述条件的不同分布差异很小，如学生 T 分布，列维 α 稳定分布，Dagum 分布 [53][54]，Singh-Maddala 分布 [213] 或帕累托分布。

在尾部指数 $1\leqslant\alpha\leqslant 2$ 时，正如本书第八章 [235] 讨论的，大数定律成立但极度缓慢。在 α 越接近 1 的时候该问题越严重，而当 $\alpha=1$ 时会发散。

14.2.1 偏差和收敛性

简单帕累托分布 我们先来看 α 帕累托分布，密度函数 $\phi_\alpha(x)$，下界为 $x_{\min}>0$，也即 $\phi_\alpha(x)=\alpha x_{\min}^{\alpha}x^{-\alpha-1}\mathbb{1}_{x\geqslant x_{\min}},\mathbb{P}(X>x)=\left(\frac{x_{\min}}{x}\right)^{\alpha}$，在这样的假设下，阈值的临界点为 $h(q)=x_{\min}q^{-1/\alpha}$，我们有：

$$\kappa_q=\frac{\int_{h(q)}^{\infty}x\phi(x)dx}{\int_{x_{\min}}^{\infty}x\phi(x)dx}=\left(\frac{h(q)}{x_{\min}}\right)^{1-\alpha}=q^{\frac{\alpha-1}{\alpha}} \tag{14.2}$$

如果 X 只在临界点 x_{cut} 之上（$x_{\text{cut}}<h(q)$）服从 α 帕累托分布，对于某个 $\lambda>0$ 有 $\mathbb{P}(X>x)=\left(\frac{\lambda}{x}\right)^{\alpha}$，那么我们有 $h(q)=\lambda q^{-1/\alpha}$，以及

$$\kappa_q = \frac{\alpha}{\alpha - 1} \frac{\lambda}{\mathbb{E}(X)} q^{\frac{\alpha-1}{\alpha}}$$

估计 κ_q 需要尾部指数 α 和尺度参数 λ，或者 λ 和 X 期望的比率。

表 14.1 显示了在 $\alpha = 1.1$ 的帕累托分布下，κ_q 估计量 $\hat{\kappa}_q$ 的偏差。此类分布和现实中的经济学变量相对应，比如给定国家的财富分布（包括发达国家）。[1] 在这种情况下，估计量对"小样本"极度敏感（小样本的定义是 10^8 量级的数据）。我们针对不同大小的样本进行了 1 万亿次模拟，如表 14.1 所示，$\kappa = 0.657\,933$，哪怕有高达 1 亿的样本量，得到的结果也高度有偏。

随着 α 从 1 逐步增加，估计偏差会以非线性的方式迅速降低，并在 $\alpha = 2$ 附近变得较弱。如果是不同 α 的混合分布则不然，后面会单独讨论。同时，此效应在最高 1% 分位数之外也较弱，所以我们只研究 1% 分位数以内和 α 较小的情况。

表 14.1　10^{12} 次蒙特卡罗模拟下 $\kappa = 0.657\,933$ 的有偏估计

$\hat{\kappa}(n)$	均值	中位数	蒙特卡罗模拟的标准差
$\hat{\kappa}(10^3)$	0.405 235	0.367 698	0.160 244
$\hat{\kappa}(10^4)$	0.485 916	0.458 449	0.117 917
$\hat{\kappa}(10^5)$	0.539 028	0.516 415	0.093 136 2
$\hat{\kappa}(10^6)$	0.581 384	0.555 997	0.085 359 3
$\hat{\kappa}(10^7)$	0.591 506	0.575 262	0.060 152 8
$\hat{\kappa}(10^8)$	0.606 513	0.593 667	0.046 139 7

鉴于上述结果以及我们围绕它们进行的一些测试，偏差 $\kappa_q - \hat{\kappa}_q(n)$ 可以近似表述为 $c(\alpha,q)n^{-b(q)(\alpha-1)}$，其中常数项 $b(q)$ 和 $c(\alpha,q)$ 需要进一步估计。上述模拟表明，无论 α 和 q 取什么值，都有 $b(q)=1$，但是估计量的标准差向 0 收敛极为缓慢，很难进行精准估计。

一般情况　在一般情况下，我们固定一个阈值 h，并定义：

1　这个分布的尾部指数 α 小于 2，小于绝大多数历史文献中的描述 [86]，如此低的样本 α 不能排除真实 α 更低的可能。

$$\kappa_h = \mathbb{P}(X > h)\frac{\mathbb{E}[X \mid X > h]}{\mathbb{E}[X]} = \frac{\mathbb{E}\left[X\mathbb{1}_{X>h}\right]}{\mathbb{E}[X]}$$

因此我们有 $\kappa_h = \kappa_{h(q)}$。同时定义 n 样本估计量：

$$\hat{\kappa}_h \equiv \frac{\sum_{i=1}^{n}\mathbb{1}_{X_i>h}X_i}{\sum_{i=1}^{n}X_i}$$

其中 X_i 是 X 的 n 个独立取值。$\hat{\kappa}_h$ 对 κ_h 的估计偏差代表统计量是否对新样本存在凸性，无论是否落在阈值上下。令 $A_h(n) = \sum_{i=1}^{n}\mathbb{1}_{X_i>h}X_i, S(n) = \sum_{i=1}^{n}X_i$，因此，假设给定阈值 h，$\hat{\kappa}_h(n) = \frac{A_h(n)}{S(n)}$。如果新样本 $X_{n+1} < h$，那么新的估计值为 $\hat{\kappa}_h(n+1) = \frac{A_h(n)}{S(n) + X_{n+1}}$，该值对 X_{n+1} 存在凸性，所以 X_{n+1} 的不确定性会增加其期望。但如果新样本为 $X_{n+1} > h$，新的估计值 $\hat{\kappa}_h(n+1) \approx \frac{A_h(n) + X_{n+1} - h}{S(n) + X_{n+1} - h} = 1 - \frac{S(n) - A_h(n)}{S(n) + X_{n+1} - h}$，此时对 X_{n+1} 是凹函数，X_{n+1} 的不确定性会降低其期望。这两种相反效应的竞争对后者更有利，因为变量的凹性更高，同时阈值之上的不确定性会高于阈值之下（无论使用什么测量方法）。右尾越肥该效应越强。总的来说，我们发现 $\mathbb{E}\left[\hat{\kappa}_h(n)\right] \leqslant \frac{\mathbb{E}[A_h(n)]}{\mathbb{E}[S(n)]} = \kappa_h$［注意把阈值 $\hat{h}(q)$ 放开也会降低集中度估计并增强该效应，虽然每增加一个样本都会提高 $\hat{h}(q)$ 的期望，但这种影响极其微弱］。我们得出以下几点结论。

命题 14.1

令 $X = (X)_{i=1}^{n}$ 是随机样本集，大小 $n > \frac{1}{q}$，$Y = X_{n+1}$ 是一个额外观测，定义统计量 $\hat{\kappa}_h(X \sqcup Y) = \frac{\sum_{i=1}^{n}\mathbb{1}_{X_i>h}X_i + \mathbb{1}_{Y>h}Y}{\sum_{i=1}^{n}X_i + Y}$，对于 $Y > h$ 有：

$$\frac{\partial^2 \hat{\kappa}_h(X \sqcup Y)}{\partial Y^2} \leqslant 0$$

该不等式对 $\hat{\kappa}_q$ 成立的原因是，$\hat{h}(q, X \sqcup Y)$ 不依赖于 $Y > \hat{h}(q, X)$ 的具体值。

这里的情况和小样本效应不同，小样本效应是因为具备极大影响的事件比较罕见，但该偏差会随着样本量的增加而不断变弱。而这里统计量的凹性限制了有限 n 中测量值的上界，截掉了大偏差，这也导致了定理中的累加问题。

在实际情况中，哪怕样本量非常大，重大罕见事件对 κ_q 的贡献也阻碍了样本统计量趋于真实值。如果想追求更好的无偏估计，我们需要采用不同的路径：首先估计分布参数 $(\hat{\alpha},\hat{\lambda})$，之后估计理论尾部贡献 $\kappa_q(\hat{\alpha},\hat{\lambda})$。但根据福尔克 [86] 的观察，哪怕对参数 α 和 λ 有合理的估计，收敛速度也很慢，速率为 $n^{-\delta}/\ln n$，其中的指数项 δ 依赖于 α，以及实际分布相对于理论帕累托分布的可接受偏差，用海林格距离表示。在 $\alpha \to 1$ 时 $\delta \to 0$，使得 α 较低时收敛速度很慢。

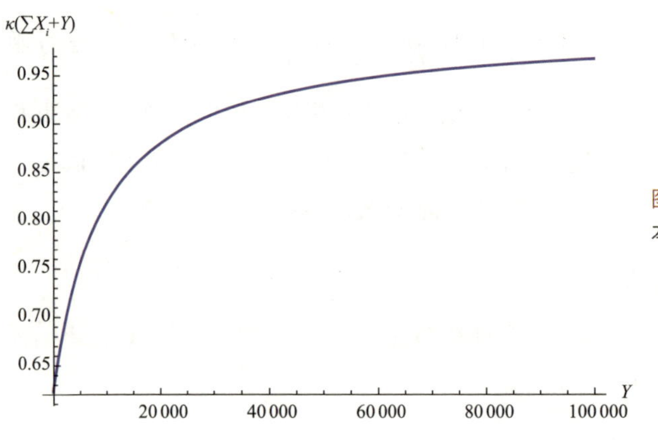

图 14.2　额外观测样本对 κ 的效应。

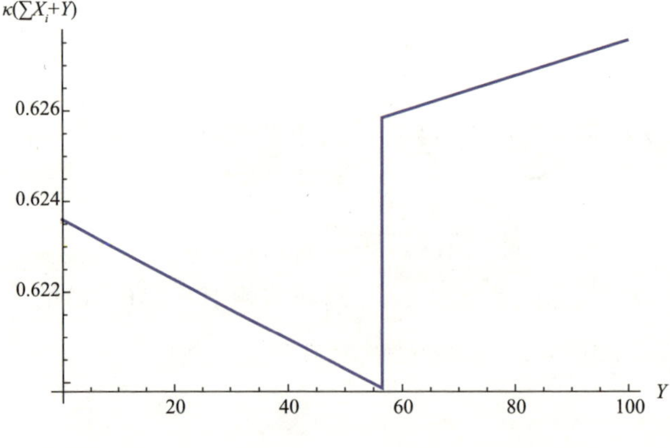

图 14.3　额外观测样本对 κ 的效应，可以看到 h 两侧的凸性，只有 h 左侧 $1/n$ 的部分没有受影响。

14.3 累加不等性质的不等性

假设有大小为 n_i 的 m 个子样本，我们要估计肥尾随机变量 $(X)_i^j$ 的均值，每个子样本的和 $n=\sum_{i=1}^m n_i$。只要总观察数 n 不变，n 在 i 和 j 之间的分配就不重要。但因为 κ 的凹性，n 在 m 个子样本中的分配很重要。[1] 下面我们将证明，大数据上 $\hat{\kappa}_q$ 的全局集中度会比局部集中度更高，所以，如果我们衡量整个欧洲数据的集中度，其结果会比测量其中各个国家的平均集中度 $\hat{\kappa}_q$ 更高——“不均的不均”。换句话说，把整个数据集划分成几个子样本之后，平均统计量 $\hat{\kappa}_q(n_i)$ 的估计偏差增加了。

定理 4

将 n 个数据分成 m 个子样本 $N=N_1\cup\ldots\cup N_m$，大小分别为 $n_1\ldots n_m$，其中 $\sum_{i=1}^m n_i=n$，令 $S_1,S_2\ldots S_m$ 为每个子样本的变量和，$S=\sum_{i-1}^m S_i$ 是全样本和，那么我们有：

$$\mathbb{E}\left[\hat{\kappa}_q(N)\right]\geqslant\sum_{i=1}^m\mathbb{E}\left[\frac{S_i}{S}\right]\mathbb{E}\left[\hat{\kappa}_q(N_i)\right]$$

如果进一步假设变量 X_j 的分布和各个子样本的分布相同，则有：

$$\mathbb{E}\left[\hat{\kappa}_q(N)\right]\geqslant\sum_{i=1}^m\frac{n_i}{n}\mathbb{E}\left[\hat{\kappa}_q(N_i)\right]$$

也就是说，对各个子样本的平均集中度按照子样本的总和进行加权，会得到一个全样本集中度指标的下偏估计。

证明 通过基础归纳，可以先将该问题缩减成两个子样本，令 $q\in(0,1)$，$(X_1,X_2\ldots X_m)$ 和 $\left(X_1',X_2'\ldots X_n'\right)$ 是两列独立正随机变量。X_i' 的分布为 $p(dx)$，X_j' 的分布为 $p'(dx')$，为简单起见，我们假设 qm 和 qn 都是整

1 当分布是对数正态分布时，存在同样的凹性和总体偏差问题，如果方差高，问题就会更糟。

数。令 $S=\sum_{i=1}^{m}X_i, S'=\sum_{i=1}^{n}X_i'$，定义 $A=\sum_{i=1}^{mq}X_{[i]}$，其中 $X_{[i]}$ 是 $(X_1,X_2\ldots X_m)$ 中的第 i 个最大值，$A'=\sum_{i=1}^{mq}X_{[i]}'$，其中 $X_{[i]}'$ 是 $\left(X_1',X_2'\ldots X_n'\right)$ 中第 i 个最大值。同时，我们令 $S''=S+S'$，$A''=\sum_{i=1}^{(m+n)q}X_{[i]}''$，$X_{[i]}''$ 是合并样本 $(X_1,X_2\ldots X_m,X_1',X_2'\ldots X_n')$ 中的第 i 个最大值。

三个样本集 $\boldsymbol{X}=(X_1,X_2\ldots X_m)$，$\boldsymbol{X}'=\left(X_1',X_2'\ldots X_n'\right)$，$\boldsymbol{X}''=(X_1,X_2\ldots X_m,X_1',X_2'\ldots X_n')$ 的分位数集中度统计量如下：

$$\kappa=\frac{A}{S}\quad \kappa'=\frac{A'}{S'}\quad \kappa''=\frac{A''}{S''}$$

我们要证明，集中度统计量的期望满足下列不等式：

$$\mathbb{E}[\kappa'']\geqslant \mathbb{E}\left[\frac{S}{S''}\right]\mathbb{E}[\kappa]+\mathbb{E}\left[\frac{S'}{S''}\right]E[\kappa']$$

我们可以看到：

$$A=\max_{\substack{J\subset\{1\ldots m\}\\ |J|=\theta m}}\sum_{j\in J}X_i$$

类似地，我们有 $A'=\max_{J'\subset\{1\ldots n\},|J'|=qn}\sum_{j\in J'}X_i'$ 和 $A''=\max_{J''\subset\{1\ldots m+n\},|J''|=q(m+n)}\sum_{j\in J''}X_i$，对 $i=1\ldots n$ 有 $X_{m+i}=X_i'$。如果 $J\subset\{1\ldots m\}$，$|J|=\theta m$，$J'\subset\{m+1,\ldots m+n\},|J'|=qn$，那么 $J''=J\cup J'$ 的基数为 $m+n$，不论选取什么样本，都有 $A+A'=\sum_{i\in J''}X_i\leqslant A''$，所以 $\kappa''\geqslant\frac{S}{S''}\kappa+\frac{S'}{S''}\kappa'$，得到：

$$\mathbb{E}[\kappa'']\geqslant \mathbb{E}\left[\frac{S}{S''}\kappa\right]+\mathbb{E}\left[\frac{S'}{S''}\kappa'\right]$$

下面我们证明：

$$\mathbb{E}\left[\frac{S}{S''}\kappa\right]=\mathbb{E}\left[\frac{A}{S''}\right]\geqslant \mathbb{E}\left[\frac{S}{S''}\right]\mathbb{E}\left[\frac{A}{S}\right]$$

如果上式成立，那么对于 κ' 也有：

$$\mathbb{E}\left[\frac{S'}{S''}\kappa'\right]=\mathbb{E}\left[\frac{A'}{S''}\right]\geqslant \mathbb{E}\left[\frac{S'}{S''}\right]\mathbb{E}\left[\frac{A'}{S'}\right]$$

因此我们有：

$$\mathbb{E}[\kappa'']\geqslant \mathbb{E}\left[\frac{S}{S''}\right]\mathbb{E}[\kappa]+\mathbb{E}\left[\frac{S'}{S''}\right]\mathbb{E}[\kappa']$$

令 $T=X_{[mq]}$ 为分界点（$[mq]$ 为 m 的整数部分），所以 $A=\sum_{i=1}^{m}X_i\mathbb{1}_{X_i\geqslant T}$，令 $B=S-A=\sum_{i=1}^{m}X_i\mathbb{1}_{X_i<T}$。对于条件 T，A 和 B 相互独立：A 是限制 $m\theta$ 样本大于 T 的求和项，而 B 是限制独立的 $m(1-\theta)$ 样本小于 T 的求和项，它们都独立于 S'。给定 $T=t$，令 $p_A(t,da)$ 和 $p_B(t,db)$ 分别为 A 和 B 的分布。同时 $p'(ds')$ 是 S' 的分布，在 T 处为 $q(dt)$，我们有：

$$\mathbb{E}\left[\frac{S}{S''}\kappa\right]=\iint\frac{a+b}{a+b+s'}\frac{a}{a+b}p_A(t,da)p_B(t,db)q(dt)p'(ds')$$

对于给定的 b、t 和 s'，$a\to\frac{a+b}{a+b+s'}$ 和 $a\to\frac{a}{a+b}$ 都是 a 的增函数，所以以 T、B 和 S' 为条件有：

$$\mathbb{E}\left[\frac{S}{S''}\kappa\middle|T,B,S'\right]=\mathbb{E}\left[\frac{A}{A+B+S'}\middle|T,B,S'\right]\geqslant\mathbb{E}\left[\frac{A+B}{A+B+S'}\middle|T,B,S'\right]$$
$$\mathbb{E}\left[\frac{A}{A+B}\middle|T,B,S'\right]$$

该不等式对所有的 T、B 和 S' 均满足，对无条件期望也是有效的，我们有：

$$\mathbb{E}\left[\frac{S}{S''}\right]\geqslant\mathbb{E}\left[\frac{S}{S''}\right]\mathbb{E}\left[\frac{A}{S}\right]$$

如果两个样本的分布相同，那么我们有：

$$\mathbb{E}[\kappa'']\geqslant\frac{m}{m+n}\mathbb{E}[\kappa]+\frac{n}{m+n}\mathbb{E}[\kappa']$$

这时我们会看到 $\mathbb{E}\left[\frac{S}{S''}\right]=\frac{m}{m+n}$，$S=\sum_{i=1}^{m}X_i$ 且 X_i 为同分布变量，所以 $\mathbb{E}\left[\frac{S}{S''}\right]=m\mathbb{E}\left[\frac{X}{S''}\right]$。同时我们有 $\mathbb{E}\left[\frac{S'}{S''}\right]=1=(m+n)\mathbb{E}\left[\frac{X}{S''}\right]$，所以 $\mathbb{E}\left[\frac{X}{S''}\right]=\frac{1}{m+n}$。类似地，我们可以得到 $\mathbb{E}\left[\frac{S'}{S''}\right]=\frac{n}{m+n}$。

定理证明完成。

令 X 为正随机变量，$h\in(0,1)$，我们回顾一下 h 集中度统计量，定义为：

$$\kappa_h=\frac{\mathbb{P}(X>h)\mathbb{E}[X\mid X>h]}{\mathbb{E}[X]}$$

这里 n 样本的 θ 集中度统计量为 $\hat{\kappa}_h(n)=\frac{A(n)}{S(n)}$，$A(n)$、$S(n)$ 和之前的

定义相同，基于 n 样本的独立随机变量序列 $\boldsymbol{X}=(X_1,X_2\ldots X_n)$，和 X 同分布。

定理 5

对于任意的 $n\in\mathbb{N}$，我们有：

$\mathbb{E}\left[\hat{\kappa}_h(n)\right]<\kappa_h$

和

$\lim\limits_{n\to+\infty}\hat{\kappa}_h(n)=\kappa_h$ 概率收敛 + 几乎必然收敛

证明 上式表明 $n\mathbb{E}\left[\hat{\kappa}_h(n)\right]$ 序列具备超可加性，所以 $\mathbb{E}\left[\hat{\kappa}_h(n)\right]$ 是增序列。而且因为大数定律，$\frac{1}{n}S(n)$ 必然收敛且概率收敛于 $\mathbb{E}[X\mathbb{1}_{X>h}]=\mathbb{P}(X>h)\mathbb{E}[X\mid X>h]$，所以该比率几乎肯定会收敛于 κ_h。另外，比率的上限为 1，概率收敛的证明可以通过勒贝格控制收敛定理给出。

14.4 尾部指数的混合分布

下面考虑随机变量 X，其分布 $p(dx)$ 是不同带参分布的混合分布：$p(dx)=\sum_{i=1}^{m}\omega_i p_{\alpha_i}(dx)$。$X$ 的 n 样本集可以由 $n_i=\omega_i n$ 个 X_{α_i} 加权得到，X_{α_i} 的分布为 p_{α_i}。根据上面的定理，在这种情况下我们有：

$$\mathbb{E}\left[\hat{\kappa}_q(n,X)\right]\geqslant\sum_{i=1}^{m}\mathbb{E}\left[\frac{S\left(\omega_i n,X_{\alpha_i}\right)}{S(n,X)}\right]\mathbb{E}\left[\hat{\kappa}_q\left(\omega_i n,X_{\alpha_i}\right)\right]$$

当 $n\to+\infty$ 时，所有的 $\frac{S(\omega_i n,X_{\alpha_i})}{S(n,X)}$ 几乎必然收敛于 ω_i，所以，我们有如下凸性不等式：

$$\kappa_q(X)\geqslant\sum_{i=1}^{m}\omega_i\kappa_q\left(X_{\alpha_i}\right)$$

图 14.4　皮埃尔·西蒙·拉普拉斯侯爵，我们以他的名字命名了拉普拉斯分布和一些公式，排在柯西分布和高斯分布之后（参见施蒂格勒命名法 [218]），图为 1838 年让·巴蒂斯特·保兰·盖林的画作。

帕累托分布的例子非常有趣，这里参数 α 代表分布的尾部指数。如果我们将期望归一化，X_α 的 CDF 为 $F_\alpha(x)=1-\left(\frac{x}{x_{\min}}\right)^{-\alpha}$，我们有：

$$\kappa_q(X_\alpha)=q^{\frac{\alpha-1}{\alpha}}$$

以及

$$\frac{d^2}{d\alpha^2}\kappa_q(X_\alpha)=q^{\frac{\alpha-1}{\alpha}}\frac{(\log q)^2}{\alpha^3}>0$$

所以 $\kappa_q(X_\alpha)$ 是 α 的凸函数，可以写为：

$$\kappa_q(X)\geqslant\sum_{i=1}^{m}\omega_i\kappa_q(X_{\alpha_i})\geqslant\kappa_q(X_{\bar{\alpha}})$$

这里 $\bar{\alpha}=\sum_{i=1}^{m}\omega_i\alpha$。

假设现在 X 是分布未知的正随机变量，我们只知道分布尾部具备幂律衰减性质，尾部指数未知。对尾部指数的无偏估计必然带有不确定性（比如，可能的真实值分布在某个均值附近），这将导致对 κ_q 的下偏估计。

因为集中度统计量只依赖于分布的尾部，上述不等关系也适用于幂律衰减的混合分布，如公式 14.3：

$$\mathbb{P}(X>x)=\sum_{j=1}^{N}\omega_i L_i(x)x^{-\alpha_j} \tag{14.3}$$

对尾部稍有不确定就会抬高集中度指数。我们可以通过将 α 转化为均值 $\bar{\alpha}>1$ 的 $\alpha^+=\alpha+\delta$ 和 $\alpha^-=\alpha-\delta$ 来估计这种偏差。凸性不等式可以写为：

$$\kappa_q(\bar{\alpha})=q^{1-\frac{1}{\bar{\alpha}}}<\frac{1}{2}(q^{1-\frac{1}{\alpha+\delta}}+q^{1-\frac{1}{\alpha-\delta}})$$

在实践中，如果 $\bar{\alpha}$ 约为 3/2，被称为“半立方”指数，那就会导致类似之前 $\alpha=1$ 的结果。因为 $\kappa_q(\alpha)$ 为凸函数，二阶效应 $\frac{\ln(q)q^{1-\frac{1}{\alpha+\delta}}(\ln(q)-2(\alpha+\delta))}{(\alpha+\delta)^4}$ 起主导作用，该效应在 α 较小时会加剧。

我们可以看到分位数的集中度统计量有多不可靠，如果 α 有 0.3 的测量误差，$\kappa_q(\alpha)$ 会上升 0.25。

14.5 变量和越大，$\hat{\kappa}_q$ 越大

$\hat{\kappa}_q$ 估计量与变量和 $S=\sum_{j=1}^{n}Xj$ 高度相关：$\hat{\kappa}_q$ 会随着变量和的增大而上升。如定理 4 所示，两者呈正相关。

如果随机变量是财富分布，我们会看到类似图 14.5 的条件性上升。换句话说，因为变量是肥尾分布，极大值和变量求和的阶数相同，所以额外的财富对应着更明显的不平等现象。在这样的机制下，我们无法假设额外的财富将来自底层或中间阶层。（同样的结论可以应用到战争、流行病、公司规模等变量上。）

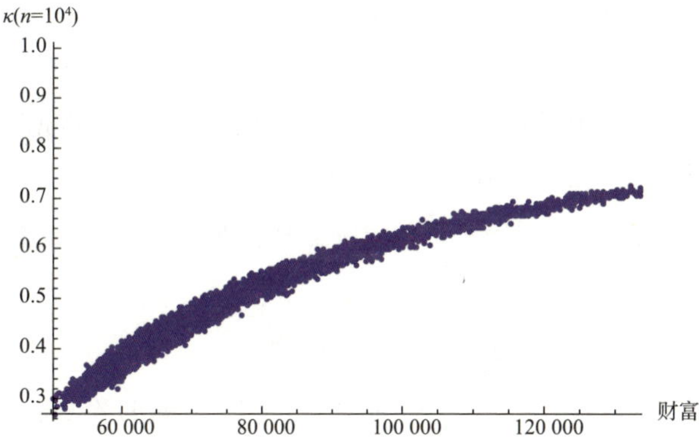

图 14.5　额外财富对 $\hat{\kappa}$ 的影响。

14.6　结论以及如何合理估计集中度

从肥尾变量的分布机理来看，真实集中度可能很高，但是在小样本或子集中，我们会观察到较低的 κ_q。所以，如果看时间序列，我们很可能会产生集中度不断提高的幻觉，实际上，财富集中度在整个过程中保持不变，样本数目增加才是导致变化的关键原因。[1]

如果看不见全局，我们对 α 的估计也可能是有偏的：在不确定“真实” α 时，我们不该采用概率加权的方法计算 α 指数（标准平均法），而是应该取不同子集的最小 α（和一般的变量不同）。

如果不经调整，我们也无法直接分析 κ 每年的变化。我们注意到，有一些学术理论建立在这类不平等“增加”的基础上，如 [191]。但他们没有理解 κ_q 统计量的本质，就直接粗暴地宣扬不平等量的“变化”，而不考虑估计本身的随机性，也忽略了 κ_q 在时序和子集上的变化特性。更糟的是，这些理论不考虑样本大小，计算的时候采用了大小各异的样本集，导致有关不平等的研究结果完全失去了统计意义。[2]

1　累积财富的分布一般会比收入分布更加肥尾 [99]。

2　克里斯·贾尔斯：《皮凯蒂研究中的数据错误》，《金融时报》，2014 年 5 月 23 日。

这类有关肥尾的错误在学术文献中非常常见。使用集中度和集中度变化的方法本身就存在问题，例如斯蒂芬·平克 [194] 描述全球暴力事件下降的文章就有一个错误的推论，他从非常小的样本的人口数据（相较于肥尾所需的数据量）得到战争伤亡的集中度 $\hat{\kappa}_q$。[1] 因为战争伤亡和暴力冲突事件极度肥尾，稍有变动就会证伪战争暴力事件在统计上逐年下降的结论。

14.6.1 稳健方法和完整数据的使用

我们常常听到这样的辩驳：“本研究使用了完整的数据集，而且用分位数贡献 $\hat{\kappa}_q$ 衡量集中度的方法是稳健的。”遗憾的是，稳健性测试往往会在肥尾条件下失效，如第八章所示。实际上更糟糕的是：哪怕这类“稳健”方法无偏，分位数估计也只适用于静态样本，无法累积并外推。所以，该方法无法支持我们对数据的真实（样本外适用）性质做出任何统计意义上的科学陈述。

以保险（或者再保险）公司为例，在索赔较少的年份中，公司的“会计”利润并不反映公司的实际“经济”情况，仅以一年为样本来计算保险损失的集中度没有意义。“会计”利润不用于预测每年的业绩变化，而是用于预测尾部（和其他）事件的风险敞口，这些分析考虑了业绩的随机性。这种“会计”（确定性）和“经济”（随机性）价值之间的差异对政策制定至关重要，在肥尾条件下更是如此。战争也是如此：我们不能根据过去一段时间的历史样本数据来估计（未来）风险的大小。

14.6.2 我们应该如何测量集中度？

在实践中，风险管理者倾向于使用 CVaR 和其他类似的统计量，或者使用可以外推的非凹方法。比如，得到尾部指数 α 的信息，取不同指数的最小值，对应定理 2 中重推导 κ 的过程。或者更严格地说，对不同可能状态下的 α 进行积分。这类调整后的方法不那么有偏，遇到的累积问题也较

---

1 用理查森的数据 [194]：“（战争）遵循 80/20 法则：几乎 80% 的死亡都是由 2% 的战事造成的。”所以斯蒂芬·平克以及部分研究暴力冲突定量特性的文献都使用了有缺陷的方法论，并产生了严重的偏差，因为分位数估计对战争这样的肥尾事件极为有偏。此外，在尾部指数很小的时候，对均值所做的推断也不可信。

少——有点儿类似于数量金融领域的“随机波动率”方法，即给期权的隐含波动率添加“微笑”曲线来表达波动率参数可能的变化和估计误差，以调整期权价格。这里对应的是“随机 α”或“随机尾部指数”。[1] 而具备外推性的意思是，我们描述尾部的方法论可以延展，能够覆盖未来超出当前样本极值的观测。[2] [3]

致谢

本华·曼德博（已故）、布兰科·米拉诺维奇、多米尼克·盖关、菲利克斯·萨尔蒙、布鲁诺·迪皮尔、马克·约尔（已故）、阿尔贝特·希里亚耶夫、部分匿名人士以及布鲁克林 Luciano 餐厅和曼哈顿 Naya 餐厅的员工。

1　还要注意的是，除了分位数估计问题，一些作者（如 [192]）在处理数据时，基于不充分的尾部信息使用帕累托法插值，用有条件的平均贡献来拟合数据。这种方法明显有偏，完全不同于全幂律扩展。

2　即使是对数正态分布，拟合尺度参数也能起到一定作用，因为增大标准差会将概率密度推向右尾。

3　本章的定理也适用于泊松跳跃过程，但我们将重点放在幂律的应用上。因为拟合泊松跳跃要用到插值法，而且可以证明样本内的拟合比样本外更容易。

第五部分　影子矩相关论文

第十五章　无限均值分布的影子矩‡[1]

在本章中，我们提出了一种计算肥尾分布条件矩的特殊方法。对于一些分布，如果仅看原始数据，我们很可能会认为其均值无限。当一个随机变量 Y 满足肥尾分布，但又存在一个很宽的有界定义域时，这种类型的问题就会显现出来。

由此我们引入双重分布的概念，这是一种通过对数变换平缓移除分布上界的方法。双重分布的尾部可以通过极值理论来研究，不需要额外的参数假设。并且原始分布可以通过估计分布来反推，比如通过逆变换可以计算原始分布的矩。

我们的新方法和简单截尾法的核心差异在于，新方法支持极值理论，因为原分布和双重分布的变换具备连续性。

此类方法在战争伤亡、操作风险、环境破坏、复杂网络和很多其他经济物理学领域都具备潜在的应用空间。

1　研究章节，共同作者西里洛。

15.1 介绍

考虑一个肥尾随机变量 Y，定义域有界 $[L,H]$，为不失一般性，令下界 $L \gg 0$，同时假设有限上界 H 很大。正因为 H 很大，所以取到靠近上界值的可能性很小，从数据上我们会看到，变量范围在 $M \ll H < \infty$。

图 15.1 是该问题的图形化表达，对于具备上界 H 的随机变量 Y，其真实尾部可以用实线表示。然而，如果只能观察到最大样本 $M \ll H$，并且因为观察不到 H 而忽略 H 的存在（有意或无意），我们就会倾向于认为尾部如虚线所示。在大多数情况下，我们都难以区分这两种尾部，因为只有在靠近 H 的位置才会看到差异。

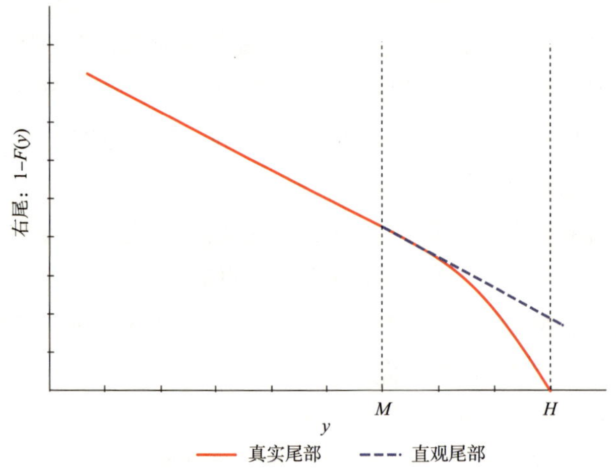

图 15.1　因为一般情况下我们只会观察到 M，图中虚线代表忽略有限上界 H 的情形。

下面假设我们想要研究 Y 的尾部，虽然 $H < \infty$，但是因为其肥尾性，我们近似地认为这样的分布属于弗雷歇分布。[1] 在极值理论中 [184]，随机变量 Y 的分布 F 属于弗雷歇分布的条件为 $\bar{F}(y)=1-F(y)=y^{-\alpha}L(y), L(y)$ 是缓变函数。换句话说，弗雷歇分布包含了所有右尾具备幂律性质的分布。

1　注意，这里直接认为 Y 等于弗雷歇分布是不对的，如果随机变量存在有限上界，它就不可能属于弗雷歇分布，而更偏向韦布尔分布 [116]。

如果从数据出发，我们可能会相信右尾如图 15.1 的虚线所示，这样我们估计的 α 会小于 1。根据幂律的性质，该分布的 $F(Y)$ 和所有高阶矩均为无穷大。这也意味着，样本均值以及所有和鲁棒性相关的指标在统计推断上没有任何意义 [168]。但如果 H 有限，该结论就不成立，定义域有界的随机变量的各阶矩都是有限的。

解决这种问题的方法之一是，通过对肥尾有界量适用的带参模型来拟合，比如截尾帕累托模型 [1]。但是如果 Y 只在尾部展现出帕累托性质，分布本身并不满足帕累托分布又如何？我们是不是要用混合模型了？

在下面的一节中，我们会就此给出一个不依赖于强参数假设的通用解法。

15.2 双重分布

和改变分布的尾部相比，我们发现更方便的方法是保留性质已知的常见分布，反过来对数据进行变换。在图 15.1 中，真实尾部和直观尾部（虚线）在很大程度上无法被区分开来，我们可以利用这一事实，对 Y 进行变化，从而移除上界 H，新的双重随机变量 Z 和 Y 的直观尾部一致。这样我们就可以按照原流程估计 Z 的尾部参数 α，在计算矩的时候再回到 Y，更精确地说，是给定阈值之上 Y 的条件矩。

假设 Y 的定义域为 $[L, H]$，定义函数：

$$\varphi(Y) = L - H\log\left(\frac{H-Y}{H-L}\right) \tag{15.1}$$

我们可以证明 φ 是“连续的”：$\varphi \in C^{\infty}, \varphi^{-1}(\infty) = H, \varphi^{-1}(L) = \varphi(L) = L$。这样 $Z = \varphi(Y)$ 定义了下界为 L 的新随机变量，上界为无穷。注意，这里 $\varphi(.)$ 带来的变换并不依赖于 Y 分布的任何参数。

通过这样的构造，当 H 很大时有 $z = \varphi(y) \approx y$。这也意味着，对于一个极大的几乎不可达的上界，我们对 Y 的尾部和 $Z = \varphi(Y)$ 的尾部得到的结论相同。但因为 Y 有界而 Z 无界，我们可以先安全地对无界双重分布 Z

建模（弗雷歇分布），研究其尾部性质，然后回来求 Y 的矩。此时对应双重分布 Z 的矩不存在。[1]

Z 的尾部可以通过不同的方式来研究，比如 [184] 和 [87]。我们的建议是采用皮克兰、巴尔克马和德哈恩定理 [116]。该定理允许我们关注分布的右尾，而且不用关注给定阈值 u 以下的情形，对我们来说 $u \geqslant L$。

假设分布函数为 G 的随机变量 Z，Z 在 u 之上的条件分布为 G_u。然后我们可以定义随机变量 W，代表 Z 尺度重整后超出阈值 u 的值，也即

$$G_u(\omega) = P(Z - u \leqslant \omega \mid Z > u) = \frac{G(u+\omega) - G(u)}{1 - G(u)}$$

$0 \leqslant \omega \leqslant Z_G - u$，这里 Z_G 是 G 的右端点。

皮克兰、巴尔克马和德哈恩的研究告诉我们，对大多数分布类型 G，当 u 很大时 G_u 可以通过广义帕累托分布来近似，$G_u(\omega) \to \mathrm{GPD}(\omega;\xi,\sigma)$，$u \to \infty$，其中

$$\mathrm{GPD}(\omega;\xi,\sigma) = \begin{cases} 1 - \left(1 + \xi \dfrac{\omega}{\sigma}\right)^{-\frac{1}{\xi}} & \xi \neq 0 \\ 1 - e^{-\frac{\omega}{\sigma}} & \xi = 0 \end{cases}, \omega \geqslant 0 \tag{15.2}$$

形状参数 ξ 等于 $1/\alpha$，决定肥尾的程度和矩是否存在。广义帕累托分布的 p 阶矩只在 $\xi < 1/p$ 或 $\alpha > p$ [184] 时存在。ξ 和 σ 都可以通过 MLE 或者矩方法来估计 [116]。[2]

15.3 回到y：影子均值（或总体均值）

我们用 f 和 g 来表示随机变量 Y 和 Z 的密度函数。

我们知道 $Z = \varphi(Y)$，所以 $Y = \varphi^{-1}(Z) = (L-H)e^{\frac{L-Z}{H}} + H$。

---

1 log 变换是非常常见的效用函数。

2 有限上界或凹上界还有其他的处理方法，比如使用调和幂律（指数衰减）[197] 或指数拉伸 [149] 的方式。虽然这些方式与我们的思路相同，但它们都不支持直接应用极值理论或类似的参数化方法。

下面假设我们找到 $u = L^* \geqslant L$，使得 $G_u(\omega) \approx \text{GPD}(\omega;\xi,\sigma)$，这样一来，在给定阈值 L^* 之上，Y 的尾部可以通过 Z 的尾部 G_u 导出。

首先我们有：

$$\int_{L^*}^{\infty} g(z)dz = \int_{L^*}^{\varphi^{-1}(\infty)} f(y)dy \tag{15.3}$$

并且我们知道，

$$g(z;\xi,\sigma) = \frac{1}{\sigma}\left(1+\frac{\xi z}{\sigma}\right)^{-\frac{1}{\xi}-1}, z \in \left[L^*,\infty\right) \tag{15.4}$$

令 $\alpha = \xi^{-1}$，我们有：

$$f(y;\alpha,\sigma) = \frac{H\left(1+\frac{H\left(\log(H-L)-\log(H-y)\right)}{\alpha\sigma}\right)^{-\alpha-1}}{\sigma(H-y)}, y \in [L^*,H] \tag{15.5}$$

或者用分布函数表示：

$$F(y;\alpha,\sigma) = 1-\left(1+\frac{H\left(\log(H-L)-\log(H-y)\right)}{\alpha\sigma}\right)^{-\alpha} \tag{15.6}$$

显然，因为 φ 是点对点变换，用极大似然方法求得的变量 f 和 g 相同，f 和 g 极大似然函数的差异仅仅在于尺度常数。

我们可以推导 $Y > L^*$ 条件下 Y 的影子均值 [1]，表示如下：

$$E\left[Y \mid Y > L^*\right] = \int_{L^*}^{H} yf(y;\alpha,\sigma)dy \tag{15.7}$$

从而得到

$$E\left[Y \mid Z > L^*\right] = \left(H-L^*\right)e^{\frac{\alpha\sigma}{H}}\left(\frac{\alpha\sigma}{H}\right)^{\alpha}\Gamma\left(1-\alpha,\frac{\alpha\sigma}{H}\right)+L^* \tag{15.8}$$

Y 在 $L^* > L$ 之上的条件均值可以通过插入 $\hat{\alpha}$ 和 $\hat{\sigma}$ 的方法进行简单估计，参数可以通过广义帕累托分布拟合 Z 的尾部得到。可以看到，如果 $L^* = L$，那么 $E\left(Y \mid Y > L^*\right) = E(Y)$，也即 Y 之上的条件期望等于 Y 的均值。

同样，通过这种方法可以求得各阶矩，虽然我们可能需要借助数值方法。

1　我们把总体均值称为“影子均值”，和样本均值相对，因为其真实值无法从数据中获得。

该框架可以进一步推广，特别适合数据极度肥尾，代理变量 Y 的所有矩均为无穷的情况。这种情形常见于操作风险损失、大型复杂网络分布以及其他经济物理学现象。

举个例子，假设对 Z 我们有 $\xi>1$。那么 $E\left[Z\mid Z>L^*\right]$ 和 $E(Z)$ 均为无穷。[1] 图 15.1 告诉我们，我们可能会做出 $E(Y)$ 也为无穷的假设——如果直接从 Y 的尾部 [2] 估计 ξ 就是这样的结果。但是因为 $H<\infty$，该假设不成立，哪怕对于 $\xi>1$，我们也可以通过公式 15.8 计算期望 $E[Y\mid Z>L^*]$。

图 15.2　C.F. 高斯，画家克里斯蒂安・阿尔布雷希特・延森绘制。分布能以高斯命名主要归功于拉普拉斯。

在险价值 VaR 和期望损失 ES

通过公式 15.6，我们可以计算 $Y\geqslant L^*$ 时 Y 的逆分位函数，也即

$$Q(p;\alpha,\sigma,H,L)=e^{-\gamma(p)}\left(L^*e^{\frac{\alpha\sigma}{H}}+He^{\gamma(p)}-He^{\frac{\alpha\sigma}{H}}\right) \tag{15.9}$$

这里 $\gamma(p)=\dfrac{\alpha\sigma(1-p)^{-1/\alpha}}{H}$，$p\in[0,1]$，该分位函数基于 Y 在 L^* 以上的条件。

1　对于广义帕累托随机变量 Z，如果，$\xi<1/p$，$E\left[Z^p\right]<\infty$。

2　因为 $1-F(y)$ 和 $1-G(z)$ 的相似性，至少在 M 以下时，拟合两个尾部的广义帕累托分布会给出统计上完全相同的 ξ 估计 [184]。

从公式 15.9 中，我们可以很容易计算给定置信区间下 $Y|Y\geq L^*$ 的 VaR。比如 Y 代表一年内的操作风险，那么 95% 的 VaR 可以表示为 $\mathrm{VaR}_{0.95}^{Y}=Q(0.95;\alpha,\sigma,H,L)$。

在处理 Y 的尾部风险时，另外一个指标是期望损失 ES，即 $E[Y|Y>u\geq L^*]$，也即公式 15.8 的一种拓展表达。

我们可以先计算 $Y|Y\geq L^*$ 的平均超额函数，然后得到期望损失，定义为：

$$e_u(Y)=E(Y-u|Y>u)=\frac{\int_u^{\infty}(u-y)f(y;\alpha,\sigma)dy}{1-F(u)}$$

对于 $y\geq u\geq L^*$，由公式 15.5 可得：

$$e_u(Y)=(H-L)e^{\frac{\alpha\sigma}{H}}\left(\frac{\alpha\sigma}{H}\right)^{\alpha}\left(\frac{H\log\left(\frac{H-L}{H-u}\right)}{\alpha\sigma}+1\right)^{\alpha}\times \Gamma\left(1-\alpha,\frac{\alpha\sigma}{H}+\log\left(\frac{H-L}{H-u}\right)\right) \qquad (15.10)$$

期望损失则可以简单通过下式计算：

$$E\left[Y|Y>u\geq L^*\right]=e_u(Y)+u$$

在金融和风险管理领域，ES 和 VaR 可以结合起来。比如，我们如果想计算 $Y\geq L^*$ 时 Y 的 95% ES，就可以用 $\mathrm{VaR}_{0.95}^{Y}+e_{\mathrm{VaR}_{0.95}^{Y}}(Y)$ 来表达。

15.4　和其他方法的比较

在不“拉伸”或“破坏”原分布的条件下，对帕累托分布截尾有三种方法。

（1）第一种方法是硬截尾，即为分布设一个上限值，然后做归一化处理。这样一来，分布会被归一化到 L 和 H 之间，剩余的概率密度会分布到该区间所有的点上。

（2）第二种方法是假定 H 为吸收壁，随机变量所有超过 H 的值都会

被压缩到 H 处的迪拉克 δ 函数上——这也是衍生品定价的范式。在这种情况下，分布会和常规帕累托分布具备相同的概率密度（除了点 H）。

（3）第三种方法是我们这里提出的方法。

数量金融领域也存在同样的问题，比较截断正态（对巴舍利耶直接使用高斯分布的方法进行修正）与对数变换（斯普林科，1961[216]），标准模型选择的是对数变换，对应单尾对数正态分布。除了对数收益具备可加性等好处，该模型也不会产生“断崖”，即概率密度高低的突然变化，非光滑函数会给风险测度带来一定的不稳定性。

在极值理论中，布雷兰特等人 (2014) 将分布截断，对尾部超出的部分进行了 $Y^{-\alpha} \to (Y^{-\alpha} - H^{-\alpha})$ 的变换，然后对结果应用 EVT。因为该变换需要估计参数，所以需要再对 α 进行极大似然估计。我们发现，这样的不连续变换会遇到一些问题，和金融资产模型中遇到的问题类似，也即在一定阈值之上，当存在概率“断崖”时，用这种方法计算的期望会比我们的方法更高，尤其当 $\alpha < 1$ 时，如图 15.3 所示。

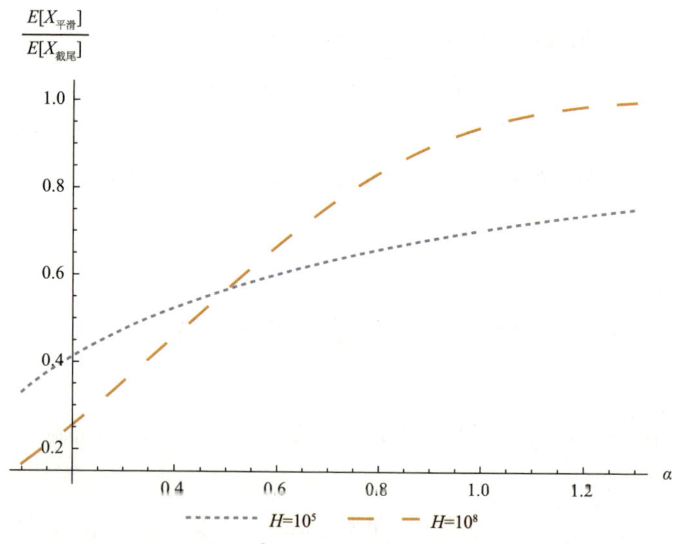

图 15.3　平滑变换期望和截尾期望的比值。

最后一点可以阐述如下，假设我们观测到分布是截尾帕累托分布，但把它当成帕累托分布来研究。概率密度函数为$f(x)=\frac{1}{\sigma}\left(\frac{x-L}{\alpha\sigma}+1\right)^{-\alpha-1}$，$x\in[L,\infty)$。该截断会给出$g(x)=\frac{\left(\frac{x-L}{\alpha\sigma}+1\right)^{-\alpha-1}}{\sigma(1-\alpha^{\alpha}\sigma^{\alpha}\left(\alpha\sigma+H-L\right)^{-\alpha})}, x\in[L,H]$。

截尾帕累托分布的 p 阶矩 $M(p)$ 为（从随机过程的观测中求得）：

$$M(p)=\alpha e^{-i\pi p}(\alpha\sigma)^{\alpha}(\alpha\sigma-L)^{p-\alpha}\frac{\left(B_{\frac{H}{L-\alpha\sigma}}(p+1,-\alpha)-B_{\frac{L}{L-\alpha\sigma}}(p+1,-\alpha)\right)}{\left(\frac{\alpha\sigma}{\alpha\sigma+H-L}\right)^{\alpha}-1} \tag{15.11}$$

这里 $B(.,.)$ 是欧拉 β 函数，$B(a,b)=\frac{\Gamma(a)\Gamma(b)}{\Gamma(a+b)}=\int_0^1 t^{a-1}(1-t)^{b-1}dt$。

最终我们可以得到对帕累托软截尾和硬截尾的比值 $r(H,\alpha)$：

$$r(H,\alpha)=e^{-\frac{\alpha}{H}}\left(\frac{\alpha}{H}\right)^{\alpha}\left(\frac{\alpha}{\alpha+H}\right)^{-\alpha}\left(\frac{\alpha+H}{\alpha}\right)^{-\alpha}\frac{\left(-\left(\frac{\alpha+H}{\alpha}\right)^{\alpha}+H+1\right)}{(\alpha-1)\left(\left(\frac{\alpha}{H}\right)^{\alpha}-\left(\frac{\alpha+H}{H}\right)^{\alpha}\right)E_{\alpha}\left(\frac{\alpha}{H}\right)} \tag{15.12}$$

$E_{\alpha}\left(\frac{\alpha}{H}\right)$是指数积分$e_{\alpha}z=\int_1^{\infty}\frac{e^{t(-\alpha)}}{t^{n}}dt$。

15.5 应用

操作风险 众所周知，公司的最大损失受资本总额的制约。

有上限的再保险合同 再保险合同几乎都有上限（最大收益），但是再保险公司可以就相同类型的风险源签订多份合同，这导致上限不断累积上移，从而导致更大的潜在亏损。

暴力事件 虽然战争极度肥尾，但战争带来的伤亡不可能超越全球人口的上限。

信用风险　一笔贷款存在有限的最大损失，这一点和再保险合同类似。

城市人口　根据数据，城市人口服从齐普夫分布，但一个城市的人口无法超过全球人口的上限。

环境破坏　此类变量也是极度肥尾的，但其风险依旧被地球大小（或它们发生的大陆）束缚了上限。

复杂网络　节点的连接数量是有限的。

公司规模　公司的销售额不会超过 GDP（国内生产总值）的上限。

地震　地震造成的最大破坏受到能量极限的制约。

水文学　洪涝灾害的最高级别可以预定义。

第十六章　暴力事件的尾部风险‡[1]

本章汇总了人类历史上所有暴力冲突事件的统计图景，有针对性地处理了数据的不完整性和不可靠性。我们先对战乱数据进行 log 变换，应用极值理论移除边界，然后根据最大伤亡设定理论上限，转换数据并推导计算均值。结果发现，真实均值很可能是样本均值的 3 倍以上，也即样本观测会严重低估冲突的量级。另外，我们测试了不同估计值高低和处理方式之间的鲁棒性，还研究了不同尾部事件的到达时间间隔，发现该类事件无记忆性（一阶）。因此，历史数据给出的统计图景并不支持我们处于“长期和平”的结论。

16.1　介绍

本章运用了新统计方法来处理肥尾和不可靠数据，并描述了局部幂律分布（有界随机变量）的特性，进而解释了暴力事件的历史统计性质。[2]

1　研究章节，共同作者西里洛。

2　致谢：在本项目中，马克·魏森博恩上尉主要负责了难搞的数据整理任务，检查各种数据源，并将每次历史冲突和维基百科上的描述联系起来。另外，要感谢社交网络上参与审查各类数据的志愿者和提供建议的历史学家。还要感谢为战争冲突的尾部性质提供洞见的诸位，如本华·曼德博、亚尼尔·巴哈彦、拉斐尔·杜阿迪等人。

人类的暴力冲突可能比常规的历史分析“结果”要严重得多，比如当前很流行的“长期和平”理论（认为暴力事件正在不断减少）。我们通过极值理论的一些方法，对历史上的冲突和伤亡数据进行了调整，从而描绘出暴力事件的统计图景。这里我们只关注5万人以上的伤亡事件（按照今天的人口比例计算，在18世纪约对应5 000人）。和目前的主流结论相反，我们所有的统计结果都表明：（1）暴力冲突的风险并未降低，如果简单观察年均冲突的变化，或者用样本均值来表征暴力事件的真实伤害（极度肥尾变量），就会低估其真实风险；（2）武装冲突的到达时间间隔不具备记忆性，所以无法通过时间来观察变化趋势。我们的研究分析采用了：（1）历史学家记录和估计的原始数据；（2）根据实际人口对过去的冲突和伤亡数进行简单变换，这也是当前一些历史学家和社会学家采用的方法；（3）更重要的是，通过对数变换设定冲突带来的伤亡总量不超过人口上限（这一点和数量金融中的log转换类似，可以使变量满足实数定义域）。

总之，在不同类型的数据中（原始数据或尺度重整数据），我们都可以看到：（1）伤亡人数服从幂律分布[1]，log变换以后的数据对应 $0.4\leqslant\alpha\leqslant0.7$，也即均值不存在极度肥尾现象（这是具备统计稳定性的结果）；（2）5万人以上伤亡事件的到达时间间隔服从齐次泊松过程，表明不存在趋势性变化，因此和认为暴力冲突事件频率正在降低的主流观点相矛盾；（3）从数据看，未来真实伤亡分布的预期均值会是过去均值的3倍（虽然伤亡取值高度随机）。

我们将进一步解释：（1）在常规的数据分析下，预期伤亡的均值被大大低估了，历史均值不是未来真实均值的良好估计（与之不同的是，尾部指数的估计噪声要小得多）；（2）大型冲突之间的间隔很长，波动也很大，给人们一种发生频率降低的假象。

为了修正历史伤亡的估计偏差，我们对估计结果做了标准化的自助分析，并用蒙特卡罗法检验了战争记载的不可靠性和史料的缺失。

---

1 之前的很多研究也揭示了数据的帕累托性 [38]。不过我们的研究在拟合校准和解释上与之前的研究存在差异，使用了包括极值理论、自助法、有界定义域变换等新手段。

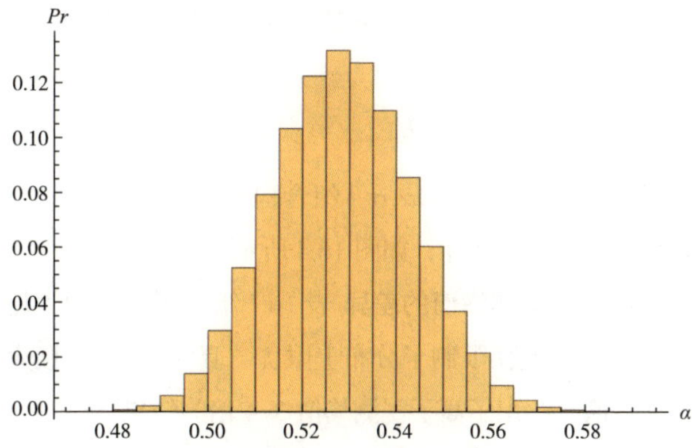

图 16.1　由希尔估计量得到的尾部指数 α 值，样本为 100 000 次不同的伤亡人数（从历史冲突事件中随机选取，伤亡经过尺度重整），得到的尾部指数与所有数据的极大似然值略有不同（但没有意义），因为我们关注的是前 100 个偏差。

16.2　统计讨论汇总

16.2.1　结果

帕累托尾　阈值峰值法（对原始变量和尺度重整变量）显示出了很强的帕累托尾行为，生存函数 $\mathbb{P}(X>x)=\lambda(x)x^{-\alpha},\lambda:[L,+\infty)\to(0,+\infty)$ 是缓变函数，定义为对所有的 $k>0$，$\lim_{x\to\infty}\frac{\lambda(kx)}{\lambda(x)}=1$。

如表 16.4 所示，我们参数化了广义帕累托分布 $G(.)$，$G(x)=1-\left(1+\frac{\xi y}{\beta}\right)^{-\frac{1}{\xi}}$。重整后的数据 $\xi\approx1.88\pm0.14$，尾部 $\alpha=\frac{1}{\xi}=0.53\pm0.04$。

冲突事件发生的无记忆性　表 16.2 和表 16.3 展示了冲突事件的到达时间，也就是说，在面对二战这种级别的事件时，我们要等上超过 100 年才能改变预期。同时，该类事件不存在显著的自相关性和统计时序结构（比如，我们看不到事件有自我增强的特征），如图 16.7 所示。

完整分布　重整后的数据服从洛马克斯分布，其尾部和 POT 拟合的尾部相同。对于伤亡 $>L=10\ 000$、25 000、50 000 的事件，我们根据尾部 α

拟合得到不同的洛马克斯（帕累托Ⅱ型）分布，尺度参数 $\sigma = 84\ 360$，密度函数 $\frac{\alpha\left(\frac{-L+\sigma+x}{\sigma}\right)^{-\alpha-1}}{\sigma}$，$x \geqslant L$。

同时，我们也考虑了不同 (α, σ_α) 组合构成的统计“图景”，α 来自尾部数据，σ 来自极大似然估计，如图 16.4 所示。

样本均值和极大似然均值的差异 表 16.1 给出了带参帕累托分布拟合后的真实均值（经过变换限制了分布上限）。“真实均值”、极大似然估计均值或“统计均值”给出了高于观测均值 3~4 倍的结果。

表 16.1　样本均值和极大似然估计均值，假定对重整后的数据控制不同的伤亡阈值 L

L	样本均值	极大似然估计均值	比率
10 000	9.079×10^6	3.11×10^7	3.43
25 000	9.82×10^6	3.62×10^7	3.69
50 000	1.12×10^7	4.11×10^7	3.67
100 000	1.34×10^7	4.74×10^7	3.53
200 000	1.66×10^7	6.31×10^7	3.79
500 000	2.48×10^7	8.26×10^7	3.31

表 16.2　超过 100 万、200 万、500 万和 1 000 万人的伤亡事件的平均到达时间和平均绝对偏差（实际数据）

阈值（百万人）	均值	MAD
1	26.71	31.66
2	42.19	47.31
5	57.74	68.60
10	101.58	144.47

表 16.3　超过 100 万、200 万、500 万、1 000 万、2 000 万和 5 000 万人的伤亡事件的平均到达时间和平均绝对偏差（重整后的数据）

阈值（百万人）	均值	MAD
1	11.27	12.59
2	16.84	18.13

续表

阈值（百万人）	均值	MAD
5	26.31	27.29
10	37.39	41.30
20	48.47	52.14
50	67.88	78.57

表 16.4　广义帕累托分布的参数估计和标准误差（伤亡超过 5 万人的事件，实际和重整后的数据），同时我们给出了一定阈值之上的事件次数

数据	超过数目	ξ	β
原始数据	307	1.588 6 (0.146 7)	3.625 4 (0.819 1)
简单重整	524	1.871 8 (0.125 9)	14.325 4 (2.111 1)
对数变换	524	1.871 7 (0.127 7)	14.326 1 (2.142 2)

这也意味着“新闻式”的观测（简单地从样本出发计算均值）不仅运用了错误的方法，同时低估了均值至少 1/3。未来如果出现更高的伤亡事件，我们就无法得出暴力事件“增强”的统计结论。

16.2.2　总结

从历史数据分析尾部会看到更高的风险。与简单观察伤亡的时序均值相比，战争冲突很可能比我们想象的要更剧烈。

16.3　研究方法讨论

16.3.1　重整化方法

和上一章一样，我们采用了类似的方法移除有界定义域，使其适用于幂律分布。假定随机变量 X_t 表示 t 时刻发生的冲突事件的次数，首先考虑简单重整 $X_t'=\dfrac{X_t}{H_t}$，H_t 为 t 时刻全球的人口，后面我们会给出估计 H_t 的

方式。

根据当前最大人口 H_t 和预设冲突最小值 L，定义平滑重整函数 $\varphi:[L,H]\to[L,\infty)$ 满足：

i φ 连续：$\varphi\in C^{\infty}$

ii $\varphi^{-1}(\infty)=H$

iii $\varphi^{-1}(L)=\varphi(L)=L$

我们选取的函数为：

$$\varphi(x)=L-H\log\left(\frac{H-x}{H-L}\right) \tag{16.1}$$

此时无界变量 $x_r=\varphi(x)$ 可以很好地拟合幂律指数，方便进行统计分析，之后再反推 X 的统计性质。同时，在 H 非常大时我们有 $\varphi(x)\approx x$，也就是说，对于一个很大的上界，x 和 $\varphi(x)$ 的结果相同。差异仅仅在于，我们从方法论上移除了分布上界（一个几乎不可能达到的上界）。

下面，我们会用尺度重整后的伤亡数字作为 $\varphi(.)$ 的输入，设定 $H=P_{t_0}$。

可以通过 x_r 的分布推导得出 x 的分布：

$$\int_L^{\infty} f(x_r)\,dx_r=\int_L^{\varphi^{-1}(\infty)} g(x)\,dx \tag{16.2}$$

其中 $\varphi^{-1}(u)=(L-H)e^{\frac{L-u}{H}}+H$

在本例中，按照所选的帕累托 – 洛马克斯分布：

$$f(x_r)=\frac{\alpha\left(\frac{-L+\sigma+x_r}{\sigma}\right)^{-\alpha-1}}{\sigma},x_r\in[L,\infty) \tag{16.3}$$

$$g(x)=\frac{\alpha H\left(\frac{\sigma-H\log\left(\frac{H-x}{H-L}\right)}{\sigma}\right)^{-\alpha-1}}{\sigma(H-x)},x\in[L,H]$$

证明了 $\int_H^L xg(x)dx=1$，因此期望为：

$$\mathbb{E}_g(x;L,H,\sigma,\alpha)=\int_L^H xg(x)\mathrm{d}x \tag{16.4}$$

$$\mathbb{E}_g(X;L,H,\sigma,\alpha)=\alpha H\left(\frac{1}{\alpha}-\frac{(H-L)e^{\frac{\sigma}{H}}E_{\alpha+1}\left(\frac{\sigma}{H}\right)}{H}\right) \tag{16.5}$$

$E.(.)$是指数积分 $E_n z = \int_1^\infty \frac{e^{t(-z)}}{t^n} \mathrm{d}t$。

注意，我们使用了如下不变性：

评论 16

如果 $\hat{\theta}$ 是 θ 的极大似然估计，那么对于连续函数 ϕ，$\phi(\hat{\theta})$ 是 $\phi(\theta)$ 的极大似然估计。

更多细节参见 [211]。

16.3.2 条件期望（严谨性稍弱）

我们可以用阶跃函数来替代 C^∞ 上的连续函数，也即指示函数 $\mathbb{1}:\mathbb{R}\to\{0,1\}$，写为 $\mathbb{1}_{X\in[L,H]}$：

$$\mathbb{E}\left(\mathbb{1}_{X\in[L,H]}\right)=\frac{\int_L^H xf(x)dx}{\int_L^H f(x)dx}$$

帕累托－洛马克斯分布变为：

$$\mathbb{E}\left(\mathbb{1}_{X\in[L,H]}\right)=\frac{\frac{\alpha\sigma^\alpha(H-L)}{\sigma^\alpha-(H-L+\sigma)^\alpha}+(\alpha-1)L+\sigma}{\alpha-1} \tag{16.6}$$

16.3.3 数据可靠性和对尾部估计的影响

暴力冲突的数据大多来自野史，基于非常模糊的估计，并通过文献引用不断流传。在此过程中，没有人能够评估或核实此类数据。比如，发生于 7 世纪的安史之乱，历史记载的伤亡“估计”为 2 600 万，但没有精确可靠的方法可以验证该数字。阿尔及利亚民族解放战争的伤亡则有多种估计，一些来自法国，一些来自阿尔及利亚，但都没有科学合理的证据。

正如之前所述，在本章中我们用了不同类型的数据：原始数据、简单重整后的数据（按当前世界人口），以及对数变换数据（规避理论上界问题）。

对于部分观测和根据史料记载估计的伤亡人数，数据存在区间上下界。令 X_t 是 t 时刻某次冲突的伤亡数量，我们可以定义如下三套数据：

- 原始数据的估计值为 $\{X_t, X_t^l, X_t^u\}$，X_t^l 和 X_t^u 代表下界和上界。
- 简单重整数据 $\{Y_t = X_t \frac{P_{2015}}{P_t}, Y_t^l = X_t^l \frac{P_{2015}}{P_t}, Y_t^u = X_t^u \frac{P_{2015}}{P_t}\}$，$P_{2015}$ 是 2015 年的全球人口，P_t 为时间 $t = 1 \ldots 2014$ 的人口。
- 对数变换数据 $\{Z_t = \varphi(Y_t),\ Z_t^l = \varphi(Y_t^l),\ Z_t^u = \varphi(Y_t^u)\}$。

为了防止有人质疑我们仅使用中间值，当存在上下界的时候，我们会采用蒙特卡罗模拟（更多细节参见 [201]），使其在各分位数的估计上没有显著差异（比如尾部指数 $\alpha = 1/\xi$）：

1. 对所有存在上下界的事件 X，我们假设伤亡在上下界之间均匀分布，$X \sim U(X^l, X^u)$。选择均匀分布是为了保持简洁。根据中心极限定理，用其他的有界分布也会得到相同的结果。

2. 然后生成大量蒙特卡罗模拟，在每次模拟中，我们都根据 $U(X^l, X^u)$ 对事件 X 生成随机值。

3. 对每一次模拟我们都计算统计量，尤其是估计尾部指数，为后面要使用的分布积累参数。

该过程表明，估计的精确与否并不影响伤亡分布的尾部，因为尾部指数基本上保持稳定。

对于那些不存在上下界的事件，可以直接采用其数值，或者对其进行扰动形成上下界（之后和其他有界变量一起进行蒙特卡罗模拟）。这里我们采用的是第二种方法。

上述方法同样适用于 Y_t 和 Z_t。

注意，从均值直接拟合得到的尾部 α 会与大量模拟得到的平均 α 存在差异，这也是我们采用上面研究方法的原因。

评论 这类模拟实际上是在检测数据的错误和不可靠性，由此观察“随机尾部 α”的偏差（第十八章）。假设样本大小为 n，参数 $\hat{\theta}_m$ 是大量蒙特卡罗模拟产生的平均参数。X_i 是模拟向量，下标为 i，X_μ 是最大值和最小值之间的中位估计。因为对不同的蒙特卡罗模拟，有 $\frac{1}{m}\sum_{\leq m} \|X_j\|_1 = \|X_\mu\|_1$，

但是对 $\forall j, \|X_j\|_1 \neq \|X_\mu\|_1$， $\hat{\theta}_m = \frac{1}{m}\sum_{\leqslant m} \hat{\theta}(X_j) \neq \hat{\theta}(X_\mu)$。比如，对帕累托尾的极大似然估计，$\hat{\alpha}(X_i) \triangleq n\left(\sum_{1\leqslant i\leqslant n} \log\left(\frac{x_i}{L}\right)\right)^{-1}$，在 $\Delta \geqslant x_m$ 时定义为：

$$\hat{\alpha}(X_i \sqcup \Delta) \triangleq \frac{1}{2}\left(\frac{n}{\sum_{i=1}^{n} \log\left(\frac{x_i}{L}\right) - \log\left(\frac{\Delta}{L}\right)} + \frac{n}{\sum_{i=1}^{n} \log\left(\frac{x_i}{L}\right) + \log\left(\frac{\Delta}{L}\right)}\right)$$

根据对数函数的凹性，会有不等关系：

$$\forall \Delta \geqslant x_m, \hat{\alpha}(X_i \sqcup \Delta) \geqslant \hat{\alpha}(X_i)$$

16.3.4 “事件”的定义

“知名”的战争事件是一种很随意的定义，一般在统计上没有意义：一场战争可以有两个或更多的名称，两个或更多的冲突事件也可以用同一名称表示，同时在统计上我们无法严格区分战争和冲突事件。为统一起见，我们将历史冲突拆解为最长 25 年的单元事件。这样一来，我们将持续了四分之一个世纪的“蒙古征服”拆解为多次事件，同时将从普法战争和到二战时期的战争整体视为“德国战争”，因为这些战争在当代不同的史料中存在名称差异。另外，我们主要的信息源（如《战争百科全书》[189]）列出了多个冲突事件来描述蒙古征服——给定区域内的历史学家水平越高，战争就越可能被拆分成不同的“知名”事件，根据他们的描述，这场战争对应着 12 到 55 个大型冲突事件。

关于“知名”事件定义的争议可以通过自展法来解决。顺带提一句，是否将蒙古征服进行拆解并不影响我们的结论。

此外，因为历史学研究缺乏清晰严谨的定义，我们很难将战乱造成的直接伤亡和那些间接影响人口的因素区分开来（如饥荒、瘟疫）。比如，让很多史学家感到困惑的第一次犹太战争，直接死亡人数约为 3 万，而饥荒造成的平民伤亡远超这个数字（约瑟夫斯给出的数字在 35 万到 100 万之间）。

16.3.5 事件遗漏

我们可以假设，有大量的战争没有包含在当前样本中，虽然这些事件可能很少出现在分布的“尾部”，因为历史学家倾向于记载较大的冲突事件。但我们还是假设，这些遗漏随机分布在当前数据集中（对聚类没有影响）。

同时，我们知道，记载的准确度和频率在时序上是有偏的：近现代的战乱事件相较于以前更容易被记录下来。但只要将伤亡阈值 L 的最低标准上移，这些“遗漏”事件和其影响就会迅速下降。实际上，在鲁棒性测试中，将阈值提高到 $L = 500\ 000$ 并不会改变我们的结果。

我们可以通过一个简单的扰动过程来研究结论对事件遗漏是否敏感。先移除样本中的部分事件，重复上述分析步骤，结果显示，如果关注伤亡分布的尾部，结论对事件遗漏的依赖性很弱。换句话说，因为我们研究的是尾部事件，如果移除 30% 的事件，再看同样过程下的参数和之前并无差异，我们就无须担心现有数据集存在 30% 的事件缺失，因为此类遗漏不会导致尾部变薄。[1]

16.3.6 生存偏差

我们没有考虑研究中的生存偏差，实际上，1960 年以前这一点可以忽略不计，因为当时尚不存在影响全人类的单一冲突事件。在核武器和其他大规模杀伤性武器出现后，这样的概率和风险大大提高了。

16.4 数据分析

图 16.2 和图 16.3 展示了伤亡人数的时序变化。图 16.2 对应实际死亡人数，而图 16.3 对应尺度重整后的数值，按 2015 年的全球人口（约 72

1　反之则不成立，这也是黑天鹅不对称性的核心：该方法无法修正尾部缺失的“黑天鹅”事件，单一的“黑天鹅”事件可以极大地增厚尾部。在本例中，尾部已经足够厚了，似乎没有缺失的信息能使其变薄。

亿人）进行了重整。[1] 在图 16.2 中，我们仿佛看到冲突事件使得死亡人数不断增加，从而支持暴力事件上升的结论，而图 16.3 恰好相反，显示出重整后的死亡人数不断下降（尤其是在过去的 100 年中），暴力事件似乎下降了。在下面的研究中，我们会发现，这两种推论都过于简单，因为两种方法都没有考虑到极端尾部事件的本质属性。

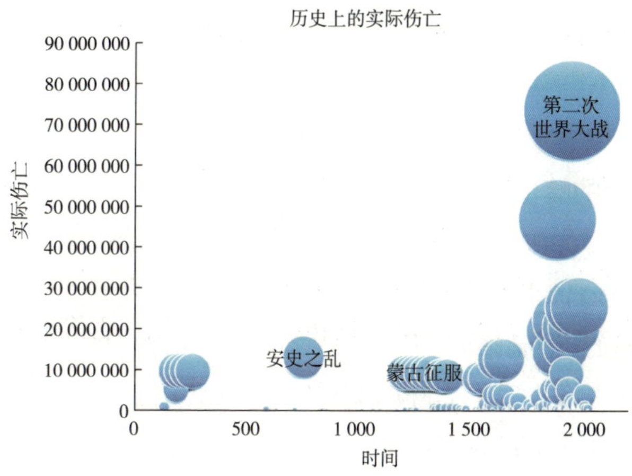

图 16.2 历史上"知名战乱"造成的死亡人数，持续超过 25 年的战乱会被拆解为两次或更多的冲突事件，每个事件均持续 25 年。

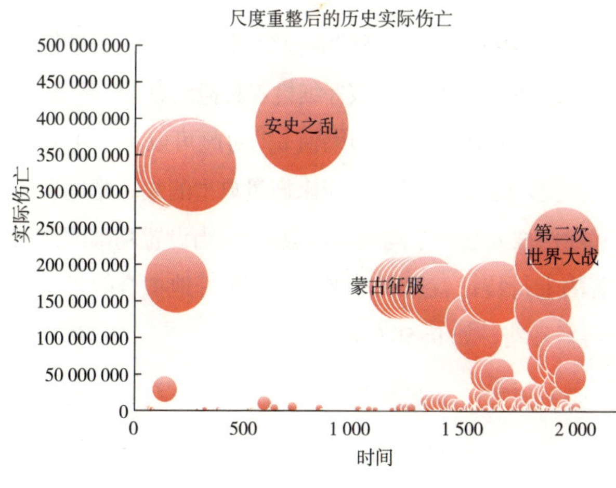

图 16.3 历史上的战乱经过尺度重整后的死亡人数。所有数据都以当前的世界人口为基准进行调整。持续超过 25 年的战乱会被拆解为两次或更多的冲突事件，每个事件均持续 25 年。

1 注意，在公式 16.1 中，对于 $H=72$ 亿，$\varphi(x)\approx x$，所以图 16.4 也可以代表 log 变换后的数据。

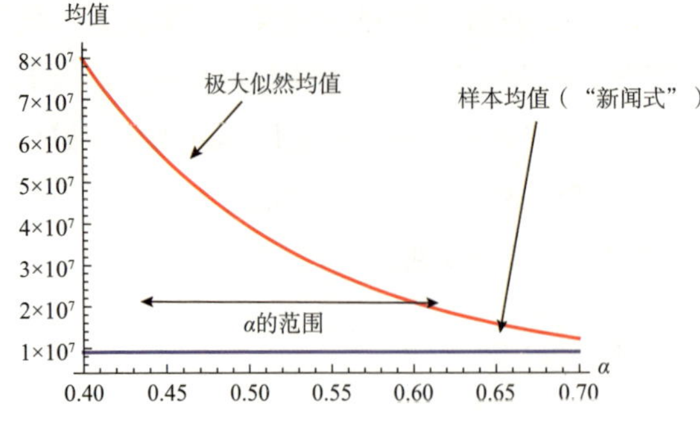

图 16.4　对于不同的 α，我们听到的“新闻式”事件均值与极大似然均值相比的差异［这里数据尺度被重整到有界定义域，对应不同的 (σ_α,α) 排列］。上述 α 的范围是我们对历史数据进行严谨抽样模拟得出的。

16.4.1　阈值之上的峰值

因为数据具备肥尾特性，我们很容易通过基本作图观察其特征，如 log 变换的直方图和 QQ 图（图 16.5 显示了实际伤亡人数分布相对于指数分布的 QQ 图：明显的凹性清晰地表征了肥尾分布），还可以用 POT（峰值过阈值法）[184] 对战争伤亡进行建模（极值理论的知名方法）。

根据 POT，独立同分布随机变量超出给定阈值 u（需要我们定义）的事件服从齐次泊松过程，而超出的数值本身可以通过广义帕累托分布（GPD）建模。一般假定到达时间和超出数值相互独立。

在我们的例子中，根据数据分布的空间和时间离散程度，战争事件相互独立并不算一个强假设。相反，我们应该仔细检查其他假设。

首先，我们定义 GPD 近似可能成立的阈值 u，对此可以采用不同的方法，如齐普夫图和平均超量函数图都可以用来衡量典型的线性肥尾现象 [44] [82]。图 16.6 为实际伤亡人数的平均超量函数图 [1]：当设置基础阈值为 5 000 人时，一个显著的上行特征就呈现出来。为了更好地拟合效果，我们可以将阈值设置得再宽一些，如 u=50 000 人 [2]。

1　重整后的伤亡数据（简单重整和 log 变换）也会给出类似的结果，为简单起见，后面我们只对变量之一作图，除非两者呈现出显著差异。

2　后来的拟合结果证明了该想法。

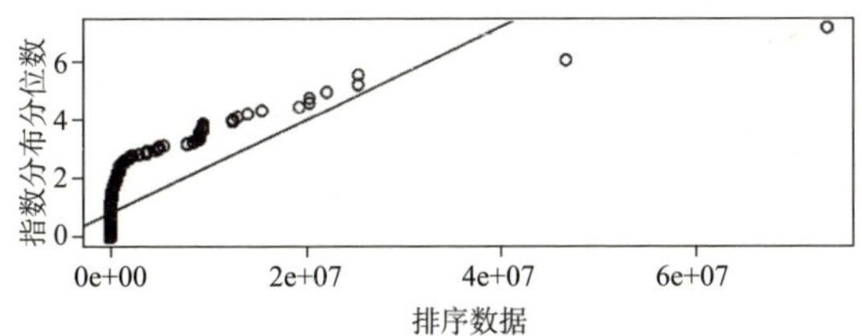

图 16.5　实际伤亡人数分布相对于标准指数分布的 QQ 图。数据点呈现出的凹度表现出显著的肥尾特征。

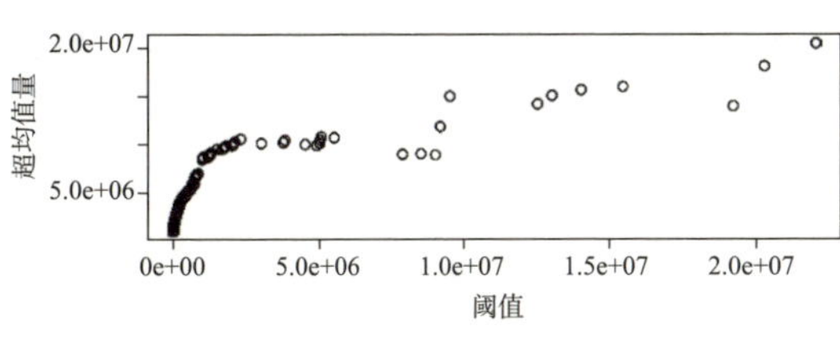

图 16.6　实际伤亡人数的平均超量函数图（MEPLOT），图中的上行趋势（第一部分几乎为线性）证明了右尾的肥尾性。极高阈值下的平均超量函数的波动主要是由于超过这些阈值的观测数量较少，不具有参考意义。

16.4.2　事件间隔和自相关性

POT 可以用于检验事件发生的时间是否满足齐次泊松过程，其基础假设是，看到达时间的分布是否为指数分布，事件之间的间隔应该不存在自相关性。

图 16.7 清晰地显示了自相关性不存在，事件发生间隔为指数分布的合理性可以通过逻辑推演或分析工具正向验证。为方便起见，这里略过结果。

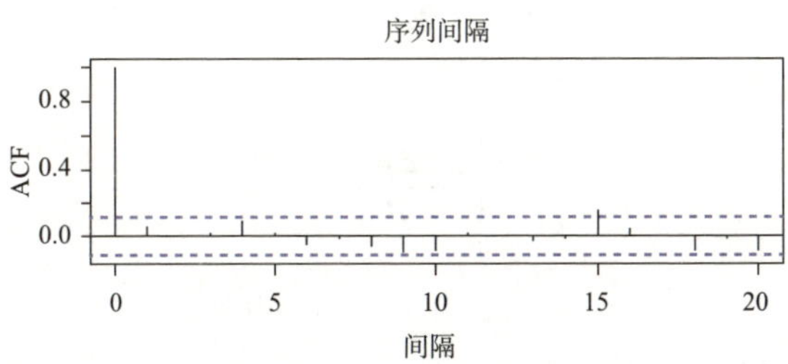

图 16.7　实际伤亡事件间隔的 ACF 图，可以看到不存在显著的自相关性。

再提供一些额外的有用信息，在表 16.2 和表 16.3 中，我们计算了伤亡极大事件发生时间的一些统计量。[1] 这样的证据足以说明，战争频率随历史不断降低的理论是多么站不住脚。对于伤亡超过 1 000 万人的事件，按照实际数据，平均时间间隔为 101.58 年，而平均绝对偏差为 144.47 年。[2] 这意味着，在过去一段时间里，我们没有见到这样的事件是完全合理的，明天或者未来某天事件还是有可能发生的。这也意味着，针对这类事件的所有趋势分析都没有太大意义。而且，如果我们看实际伤亡人数，像二战这样的事件在过去的 2014 年中只发生过一次（如果看重整后的伤亡人数则可以加上安史之乱），这样一来，事件的时间间隔可能更长。

16.4.3 尾部分析

从数据中我们看到事件支持泊松分布的 POT 假设，那么我们可以对超量事件拟合广义帕累托分布。

假设有随机变量 X，分布函数为 F，令 F_u 为 X 在给定阈值 u 之上的条件分布函数。那么我们可以定义随机变量 y，表示重整后的 X 在阈值 u 之上的超量，得到 [184]:

$$F_u(y)=\mathbb{P}(X-u\leqslant y\mid X>u)=\frac{F(u+y)-F(u)}{1-F(u)}$$

其中 $0\leqslant y\leqslant x_F-u$，$x_F$ 是标的分布 F 的右端点。皮克兰 [190]、巴尔克马和德哈恩 [8][9][10] 认为，对于一个大的底层分布 F（归纳为 GEV 分布吸引域 [184]），当 u 很大时，F_u 可以近似为广义帕累托分布：$F_u(y)\to G(y)$，当 $u\to\infty$ 时，

$$G(y)=\begin{cases}1-\left(1+\dfrac{\xi y}{\beta}\right)^{-\frac{1}{\xi}} & \xi\neq 0\\ 1-e^{-\frac{y}{\beta}} & \xi=0\end{cases}\qquad(16.7)$$

可以证明 GPD 分布是指数分布（$\xi=0$）和帕累托分布之间的插值分

1 表 16.2 没有给出 2 000 万（5 000 万）或更多伤亡事件的平均时间间隔。因为按实际伤亡人数（不经过重整），这类事件实在是太罕见了。但是，所有伤亡超过 2 000 万人的战乱都是在过去 150 年中发生的，而且间隔只有不到 20 年，那么我们是否生活在一个比以往更和平的世界中呢？

2 对于重整后的数据，事件的平均时间间隔会短一些，但结论类似。

布，更多细节见 [184]。

公式 16.7 中的参数可以通过极大似然法或概率权重矩法来估计 [184]。之后可以通过自展法测试拟合的优劣 [262]。

表 16.4 是我们对超过 5 万死亡人数事件的极大似然估计（实际和重整后的数据）。该阈值是拟合效果和数据量之间的最佳平衡点，所以能够可靠地计算标准误差。实际数据和重整后的数据会给出两套不同的参数，但结论非常统一，因此，后续只以实际伤亡数据为例进行展开。

对我们最重要的是参数 ξ：它是控制右尾肥尾程度的变量。大于 1 的 ξ（结果为 1.588 6）表明该广义帕累托分布的所有矩均不存在：原分布为极度肥尾分布。当然，在这个样本中，我们可以计算各阶矩，但是结果完全靠不住，基于样本内统计量的理论有重大缺陷（也是大家常犯的错误）。这里我们的估计结果本身非常显著，标准误为 0.146 7。

根据我们的拟合，重大的灾难性事件并非完全不可能发生。

图 16.8 和图 16.9 比较了实际数据和拟合情况。在两张图中，我们都可以看到，伤亡人数大于 5 万人的事件对 GPD 拟合非常好。一些量级很大的数据会存在偏差，如二战和安史之乱。[1] 如果仅看拟合结果，我们预期会有更大的战争事件，这也是极端数据的常见问题 [184]，尾部的超大型事件可能被暂时隐藏起来了。

同样，500 万到 1 000 万伤亡人数的事件（也是大型战争事件！）似乎比 GPD 拟合的结果更频繁。这是战争伤亡的极端性的另一种表征，战争事件无法通过简单趋势来外推。

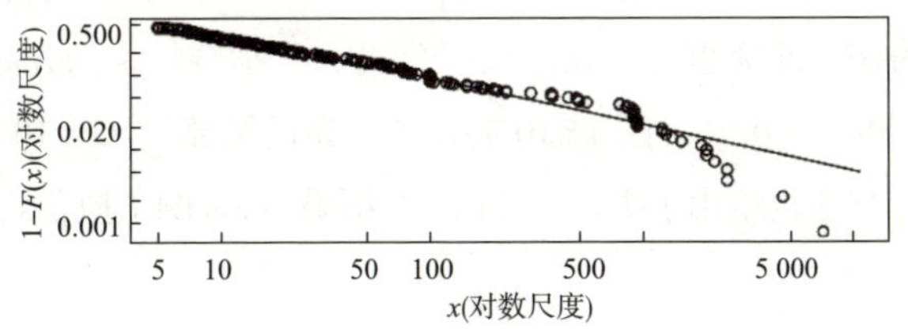

图 16.8 实际伤亡数据的 GPD 尾部拟合（单位：万人），参数见表 16.4 第一行。

1 哪怕移除数据集中最大的两次事件，我们也无法在 5% 的置信水平上拒绝 GPD 假设。

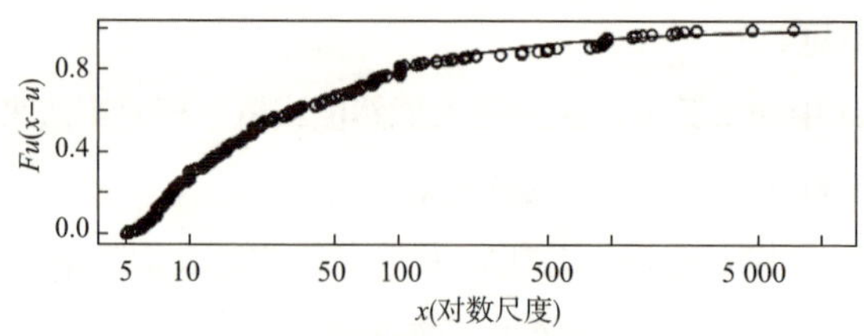

图 16.9 实际伤亡数据的 GPD 累积函数拟合（单位：万人），参数见表 16.4 第一行。

16.4.4 有关极大值的另类视角

另一种方法是极值理论的区域极大值方法。该方法会将数据拆分成几个子集，只观察每个子集中的最大值。费雪－蒂皮特定理 [184] 保证了归一化以后的极大值会收敛到广义极值分布（GEV）。

$$\mathrm{GEV}(x;\xi)=\begin{cases}\exp\left(-(1+\xi x)^{-\frac{1}{\xi}}\right) & \xi\neq 0\\ \exp(-\exp(-x)) & \xi=0\end{cases},1+\xi x>0$$

该分布天然和 GPD 相关，更多细节见 [184]。

如果将最近 100 年的数据拆开，我们得到 21 个观测值（最近一期为 2001 年到 2014 年）。极大似然估计给出的 ξ 大于 2，表明在弗雷歇分布最大吸引域中，对应极度肥尾现象。在 GEV 分布下，ξ 大于 2 进一步证明了分布的矩不存在，清晰表明分布具备极肥的右尾。

16.4.5 全数据集分析

在了解了分析方法的局限性之后，我们可以对全样本进行拟合。对超过 1 万人的伤亡冲突事件，我们按照公式 16.3 拟合帕累托分布，在全数据集上得到的 $\alpha\approx 0.53$。图 16.10 展示了“靠近尾部”（L = 10 000）拟合得很好。表 16.5 也给出了类似图 16.10 的结果，都证明了拟合效果非常好。

表 16.5 拟合效果非常好

L	σ
10 000	84 260
25 000	899 953

续表

L	σ
50 000	116 794
100 000	172 733
200 000	232 358
500 000	598 292

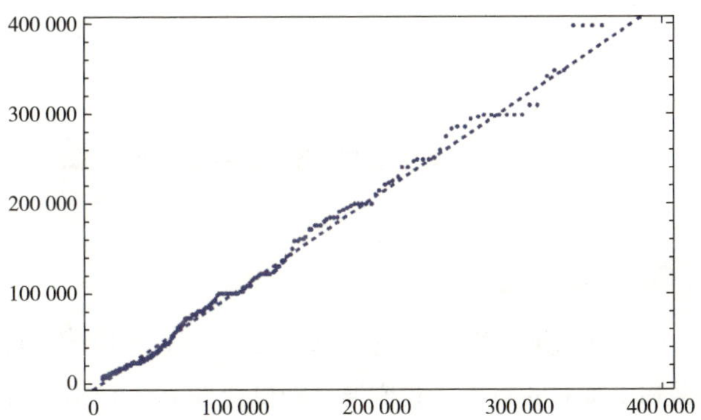

图 16.10　重整后的伤亡数据和洛马克斯（帕累托 II 型）分布的 QQ 图（只选取尾部区域）。

在公式 16.4 中，均值可以通过不同的 α 来计算，只要保持一个自由度：对应的 σ 是给定 α 下的极大似然估计，对于样本大小 n，超过 L 的观测值 x_i，$\sigma_\alpha=\{\sigma:\frac{\alpha n}{\sigma}-(\alpha+1)\sum_{i=1}^{n}\frac{1}{x_i-L+\sigma}=0,\sigma>0\}$。

在 10 万次模拟中，L=10 000 的样本均值是 9.12×10^6，数据分布见图 16.15。

公式 16.4 计算出的“真实”均值是 3.1×10^7，这里可以看到，在 L= 10 000、20 000、50 000、100 000、200 000 和 500 000 的不同阈值下，计算得到的真实均值相对于历史均值的比率为 3 到 4，如表 16.1 所示。这里两种均值的比值 ≈ 3.5 带有随机性，所以精确值没有指导意义，只是告诉我们拿历史均值来分析靠不住。

在肥尾条件下，从 α 出发推导出的均值更严谨，误差也更小，因为对 α 的估计渐进于高斯分布。而对幂律分布直接求平均值则随机得多，甚至均值都不存在。

在公式 16.6 中，按照 $L=10\ 000$ 截尾得到的均值会小一些，约为 $1.883\ 5\times10^7$。

最后我们发现，如果对伤亡 10 000 人以上的事件取不同的 L，超过 96% 的冲突量级都在均值水平以下：假定均值为 m，

$$\mathbb{P}(X<m)=1-\left(1-\frac{H\log\left(\alpha e^{\frac{\sigma}{H}}E_{\alpha+1}\left(\frac{\sigma}{H}\right)\right)}{\sigma}\right)^{-\alpha}$$

16.5 额外的鲁棒性和可靠性测试

16.5.1 GPD 自展法

为了检验数据质量 / 数据精确度的敏感性，我们可以采用自展法。对于原始数据和重整后的数据，我们通过随机选择 90% 样本的方法来产生 10 万个新的样本集（有放回）。图 16.11、图 16.12 和图 16.13 显示了对 ξ 估计的稳定性。这里所有样本的 $\xi>0$，也即暴力武装冲突带来的伤亡数据分布极度肥尾。虽然数据上依然有不精确和遗漏，但表 16.4 中的 ξ 可以被视为 GPD 真实参数的良好估计。

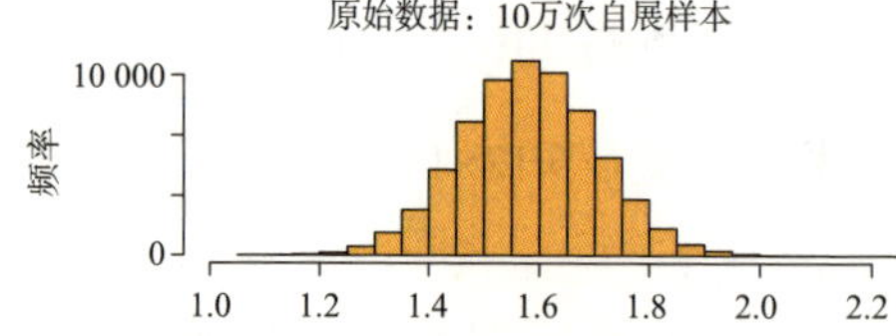

图 16.11 实际伤亡数据 10 万次自展样本的 ξ 参数分布。每个样本都来自选取 90% 的总体观测（有放回）。

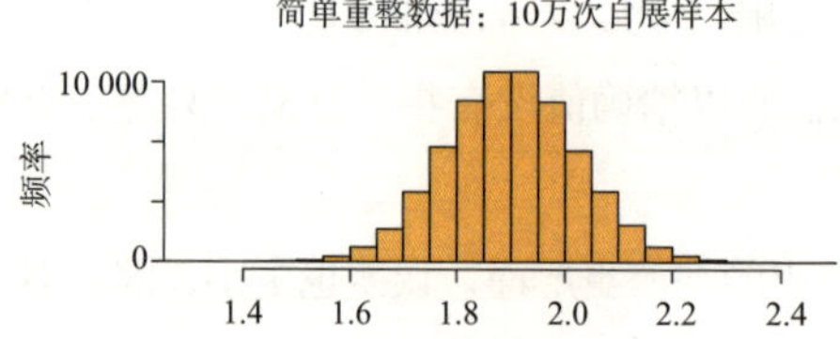

图 16.12 简单重整数据 10 万次自展样本的 ξ 参数分布。每个样本都来自选取 90% 的总体观测（有放回）。

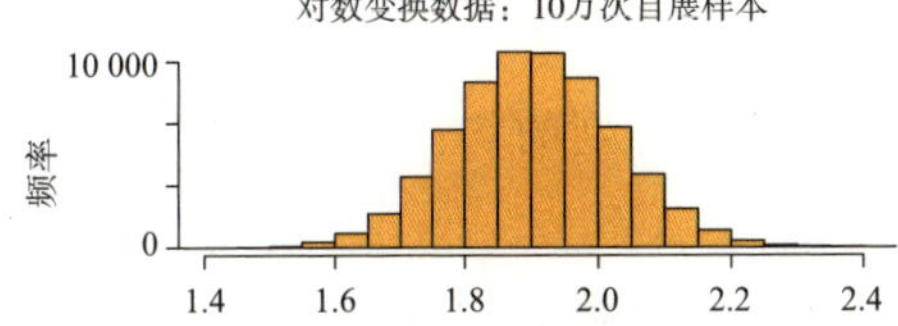

图 16.13　对数变换数据 10 万次自展样本的 ξ 参数分布。每个样本都来自选取 90% 的总体观测（有放回）。

16.5.2　估计边界的扰动

在“靠近尾部”的部分，我们用蒙特卡罗模拟法进行分析。这里会观察二阶“p 值”，也即图 16.14 中 p 值对不同样本估计的敏感性——所有结果都满足同样的统计置信度和拟合度。

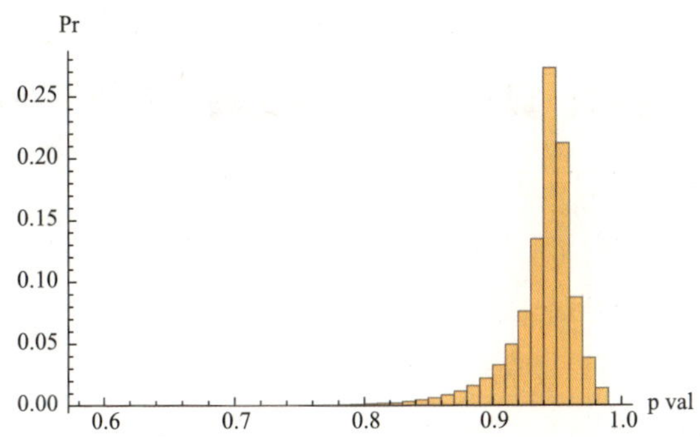

图 16.14　100 000 个组合的帕累托 - 洛马克斯分布 p 值，这里的目标不是求解 p 值，而是通过观察不同估计样本的 p 值变化来检验鲁棒性。

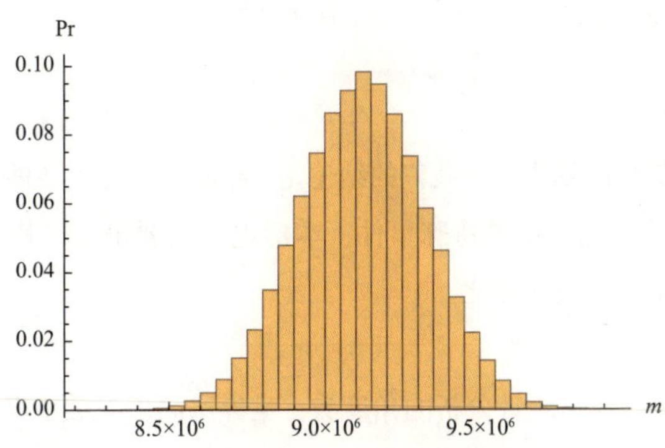

图 16.15　100 000 个组合的样本均值分布（重整后的数据）。

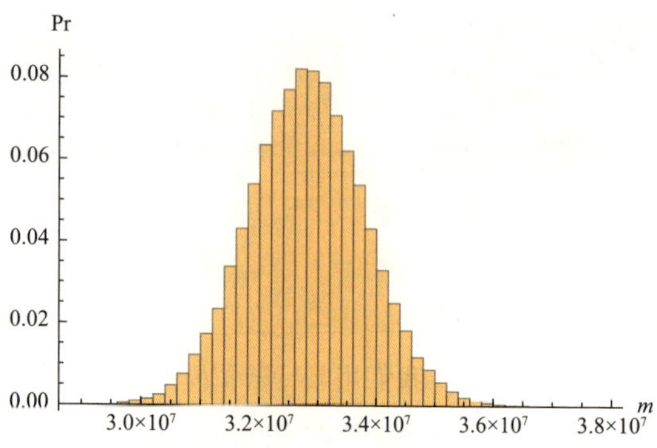

图 16.16　100 000 个组合的极大似然估计均值（重整后的数据）。

16.6　结论：真实世界是否比看起来更不安全？

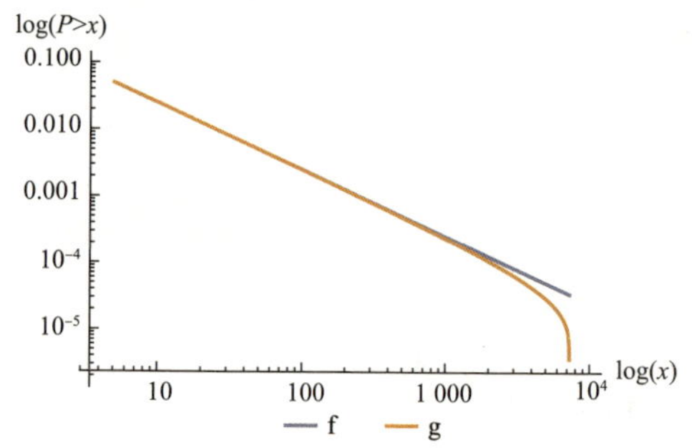

图 16.17　f 和 g 的 log-log 图对比，展示了 H 处存在的阈值上限。

> 用最简单的话来说，我们的结论是：即使未来发生某种会将暴力事件的均值提高 3 倍的特殊事件，本章也不需要重写，其中所有的校准参数都不会发生变化。

- 事实上，单从统计分析的角度看，世界比简单看数字得到的结论更不安全。对历史数据进行新闻式的解读（简单求平均）或者不理解事件到达时间间隔的随机性，都会严重低估暴力事件。

· 有界定义域的变换为我们提供了定量分析低估程度的方法，虽然夹带噪声，但可以看到对该类事件低估的程度和边界。

· 换句话说，如果再发生一次超大型事件，哪怕会导致暴力事件的整体观测均值上升，结果也会符合现有分布的统计性质，也即“什么都没变”。

· 因为设定了阈值 L>10 000，这里不讨论谋杀事件。谋杀事件的发生率对尾部不会有影响，它的分布遵循完全不同的机理，因此不用考虑。我们可能注意到，社会上的凶杀案概率降低，但暴力冲突事件带来的死亡风险增大。（谋杀的死亡概率为 70/100 000 人，按今天的总人口重整后为 5.04×10^6 人 / 年，远低于伤亡超过 10 000 人的事件的均值误差项。）

· 我们忽略了数据分析中的生存偏差（也即**如果世界上出现了极端暴力事件，我们可能就没有机会讨论它了**）。将生存偏差计入会增大风险，而基于当今世界出现的尾部效应，我们应当把它纳入考量。自 1960 年起，人类的单次暴力冲突事件（差一点儿发生）就可能导致伤亡人数出现极大值，这是从未有过的。[我们可以重新构建一个世界各个子区域的集合模型，它包含 n 个“分离”的独立随机变量 X_i，每一个极大值为 H_i，总体求和为 $\sum_n \omega_i H_i = H$，其中 $\omega_i > 0, \sum_n \omega_i = 1$。这样一来，总体的最大值（最严重的冲突事件）可能需要所有 $X_1, X_2, \ldots X_n$ 的联合概率分布都要在最大值附近，在亚指数条件下，这个事件的概率比单一变量达到最大值的概率要小得多。][1]

致谢

与战争相关的数据由马克 · 魏森博恩上尉收集整理，同时感谢本 · 基尔南对东亚冲突事件发表的评述。

---

1 那么我们要等待多久才能**科学地**得出一定量级战争发生概率下降的结论？简单来说，因为战争的到达时间间隔遵循无记忆指数分布，所以 3 倍于均值事件的生存函数为 $e^{-3} \approx 0.05$，也即**科学结论**对应的是 3 倍平均到达时间间隔。像一战和二战这样的大规模战争需要等上 300 年，事实就是这样。

G 第三次世界大战发生的概率有多高？*，†[1]

本文来自作者和公共知识分子的一次辩论，这些知识分子认为，“数据显示”暴力事件发生的概率在降低，却没有意识到科学没那么简单，在肥尾条件下分析数据需要更高的置信度和更仔细的检验。作者和西里洛的回应总结了肥尾条件下简单经验主义带来的问题。

在最近一期的 *Significance* 期刊上，彼得·麦金太尔先生问到 21 世纪发生第三次世界大战的概率。迈克尔·斯帕加特教授表示没人知道答案，我们完全同意这一点。然后他说：“超大型战争的发生不是不可能，但是概率极低。”为了证实他的观点，斯帕加特教授搬出了斯蒂芬·平克教授在《人性中的善良天使》中的新闻通稿式论述。平克教授认为，世界正处于一个暴力事件下降的长期趋势中，由此说明人性向善的结构性变化。

但不幸的是，斯帕加特教授在回答时引用了我们的论文（本书第十六章），恰好是我们肥尾变量研究项目的一部分。

肥尾变量具有什么特征？它们的统计性质（比如均值）被极端事件也即那些“尾部”事件主导。其中最知名的是 80/20 法则。

而我们看到的数据并不支持人性向善的假设。所以斯帕加特教授犯的

1 讨论章节。

第一个错误是曲解了我们的意思：我们并没有给出悲观或乐观的倾向，我们只相信统计学家应该遵守统计学理论的基础，避免通过主观臆测处理数据。

让我们回到第一性原理。

图 G.1 在拿破仑之后，欧洲出现过暂时的和平，直到后来民族主义兴起。

基本原则

从根本上说，统计学的目的是让人不要凭空捏造科学理论，因为这种做法和随机选择差不了多少。不然我们就成了典型的“随机漫步的傻瓜”。

而且，对肥尾变量来说，常规的大数定律作用机制生效非常缓慢，我们往往需要更多的数据和更长的历史才能获得相同的置信度。颇具讽刺意味的是，有一些结论倒是不需要数据来证明：肥尾下的推断本身具备非对称性，**与证明黑天鹅存在相比，我们需要更多的数据来论证黑天鹅不存在。**同样的道理，想要证明暴力事件下降所需的数据量远大于证明其上升所需的数据量。

最后，没有统计显著性的论述不能被用于构建科学理论，从数据上看更是如此。

人们经常会忽略这些基本原则，因为社会科学家受到的统计训练往往局限于薄尾，他们只会机械性地使用统计工具 [2]。在物理学中，我们可以使用标准的统计方法从小样本中得出结论，仅仅因为这些变量的方差很小。而方差越大，给出同样统计论断所需的数据就越多。肥尾分布一般方差都很高，在过去的数据集中被低估了。

斯帕加特和平克犯的第二个错误（也是更严重的错误）是，认为尾部事件和均值不相关，他们没有意识到均值本身就包含了尾部事件的信息。

> 肥尾变量的均值几乎完全被极端值主导。你如果无法确定尾部，就无法确定均值。

因此，整体暴力事件有所减少但是尾部风险没有降低的表述是前后矛盾的，就像是说某人“非常善良，除了曾在校园枪击事件中杀害了 30 名学生”一样。

鲁棒性

我们的研究采用极值理论和适用于肥尾的统计方法，尝试通过最稳健的方式绘制出历史战乱的统计图。同时，我们测试了这些数千年前记载的数据的鲁棒性：所有结论需要在三分之一（或更多）的数据错误的条件下仍然成立。

到达时间间隔

大型战乱冲突事件的到达时间间隔非常长，近似于齐次泊松过程：所以不存在任何显著的趋势，人类也无法证明自己比先辈更善良。对于导致 1 000 万人伤亡的大型冲突事件（量级稍弱于一战和二战），其平均时间间隔是 136 年，平均偏差是 267 年（或者按今天的人口重整数据，平均时间间隔为 52 年，平均偏差为 61 年）。当前 70 年的“长期和平”显然不足以推测出未来发生第三次世界大战的概率。

低估均值

我们还发现，过去历史上的平均伤亡相对真实均值起码被低估了一半。为什么？因为 90%~97% 的观测值都小于均值，所以我们需要根据极值理论对数据进行修正。（在极端肥尾条件下，相较于历史均值，真实的统计均值可能更贴近历史最大值。）

常见错误

历史上还出现过类似的错误，在 1860 年，一个叫 H.T. 巴克尔的人[1] 采用了与斯帕加特和平克类似的反统计推理方法。

> 即使是最草率的欧洲历史阅读者，显然也能看到追求野蛮的特征随着社会的进步在稳步下降。如果在不同国家之间进行比较，我们会发现在很长一段时间内，战争越来越少。如今这一趋势是如此明显，以至在最近的摩擦冲突之前，我们已经保持了近 40 年的和平：这是前所未有的情况（……）问题是，针对这一巨大进步，我们该如何表达我们的道德情感。

不管道德情感怎么样，巴克尔先生写完文章之后的一个世纪是人类历史上战争伤亡人数最多的一个世纪。

对上述内容进行总结：我们很荣幸地发现了 *Significance* 期刊上的基础统计学错误，因为这个问题恰恰是关于统计置信度，以及向公众传达统计学的严谨性这一概念。

1　巴克尔（1858）：《英国文明史（第一卷）》，伦敦：约翰 · D. 帕克父子公司。

第六部分 元概率相关论文

第十七章　递归的认知不确定性如何导致肥尾†[1]

中心极限定理的反面：根据中心极限定理，我们从某个分布出发最终结束于高斯分布。但现实中更有可能反过来，读者是否还记得，我们通过随机化方差增厚了高斯分布的尾部？在本章中我们会使用元概率方法，反向添加多层不确定性。

回溯论证（误差的误差）《黑天鹅》背后的主要问题是对模型误差的理解有限，以及对二阶误差的理解不足（用于计算误差的方法），或者用回溯论证的方式表述，是无法持续地将这套思维方式应用到极限的（尤其是当没有合理的理由停止这么做时）。终止这种递归本身没有问题，只要接受它偏离了量化和统计方法的先验条件即可。

幂律认识论的重推导（非统计） 之前人们推导幂律的方式都是偏统计的（累积优势、优先连接、赢家通吃效应、临界状态等）。而尤尔、曼德博、齐普夫、西蒙、巴克等人推导的幂律性质则基于结构性条件，打破了中心极限定理所必需的随机变量求和独立性假设 [90][212][100][162] [161]。这样的研究纯粹基于认识论，以标准的怀疑哲学和回溯论证为基础。

1　讨论章节。
本章的一个版本曾在本华·曼德博的追悼会上做过展示（2011 年 4 月 29 日，康涅狄格州纽黑文）。

17.1 方法和推导

图 17.1 本章的一个版本曾在本华・曼德博的追悼会上做过展示。

17.1.1 不确定性的层级累加

以标准概率分布比如高斯分布为例，离散度 σ 是估计出来的，因此我们应该给参数加上随机性条件。不确定性的不确定性，或者说高阶变量，类似于期权领域的术语“波动率的波动率”（参见塔勒布，1997；德曼，1994；迪皮尔，1994；赫尔和怀特，1997），也是指代“不确定率的不确定率”。而且我们没有理由止步于此：我们可以进一步将不确定性推广到更高阶，比如不确定率的不确定率的不确定率之类。整个循环都不会有任何确定性存在。

17.1.2 标准高斯分布的高阶积分

我们先从高斯分布开始，观察预设标准差的不确定性。定义高斯分布的 PDF 为 $\phi(\mu,\sigma;x)$，取值为 x，均值为 μ，标准差为 σ。

二阶随机标准差是 ϕ 在 $\sigma \in R^{+}$ 上的积分，PDF 为 $f(\bar{\sigma},\sigma_1;\sigma)$，其中 σ_1 是 σ 的尺度参数（我们用来表征误差的误差），不一定是其标准差；σ_1 的期望是 $\bar{\sigma}_1$。

$$f(x)_1 = \int_0^\infty \phi(\mu,\sigma,x) f(\bar{\sigma},\sigma_1;\sigma)\, d\sigma$$

推广到 N 阶，概率密度函数 $f(x)$ 可以写为：

$$f(x)_N = \int_0^\infty \ldots \int_0^\infty \phi(\mu,\sigma,x) f(\bar{\sigma},\sigma_1,\sigma) f(\bar{\sigma}_1,\sigma_2,\sigma_1) \ldots f(\overline{\sigma_{N-1}},\sigma_N,\sigma_{N-1})$$

$$d\sigma d\sigma_1 d\sigma_2 \ldots d\sigma_N \quad (17.1)$$

问题是，这种方法会带来很多参数，而且对每一阶的分布都要做出假设（在金融领域，大家一般会用对数正态分布表示 σ^2，或者用高斯分布来表示 $\log\left[\frac{\sigma_t^2}{\sigma^2}\right]$，因为直接用高斯分布会存在负值）。我们需要给出每一层的误差的测度 f，不过可以通过 σ 的平均差来近似，如下面所述。

先描述一个简单的倍增过程，把 σ 拆成两种离散化状态。

在上一章我们看到一种捕捉凸性的简化方法，对不同的 σ 取加权平均，计算 $\phi(\mu,\sigma,x)$ 和一阶标准差 $\int_0^\infty \phi(\mu,\sigma,x) f(\bar{\sigma},\sigma_1,\sigma) d\sigma$ 的比例（或差异）：

$$\sigma(1 \pm a(1))$$

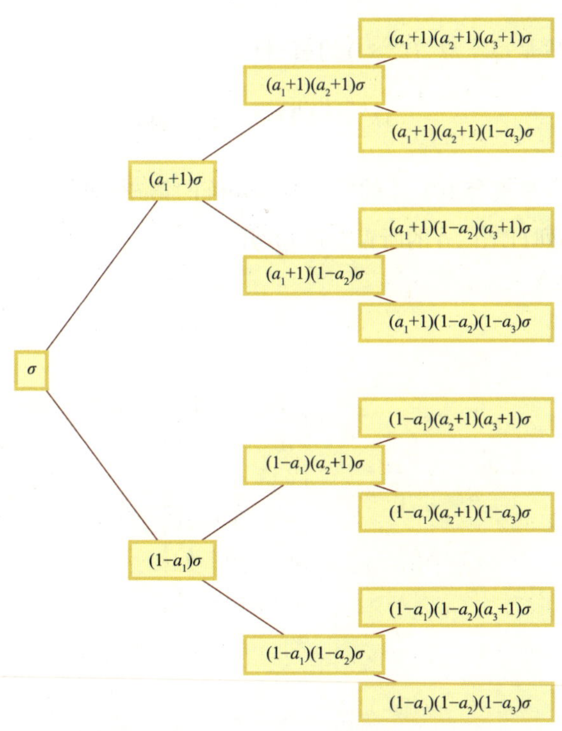

图 17.2　σ 误差率的三层倍增过程。

其中$0\leqslant a(1)<1$，$a(1)$是σ的平均差，也即我们对σ测量的绝对误差。对每种状态我们都给1/2的概率。和之前不同，我们固定了标准差而非方差，所以整体分布可以用一阶随机标准差表示为：

$$f(x)_1=\frac{1}{2}\Big(\phi\big(\mu,\sigma\big(1+a(1)\big),x\big)+\phi\big(\mu,\sigma\big(1-a(1)\big),x\big)\Big) \tag{17.2}$$

下面假设误差$a(1)$的不确定性为$a(2)$，与之前的推演相同。对于$a(1)$我们有$\frac{1}{2}a(1)(1\pm a(2))$。

二阶随机标准差：

$$f(x)_2=\frac{1}{4}\Big(\phi\big(\mu,\sigma\big(1+a(1)(1+a(2))\big),x\big)+\phi\big(\mu,\sigma\big(1-a(1)(1+a(2))\big),x\big)$$
$$+\phi\big(\mu,\sigma\big(1+a(1)(1-a(2))\big),x\big)+\phi\big(\mu,\sigma\big(1-a(1)(1-a(2))\big),x\big)\Big) \tag{17.3}$$

以及N阶标准差：

$$f(x)_N=\frac{1}{2^N}\sum_{i=1}^{2^N}\phi\big(\mu,\sigma M_i^N,x\big)$$

其中M_i^N是矩阵$M^N(2^N\times 1)$的第i行。

$$M^N=\left(\prod_{j=1}^{N}\big(a(j)\mathbf{T}_{i,j}+1\big)\right)_{i=1}^{2^N}$$

$\mathbf{T}_{i,j}$是穷举集合$\{-1,1\}$的所有排列矩阵的第i行第j列元素，也即给定长度n序列$(1,1,1\ldots)$的所有1和-1组合。

对于N=3，

$$T=\begin{pmatrix}1&1&1\\1&1&-1\\1&-1&1\\1&-1&-1\\-1&1&1\\-1&1&-1\\-1&-1&1\\-1&-1&-1\end{pmatrix}$$

以及，

$$M^3 = \begin{pmatrix} (1-a(1))(1-a(2))(1-a(3)) \\ (1-a(1))(1-a(2))(a(3)+1) \\ (1-a(1))(a(2)+1)(1-a(3)) \\ (1-a(1))(a(2)+1))(a(3)+1) \\ (a(1)+1)(1-a(2))(1-a(3)) \\ (a(1)+1)(1-a(2))(a(3)+1) \\ (a(1)+1)(a(2)+1)(1-a(3)) \\ (a(1)+1)(a(2)+1)(a(3)+1) \end{pmatrix}$$

所以 $M_1^3 = \{(1-a(1))(1-a(2))(1-a(3))\}$ 等等。

这里要注意，误差率 $a(i)$ 不等同于样本误差，更贴近未来的预测误差，完全基于**认知**。

最终的混合分布 加权平均后的混合分布可以表示为［ $\phi(x)$ 代表均值为 μ 、标准差为 σ 的普通高斯分布 PDF ］：

$$f(x \mid \mu, \sigma, M, N) = 2^{-N} \sum_{i=1}^{2^N} \phi(\mu, \sigma M_i^N, x)$$

最终，上述分布的标准差 σ 和方差 V 可以通过对数正态分布近似得到。我们感兴趣的是 V，而 V 依赖于高阶误差的性质。

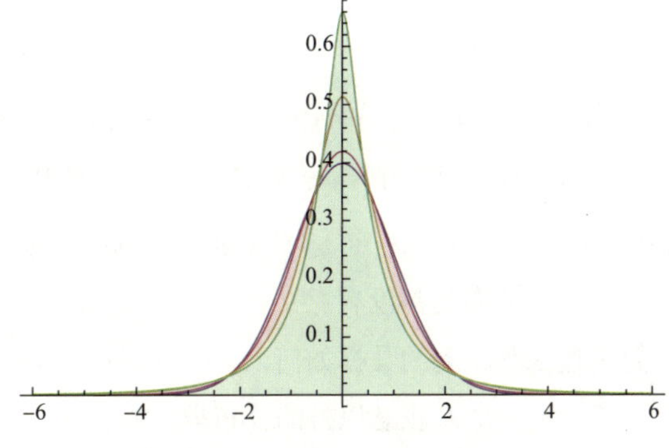

图 17.3 分布的肥尾（尖峰）随 N 发生的变化，这里 N=0,5,10,25,50，所有分布的 $a = \frac{1}{10}$ 。

下面我们考虑高阶误差的不同状态。

状态 1（爆炸式）：常量参数 a

***a* 为常数的特例：** 假设 $a(1)=a(2)=...a(N)=a$，每一层的误差率 a 相同，此时矩阵 M 可以简化为 N 层离散的常规二叉树。

$$f(x\mid\mu,\sigma,M,N)=2^{-N}\sum_{j=0}^{N}\binom{N}{j}\phi\left(\mu,\sigma(a+1)^{j}(1-a)^{N-j},x\right) \tag{17.4}$$

因为求和的线性特征，当 a 为常数时，我们可以用二叉树的权重来计算矩（这里再次强调，在分析时限制一阶矩 μ 相同是一个先验条件）。

$$\begin{pmatrix} & \text{矩} \\ 1 & \mu \\ 2 & \sigma^2\left(a^2+1\right)^N+\mu^2 \\ 3 & 3\mu\sigma^2\left(a^2+1\right)^N+\mu^3 \\ 4 & 6\mu^2\sigma^2\left(a^2+1\right)^N+\mu^4+3\left(a^4+6a^2+1\right)^N\sigma^4 \end{pmatrix}$$

这里要注意，虽然高阶矩有维度爆炸的特性，但是 x 绝对值的期望独立于 a 和 N，因为对 σ 的扰动不会影响绝对一阶矩 $\sqrt{\frac{2}{\pi}}\sigma$（初始假设的 σ），而在对 x 相加的情况下则不然。

每一次递归都会将整个过程的方差增大 $(1+a^2)$。该过程近似于随机波动率模型，标准差（而非方差）服从对数正态分布，波动率会随着 M 增大，且在极限条件下趋于无穷。

后果

如果常数 $a>0$，或者在广义条件下满足 $a(n)\geqslant a(n-1)$，矩就会爆炸。

（1）哪怕是最小的 $a>0$ 也是如此，因为 $\left(1+a^2\right)^N$ 是无界量，所以 $N\to\infty$ 时二阶矩会趋于无穷（虽然一阶矩不一定）。此时即使 0.001% 的误差率也会导致矩爆炸，因此所有 L^2 分布类都没有意义。

（2）在这样的条件下，无论过去观察到的数据如何，基于认识论我们都需要用幂律的视角来研究，或者至少是 L^2 正态以外的分布类。

注意，这里我们需要一个**先验**条件（从哲学的角度）在 N 处进行截断，由此阻止二阶矩爆炸。

类似幂律的收敛性质

从下面的 log-log 图中可以看到（图 17.4），在高阶随机波动率条件下，假设随机系数相等（$a(1)=a(2)=\ldots=a(N)=\frac{1}{10}$），概率密度会逐渐逼近幂律分布（就像高方差条件下的对数正态分布），在 log-log 图中呈现出逐渐展平的密度函数。随着我们持续加入多层不确定性直至幂律边界，尾部事件的概率也在持续上升。而神奇的是，一阶矩仍然保持不变。

a 在逐步上升到 1 的过程中展现出同样的效应，尾部指数 $P>x$ 接近 1 但保持 >1。

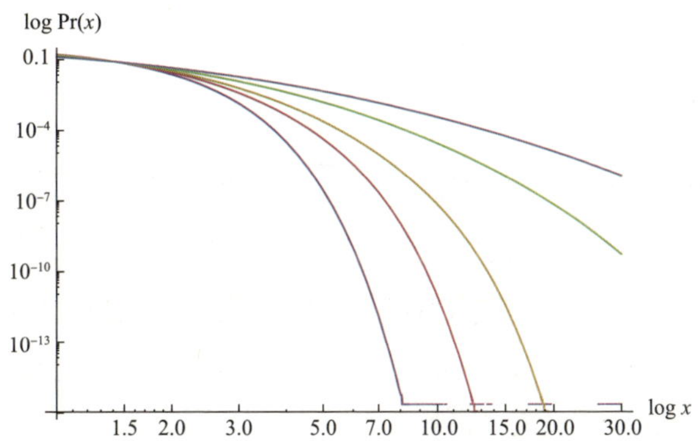

图 17.4　超过 x 概率的 log-log 图，随着 N 的增加，尾部会出现类似幂律的展平，这里所有的 $a=\frac{1}{10}$。

17.1.3　小概率效应

下面我们衡量肥尾效应，最直观的结果就是小概率事件上升。

可以计算超越概率，也即给定 N，参数 a 为常数的条件下超过给定阈值 K 的概率。

$$P>K\mid N=\sum_{j=0}^{N}2^{-N-1}\binom{N}{j}\operatorname{erfc}\left(\frac{K}{\sqrt{2}\sigma(a+1)^{j}(1-a)^{N-j}}\right)$$

$$a=\frac{1}{10},N=0,5,10,25,50 \tag{17.5}$$

其中 erfc(.) 是误差函数的补函数，$1-\operatorname{erf}(.)$，$\operatorname{erf}(z)=\frac{2}{\sqrt{\pi}}\int_0^z e^{-t^2}dt$。

凸性效应　表 17.1、表 17.2 展示了对不同的 N，原分布超越概率对标准高斯分布超越概率的比率。

表 17.1　假设 $a=\frac{1}{10}$

N	$\frac{P>3,N}{P>3,N=0}$	$\frac{P>5,N}{P>5,N=0}$	$\frac{P>10,N}{P>10,N=0}$
5	1.017 24	1.155	7
10	1.034 5	1.326	45
15	1.051 78	1.514	221
20	1.069 08	1.720	922
25	1.086 4	1.943	3 347

表 17.2　假设 $a=\frac{1}{100}$

N	$\frac{P>3,N}{P>3,N=0}$	$\frac{P>5,N}{P>5,N=0}$	$\frac{P>10,N}{P>10,N=0}$
5	2.47	146	1.09×10^{12}
10	4.43	805	8.99×10^{15}
15	5.98	1 980	2.21×10^{17}
20	7.38	3 529	1.20×10^{18}
25	8.64	5 321	3.62×10^{18}

17.2　状态2：$a(n)$为衰减参数

如之前所述，我们可以加一个（实际上我们必须有一个）先验条件来降低参数 a，或者从某处将 N 截断。当高阶 $a(i)$ 下降的时候，分布的矩会受到限制（继承下来的尾部来自 σ的对数正态性）。

17.2.1　状态 2-α：“失血”高阶误差

假设高阶误差的“失血率”为 λ，$0\leqslant\lambda<1$，比如 $a(N)=\lambda a\ (N-1)$，因此 $a(N)=\lambda^N a(1)$，$a(1)$ 是随机标准差的离散度，同时令 $\mu=0$。

在 N=2 时，二阶矩变为：

$$M_2(2)=\left(a(1)^2+1\right)\sigma^2\left(a(1)^2\lambda^2+1\right)$$

在 N=3 时，

$$M_2(3)=\sigma^2\left(1+a(1)^2\right)\left(1+a(1)^2\lambda^2\right)\left(1+a(1)^2\lambda^4\right)$$

最终，对于一般的 N，

$$M_2(N)=\left(a(1)^2+1\right)\sigma^2\prod_{i=1}^{N-1}\left(a(1)^2\lambda^{2i}+1\right) \qquad (17.6)$$

我们也可以用 Q-Pochhammer 符号重新表示公式 17.6，$(a;q)_N=\prod_{i=1}^{N-1}(1-aq^i)$

$$M_2(N)=\sigma^2\left(-a(1)^2;\lambda^2\right)_N$$

由此可以得到极限

$$\lim_{N\to\infty}M_2(N)=\sigma^2\frac{\left(\lambda^2;\lambda^2\right)_2\left(a(1)^2;\lambda^2\right)_\infty}{\left(\lambda^2-1\right)^2(\lambda^2+1)}$$

对于四阶矩，通过递归可得到：

$$M_4(N)=3\sigma^4\prod_{i=0}^{N-1}\left(6a(1)^2\lambda^{2i}+a(1)^4\lambda^{4i}+1\right)$$

$$M_4(N)=3\sigma^4\left(\left(2\sqrt{2}-3\right)a(1)^2;\lambda^2\right)_N\left(-\left(2\sqrt{2}+3\right)a(1)^2;\lambda^2\right)_N \qquad (17.7)$$

$$\lim_{N\to\infty}M_4(N)=3\sigma^4\left(\left(2\sqrt{2}-3\right)a(1)^2;\lambda^2\right)_\infty\left(-\left(2\sqrt{2}+3\right)a(1)^2;\lambda^2\right)_\infty \qquad (17.8)$$

所以，$\lambda=0.9$ 且 $a(1)$=0.2 的极限二阶矩只有 $1.28\sigma^2$，虽然显著但是凸性偏差相对温和。极限四阶矩为 $9.88\sigma^4$，虽然超过 3 倍高斯分布 $(3\sigma^4)$，但四阶矩依然有限。在 a 较小和 λ 接近 1 时，四阶矩会逼近高斯分布。

17.2.2 状态 2-b：第二种方法，无倍增误差率

对于 N 次递归，

$$\sigma\left(1\pm\left(a(1)\left(1\pm\left(a(2)\left(1\pm a(3)(\cdots)\right)\right)\right)\right)\right)$$

$$\mathbb{P}(X,\mu,\sigma,N)=\frac{1}{L}\sum_{i=1}^{L}f\left(x,\mu,\sigma\left(1+\left(\mathbf{T}^N.\mathbf{A}^N\right)\right)_i\right)$$

$\left(\mathbf{M}^N.\mathbf{T}+1\right)_i$ 是元组矩阵 $\mathbf{T}^N$ 点乘 $(N\times1)$ 结果的部分元素，L 为矩阵大小，A 包含参数：

$$A^N = \left(a^j\right)_{j=1\ldots N}$$

所以，对 $N=3, \mathbf{T}=(1,a,a^2,a^3)$

$$\mathrm{A}^3\mathrm{T}^3 = \begin{pmatrix} a^3+a^2+a \\ -a^3+a^2+a \\ a^3-a^2+a \\ -a^3-a^2+a \\ a^3+a^2-a \\ -a^3+a^2-a \\ a^3-a^2-a \\ -a^3-a^2-a \end{pmatrix}$$

各阶矩如下：

$$M_1(N) = \mu$$

$$M_2(N) = \mu^2 + 2\sigma$$

$$M_4(N) = \mu^4 + 12\mu^2\sigma + 12\sigma^2 \sum_{i=0}^{N} a^{2i}$$

其极限非常温和：

$$\lim_{N\to\infty} M_4(N) = \frac{12\sigma^2}{1-a^2} + \mu^4 + 12\mu^2\sigma$$

17.3 极限分布

参见塔勒布和西里洛 [241] 对极限分布的处理，我们在合适的条件下使用了对数正态分布。实际上，对数正态分布可以很好地近似误差的误差成常数比例的情况。

第十八章　不对称幂律的随机尾部指数†[1]

这里我们研究了尾部指数随机的幂律 / 缓变类随机变量，其分布的尾部指数 α 有自己的分布。我们通过分布的期望和高阶矩展现了 α 随机性的影响。比如，右尾单尾或右尾不对称变量的矩会随 α 方差的增大而增大（如果矩有限），同样条件下左尾不对称变量的矩会降低。条件期望（CVaR）或平均超额也适用于相同的结论。

我们证明了尾部指数随机的一般情况，并研究了其服从对数正态分布的特殊情况， $\alpha \in [b,\infty), b>1$ 。

尾部指数的随机性导致：只要数据不精确，估计均值和高阶矩就存在显著偏差。这对样本误差有影响，因为 α 的不确定性会抬高期望。

偏差在求和时守恒，哪怕求和数量极大，也能保证收敛到稳定分布。我们构建了与不对称性相关的不等式关系。

我们还考虑了有界幂律分布的情况（如有界定义域），并应用于暴力事件的研究课题，西里洛和塔勒布（2016）。我们证明了历史数据的不确定性提高了分布的真实均值。

1　研究章节。
研讨会：高维极值和风险，荷兰莱顿的洛伦兹中心，2016 年 9 月。

18.1 背景

交易员很早就在金融数学中引入了随机波动率的概念，通过几种方差不同的高斯分布（截面或时序方差）来观察期权定价偏差。深度价外期权（针对尾部事件）在分布方差不确定时价值会增大，因为期权对标准差呈现出凸性。

由此衍生出一系列随机方差的布朗运动模型（参见盖思勒尔的评论 [102]），这类模型在跟踪底层分布以及随机过程映射的非高斯特性（比如期权价格）时非常有效。

正如期权对分布的尺度参数具备凸性，我们可以看到，大多数时候期望对幂律尾部指数也呈现出凸性。本章分析了两个案例：

- 标准幂律，单尾或不对称分布。
- 伪幂律，随机变量看似满足幂律但是存在有界定义域，比如对暴力事件的研究 [46]，战争造成的伤亡不能超过人口上限。

18.2 随机 α 的单尾分布

18.2.1 一般情况

定义 18.1

令 X 为属于该类分布的随机变量，右尾满足“幂律”条件，也即对于 $[x_0,+\infty),\in\mathbb{R}$：

子类 $\mathfrak{P}_1$：

$$\left\{X:\mathbb{R}(X>x)=L(x)x^{-\alpha},\frac{\partial^q L(x)}{\partial x^q}=0,\ \text{对于所有的}q\geqslant 1\right\} \quad (18.1)$$

我们注意到，x_0 在平移后可以为负值，只要 $x_0>-\infty$ 即可。

子类 $\mathfrak{P}$：

$$\left\{X:\mathbb{R}(X>x)=L(x)x^{-\alpha}\right\} \quad (18.2)$$

这里的意思是，随着 $x \to \infty$，比率极限会趋向1。$L:[x_{\min},+\infty) \to (0,+\infty)$ 是缓变函数，定义为对任意的 $k>0$，$\lim_{x\to+\infty}\frac{L(kx)}{L(x)}=1$。$L'(x)$ 为单调函数，常数 $\alpha>0$。

我们进一步假设：

$$\lim_{x\to+\infty} L'(x)x=0 \tag{18.3}$$

$$\lim_{x\to+\infty} L''(x)x=0 \tag{18.4}$$

那么我们有

$$\mathfrak{P}_1 \subset \mathfrak{P}$$

我们注意到，第一类分布对应帕累托分布（需要将位置和尺度参数标准化），此时 L 为常数，$\mathfrak{P}$ 则代表更常见的单尾幂律。

18.2.2 随机 α 不等式

在本小节的剩余部分，我们用 X' 来表示 α 随机化后的变量 X，α 为常数。

命题 18.1

令 $p=1,2\ldots X'$ 是和 X 同属于 $\mathfrak{P}_1$ 类的随机变量（单尾正规变化类），$x_0\geqslant 0$，除了尾部指数 α 随机，所有 >p 的值都保持均值 $\bar{\alpha}$ 不变，

$$\mathbb{E}\left(X'^{p}\right) \geq \mathbb{E}\left(X^{p}\right)$$

命题 18.2

假设有阈值 K，X 属于 $\mathfrak{P}$ 类分布，条件期望损失（CVaR）满足，

$$\lim_{K\to\infty}\mathbb{E}\left(X'|_{X'>K}\right) \geq \lim_{K\to\infty}\mathbb{E}\left(X|_{X>K}\right)$$

简单证明如下。

我们可以看到，$\mathbb{E}\left(X^{p}\right)$ 对 α 呈现出凸性。令 X_{α_i} 为分布尾部指数为常数 α_i 的随机变量，$a_i>p,\forall i$，ω_i 是归一化之后的正权重：$\sum_i \omega_i=1, 0\leqslant|\omega_i|\leqslant 1, \sum_i \omega_i\alpha_i=\bar{\alpha}$，由詹森不等式：

$$\omega_i\sum_i \mathbb{E}\left(X_{\alpha_i}^{p}\right) \geq \mathbb{E}\left(\sum_i\left(\omega_i X_{\alpha_i}^{p}\right)\right)$$

由于分布类由生存函数定义，我们首先需要求解相应的概率密度 $\varphi(x)=\alpha x^{-\alpha-1}L(x,\alpha)-x^{-\alpha}L^{(1,0)}(x,\alpha)$，并找到对应的归一化常量：

$$L(x_0,\alpha)=x_0^{\alpha}-\frac{2x_0L^{(1,0)}(x_0,\alpha)}{\alpha-1}-\frac{2x_0^2L^{(2,0)}(x_0,\alpha)}{(\alpha-1)(\alpha-2)} \tag{18.5}$$

当一阶导和二阶导存在时，$\alpha\neq 1,2$。符号 $L^{(p,0)}(x_0,\alpha)$ 是 $\frac{\partial^p L(x,\alpha)}{\partial x^p}|_{x=x_0}$ 的缩写。

由卡拉玛塔定理 [22][248]，当且仅当形式如下时，在 $[x_0,+\infty)$ 上的函数 L 是缓变函数：

$$L(x)=\exp\left(\int_{X_0}^{X}\frac{\epsilon(t)}{t}dt\right)+\eta(x)$$

$\eta(.)$ 是有界可测函数，随 $x\to+\infty$ 收敛于某个有限值，而 $\epsilon(x)$ 是有界可测函数，随 $x\to+\infty$ 收敛到 0。

与之对应的是，当 $x\to+\infty$ 时，$L'(x)$ 趋于 0［我们可以进一步假设，在公式 18.3 和公式 18.4 中，$L'(x)$ 比 x 更快地趋于 0，且 $L''(x)$ 比 x^2 更快地趋于 0］，分部积分可得，

$$\mathbb{E}\left(X^p\right)=x_0^p+p\int_{X_0}^{\infty}x^{p-1}\mathrm{d}\bar{F}(x)$$

其中 $\bar{F}$ 是公式 23.1 和公式 18.2 中的生存函数。将上式再做三次分部积分，忽略 $L(.)$ 超过二阶的导数：

$$\mathbb{E}\left(X^p\right)=\frac{x_0^{p-\alpha}L(x_0,\alpha)}{p-\alpha}-\frac{x_0^{p-\alpha+1}L^{(1,0)}(x_0,\alpha)}{(p-\alpha)(p-\alpha+1)}+\frac{x_0^{p-\alpha+2}L^{(2,0)}(x_0,\alpha)}{(p-\alpha)(p-\alpha+1)(p-\alpha+2)} \tag{18.6}$$

在 X 属于 $\mathfrak{P}_1$ 的特殊情况下，可以简化为：

$$\mathbb{E}\left(X^p\right)=x_0^p\frac{\alpha}{\alpha-p} \tag{18.7}$$

命题 18.2 可以从性质 $\lim_{x\to\infty}L'(x)=0$ 推导证明。我们也可以由此证明米克定律，即帕累托不等关系和尾部阈值无关，$\frac{\mathbb{E}(X|_{X>K})}{K}$ 随着 $K\to+\infty$ 收敛到常数值。公式 18.6 给出了将凸性拓展到 $\mathfrak{P}_1$ 和 $\mathfrak{P}$ 分布子类所需的精确条件［以 $L(x)$ 函数的形式］。

我们的结论对平移和尺度变换以后的分布依然成立：

$x \mapsto x-\mu+x_0$（帕累托Ⅱ），或者向帕累托Ⅱ分布和Ⅳ分布的其他变换。

为方便起见，我们用到的 $\mathfrak{P}_1$ 类分布都采用相同的参数 x_0 来定义分布下界和尺度。

我们可以验证公式 18.7 中的期望对 α 存在凸性：$\frac{\partial \mathbb{E}\left(X^p\right)}{\partial \alpha^2}=x_0^p \frac{2}{(\alpha-1)^3}$。

18.2.3　$\mathfrak{P}$ 分布类近似

对于 $\mathfrak{P}/\mathfrak{P}_1$ 类分布，当我们可以将 X 的期望写成常数乘以 $x^{-\alpha}$ 积分的时候，上述结论依然成立。

$$\mathbb{E}(x) \approx k \frac{v(\alpha)}{\alpha-1} \tag{18.8}$$

此时 k 是和 α 独立的正值常量，$v(.)$ 近似为 α 的线性函数（加上某个阈值），期望对 α 具备凸性。

示例：学生 T 分布　尾部指数为 α 的学生 T 分布，作为量化金融领域中常用的“复杂”缓变函数，对称幂律分布的半均值或单尾分布的均值（即支持 $\mathbb{R}^+$）可以表示为：

$$2v(\alpha)=2 \frac{\sqrt{\alpha}\,\Gamma\left(\frac{\alpha+1}{2}\right)}{\sqrt{\pi}\,\Gamma\left(\frac{\alpha}{2}\right)} \approx \alpha \frac{(1+\log(4))}{\pi}$$

$\Gamma(.)$ 是伽马函数。

18.3　幂律分布求和

因为我们研究的分布向稳定分布收敛，$1<\alpha<2$，所以 $p=1$，只和均值有关。

我们观察到，均值的凸性不随幂律分布随机变量 X 的和而改变。一般情况下，稳定分布的均值不依赖于 α（常规参数），但实际上两者相关。

令 Y 为帕累托分布随机变量，密度函数 $f(y) \triangleq \alpha\lambda^{\alpha} y^{-\alpha-1}, y \geq \lambda > 0$，尾部指数 $1<\alpha<2$。下面假设 $Y_1, Y_2 \ldots Y_n$ 是和 Y 同分布的取值，$\chi(t)$ 为 $f(y)$ 的特征函数。我们有 $\chi(t)=\alpha(-it)^{\alpha}\Gamma(-\alpha,-it)$，其中 $\Gamma(.,.)$ 为不完全伽马函数。我们可以算出 n 变量求和均值的特征函数 $\frac{1}{n}(Y_1+Y_2+\cdots+Y_n)$，也即 $\chi\left(\frac{t}{n}\right)^{n}$，对其求一阶导：

$$-i\frac{\partial\chi\left(\frac{t}{n}\right)^{n}}{\partial t}=(-i)^{\alpha(n-1)}n^{1-\alpha n}\alpha^{n}\lambda^{\alpha(n-1)}t^{\alpha(n-1)-1}\Gamma\left(-\alpha,-\frac{it\lambda}{n}\right)^{n-1}\left((-i)^{\alpha}\alpha\lambda^{\alpha}t^{\alpha}\Gamma\left(-\alpha,-\frac{it\lambda}{n}\right)-n^{\alpha}e^{\frac{i\lambda t}{n}}\right) \tag{18.9}$$

和

$$\lim_{n\to\infty}-i\left.\frac{\partial\chi\left(\frac{t}{n}\right)^{n}}{\partial t}\right|_{t=0}=\lambda\frac{\alpha}{\alpha-1} \tag{18.10}$$

可以看到，最终收敛的极限分布均值为尺度参数乘以 $\frac{\alpha}{\alpha-1}$，不依赖于 n。

假设 $\chi^{S}(t)$ 是稳定分布 $S_{\alpha,\beta,\mu,\sigma}$ 的特征函数，分布由无限 Y 求和得到，由列维连续性定理，下面两者等价：

- $\frac{1}{n}\sum_{i\leq n}Y_i \xrightarrow{D} S$，分布 $S_{\alpha,\beta,\mu,\sigma}$，其中 $\xrightarrow{D}$ 代表以分布形式收敛
- $\chi^{S}(t)=\lim_{n\to\infty}\chi(t/n)^{n}$

我们用的是标准结果 [272][209]。对于帕累托分布的精确和 [269]，可以将上面的常规参数 μ 替换为：

$$\chi^{S}(t)=\exp\left(i\left(\lambda\frac{\alpha t}{\alpha-1}+|t|^{\alpha}\left(\beta\tan\left(\frac{\pi\alpha}{2}\right)\mathrm{sgn}(t)+i\right)\right)\right)$$

18.4　不对称稳定分布

我们可以通过对称性来验证，在 y_0 附近翻转子类分布 $\mathfrak{P}_1$ 和 $\mathfrak{P}_2$，使其对均值 d 和高阶矩的敏感性为负，会削弱 α 的随机性。

这里的核心问题是：

评论 17：不对称性保留

如果对 $\mathfrak{P}_1$ 类分布进行归一化求和，假定期望如公式 18.8 那样依赖于 α，结果必然收敛于不对称稳定分布 $S_{\alpha,\beta,\mu,1}$，其中 $\beta \neq 0$。

评论 18

令 Y' 为 Y 在 α 随机化之后的变量（保持 α 均值不变），凸性效应变为：

$$sgn\left(\mathbb{E}(Y') - \mathbb{E}(Y)\right) = sgn(\beta)$$

简单证明如下，考虑公式 23.1 中的两个缓变函数，两个尾部各占一个，我们有 $L(y) = \mathbb{1}_{y<y_\theta} L^-(y) + \mathbb{1}_{y\geqslant y_\theta} L^+(y)$

$$\begin{cases} L^+(y), L:[y_\theta, +\infty], \lim\limits_{y\to+\infty} L^+(y) = c \\ L^-(y), L:[-\infty, y_\theta], \lim\limits_{y\to-\infty} L^-(y) = d \end{cases}$$

由 [209]，

如果 $\begin{cases} \mathbb{P}(X > x) \sim cx^{-\alpha}, x \to +\infty \\ \mathbb{P}(X < x) \sim d|x|^{-\alpha}, x \to +\infty \end{cases}$，那么 Y 以分布形式收敛于 $S_{\alpha,\beta,\mu,1}$，系数 $\beta = \dfrac{c-d}{c+d}$。

均值可以表示为 $(\lambda_+ - \lambda_-)\dfrac{\alpha}{\alpha-1}$，其中：

如果 $\int_{y_\theta}^{\infty} L^+(y)dy \geqslant \int_{-\infty}^{y_\theta} L^-(y)dy$，那么 $\lambda_+ \geqslant \lambda_-$

18.5 α为对数正态分布的帕累托分布

下面假设α服从平移后的对数正态分布，均值为α_0，最小值为b，也即$\alpha-b$服从$L\left(\log(\alpha_0)-\frac{\sigma^2}{2},\sigma\right)$，参数$b$允许我们使用尾部指数的下限，以满足有限愿望。我们知道，尾部指数最终会收敛到b，但过程可能相当缓慢。$b\geqslant 1$是α和尺度λ的最小值：

$$\mathbb{E}(Y')=\mathbb{E}(Y)+\lambda\frac{\left(e^{\sigma^2}-b\right)}{\alpha_0-b} \quad (18.11)$$

命题 18.3

假设X'期望有限，α服从平移后的对数正态分布，也即a–b服从$L\left(\log(\alpha_0')-\frac{\sigma^2}{2},\sigma\right)$，我们需要令$b\geqslant 1$以避免无限期望的问题。

假设$\phi(y,\alpha)$为随机尾部指数的概率密度，$\alpha>0$，$\alpha_0>b$，$b\geqslant 1$，$\sigma>0$，$Y\geqslant\lambda>0$，

$$\mathbb{E}(\mathrm{Y})=\int_b^\infty\int_L^\infty y\phi(y;\alpha)dy\,d\alpha$$

$$=\int_b^\infty\lambda\frac{\alpha}{\alpha-1}\frac{1}{\sqrt{2\pi}\sigma(\alpha-b)}\exp\left(-\frac{\left(\log(\alpha-b)-\log(\alpha_0-b)+\frac{\sigma^2}{2}\right)^2}{2\sigma^2}\right)d\alpha$$

$$=\frac{\lambda\left(\alpha_0+e^{\sigma^2}-b\right)}{\alpha_0-b} \quad (18.12)$$

概率密度近似

当b=1时（取b的最小值），我们可以得到随机α对应的概率密度：

$$\phi(y;\alpha_0,\sigma)=\lim_{k\to\infty}\frac{1}{Y^2}\sum_{i=0}^{k}\frac{1}{i!}L(\alpha_0-1)^i e^{\frac{1}{2}i(i-1)\sigma^2}$$
$$\left(\log(\lambda)-\log(y)\right)^{i-1}\left(i+\log(\lambda)-\log(y)\right) \quad (18.13)$$

将α在下界b展开（我们简化为b=1），再分部积分就可以得到上述结果。

18.6　α为伽马分布的帕累托分布

命题 18.4

假设X'的尺度为λ且期望有限，分布的尾部指数$\alpha-1$服从平移后的伽马分布，随机变量$\varphi(.)$，均值为α_0，方差为s^2，α所有取值大于等于 1。

$$\mathbb{E}(X')=\mathbb{E}(X')+\frac{s^2}{(\alpha_0-1)(\alpha_0-s-1)(\alpha_0+s-1)} \tag{18.14}$$

证明：

$$\varphi(\alpha)=\frac{e^{-\frac{(\alpha-1)(\alpha_0-1)}{s^2}}\left(\frac{s^2}{(\alpha-1)(\alpha_0-1)}\right)^{-\frac{(\alpha_0-1)^2}{s^2}}}{(\alpha-1)\Gamma\left(\frac{(\alpha_0-1)^2}{s^2}\right)},\alpha>1 \tag{18.15}$$

$$\int_1^\infty \alpha\lambda^\alpha x^{-\alpha-1}\varphi(\alpha)d\alpha$$

$$=\int_1^\infty \frac{\alpha\left(e^{-\frac{(\alpha-1)(\alpha_0-1)}{s^2}}\left(\frac{s^2}{(\alpha-1)(\alpha_0-1)}\right)^{-\frac{(\alpha_0-1)^2}{s^2}}\right)}{(\alpha-1)\left((\alpha-1)\Gamma\left(\frac{(\alpha_0-1)^2}{s^2}\right)\right)}d\alpha$$

$$=\frac{1}{2}\left(\frac{1}{\alpha_0+s-1}+\frac{1}{\alpha_0-s-1}+2\right) \tag{18.16}$$

18.7　有界幂律，西里洛和塔勒布（2016）

在 [45] 和 [46] 中，我们采用有界幂律分布对暴力事件和操作风险事件进行了研究。这样一来，哪怕$\alpha<1$，因为上界的原因，变量Z依然具备有限期望。

我们提供的方法是对变量进行如下连续变换：先从$z\in[L,H)$, $L>0$开始，将其转化为$x\in[L,\infty)$，后者严格属于幂律分布。

用到的连续对数变换为：

$$x=\varphi(z)=L-H\log\left(\frac{H-z}{H-L}\right)$$

以及

$$f(x)=\frac{\left(\frac{x-L}{\alpha\sigma}+1\right)^{-\alpha-1}}{\sigma}$$

因此，我们可以得到 Z 的分布，在所有 α 为正的情况下期望均有限。

$$\frac{\partial^2\mathbb{E}(Z)}{\partial\alpha^2}=\frac{1}{H^3}(H-L)\left(e^{\frac{\alpha\sigma}{H}}\left(2H^3G_{3,4}^{4,0}\left(\frac{\alpha\sigma}{H}\Big|_{1,\alpha,\alpha,\alpha}^{\alpha+1,\alpha+1,\alpha+1}\right)-2H^2\right.\right.$$
$$(H+\sigma)G_{2,3}^{3,0}\left(\frac{\alpha\sigma}{H}\Big|_{1,\alpha,\alpha}^{\alpha+1,\alpha+1}\right)+\sigma\left(\alpha\sigma^2+(\alpha+1)H^2+2\alpha H\sigma\right)E_\alpha$$
$$\left.\left(\frac{\alpha\sigma}{H}\right)-H\sigma(H+\sigma)\right) \tag{18.17}$$

上式在 [46] 的小范围扰动中始终为正。[1] 在如此低的 α 条件下（约为 $\frac{1}{2}$），期望呈现出极度凸性，偏差也会极为显著。

下面来看该凸性的实际运用。过去两百年间，暴力事件的历史数据并不可靠 [46]，所以对尾部指数的估计会极不精确。这样一来，我们要在计算的时候考虑对尾部指数的估计误差。而上式表明，α 的不确定性很可能会导致“真实的”统计均值（全分布均值而非样本均值）比预计的要高，因此，在更大的不确定性下，我们需要提高对暴力事件的估计。

1 $G_{3,4}^{4,0}\left(\frac{\alpha\sigma}{H}\Big|_{1,\alpha,\alpha,\alpha}^{\alpha+1,\alpha+1,\alpha+1}\right)$ 是迈耶 G 函数。

18.8 其他评论

在尾部指数不确定时，如各类数据不足、不可靠或存在伪造数据的研究分析，都存在对均值和期望损失的估计偏差。

除了统计推断，上述结果还可以拓展到随机过程上，比如存在幂律的复合泊松过程 [217]（泊松分布的跳跃和到达时间服从幂律分布）或列维过程，后者可以通过连续的“切片分布”或离散化过程 [50] 进行分析。因为多次跳跃求和的期望等于期望之和，所以我们会看到和公式 18.8 相同的凸性。

致谢

马尔科·阿韦利亚内达、罗伯特·弗雷、拉斐尔·杜阿迪、帕斯奎尔·西里洛。

第十九章　p值的元分布和p值操控‡[1]

在本章中，我们通过大量统计现象给出了 p 值的清晰概率分布（元分布），以及 m 次独立测试下最小 p 值分布。我们推导了小样本下的 p 值分布（$2 \leqslant n \leqslant n^* \approx 30$），以及样本数量 n 较大时的极限分布。最后还通过逆分布观察了给定 p 值和参数条件下统计测试的"功效"。

可以看到，无论样本大小，p 值的分布都极度有偏且波动剧烈。在相同统计现象的随机结果中，多次重复实验求得的 p 值差异很大。这么大的波动使得最小 p 值和"真实"p 值存在巨大偏差。除非显著增加样本量或将 p 值降低至少一个数量级，否则就算设定测试功效，我们也解决不了什么问题。

本章中的公式可以帮助我们一窥统计结果再现的稳定性，p 值操控以及其他元分析——包括 p 值操控结果的元分布。

总之，从概率的角度看，设定 p 值为 0.05 或功效为 0.9 都没什么意义。

假设我们知道"真实"p 值 p_s，对于同样的统计现象，经过不同次数的实验会得到怎样的 p 值分布？如果存在真实 p 值 p_s，我们认为，在

1　研究章节。

相同现象驱动的 m 次实验中，大数定律会使其均值等于该值，也即 $\frac{1}{m}\sum_{\leqslant m} p_i \xrightarrow{P} p_s$（其中 $\xrightarrow{P}$ 为依概率收敛）。当然，我们也可以对“真实”中位数 p_m 提出类似的收敛条件。本章的结论是，当 n 较小时，分布可以通过解析式表示（虽然要引入特殊的逆函数），n 较大的极限形式则更为简洁，参数只需要中位数 p_m 即可。虽然直接写出 p_s 有一定困难，但我们可以借助中位数 p_m 来表示。最后，最小 p 值的分布也可以用一个简洁的公式清晰表示，以便理解现有科学研究方法论中存在的偏差。

结果如图 19.2 所示，p 值的分布高度不对称（右偏），“真实”p 值为 0.05 时有 75% 的概率会小于 0.05（对于这类边界条件，我们接受假设的概率提高了 3 倍），更糟的是，真实 p 值为 0.12 时有 60% 的概率会小于 0.05。

> 虽然定义域有界，但 p 值分布还是展现出强烈的肥尾特征。如果某次观察到 p 值为 0.02，“真实”p 值很可能 >0.1（甚至可能接近 0.2），标准差 >0.2，平均差约为 0.35。正因为这种极度有偏，衡量离散度的 L^1 和 L^2（以及高阶矩）几乎不随 p_s 变化，其标准差高得完全不成比例，也就是说，样本内 0.01 的 p 值（非常显著）其真实值可能 >0.3。
>
> **显然，当我们谈到 p 值的时候完全不知道自己在讲什么。**

通过 [132][208]，我们找到了一些早年间人们对元分布解析式的尝试推导，它们以高斯分布类为基础，而且参数化过于复杂。[105] 中讨论了“统计显著性”自身的显著性问题，[138] 则提供了一个贝叶斯方法，推荐将 p 值标准提升到 ≈ 0.01。但只有在看到元分布以后，我们才能真正感受到 p 值分布的极端有偏。

这里注明一下，研究中的 n 表征某次实验的样本大小，m 为得到 p 值所需的实验次数。

19.1　证明和推导

命题 19.1

令 P 为随机变量 $\in[0,1]$，对应样本中配对 T 检验（方差未知）的单尾 p 值，均值 $\mathbb{M}(P)=p_M\in[0,1]$，样本大小为 n。所以，在各个统计性质相同的样本集合下，p 值分布的 PDF 为：

$$\varphi(p;p_M)=\begin{cases}\varphi(p;p_M)_L, p<\dfrac{1}{2}\\ \varphi(p;p_M)_H, p>\dfrac{1}{2}\end{cases}$$

$$\varphi(p;p_M)_L=\lambda_p^{\frac{1}{2}(-n-1)}\sqrt{-\frac{\lambda_p\left(\lambda_{p_M}-1\right)}{\left(\lambda_p-1\right)\lambda_{p_M}-2\sqrt{\left(1-\lambda_p\right)\lambda_p}\sqrt{\left(1-\lambda_{p_M}\right)\lambda_{p_M}}+1}}$$

$$\left(\frac{1}{\dfrac{1}{\lambda_p}-\dfrac{2\sqrt{1-\lambda_p}\sqrt{\lambda_{p_M}}}{\sqrt{\lambda_p}\sqrt{1-\lambda_{p_M}}}+\dfrac{1}{1-\lambda_{p_M}}-1}\right)^{\frac{n}{2}}\varphi(p;p_M)_H=\left(1-\lambda_p'\right)^{\frac{1}{2}(-n-1)}$$

$$\left(\frac{\left(\lambda_p'-1\right)\left(\lambda_{p_M}-1\right)}{\lambda_p'^{-}\left(-\lambda_{p_M}\right)+2\sqrt{\left(1-\lambda_p'\right)\lambda_p'}\sqrt{\left(1-\lambda_{p_M}\right)\lambda_{p_M}}+1}\right)^{\frac{n+1}{2}} \qquad (19.1)$$

其中 $\lambda_p=I_{2p}^{-1}\left(\frac{n}{2},\frac{1}{2}\right),\lambda_{p_M}=I_{1-2p_M}^{-1}\left(\frac{1}{2},\frac{n}{2}\right),\lambda_p'=I_{2p-1}^{-1}\left(\frac{1}{2},\frac{n}{2}\right),I_{(.)}^{-1}(.,.)$ 是逆正则 β 函数。

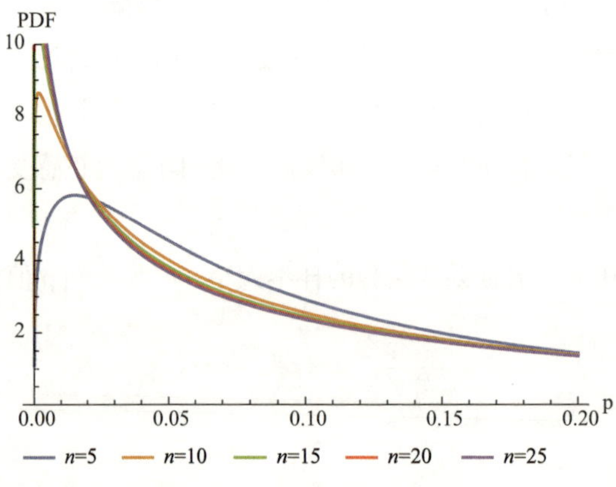

图 19.1　公式 19.1 的不同样本大小 n 向极限分布的收敛情况。

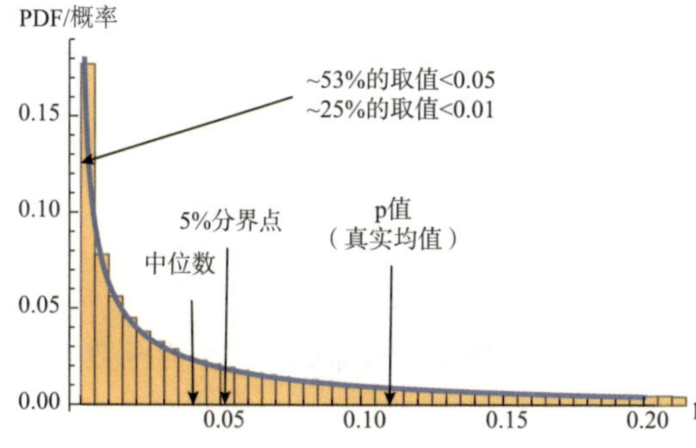

图 19.2　蒙特卡罗模拟生成的单尾 p 值（期望为 0.11）的概率分布（直方图）和密度函数 $\varphi(.)$（实线）。我们抽取了给定统计属性集合中的所有子样本，最终分布的过偏使得均值大大高于绝大多数观测值，因此给人造成"统计显著"的错觉。

评论 19

理论上 $p=\frac{1}{2}$ 时分布不存在，但是在实践中，我们可以通过序列 $p_{m_k}=\frac{1}{2}\pm\frac{1}{k}$ 来构造，图 19.3 显示分布会收敛到均匀分布 [0,1]。此外"零"假设是 0 测度的集合。

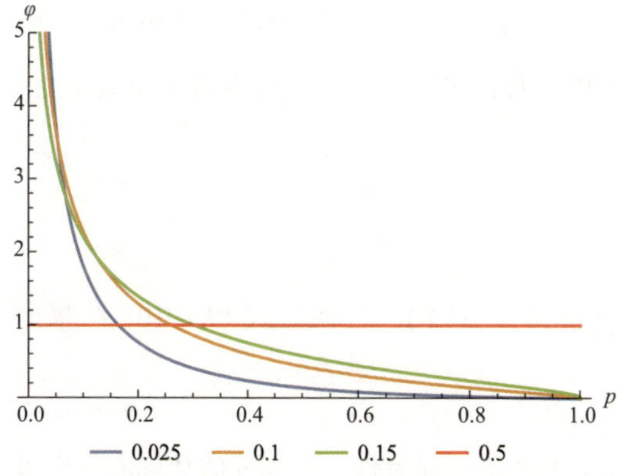

图 19.3　不同 p_M 下 p 的概率分布，我们可以观察到 $p_M=\frac{1}{2}$ 对应均匀分布。

证明 令 Z 为标准化随机变量，ζ 是 Z 的样本值，构成向量 $\bar{v}$（样本量为 n），样本均值为 m_v，标准差为 s_v，$\zeta=\frac{m_v-m_h}{\frac{s_v}{\sqrt{n}}}$（$m_h$ 是需要测试的阈

值），因此，可以假设 ζ 服从 n 自由度的学生 T 分布（均值为 $\bar{\zeta}$），

$$f\left(\zeta;\bar{\zeta}\right)=\frac{\left(\frac{n}{\left(\bar{\zeta}-\zeta\right)^{2}+n}\right)^{\frac{n+1}{2}}}{\sqrt{n}B\left(\frac{n}{2},\frac{1}{2}\right)}$$

这里 B(.,.) 是标准 β 函数。令 $g(.)$ 为学生 T 分布的单尾生存函数（均值为 0，自由度为 n）：

$$g\left(\zeta\right)=\mathbb{P}\left(Z>\zeta\right)=\begin{cases}\frac{1}{2}I_{\frac{n}{\zeta^{2}+n}}\left(\frac{n}{2},\frac{1}{2}\right),\zeta\geqslant 0\\ \frac{1}{2}\left(I_{\frac{\zeta^{2}}{\zeta^{2}+n}}\left(\frac{1}{2},\frac{n}{2}\right)+1\right),\zeta<0\end{cases}$$

$I(.,.)$ 是不完全 β 函数。

下面我们来求 $gf\left(\zeta\right)$ 的分布，因为 $g(.)$ 是博雷尔函数，令 p 为随机变量，通过标准变换我们有：

$$\varphi\left(p,\bar{\zeta}\right)=\frac{f\left(g^{(-1)}\left(p\right)\right)}{|g'\left(g^{(-1)}\left(p\right)\right)|}$$

根据 Z 的对称性，我们可以将 $\bar{\zeta}$ 转化为对应的中位数生存函数。因为各一半的观测值会落在 $\bar{\zeta}$ 两侧，我们可以确定变换将保持中位数不变：$g\left(\bar{\zeta}\right)=\frac{1}{2}$，所以 $\varphi\left(p_M,.\right)=\frac{1}{2}$。最终我们有 $\left\{\bar{\zeta}:\frac{1}{2}I_{\frac{n}{\bar{\zeta}^{2}+n}}\left(\frac{n}{2},\frac{1}{2}\right)=p_M\right\}$（正向）和 $\left\{\bar{\zeta}:\frac{1}{2}\left(I_{\frac{\zeta^{2}}{\zeta^{2}+n}}\left(\frac{1}{2},\frac{n}{2}\right)+1\right)=p_M\right\}$（负向），替换公式 19.1 中的结果即可证明原命题。

可以注意到，增大样本量 n 不会提高显著性，因为 p 值从标准化变量计算而来（所以元分布具备普遍性）。不过当 n 较大时，高斯分布的收敛性会增强。当 n 很大时，我们可以证明下面的命题。

命题 19.2

在上述相同假设下，$\varphi(.)$的极限分布为：

$$\lim_{n\to\infty}\varphi(p;p_M)=e^{-\mathrm{erfc}^{-1}(2p_M)\left(\mathrm{erfc}^{-1}(2p_M)-2\mathrm{erfc}^{-1}(2p)\right)} \tag{19.2}$$

其中 erfc(.) 是误差函数的补函数，$\mathrm{erfc}^{-1}(.)$ 是 erfc(.) 的逆函数。

极限 CDF $\Phi(.)$ 为：

$$\Phi\left(k;p_M\right)=\frac{1}{2}\mathrm{erfc}\left(\mathrm{erf}^{-1}\left(1-2k\right)-\mathrm{erf}^{-1}\left(1-2p_M\right)\right) \tag{19.3}$$

证明 当 n 很大时，$Z=\frac{m_v}{\frac{s_v}{\sqrt{n}}}$ 变为高斯分布，单尾生存函数 $g(.)=\frac{1}{2}\mathrm{erfc}\left(\frac{\zeta}{\sqrt{2}}\right)$，$\zeta(p)\to\sqrt{2}\mathrm{erfc}^{-1}(p)$。

在样本方差已知（或可以假设）时，配对检验适用于该极限分布，此时检验统计量为高斯分布，类似于当 n 较大时，T 检验（学生 T 分布）最终会收敛到高斯分布。

评论 20

当 p 接近 0 时，公式 19.2 中的 φ 可以表示为：

$$\varphi\left(p;p_M\right)=\sqrt{2\pi}\,p_M\sqrt{\log\left(\frac{1}{2\pi p_M^2}\right)}\,e^{\sqrt{-\log\left(2\pi\log\left(\frac{1}{2\pi p^2}\right)\right)-2\log(p)}\sqrt{-\log\left(2\pi\log\left(\frac{1}{2\pi p_M^2}\right)\right)-2\log(p_M)}}+O\left(p^2\right) \tag{19.4}$$

当 $0<p<\frac{1}{2\pi}$ 时，该近似更加精确。

我们可以采用傅里叶变换或类似的方法得到 φ 卷积后的数值解。

我们可以得到相同统计性质下 m 次实验的最小 p 值的分布，由此一窥“p 值操控”现象，p 值操控指的是，研究者通过多次实验来获得最低 p 值，或者不停地尝试，直到得到一次统计显著结果。

命题 19.3

对于相同统计性质的 m 组观察，其最小 p 值的分布为（基于命题 19.2 的极限分布）：

$$\varphi_m(p;p_M)=m\,e^{\operatorname{erfc}^{-1}(2p_M)\left(2\operatorname{erfc}^{-1}(2p)-\operatorname{erfc}^{-1}(2p_M)\right)}$$
$$\left(1-\frac{1}{2}\operatorname{erfc}\left(\operatorname{erfc}^{-1}(2p)-\operatorname{erfc}^{-1}(2p_M)\right)\right)^{m-1} \tag{19.5}$$

证明 $P(p_1>p,p_2>p\ldots p_m>p)=\bigcap_{i=1}^{n}\Phi(p_i)=\Phi(p)^m$，再取一阶导就可以得到上述结果。

非极限分布：如图 19.4 所示，我们对不同的 m 进行了数值积分。所以 m 次实验的期望可以更精确地表示为：

$$\mathbb{E}(p_{\min})=\int_0^1-m\varphi(p;p_M)\left(\int_0^1\varphi(u,.)\,du\right)^{m-1}dp$$

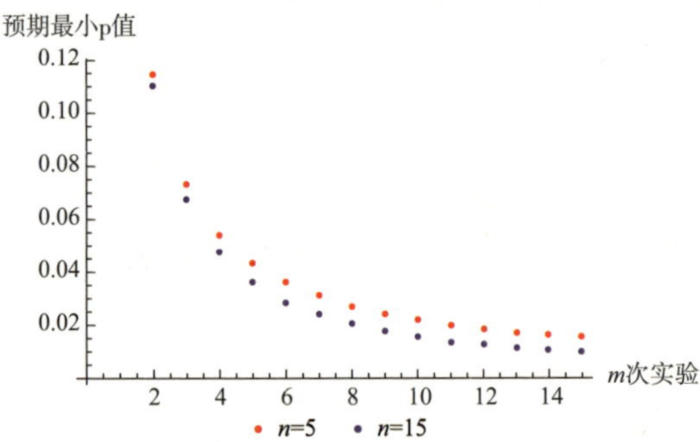

图 19.4　对 m 次实验进行 p 值操控的结果，$p_M=0.15,p_s=0.22$。

19.2　检验的逆功效

令 β 为给定 p 值下的检验功效，样本由隐参数 θ 产生的随机值 X 构成（大小为 n）。为了测量真实功效 β 的可靠性，我们反过来求解其逆命题：

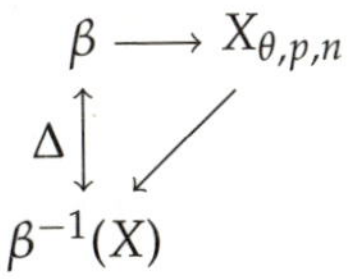

$$
\begin{array}{ccc}
\beta & \longrightarrow & X_{\theta,p,n} \\
\Delta \updownarrow & \swarrow & \\
\beta^{-1}(X) & &
\end{array}
$$

命题 19.4

令 β_c 为预计的样本检验功效，假定变量为学生 T 分布（产生于参数 θ），我们有：

$$
\Phi(\beta_c)=\begin{cases}\Phi(\beta_c)_L, \beta_c<\dfrac{1}{2} \\ \Phi(\beta_c)_H, \beta_c>\dfrac{1}{2}\end{cases}
$$

其中

$$
\Phi(\beta_c)_L=\sqrt{1-\gamma_1}\gamma_1^{-\frac{n}{2}}
$$

$$
\frac{\left(-\dfrac{\gamma_1}{2\sqrt{\dfrac{1}{\gamma_3}-1}\sqrt{-(\gamma_1-1)\gamma_1}-2\sqrt{-(\gamma_1-1)\gamma_1}+\gamma_1\left(2\sqrt{\dfrac{1}{\gamma_3}-1}-\dfrac{1}{\gamma_3}\right)-1}\right)^{\frac{n+1}{2}}}{\sqrt{-(\gamma_1-1)\gamma_1}}
$$

（19.6）

$$
\Phi(\beta_c)_H=\sqrt{\gamma_2}(1-\gamma_2)^{-\frac{n}{2}}B\left(\frac{1}{2},\frac{n}{2}\right)
$$

$$
\frac{\left(\dfrac{1}{\dfrac{-2\left(\sqrt{-(\gamma_2-1)\gamma_2}+\gamma_2\right)\sqrt{\dfrac{1}{\gamma_3}-1}+2\sqrt{\dfrac{1}{\gamma_3}-1}+2\sqrt{-(\gamma_2-1)\gamma_2}-1}{\gamma_2-1}+\dfrac{1}{\gamma_3}}\right)^{\frac{n+1}{2}}}{\sqrt{-(\gamma_2-1)\gamma_2}B\left(\dfrac{n}{2},\dfrac{1}{2}\right)}
$$

（19.7）

其中 $\gamma_1=I_{2\beta_c}^{-1}\left(\frac{n}{2},\frac{1}{2}\right)$， $\gamma_2=I_{2\beta_c-1}^{-1}\left(\frac{1}{2},\frac{n}{2}\right)$， $\gamma_3=I_{(1,2p_s-1)}^{-1}\left(\frac{n}{2},\frac{1}{2}\right)$。

19.3 应用和结论

- 我们可以清晰地看到，因为 p 值和最小 p 值分布带来的严重随机性，我们至少需要小一个数量级的 p 值才能得到 5% 的真实置信度水平（并证实与之相关的推论）。
- 当尝试复现论文时（比如开放科学项目 [49]），我们应该考虑到验证本身存在误差，同时还有对预设结果的主观偏差（第一类错误）。如果看到之前统计显著的检验现在无法通过检验，那是非常正常的，实际上，如果复现结果比原来更显著才令人奇怪。
- 检验的“功效”也面临相同的问题，除非我们降低 p 值或是抬高测试的阈值，比如设定功效为 0.99。

致谢

马尔科·阿韦利亚内达、帕斯奎尔·西里洛、亚尼尔·巴哈彦，和一些推特上的友好人士……

H 行为经济学的谬误

我们之前提到过（第三章和第十一章），“高估尾部”的伪命题主要源于心理学家和决策学家不了解肥尾，从而使用了错误的“正态”模型。这里我们通过两个例子来阐述他们对概率的曲解，一个是对二阶效应的启发式研究，另一个是期望操作符的詹森不等式性质。

这种极为不严谨的统计（股权风险溢价之谜）衍生出了名为“助推”的行为经济学流派，这是一些试图操纵公民决策的心理学家提出的邪恶解决方案。

H.1 案例研究：短视损失厌恶的概念谬误

所谓的“风险溢价之谜”最早由梅赫拉和普雷斯科特提出 [169]，因为在历史上，股权资产相对固定收益资产长期保持着更高的收益率，问题在于，这样的收益差为什么没有被套利抹平？

我们很容易看出，这样的分析忽视了此领域缺乏遍历性，如第三章所示，参与者并不能无条件地获取市场收益，用系综概率和大数定律来评价只有一次人生机会的个人投资者并不合适。此外，市场的“期望正回报”不是投资者获得正回报的充分条件，想要获得真正的正期望还需要凯利式的路径调整策略或者路径依赖的动态对冲方法。

贝纳茨和塞勒认为，卡尼曼—特沃斯基的前景理论 [139] 通过短视损失厌恶解释了上述现象。这样的理论可能有一定道理，但是在肥尾条件下站不住脚。

这里我们以随机化的方式增厚尾部（尺度参数）来观察文献中部分结果的荒谬之处，实际上，在更严谨的统计学分析中，这样的结论是荒谬的。

短视损失厌恶

以前景理论的评价函数为例，w 表示财富改变 x 带来的效用，参数为 λ 和 α。

$$w_{\lambda,\alpha}(x)=x^{\alpha}\mathbb{1}_{x\geq 0}-\lambda\left(-x^{\alpha}\right)\mathbb{1}_{x<0}$$

令 $\varphi_{\mu t,\sigma\sqrt{t}}(x)$ 为相应均值和标准差的正态分布概率密度（尺度经过 t 调整）。

期望“效用”为（前景条件下）：

$$H_0(t)=\int_{-\infty}^{\infty} w_{\lambda,\alpha}(x)\phi_{\mu t,\sigma\sqrt{t}}(x)\,dx \tag{H.1}$$

$$\begin{aligned}&=\frac{1}{\sqrt{\pi}}2^{\frac{\alpha}{2}-2}\left(\frac{1}{\sigma^2 t}\right)^{-\frac{\alpha}{2}}\left(\Gamma\left(\frac{\alpha+1}{2}\right)\left(\sigma^{\alpha}t^{\frac{\alpha}{2}}\left(\frac{1}{\sigma^2 t}\right)^{\frac{\alpha}{2}}-\lambda\sigma\sqrt{t}\sqrt{\frac{1}{\sigma^2 t}}\right)\right.\\&\quad {}_1F_1\left(-\frac{\alpha}{2};\frac{1}{2};-\frac{t\mu^2}{2\sigma^2}\right)+\frac{1}{\sqrt{2}\sigma}\mu\Gamma\left(\frac{\alpha}{2}+1\right)\\&\quad\left.\left(\sigma^{\alpha+1}t^{\frac{\alpha}{2}+1}\left(\frac{1}{\sigma^2 t}\right)^{\frac{\alpha+1}{2}}+\sigma^{\alpha}t^{\frac{\alpha+1}{2}}\left(\frac{1}{\sigma^2 t}\right)^{\frac{\alpha}{2}}+2\lambda\sigma t\sqrt{\frac{1}{\sigma^2 t}}\right){}_1F_1\left(\frac{1-\alpha}{2};\frac{3}{2};-\frac{t\mu^2}{2\sigma^2}\right)\right)\end{aligned} \tag{H.2}$$

从公式 H.2 中可以看到，对表现进行更频繁的采样会导致效用函数恶化。所以，贝纳茨和塞勒所做的是尝试找到“短视”的采样区间，转换为采样频率来解释市场“溢价”——但问题在于，他们忽略了二阶效应。

如果 σ 存在随机性，整个状态就会发生变化：假设方差有一个很小的概率会出现很大的值，且期望方差不变会如何？这里的关键在于，我们没有改变方差：只是把概率分布推向了尾部。我们在这里慷慨地假设，根据大数定律，“股权风险溢价之谜”成立，也即股票确实能跑赢债券。

这样我们会在两种状态之间切换，概率 p 为 $(1+a)\sigma^2$，概率 1 – p 为 $(1-a)\sigma^2$。

公式 H.1 可以重写为：

$$H_{\alpha,p}(t)=\int_{-\infty}^{\infty} w_{\lambda,\alpha}(x)\left(p\phi_{\mu t,\sqrt{1+\alpha}\sigma\sqrt{t}}(x)+(1-p)\phi_{\mu t,\sqrt{1-\alpha}\sigma\sqrt{t}}(x)\right)dx \quad (H.3)$$

结论 如图 H.1 和图 H.2 所示，二阶效应会证伪与短视损失厌恶相关的表述。这并不是说短视没有影响，而是无法通过这种外部方式来论证解释“股权风险溢价”[比如分布上可能有不同的回报，但从内部看源于卡尼曼 – 特沃斯基效用函数 v(x) 的结构]。

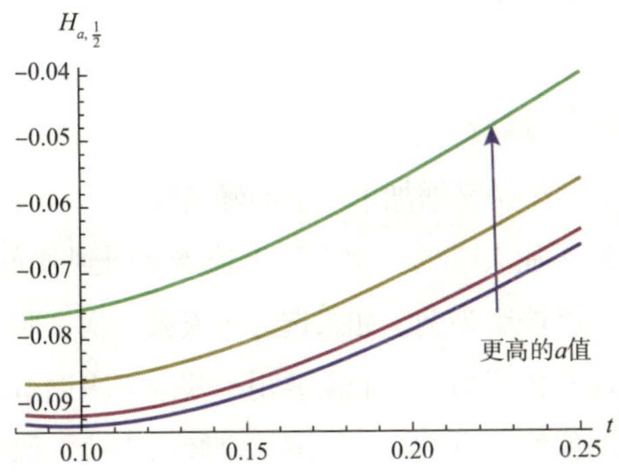

图 H.1 “效用” $H_{\alpha,p}(t)$ 或前景理论在方差的二阶效应下呈现出的结果，这里 $\sigma=1,\mu=1$。

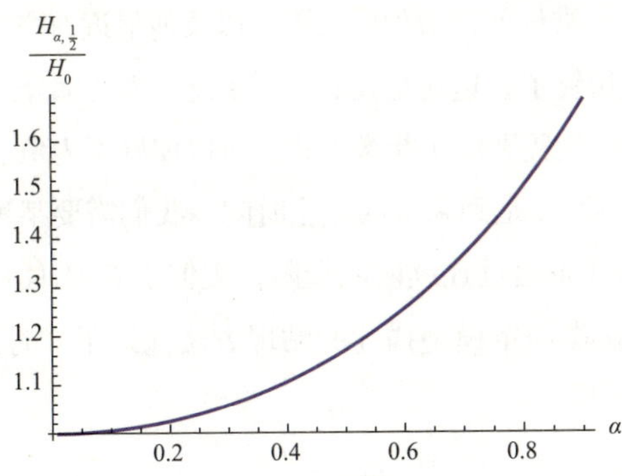

图 H.2 二阶效应下的比率 $\frac{H_{\alpha,\frac{1}{2}}(t)}{H_0}$ 或“效用”崩坏。

评述　上面我们使用了 $(1+\alpha)$ 的启发式方法来论证，实际上，可以用 σ^2 的完整分布展示类似的结果。比如，我们可以用期望为 V 的伽马分布 $f(v)=\dfrac{v^{\gamma-1}e^{-\frac{\alpha v}{V}}\left(\dfrac{V}{\alpha}\right)^{-\gamma}}{\Gamma(\gamma)}$ 来拟合“股权风险溢价”理论中使用的方差。

以上述方式重写公式 H.3 可得：

$$\int_{-\infty}^{\infty}\int_{0}^{\infty} w_{\lambda,\alpha}(x)\phi_{\mu t,\sqrt{vt}}(x)f(v)\,dvdx$$

上式存在解析解（有点儿长，这里就不展示了）。

贝纳茨和塞勒真正的问题　当然，最终问题还是与肥尾和大数定律的收敛性有关，我们会分别展开。

模型误差下的跨期偏好

参数随机化的结果是又增加了一层不确定性。

作者曾在哥伦比亚大学的一次会议上惊讶地听到莱布森先生 [150] 提出这样一种观点，以按摩为例，如果选择今天做一次，明天做两次，但一年以后逆转过来是不合理的，我们需要用一些政策来调节大家的偏好（关于时间贴现和跨期偏好参见 [96]，经济学家倾向于让人们使用“贴现率”，一个从简化模型中推导出的浮动变量）。[1]

直观地说，如果我引入一种可能性，假如按摩师身上满是“气球”会如何？显然我会不惜任何代价偏向当下，以及他最近有空的任何时候。这样我的偏好就被扭转了，这就是我们接下来要建模的部分。

首先，时间贴现需要满足指数形式，所以偏好不为负：线性贴现的形式为 C^t，C 为常数，t 是到未来的截止时间。我们需要某种可以在数学上简化为指数的形式来逼近连续时间极限，类似于 C^t 或 $(1+k)^t$。指数贴现的形式为 e^{-kt}，这类简单模型描述的贴现方法保证了“时间一致性”，假定 $\delta<t$：

$$\lim_{t\to\infty}\frac{e^{-kt}}{e^{-k(t-\delta)}}=e^{-k\delta}$$

1　法默和吉纳科普洛 [89] 对双曲贴现采用了类似的方法。

下面再添加一层随机性：将贴现率（用λ表示）随机化。

所以，$H(t)$只能表示为：$H(t)=\int e^{-\lambda t}\phi(\lambda)d\lambda$

很容易证明$\Delta\lambda$对称随机条件下的一般情况（也即以均值为中心，概率各为$\frac{1}{2}$），用我们在章节4.1中相同的技巧：

$$H'(t,\Delta\lambda)=\frac{1}{2}\left(e^{-(\lambda-\Delta\lambda)t}+e^{-(\lambda+\Delta\lambda)t}\right)$$

$$\frac{H'(t,\Delta\lambda)}{H'(t,0)}=\frac{1}{2}e^{\lambda t}\left(e^{(-\Delta\lambda-\lambda)t}+e^{(\Delta\lambda-\lambda)t}\right)=\cosh(\Delta\lambda t)$$

cosh是余弦双曲函数，当未来的跨期偏好处于水平状态时会收敛到一个固定值。

示例：伽马分布 对于定义在$\mathbb{R}^+$上的伽马分布，参数α和β，$\varphi(\lambda)=\frac{\beta^{-\alpha}\lambda^{\alpha-1}e^{-\frac{\lambda}{\beta}}}{\Gamma(\alpha)}$，我们有：

$$H(t,\alpha,\beta)=\int_0^\infty e^{-\lambda t}\frac{\left(\beta^{-\alpha}\lambda^{\alpha-1}e^{-\frac{\lambda}{\beta}}\right)}{\Gamma(\alpha)}d\lambda=\beta^{-\alpha}\left(\frac{1}{\beta}+t\right)^{-\alpha}$$

所以

$$\lim_{t\to\infty}\frac{H(t,\alpha,\beta)}{H(t-\delta,\alpha,\beta)}=1$$

这意味着，不论偏好在短期内如何陡峭，长期都会趋向平缓，这也解释了经济学文献中的贴现率下降现象。

此外，构造标准化分布，

$$\phi(\lambda)=\frac{e^{-\frac{\lambda}{k}}}{k}$$

我们会得到标准化以后的双曲贴现：

$$H(t)=\frac{1}{1+kt}$$

结果并不像天真的经济学研究人员想的那样，行为呈现出某种经验性“反常”。只不过他们的模型缺少了一层不确定性。

第七部分　肥尾下的期权交易与定价

VII

第二十章　金融理论在期权定价上的缺陷†[1]

让我们来讨论一下，为什么期权理论和所谓的“新古典经济学”在真实世界中会失效。金融理论是如何给金融资产定价的？1900 年，巴舍利耶提出的定价范式和现代金融理论，即布莱克 – 斯科尔斯 – 默顿方法（BSM）[24][171] 之间的主要差异在于几个核心假设，巴舍利耶的方法更贴近现实，也更贴近几个世纪以来交易员的行事方式。

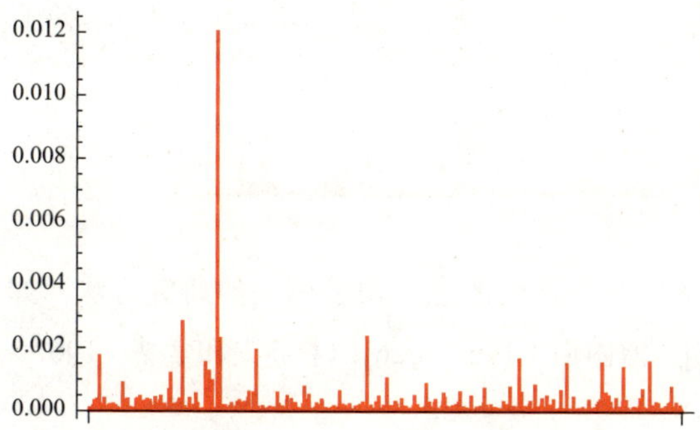

图 20.1　期权组合的对冲误差（每天调整对冲敞口，共计 3 000 天），图中假设资产服从尾部指数 $\alpha=3$ 的学生 T 分布（波动率固定）。理论上误差在有限时间内不会收敛，因为其分布方差为无穷大。

1　讨论章节。

20.1 巴舍利耶而非布莱克–斯科尔斯

巴舍利耶的定价模型直接基于最终收益的实际期望而非动态对冲方法，也就是说，我们可以使用任何分布！在第二十一章中，我们会用测度论进行更严谨的证明，这里先不做太多数学上的展开。

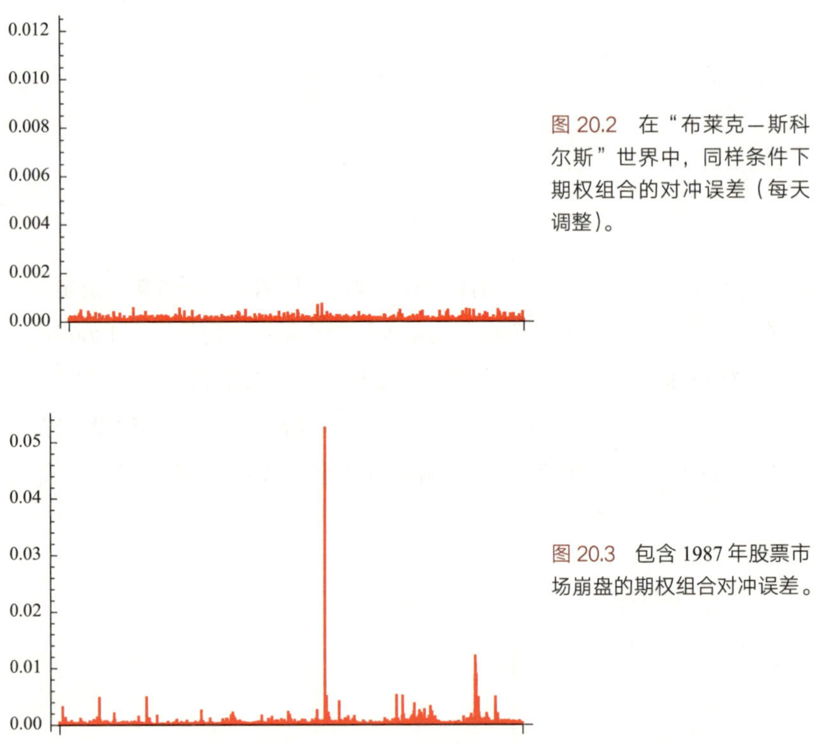

图 20.2　在“布莱克–斯科尔斯”世界中，同样条件下期权组合的对冲误差（每天调整）。

图 20.3　包含 1987 年股票市场崩盘的期权组合对冲误差。

后来，还有一些研究者也采用了相同的研究方法，如斯普里克尔（1964）[216]，博内斯（1964）[26]，卡苏夫和索普（1967）[253]，索普（1973）[249]。

大家都面临同样的问题：如何构造一个风险参数（风险资产贴现率）使其与投资组合理论兼容？资本资产定价模型（CAPM）要求证券的预期回报率与其风险成比例。在布莱克–斯科尔斯–默顿方法中，期权价格来自（且仅来自）连续时间下的动态对冲——后面我们会进一步展开动态对冲的概念。通过这样的方法，期权坍缩为具有确定性收益的资产，提供独立于市场的回报，所以不存在任何风险溢价。

20.1.1 现实和理想的距离

我们认为，布莱克－斯科尔斯－默顿方法的问题在于，动态对冲的假设极度理想化，需要以下一系列严格条件：假定交易者可以在无摩擦的市场中买卖，且不产生交易成本；同时不考虑订单流对市场价格的影响——如果交易者出售一定数量的股票，后续价格与其完全无关；交易者清楚地知道市场的概率分布为高斯分布，且参数不具备时变性（所有参数都保持不变）；最重要的限制是，市场价格不存在跳跃。随后的修正版本 (默顿，1976) 加入了跳跃，但是用了基于泊松到达时间的固定跳跃（最多是高斯分布跳跃）。该框架在数学和实践上都不允许使用幂律分布。下面我们先来研究一下布莱克－斯科尔斯－默顿公式中动态对冲背后的数学框架。

为不失一般性，假设无风险利率 r=0，经典的布莱克－斯科尔斯－默顿模型包括卖出看涨期权并购买一定数量的股票，以对冲股票的瞬时波动。因此，经过分布一阶矩局部“对冲”以后的投资组合 π 如下：

$$\pi = -C + \frac{\partial C}{\partial S} S \qquad (20.1)$$

这里 C 为看涨期权价格，S 为标的证券。

取投资组合的价值变化：

$$\Delta\pi = -\Delta C + \frac{\partial C}{\partial S} \Delta S \qquad (20.2)$$

通过在 S 的初始值附近展开，我们可以得到组合在离散时间上的变化量。传统的期权定价理论基于高斯分布，所有高于 $(\Delta S)^2$ 和 Δt 的高阶量都会迅速消失。

$$\Delta\pi = -\frac{\partial C}{\partial t}\Delta t - \frac{1}{2}\frac{\partial^2 C}{\partial S^2}\Delta S^2 + O(\Delta S^3) \qquad (20.3)$$

对公式 20.3 两边取期望，可以看到对矩的有限性有非常严格的要求：所有矩都要收敛。如果多加一项 $-\frac{1}{6}\frac{\partial^3 C}{\partial S^3}\Delta S^3$，在分布有显著的三阶或四阶项时，该项就有可能显著。实际上，虽然价格 S 的 n 阶导可能下降很快，但对行权价 K 远远偏离分布中心的期权而言，矩的上升速度会更快，从而抵消了其效果。

所以，这里我们需要所有矩均有限，且矩的影响最终要完全消失（而非近似消失）。跳跃－扩散模型（默顿，1976）没有带来问题，是因为它假设了分布的各阶矩均存在。而在幂律分布下，所有高于α的矩均不存在，从而导致布莱克－斯科尔斯－默顿公式失效。

正如我们所述，布莱克－斯科尔斯－默顿所谓的解决方案来自伊藤引理，也即投资组合会坍缩为确定收益。但是让我们看一看，在实践中，坍缩的速度有多快或多有效。

20.1.2　实际动态复制过程

看涨期权的收益可以通过下列动态对冲复制，从t到T时刻的极限为：

$$\lim_{\Delta t \to 0}\left(\sum_{i=1}^{n=T/\Delta t}\frac{\partial C}{\partial S}\Big|_{S=S_{t+(i-1)\Delta t},t=t+(i-1)\Delta t},\left(S_{t+i\Delta t}-S_{t+(i-1)\Delta t}\right)\right) \quad (20.4)$$

我们将该阶段拆解为n个Δt区间，这里对冲比率$\frac{\partial C}{\partial S}$计算于$t+(i-1)\Delta t$时刻，但我们需要承担对冲开始时的价格与$t+i\Delta t$价格之间的非预期差异。

在$\Delta t \to 0$的极限时我们会得到确定收益。在高斯世界中，上述结果就是伊藤－麦肯积分。

20.1.3　失效：对冲误差问题

上述数学性质表明，立方α分布的对冲误差和无限方差过程几乎一致。而且，这类误差在行权价大大偏离当前价格时效应极其显著。

简单来说，在幂律世界中，动态对冲无法消除任何风险。

下一章节

在下一章节中，我们会用测度论表明为什么期权依然可以使用风险中性定价。

第二十一章　期权定价的唯一测度（无动态对冲和完备市场）‡[1]

基于一些简单假设（如看涨看跌期权平价关系），我们证明了欧式期权的期望价值来自远期价格（不一定需要风险中性测度，资产可以是任何分布，不需要布莱克－斯科尔斯－默顿的动态对冲假设，也不需要完备市场和其他强假设）。我们证实了交易员上百年来使用的启发式方法更加稳健，更有一致性，而且比经济学文献所采用的方法更严谨。我们还证明了期权可以在无限方差的分布下定价。

21.1　背景

交易员使用有效的期权定价方法已经有数百年的历史（豪格和塔勒布[126]）。根据看涨看跌期权平价关系，如果用最终收益的期望定价，所用资产分布的均值必须基于远期价格。假设远期定价使用风险中性测度，那么期权定价也要如此。布莱克－斯科尔斯（布莱克和斯科尔斯，1973；默顿，1973）以动态对冲为基础对期权进行了风险中性定价，这样一来，期

1　研究章节。

权就变成了多余的产品（因为其收益可以拆解为动态持有的现金和资产组合）。但这只是一个理想状态：（1）动态对冲在金融市场上并不具备完全可操作性，因为资产价格存在跳跃；（2）动态对冲的表述在肥尾条件下并不成立，它需要基于特定的“布莱克－斯科尔斯”世界和一系列假设，比如过程满足有限二次变差；（3）交易员使用和布莱克－斯科尔斯相同的“风险中性条件”对期权进行定价，同时不需要动态对冲假设；（4）在风险中性条件不适用的领域，交易员依然交易期权；（5）有一些基础信息限制会妨碍随机积分收敛。[1]

之前已经有一系列研究表明，期权的看涨看跌平价关系足以限制标的分布的均值结构，比如德曼和塔勒布（2005），豪格和塔勒布（2010），上述研究采用了启发式方法，虽然简略但是稳健（鲁菲诺和特雷萨德 [207]），而且给出了风险中性所需的均值运算符。本章的内容主要有：

· 从“简略说明”向前一步，到正式证明。
· 使用了基于期望但不依赖于分布的方法，在没有动态对冲的条件下证明了风险中性。
· 哪怕没有风险中性条件，也可以建立唯一的期权定价分布。远期（期货）价格可以代表期望并偏离套利价格（比如，由于监管或其他限制），但期权依然可以按照与此类远期平均值相对应的分布进行定价。
· 展示了我们可以拥有一个没有“完备性”的期权市场，同时不需要金融经济学领域的诸多假设。

上述这些只需要两个限制条件：“水平条件”，比如看涨看跌期权平价；“垂直条件”，比如不同行权价上的期权定价要对应唯一分布。这里唯一的经济学假设是存在远期且可交易。如果没有这样唯一的远期价格，我们就无法讨论标准期权定价。我们还要求概率测度上分布的一阶矩有限。

该领域之前的贡献如下：布里登和利曾伯格 [31]，以及迪皮尔 [72] 展示了期权价差是如何导出唯一概率测度的。有些论文建立了期权之间更广

1　另外，作为该领域科学史争议的一部分，爱德华·索普从期望出发，以不需要动态对冲的方式写出（并使用）了被称为“布莱克–斯科尔斯–默顿”的公式，参见索普 [251]。

泛的套利关系，比如卡尔和马登 [37]。[1]

但是，（1）这些文章都没有通过远期来建立看涨和看跌期权之间的关系，只是将期权之间的套利关系转换为和远期分布均值一致的必要性，从而实现风险中性（否则存在远期套利）。（2）没有任何论文表明，在二阶矩不存在（比如无限方差）的情况下，我们也可以很容易地为期权定价，而我们的方法和证明完全没有使用方差。（3）我们采用的方法更简单、更直接，且对假设的变化更稳健。

这里我们没有假设市场的完备性，期权并不是多余的证券类别，以后也是如此。表 21.1 总结了本章的要点 [2][3]。

21.2 证明

定义 $C(S_{t_0},K,t)$ 和 $P(S_{t_0},K,t)$ 为欧式看涨和看跌期权价格，行权价为 K，到期时间为 t，S_{t_0} 为 t_0 时刻标的价格，$t \geqslant t_0$，同时 S_t 为 t 时刻可能的证券价格。

21.2.1 案例 1：使用远期作为风险中性测度

定义 $r = \frac{1}{t-t_0}\int_{t_0}^{t} r_s ds$ 为无风险货币基金回报，$\delta = \frac{1}{t-t_0}\int_{t_0}^{t} \delta_s ds$ 为资产回报（假设股票有连续分红，外汇有利息收益）。

则有通过套利定价的远期价格 F_t^Q：

$$F_t^Q = S_0 \frac{(1+r)^{(t-t_0)}}{(1+\delta)^{(t-t_0)}} \approx S_0 e^{(r-\delta)(t-t_0)} \tag{21.1}$$

---

1 参见格林和贾罗 [114]，纳赫曼 [175]。自哈里森和克雷普斯 [123] 以来，我们就知道无动态对冲条件下可以进行风险中性定价，但该理论需要极强且不现实的假设，比如严格完备的市场和多周期定价。

2 著名的哈坎森悖论：如果市场完备且期权是冗余资产，为什么还有人需要它们？如果市场不完备且我们需要期权，又该如何给它们定价？本章的讨论可能提供了一种解决方案：市场是不完备的，但我们可以给期权定价。

3 期权价格在绝对意义上并不唯一：相对内在价值的溢价完全可以占据主导地位；只是看涨看跌平价令看涨和看跌期权必须使用相同的测度，且合成期望和远期一致。期权本身就是一种证券，只是和远期有紧密的联系罢了。

参见凯恩斯 (1924)。因此，我们称 F_t^Q 为风险中性利率下，通过套利得到的期货（或远期）价格。假设 F_t^P 要求和风险相关的“预期回报” m，远期价格为：

$$F_t^P = S_0\left(1+m\right)^{(t-t_0)} \approx S_0 e^{m(t-t_0)} \tag{21.2}$$

备注 通过套利，在给定 S_{t_0} 条件下，所有可交易的远期价格都应该等于 F_t^Q。

这里“可交易”不等于“所有交易”，只代表“现金和利差”套利，也即如果远期回报偏离 r，则应借入现金并持有证券，获取分红回报 d。

21.2.2 推导

下面我们会假设 F 有自己的机制——唯一的概率测度 Q，和案例 1 无关。

表 21.1 动态对冲假设和静态看涨看跌期权平价的主要差异

	布莱克－斯科尔斯－默顿	不同行权价的看涨看跌期权平价
类型	连续再平衡	插值静态对冲
极限	时间上的大数定律（水平）	行权价上的大数定律（垂直）
市场假设	（1）连续市场，没有跳空 （2）所有时候都能借入借出标的证券 （3）不存在交易成本	（1）允许跳空，可以有多个行权价或连续行权价 （2）只需要在某个远期日期能够借入借出标的证券 （3）较低的期权交易成本
概率分布	要求所有矩均有限，不接受缓变分布类	要求一阶矩有限（可以接受无限方差）
市场完备性	需要动态完备性	没有要求（从交易的角度）
假设的合理性	低	高
收敛性	不确定，一次大的跃变就会改变期望值	稳健
对现实的适应性	只有对每个行权价单独规定一个标准差才能使用	复合式特性，可以使用符合现实的特定分布

定义 $\Omega = [0,\infty) = A_K \cup A_K^c$，其中 $A_K = [0,K)$ 且 $A_K^c = (K,\infty)$。

考虑一类标准（简化）概率空间 (Ω,μ_i)，其中概率测度 μ_i 满足 $\int_\Omega d\mu_i = 1$。

定理 6

对于给定到期日 T，存在唯一测度 μ_Q，通过最终的期望收益来给欧式看涨和看跌期权定价。

考虑到对远期 F_t^Q 定价，这一测度可以是风险中性测度，但不一定是，只是通过远期给出了隐含的股票回报率。

引理 21.1

对于给定到期日 T，按照最终的期望收益，同一标的资产的欧式看涨和看跌期权存在唯一的两种测度 μ_1 和 μ_2，对任意的行权价 K 有：

$$C = \int_{\Omega} f_C d\mu_1 \tag{21.3}$$

和

$$P = \int_{\Omega} f_P d\mu_2 \tag{21.4}$$

其中 f_C 和 f_P 分别为 $(S_t - K)^+$ 和 $(K - S_t)^+$。

证明 为简单起见，不失一般性地令 r 和 δ 为 0，通过看涨看跌期权平价关系，做多看涨期权并做空看跌期权可以复制出可交易的远期，针对盈亏变化，我们用正值表示多头，用负值表示空头。

$$C(S_{t_0}, K, t) - P(S_{t_0}, K, t) + K = F_t^P \tag{21.5}$$

因为 F_t^P 可交易，上式必然成立。

而看涨看跌期权平价对所有的行权价均成立，所以对所有的 $K \in \Omega$：

$$C(S_{t_0}, K + \Delta K, t) - P(S_{t_0}, K + \Delta K, t) + K + \Delta K = F_t^P \tag{21.6}$$

下面来看数量为 $\frac{1}{\Delta K}$ 的看涨期权价差，表示为：

$$C(S_{t_0}, K, t) - C(S_{t_0}, K + \Delta K, t)$$

在 $S_t > K + \Delta K$ 时收益为 1 美元（也即等价于指示函数 $1_{S > K + \Delta K}$），在 $S_t \leqslant K$（或 $1_{S<K}$）时收益为 0，在 $K < S_t \leqslant K + \Delta K$ 时为 $S_t - K$，也就是说，在 0 到 1 美元之间（参见布里登和利曾伯格，1978[31]）。对于看跌期权也有类似的结果，$\Delta K < S_t$。

在$\Delta K \to 0$的极限处：

$$\frac{\partial C(S_{t_0},K,t)}{\partial K} = -P\left(S_t > K\right) = -\int_{A_K^c} d\mu_1 \qquad (21.7)$$

同样的道理有：

$$\frac{\partial P(S_{t_0},K,t)}{\partial K} = \int_{A_K} d\mu_2 = 1 - \int_{A_K^c} \mathrm{d}\mu_2 \qquad (21.8)$$

根据半闭区间生成Ω上完整的博雷尔σ代数，可以得到μ_1和μ_2唯一。

引理 21.2

看涨和看跌期权的概率测度相同，对于Ω中的每一个博雷尔集A都有$\mu_1\left(A\right)=\mu_2\left(A\right)$。

证明 结合公式21.5和公式21.6，除以$\frac{1}{\Delta K}$，令$\Delta K \to 0$，对所有K有：

$$-\frac{\partial C(S_{t_0},K,t)}{\partial K} + \frac{\partial P(S_{t_0},K,t)}{\partial K} = 1 \qquad (21.9)$$

所以

$$\int_{A_K^c} d\mu_1 = \int_{A_K^c} d\mu_2 \qquad (21.10)$$

因此，对所有的$K \in [0,\infty)$有$\mu_1\left(A_K\right)=\mu_2\left(A_K\right)$。该等式对所有的半闭区间都成立，且可以延展到任意博雷尔集。

引理 21.3

根据静态套利关系，看涨和看跌期权定价应该基于同样的风险中性测度μ_Q，和可交易的远期测度一致。

证明

$$F_t^P = \int_\Omega F_t d\mu_Q \qquad (21.11)$$

由公式21.5得到，

$$\int_\Omega f_C\left(K\right) d\mu_1 - \int_\Omega f_P\left(K\right) d\mu_1 = \int_\Omega F_t d\mu_Q - K \qquad (21.12)$$

对两边求导，因为$f_C - f_P = S_0 + K$，我们可以得到拉东－尼科迪姆导数，对所有K有：

$$\frac{d\mu_Q}{d\mu_1} = 1 \qquad (21.13)$$

21.3　当远期不满足风险中性时

设想这样一种情况，F_t 可观测且可交易，但仅用作标的证券，有自己的内在运行机理。这时我们可以完全忽略标的 S 的机理，或者使用非风险中性的“隐含”利率将现金和远期联系起来，$m^* = \frac{\log\left(\frac{F}{S_0}\right)}{t-t_0}$。利率 m 可以包含风险溢价，兼顾融资难度与借贷的合规要求，对结果不会产生任何影响。

在这样的状态下，将测度 μ_Q 替换为 μ_Q^* 之前的结果依然适用，期权定价依然唯一。[1]

21.4　评述

这里我们用一个简单的插值问题替代了复杂难处理的动态对冲问题。抛开经济金融学复杂的定理，使用简单的启发式方法解释了“前布莱克－斯科尔斯时代”期权交易员所使用的简单启发式方法的表现。

期权可以在市场不完备的情况下保持存在的意义：我们仅仅是在讨论一种套利定价形式（包括以概率分布期望为标准的风险中性定价），但这足以支持我们使用所有一阶矩有限的概率分布，包括布莱克－斯科尔斯的对数正态分布。

最后再比较一下两者，在动态对冲时，错过某次对冲或遇到某次跳空（尾部事件）可能是灾难性的——正如我们之前提到的，它不仅需要一系列超出数学范围的假设，也需要严格且高度不切实际的数学约束。在肥尾分布下，增加对冲频率并不能保证降低风险。此外，标准的动态对冲理论要求 t_0 和 t 之间有明确可描述的风险中性随机过程，而这往往难以计量，一般需要从期权价格反向推导，反而变成了基于套利的插值工具，而非对

1　在证明中我们假设利率为 0，在非 0 利率条件下，溢价会以套利成本贴现。

随机过程本身的描述。

在我们基于看涨看跌期权平价的方法中，不断增加行权价保证了我们跟踪风险中性分布的能力。由于概率之和为 1，μ_Q 测度在行权价 K 和下一档行权价 $K+\Delta K$ 之间的自由度会显著降低，因为区间内的测度受到 $\int_{A_K}^{c} d\mu - \int_{A_K+\Delta K}^{c} d\mu$ 差异的约束。换句话说，与动态对冲不同，不同行权价之间不会有任何跃变（或一阶矩）显著影响概率测度。实际上，它相当于统计样本的标准核平滑方法，只是适用于不同的行权价。[1]

我们对行权价的假设自然构成了一个条件：如果想要对期权进行“**切合实际**”的讨论，期权行权价必须存在。此外，根据作者的经验，如果有需求，期权做市商可以在场外随意增加行权价。

致谢

彼得·卡尔、马尔科·阿韦利亚内达、赫丽特·杰曼、拉斐尔·杜阿迪、居尔·于贝尔曼、埃斯彭·豪格和侯赛因·卡齐米。

1　关于不同行权价之间隐含概率分布的插值方法，参见阿韦利亚内达等人 [4]。

第二十二章　期权交易员从来不用BSM公式‡[1]

期权交易员一直使用启发式方法推导期权定价公式，并通过调整参数（高斯分布的标准差）来改变对尾部和偏度的估计。该公式后来因为一个同名的发现被称为布莱克－斯科尔斯－默顿公式（虽然改变标准差参数与之相矛盾）。然而，历史证据表明：（1）布莱克、斯科尔斯和默顿并没有发明任何公式，只是构建了一种方式，通过动态对冲移除风险参数，将一个众所周知（且在实践中使用）的公式与经济学建立一致性联系；（2）期权交易者使用复杂的启发式方法和技巧（自 1902 年以来），通过看涨看跌期权平价移除风险参数，更兼容路易斯·巴舍利耶和爱德华·索普先前版本的期权定价公式（支持更广的概率分布类）；（3）自 1973 年以后，期权交易员不再使用布莱克－斯科尔斯－默顿公式或类似的公式，而是继续使用先前自下而上的启发式方法，以更为稳健的方法应对重大罕见事件。本章借鉴了此类历史交易方法，以及 19 世纪和 20 世纪初被金融学术界忽略的参考文献。现在是时候纠正我们对期权定价贡献的误解了。

1　研究章节。

22.1　打破链条

对我们这样的实践者来说，理论应该从实践中产生。[1] 这也解释了我们为什么对“实践应符合理论”这种所谓的“科学”概念有着深深的担忧。期权的对冲、定价和交易既不是哲学，也不是数学，而是一门极为丰富的手艺，交易者会从其他交易者那里学习（或模仿），并在进化的压力下以自下而上的方式锻炼技巧。这是技艺而非知识。如果它是一门严谨的科学，期权交易将不复存在，因为我们可以清晰地看到定价和对冲理论的缺陷和不科学之处（在最糟的情况下，对冲产生的风险比其降低的风险还要多）。在本章中，我们的方法是追寻这门技艺的历史，并展示过去的期权交易员是如何经营这门业务的。

我们会看到，期权交易早在现代金融之前就已非常活跃。在过去的一个世纪中，管理期权交易和衍生工具账簿风险的方法和技巧得到了很大的发展，并被实践者有效地使用。与此同时，数学研究人员也进行了许多推导。然而，正统的经济学文献并不承认这些贡献，而是采用了（一些）经济学家之后的重新发现或重新表述。有证据表明，布莱克－斯科尔斯－默顿公式的命名存在问题，该公式长期以来由多名研究者开发、使用、稳健调整，并被期权交易员广泛采纳。此外，在这样一个科学史的谬误中，爱德华·索普写出（并使用）了和布莱克－斯科尔斯－默顿公式完全相同的公式，但矛盾的是，他的公式稳健且贴近现实，却一直被认为是“不严谨”的。这引出两个问题：（1）布莱克－斯科尔斯－默顿创新只是新古典主义金融中的一种论点，是一个思维实验[2]；（2）我们并不了解交易员的论点或他们使用的公式版本。

是时候将声誉还给先贤了。

1　对我们来说，在本次讨论中，“实践者”被定义为重复参与期权对冲决策的人，也即有风险损益、“风险共担”的人，而非编写定价模型的量化分析师或提供咨询建议的学者。

2　在这里，我们批判一种概念混淆：将理想世界中的思维实验（毫无预测能力）和真正的科学实践混为一谈。实际上，布莱克–斯科尔斯–默顿的论述只作用于柏拉图式的理想世界，而且看上去优雅的表达并没有什么意义，因为我们总是可以构建柏拉图式的世界，并让该世界中某个等式成立或是进行严格证明，这样的做法也被称为逆向工程。

22.2 介绍

22.2.1 布莱克－斯科尔斯只是理论

期权交易员虽然把所用的公式都称为布莱克－斯科尔斯－默顿公式，但具有讽刺意味的是，他们没有意识到，在过去一个世纪构建的所有期权公式中，被称为布莱克－斯科尔斯－默顿的公式（布莱克和斯科尔斯，1973；默顿，1973）是离他们所用实际公式最远的公式。而且在历史上的诸多公式中，它是唯一一个对价格跳跃和尾部事件具备脆弱性的公式。

首先，人们似乎在转录的过程中丢失了部分信息：实际上，布莱克、斯科尔斯 [25] 和默顿 [172] 从未提出过新的期权公式，他们只是将一个已经存在且众所周知的公式用新方法推导（或重新推导）成一种经济学理论。而我们可以看到，这一理论极易受到假设的影响。早在他们之前，期权对冲和定价就具备了更坚实的基础。布莱克－斯科尔斯－默顿的观点是，期权可以使用动态的方式进行对冲，从而转变为一种无风险工具，因为对冲后投资组合不再具备随机性。但实际上，布莱克、斯科尔斯和默顿所做的事情就是营销，他们找到一种方法让当时的经济学界接受了这一众所周知的公式，并且扭曲了它的本质含义。

图 22.1　路易斯·巴舍利耶提出了基于期望的期权公式。它的基础假设比布莱克－斯科尔斯的动态对冲更加严谨，因为它不需要薄尾分布条件。很少有人能意识到，布莱克－斯科尔斯所谓的发现只是移除了标的证券的期望，而不是推导出新的公式。

他们的理论需要一些奇怪的、牵强的假设：交易层面的流动性、了解未来事件的概率分布（阿罗－德布勒式的新古典主义风格），更关键的是需要薄尾或温和随机的特定数学结构。[1] 整个理论非常奇怪，对站在常规新古典主义经济学之外，依靠自身观察决策的实践者来说并不适用。简单来说，动态对冲理论在实践中是非常危险的，因为它可能会让你破产。除非你关注新古典主义经济学理论，否则它毫无意义。布莱克－斯科尔斯－默顿的观点和公式是一种自上而下的一般均衡理论，它假设投资者充分了解未来的概率分布，且能通过连续交易降低风险（在数学上并不成立，且只在非常特殊的薄尾分布下有效）。而且导致问题的不仅仅是这些缺陷：期权交易员对这种理论并不买账，特别是投机的一般均衡理论，对交易员来说风险太大且极度不可靠。简单来说，正态理论不适合在不确定条件下指导决策（特别是在与我们所看到的经验证据长期不一致时）。人们也许可以根据投机理论做出决策，但在承担风险时要规避理论的脆弱性。

然而，职业交易员，包括作者（以及瑞典皇家科学院）在内，一直有一种错觉，认为大家实际上使用的是布莱克－斯科尔斯－默顿公式，因为所有人都这样告诉我们，这种说法在各类文献和商学院的教学环节中多次被强化，而真实的原始资料早已遗失或被视为一种逸闻（默顿 [174]）。

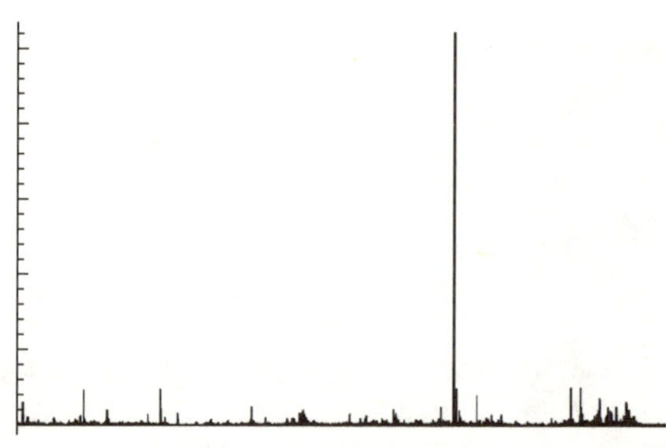

图 22.2　布莱克－斯科尔斯—默顿观点下典型的“风险降低”结果。图中是动态对冲组合的损益波动（非常标准的数据）。BSM 确实“平滑”了波动，却暴露在巨大的尾部风险之下，这让人不禁想起 LTCM 的破产事件。其他期权公式则对罕见事件具备较强的鲁棒性，不会出现类似的结果。

1　布莱克、斯科尔斯采用的这些错误假设导致它仅仅是一个思维实验，尽管它也是一个极其优雅的实验。它和现代投资组合理论的一个共同缺陷是，假设了随机变量未来的方差（或者所有未来概率）。这也是它与实践相冲突的原因，市场的肥尾正是对布莱克—斯科尔斯思想实验的否定。

回顾期权交易者一百多年来的实际行为模式，我们将在讨论中给出对期权定价和对冲的真实理解。

这是一个非常普遍的问题。和许多职业一样，期权交易员有一条自己的手艺传承链。但问题在于，大学没有办法纳入这一类实践技能，导致该传承链条经常中断。实际上，业界多年来已经研究推导出了很多具备鲁棒性的模型，但经济学界拒绝承认或引用它们。这也导致交易员需要周期性地重新学习。例如金融咨询公司 Leland O'ZBrien Rubinstein（LOR）在 1987 年对冲失败，但事件发生后却没有出现在任何公开的学术文献中（默顿 [174]，鲁宾斯坦 [205]，罗斯 [203]），反过来动态对冲还被认为是一种标准操作。[1]

在学术研究中，对一些核心元素缺乏应用领域的实践反馈，可能会导致我们所看到的实验室模型和真实生态之间发生偏离。这也解释了为什么有如此多的金融学者致力于研究平稳回报，但之后用他们自己的理论交易却走向了破产。[2] 而我们的路径完全不同，我们先通过多年的期权交易，经过上百万次对冲和上千次期权交易实践再走向理论。结合自身经验和部分被人们遗忘的期权交易知识，我们会纠正一些关于期权定价和对冲的误解，主要有两个误区：

· 我们不得不等待布莱克 – 斯科尔斯 – 默顿公式出现，才能交易衍生产品、给期权定价以及管理期权组合。实际上，引入布莱克、斯科尔斯和默顿的观点增加了我们的风险，使风险管理走向倒退。简单来说，认为交易员依靠理论（哪怕是一般均衡理论）来给期权定价是一个误区。

· 我们使用布莱克 – 斯科尔斯 – 默顿公式。不，我们不用。

在讨论这些误区的时候，我们会着重关注那些隐藏在图书馆深处的期权理论文献（自下而上的推导），这还只是有记录的部分，不包含已经遗

1　例如，马克 · 鲁宾斯坦在 1995 年获得了国际金融工程师协会颁发的年度金融工程师奖，却没有人提到他在投资组合保护和动态对冲中的失败。这充分说明，人们对过去的错误是多么健忘。

2　人们对罕见事件的标准反应可以参见以下内容："本周三会被量化领域的从业人员铭记。" 罗思曼说，他是芝加哥大学博士，在加入雷曼兄弟之前管理着一只量化基金。"模型预测每 1 万年才会发生一次的事件连续发生了三天。" 卡亚 · 怀特豪斯：《量化分析师遭遇时代的洗礼——1 万年》，《华尔街日报》 2007 年 8 月 11 日，B3 版。

失的期权交易实践经验。

22.3 误区1：交易员在BSM之前无法对期权定价

一般大家都认为，布莱克－斯科尔斯－默顿公式理论让期权交易员能够计算 delta 对冲值（相对于标的），并给期权定价。但这一点在历史记录和研究分析上都存在很大的争议。

至少在 1600 年，期权交易就已经很活跃了。约瑟夫·德拉维加曾给出某种技巧，可以通过启发式方法对期权定价并处理其风险敞口。德拉维加描述了荷兰的期权交易，证明投资者在期权定价和对冲方面具备一定的专业知识。他甚至粗略地指出看涨看跌期权平价关系，而他写的书甚至都没有期权交易技术的教学目的。我们坚持使用看涨看跌期权平价的原因在于：布莱克－斯科尔斯－默顿公式的名声正在消解风险中性交易的要素——标的资产具备必要的风险漂移。而风险中性并不需要动态对冲，只需要简单的看涨看跌期权平价即可（德曼和塔勒布，2005），后面我们会再讨论。显然，诺贝尔委员会决定授予默顿和斯科尔斯诺贝尔奖（当时被称为瑞典银行奖），主要就是因为去除资产风险溢价这一核心成果：布莱克、斯科尔斯和默顿的关键贡献是证明了，在对期权进行定价时不需要使用任何风险溢价。这不意味着风险溢价消失了，相反，它被包含在股票价格中。而他们最早被引用的成果是一个消除期权价值漂移的思维实验，其中用到的交易和变换要简单和机械得多。

期权的历史远比常规文献所记载的要丰富悠久得多。远期合约的起源几乎可以追溯到公元前 1750 年美索不达米亚时期的黏土片。格尔德布洛姆和琼克 [104] 表明，阿姆斯特丹的谷物交易商在 1550 年就已经使用了期权和远期合约。

从 19 世纪末到 20 世纪初，伦敦、纽约、巴黎和其他几个欧洲交易所都存在活跃的期权市场。在 1870 年，期权市场似乎极为活跃和复杂。凯尔里斯和瓦莱里奥（1997）讨论了 19 世纪 70 年代美国的股票期权市场，间接表明当时的交易者已经足够有水平，能为尾部事件定价。[1]

一些市场甚至出现了活跃的期权套利交易。其中有大量期权交易的论文被雪藏：我们追踪了至少 10 篇关于期权的德国论文，均写于 19 世纪末至恶性通胀期。[2]

22.4 方法和推导

作为其中一个主要的信息源，尼尔森 [176] 讲述了大量的相关历史：尼尔森是一位期权交易员和套利者，基于 20 世纪初的经验观察，他出版了《期权和套利入门》一书。根据他的说法（1904），通信公司在伦敦和纽约市场之间发送的信息多达每小时 500 条，通常每天有 2 000~3 000 条。每条信息在有线系统中的传输时间都不到一分钟。尼尔森用一种无理论的方式，以启发式方法描述了他严谨的套利业务（后来《动态对冲》[225] 一书也采用相同的方法）：证券的运输成本、保险成本、利息费用，同时在纽约做多和在伦敦做空某证券的可能性（由此节省证券的运输和保险成本），以及各类其他技巧。

---

1 有关市场历史的描述已经非常丰富，但凯尔里斯和瓦莱里奥 [140] 想要进一步观察 19 世纪 70 年代期权的定价是否被低估或高估（使用布莱克－斯科尔斯－默顿式的方法）。该时期只有一次尾部事件——1873 年 9 月的大恐慌。凯尔里斯和瓦莱里奥发现，持有看跌期权是有利可图的，但认为市场的恐慌只是一次性事件：

"但是，持有看跌期权受益于 1873 年 9 月金融市场的恐慌。鉴于这是一次性事件，我们剔除所有市场恐慌之前的未到期合约，并重复对看跌期权的分析。"

参考有关的经济学文献会得出 20 世纪 50 年代、60 年代和 70 年代期权价格普遍过高的结论，他们总结道："我们的分析表明，期权合约普遍定价过高，对个人投资者来说没有吸引力。"他们还补充道："从实证角度看，看跌期权和看涨期权相对于理论估值模型经常被高估。"而此类结果与当时的实践者尼尔森（1904）的观点相矛盾："主流的大期权交易商根据经验发现，长期来看，具备优势的是期权购买方而非提供方。"

2 下面是部分论文清单：Bielschowsky, R (1892): *Ueber die rechtliche Natur der Prämiengeschäfte,* Bresl. Genoss. -Buchdr; Granichstaedten-Czerva, R (1917): *Die Prämiengeschäfte an der Wiener Börse,* Frankfurt am Main; Holz, L. (1905) *Die Prämiengeschäfte,* Thesis (doctoral) - Universität Rostock; Kitzing, C.(1925): *Prämiengeschäfte: Vorprämien-, R ü ckprämien-, Stellagen-u. Nochgeschäfte; Die solidesten Spekulationsgeschäfte mit Versicherg auf Kursverlust,* Berlin; Leser, E, (1875): *Zur Geschichte der Prämiengeschäfte;* Szkolny, I. (1883): *Theorie und praxis der prämiengeschäfte nach einer originalen methode dargestellt.,* Frankfurt am Main; Author Unknown (1925): *Das Wesen der Prämiengeschäfte,* Berlin : Eugen Bab & Co., Bankgeschäft。

图22.3 埃斯彭·豪格（本章合著作者）与曼德博、塔勒布的合照，2007年。

正统的金融经济学不包括经济学以外的史料，这是作者在论文（塔勒布，2007）[227] 中讨论过的一种机制。斯托尔 [219] 首次通过正式的期权文献完整描述了看涨看跌期权平价理论，但他和其他人都没有提到尼尔森。而尼尔森不仅充分理解并详细描述了看涨看跌期权平价，还经常以引用的方式提到希金斯（1902）[129]，比如：

值得一提的是，看涨期权比看跌期权交易更为频繁。原因可能是，大多数股票投资者倾向于看到事情乐观的一面，因此更常看到价格上涨而非下跌。

然而，这种只买看涨期权，不管看跌期权的交易倾向不会导致看涨期权比看跌期权价格更贵，因为有证据证明，熟练的期权交易商可以通过股票交易，将看跌期权转换为看涨期权，将看涨期权转换为看跌期权，或者将少量或大量的看涨期权转换为看跌 - 看涨期权。实际上，任何期权都可以通过股票转换为另一种期权。因此，我们可以相当准确地假设，买入看涨期权与买入看跌期权的价格相同，均为买入看跌—看涨期权的一半。

这里的“看跌 - 看涨期权”不过是具有相同的行权和到期日的看跌和看涨期权的组合，今天我们称其为跨式期权。尼尔森用很多篇幅详细描述了看涨看跌期权平价。当时还出现了静态的市场中性 delta 对冲，比如，尼尔森在他的书中写道：

伦敦的期权卖方具备丰富的交易经验，如果他们卖出看涨期权，会同时购买看涨期权相对应的一半股票；如果卖出了看跌期权，那就会立即卖出一半的股票。

我们要理解这一描述的价值，因为当时伦敦的标准期权是以平值发行的（尼尔森明确地指出了这一点）。此外，伦敦所有的标准期权都是欧式期权。当时伦敦只有少数时间会交易实值或虚值期权，也被称为“花式期权”。通过这里和著作的其余部分，我们可以清晰地看到，期权交易商知道平值期权的 delta 值约为 50%。实际上，当时在伦敦交易的平值期权锚定的是远期平值，从而使看跌和看涨期权的价格相同。今天我们知道，远期平值且到期时间很短的期权的 delta 值非常接近 50%（看跌期权自然是负 50%）。而当时伦敦发行的期权的期限通常为一个月。

尼尔森还粗略地指出了动态对冲的要点，认为其在理论上比在实践中更有效（参见豪格 [125]）。从尼尔森描述的所有细节中，我们可以清楚地看到 20 世纪初期权交易极为活跃，且当时的期权交易员在定价和对冲方面毫无压力。

赫伯特·法勒是另一位期权交易员，在 1919 年至 20 世纪 60 年代参与了期权交易。法勒（1959）描述了 20 世纪 20 年代早期和 30 年代在纽约和欧洲存在的活跃的期权市场。不过他也提到，由于第二次世界大战，欧洲交易所后来关闭并停止了交易，伦敦的期权交易直到 1958 年才恢复，其中以 20 世纪初伦敦期权交易的技巧最为精湛 [177]。可能因为第二次世界大战，加上随后多年期权交易的中断，人们遗忘了一些期权套利的稳健性原则，直到后来像斯托尔这样的金融学教授“重新发现”了这一点。

早在 1908 年，文岑茨·龙布津出版了一本书，推导了几个期权定价公式，有一个公式与今天的布莱克－斯科尔斯－默顿公式非常相似，另见哈夫纳和齐默尔曼（2007，2009）[117]。龙布津通过稳健的套利原则建立了风险中性期权定价方法，如看涨看跌期权平价以及远期价格与看涨看跌期权之间的联系，这一点后来被德曼和塔勒布（2005）重新发现。[1] 实际上，看涨看跌期权平价的限制足以让我们不需要假设标的资产的未来收益，因为从原理上讲，期权必然和远期价格挂钩。[2]

1　德曼和塔勒布（2005）[63] 的论述出现在 [225] 中，但并未引起大家的注意。

2　鲁菲诺和特鲁萨德（2006）[204] 承认，可能有人碰巧解决了风险溢价问题，但没有意识到历史上看涨看跌期权平价已经被如此广泛地使用。而且他们认为这还不够，确实，相较于那些用现代金融术语（如“随机贴现率”）先将问题复杂化，再用高斯分布和动态对冲来简化的人，先贤所做的可能还不够。他们认为，对看涨和看跌期权使用“非随机贴现率”不符合现代资产均衡定价理论。但考虑到我们从未见过从业者使用随机贴现率，和所有的期权交易前辈一样，我们认为，看涨看跌期权平价已经足够了。
这类似于科学家教鸟类如何飞行，然后根据它们的飞行表现邀功，只不过这次教授的还是错误的方式。

1910 年，亨利·多伊奇也描述了看涨看跌期权平价关系，但没有希金斯和尼尔森的详细。1961 年，雷纳克再次详细描述了看涨看跌期权平价（这是被学术界忽略的另一篇文章）。当时，纽约证券交易所的交易员专门利用看涨看跌期权平价将看跌和看涨期权相互转换，他们被称为“转换员”。雷纳克（1961）[198]：

虽然没有数字来佐证我的观点，但我估计超过 60% 的看涨期权经由转换员之手产生。

换句话说，转换员（交易商）承担了做市商的职能，能够通过对期权静态对冲来转移大部分风险。雷纳克写道，他曾经做过期权交易员（转换员），并举例说明了当时他和同事是如何利用可转债中的期权进行对冲和套利的：

期权卖方和交易员已经找到了通过卖出期权稳定获利的方法，从业的大部分都是经验丰富的专业人士。其中一种方法是持有可转换债券，然后卖出标的的看涨期权，只要进行转换就可以获得股票。

希金斯、尼尔森和雷纳克都描述了看涨看跌期权平价以及用期权来对冲期权的重要性。在布莱克－斯科尔斯－默顿公式出现之前，期权交易者在对冲和定价方面绝非束手无策。基于简单的套利原则，他们能比布莱克－斯科尔斯－默顿更稳健地对期权进行对冲。如之前所述，希金斯和尼尔森在 1902 年和 1904 年分别描述了静态市场中性 delta 对冲。此外，甘恩（1937）也讨论了平值期权的市场中性 delta 对冲，但远不及尼尔森的详细（1904）。甘恩还指出一些辅助动态对冲的方法。

米尔斯（1927）早在现代投资组合理论之前就在文献中阐述了价格跳跃和肥尾。他写道：

（……）因为受到一两个极端价格变化的影响，分布可能与高斯分布大不相同。

22.4.1 期权公式和 Delta 对冲

下面我们来看一下期权定价公式，第一个有记录的公式来自巴舍利耶（1900）[5]。1961 年斯普里克尔 [215] 扩展了巴舍利耶的成果，假设资产价格为对数正态分布而非正态分布。他还规避了贴现（由于许多市场，尤其是美国市场，期权溢价是在到期日支付的，所以没有显著影响）。

詹姆斯·博内斯（1964）[26] 也假设资产价格为对数正态分布，并推导了看涨期权的价格公式，该公式实际上与布莱克－斯科尔斯－默顿公式相同，但布莱克、斯科尔斯和默顿推导公式的方法是基于连续动态 delta 对冲或基于 CAPM，这使他们能得到独立于预期回报的结果。换句话说，布莱克、斯科尔斯和默顿的伟大发现不是公式本身，而是他们的推导方法。鲁宾斯坦（2006）[206] 也指出了这一点：

这个公式对金融投资理论的真正意义不在于它本身，而在于它的推导方式。早在十年前，斯普里克尔 [215] 和詹姆斯·博内斯 [26] 就推导出了相同的公式。

萨缪尔森（1969）和索普（1969）也发表了类似于博内斯和斯普里克尔的期权定价公式。索普（2007）声称，在布莱克、斯科尔斯和默顿发表理论的前几年，他已经把一个完全相同的公式输入计算机了。

下面来看 delta 对冲，如之前所述，1902 年和 1904 年，希金斯和尼尔森明确描述了静态的市场中性 delta 对冲。索普和卡苏夫（1967）则更详细地介绍了静态 delta 对冲，不仅针对平值期权，还针对任意 delta 的期权。在 1969 年的论文中，索普先简要描述了静态 delta 对冲，然后指出了动态 delta 对冲的一些方向，他没有将其作为一种定价工具，而是作为风险管理工具。法勒也指出了期权的动态对冲，但没有展示太多计算 delta 的方法。另一个被人们忽视的文本是阿诺德·伯恩哈德公司 1970 年出版的一本小册子，此书的作者清楚地意识到任何行权价或资产价格下的市场中性 delta 对冲（他们称其为“平衡对冲”），书中有多个关于购买认股权证或可转债，以及如何做空适量的股票进行 delta 对冲的案例。阿诺德·伯恩哈德公司还计算了大量认股权证和转债的 delta 值，并向华尔街的投资者公开发行。

根据索普和卡苏夫（1967）的说法，布莱克、斯科尔斯和默顿把 delta 对冲的想法向前推进了一步，布莱克和斯科尔斯认为（1973）：

如果对冲连续进行，那么上述近似就会变得精确，最终对冲组合的回报将完全独立于股票价格的变化。实际上，罗伯特·默顿向我们指出一点，即此时对冲组合的回报是确定的。

这可能是一个绝妙的数学概念，但期权交易不是数学理论。仅仅有一个与现实相去甚远、在实践中也不稳健的理论想法远远不够。令人惊讶的是，以该公式命名的方法恰恰是期权交易员唯一不使用的方法，接下来我们会进一步讨论。

22.5　误区2：今天的交易员使用布莱克-斯科尔斯定价

交易员不做定价。

首先，价格本身不代表定价。定价需要一个强有力的理论框架，对假设和模型结构都具备脆弱性。而对交易员来说，当一个人不知道未来的概率分布时，为购买期权而产生的价格不是定价，而是一种权宜之计，这样的价格随时都会改变。交易者的信仰不会体现在价格中，价格可能完全取决于他手里的库存仓位。

这种差异非常重要：交易员是有限理性的工程师（甚至对任何形式的概率理性都不感兴趣），他们并不了解世界未来状态的信息透明度和概率。因此，他们不需要一个通用的理论来生成价格，防止别人针对他们的报价进行荷兰式套利，而是满足一些标准限制条件即可：除了看涨看跌期权平价，行权价为 K 的看涨期权不能以低于 $K+\Delta K$ 的价格交易（避免看涨看跌期权存在负价差），行权价为 K 的看涨期权和行权价为 $K+2\Delta K$ 的看涨期权不能超过两倍的 $K+\Delta K$ 期权价格（负蝴蝶价差），水平日历价差不能为负（当利率较低时），等等。这样就削减了交易员的自由度：他们需要遵守看涨看跌期权平价，同时兼顾市场上其他期权的价格。

从这个意义上讲，直到合约到期，交易员都不会使用任何定价方法，而是通过市场上其他合约的价格来给出报价，并且持有时间随机。他们不需要什么自上而下的科学。

22.5.1 我们什么时候定价？

如果你看到交易员在一个荒岛上独自经营业务，没有远期市场，此时又不得不给出一个期权价格并持有至到期日，那就有必要对期权进行定价，但这样一来，交易的量级就会很小。这不过是一种扭曲的思维实验罢了：人们只有在从事期权交易的情况下才会交易期权，这样一来，必然有反向交易的账簿。因为如果没有反向交易，就不存在动态对冲，交易员可能就无法持有超过最小（可忽略不计）规模的头寸。（同样，我们不知道有多少期权交易员和机构能够在布莱克－斯科尔斯－默顿的理想环境中运作，同时还不破产。）下一步我们会讨论这种对冲的不可能性。

22.6 动态对冲的数学不可能性

最后，我们讨论动态对冲概念中的严重缺陷。它强制要求概率分布的各阶矩均存在。[1]

假设收益率的分布具有无标度或分形性质，我们可以将其简化如下：对于足够大的 x（尾部），$\frac{\mathbb{P}(X>nx)}{\mathbb{P}(X>x)}$ 取决于 n 而非 x。对金融市场上的证券来说，X 是每天的收益率，没有什么理论可以证明 $\frac{\mathbb{P}(X>20\%)}{\mathbb{P}(X>10\%)}$ 和 $\frac{\mathbb{P}(X>15\%)}{\mathbb{P}(X>7.5\%)}$ 应该存在差异。这种所有尺度下的自相似性会导致幂律尾或帕累托尾，即某个阈值之上有 $\mathbb{P}(X>x)=Kx^{\alpha}$。从数以百万计的数据来看，资产收益的幂律性质在可接受的误差范围内均成立。与此有关的大量经验证据可参见曼德博（1963），他提出的相关理论早于布莱克－斯科尔斯－默顿（1973）和默顿的跳跃－扩散模型（1976）；也可参见斯坦利（2000）和加比克斯等人（2003）的论述。假设分布无标度的原因如下：分布在某个阈值（某个 X 值）上可能是薄尾的，但我们不知道该阈值在哪

1 默顿（1992）似乎接受了动态对冲的不适用性，但他可能认为，金融领域有着“螺旋式趋向完备”的发展趋势，日后这些问题会被解决。15 年后，如果说有什么差异，那就是我们离该问题的解决越来越远了。

里，从认识论的角度看，我们身处黑暗，无法确定边界，从而不得不使用无限大作为阈值。

在对上述“真正肥尾”的批评中，有这样一类观点认为，每日收益可能服从肥尾分布，但是，由于中心极限定理，在 α 大于 2 的情况下，累积收益会转变为高斯分布。这种观点显然在分布的前渐进条件下不成立：布绍和波特（2003）以及曼德博和塔勒布（2007）认为，分形分布的前渐进性质令中心极限定理在尾部生效极为缓慢，甚至两者完全无关。此外，对长期回报还有采样误差的问题，因为长期数据点不多，包含的尾部事件很少，会让人产生样本内尾部较薄的错觉。而且，动态对冲下收益累积会使尾部变薄的观点并不成立，因为此时交易者必须依赖高频数据及其统计特性。只要在动态对冲的阶段内分布是无标度的，高阶矩就可能爆炸式增长到无穷大，从而摧毁动态对冲投资组合。一旦超过二阶的高阶矩为无穷，简单的泰勒展开就行不通了。

动态对冲的机制如下。为不失一般性，假设无风险利率为 0，经典的布莱克 – 斯科尔斯 – 默顿公式包括卖出看涨期权和购买相应数量的股票，以对冲证券价格的瞬时波动。因此，对分布一阶矩风险敞口进行局部“对冲”后的投资组合 π 为：

$$\pi = -C + \frac{\partial C}{\partial S} S$$

其中 C 为看涨期权价格，S 为标的证券。离散时间条件下组合价值的变化为：

$$\Delta\pi = -\Delta C + \frac{\partial C}{\partial S} \Delta S$$

通过对 S 在初始值附近展开，我们得到了离散时间内投资组合的价值变化。传统的期权理论采用高斯分布，所有高于 ΔS^2 的项都会迅速消失。

对上式两边取期望，可以看到要求矩严格有限：各阶矩都要收敛。如果再加上一项 ΔS^3，在三次项或四次项显著的概率分布中，该项可能非常显著。实际上，虽然 S 的 n 阶导数会急剧下降，但对行权价 K 偏离分布中心很远的期权而言，S 的高阶项依然不成比例地快速上升，抵消了对冲的作用。所以，这里我们要求所有矩均有限——不存在截断近似。布莱克 –

斯科尔斯－默顿通过伊藤引理给出的解决方案是，将投资组合的回报坍缩为确定性收益。但在实践中坍缩的速度有多快或多有效呢？我们可以构建如下组合，看涨期权的回报应通过以下动态对冲流得以复制，t 到 T 之间的极限为：

$$\lim_{\Delta t \to 0}\left(\sum_{i=1}^{n=T/\Delta t}\frac{\partial C}{\partial S}\Big|_{S=S_{t+(i-1)\Delta t},\,t=t+(i-1)\Delta t},\left(S_{t+i\Delta t}-S_{t+(i-1)\Delta t}\right)\right) \tag{22.1}$$

这样的策略依然无法匹配看涨期权的价值：两者的差异永远保持随机性（而根据布莱克－斯科尔斯的说法，它应该会逐渐消失），除非你生活在一个可以降低此类风险的幻想世界中。

此外，默顿的著作存在前后不一致的问题，我们也不知道应当接受他的哪一种理论：默顿（1976）同意我们可以在有跳跃和不连续的市场中使用巴舍利耶风格的期权推导，在标的股票价格和市场不相关时不进行动态对冲。这似乎是承认了动态对冲理论只适用于某些证券：那些无跳跃且与市场相关的证券。

22.6.1 高斯分布（令人困惑）的稳健性

之前索普和布莱克－斯科尔斯－默顿公式之所以如此成功，是因为高斯分布具备一个简单性质：通过改变随机变量概率密度的标准差 σ，你可以表示任何概率分布，甚至是肥尾分布。但这不等同于使用了高斯分布，也不意味着用高斯分布表达最简便（因为你必须在每个价格上设定一个标准差 σ）。它表达的意思仅仅是加上一个 σ 以后，高斯分布可以表达你想要的任何东西，使其成为行权价格和到期时间的函数。

波动率微笑，即改变一个参数产生 $\sigma(K)$，或者改变两个参数 $\sigma(S,t)$ 形成波动率曲面的方法，这正是迪皮尔（1994，2005）[72] [73] 和德曼 [61] [64] 采用的方法，参见盖思勒尔（2006）[103]。他们假设了一个波动率随机过程，并不是因为这样一个东西天然存在，而是将其作为一种拟合到高斯分布给期权定价的方法。此外，尽管高斯分布的二阶矩有限（以及所有高阶矩均有限），但是你可以通过高斯波动率曲面表达无限方差。而 σ 参数有一个很强的约束，对于相同行权价的看跌和看涨期权，波动率必须相同（假设都是欧式期权），并且合成的漂移项和远期一致。

颇具讽刺意味的是，波动率微笑与布莱克－斯科尔斯－默顿公式并不一致。已经有成百上千篇论文试图扩展布莱克－斯科尔斯－默顿模型，以纳入随机波动性和跳跃扩散过程。让多位研究人员感到惊讶的是，在实践中，很少有交易员使用随机波动率模型。这不是一个描述波动率微笑应该如何或随着时间如何变化的模型，而是一种符合无套利波动率曲面的稳健的对冲方法。

换句话说，你可以将波动率曲面作为地图来使用，而不是作为领土来划界。然而，以布莱克－斯科尔斯－默顿模型广为应用来证明其合理性是非常愚蠢的：我们重申，在模型中使用高斯分布本身就排斥了其他概率分布，这并非动态对冲的推导（巴舍利耶，索普）完全不依赖高斯分布。

22.6.2　订单流和期权

显然，期权交易者不一定对到期日的概率分布感兴趣，因为对他们来说，分布是抽象的，甚至是形而上学的。除了看涨看跌期权平价（史料表明 1904 年就出现了），我们还可以用其他期权来对冲期权的持仓风险。这种方法的一个重要含义是，如果用期权来对冲期权，那么期权定价将主要基于供给和需求。这与布莱克－斯科尔斯－默顿（1973）的理论形成了强烈对比，该理论的基础是理想状态的几何布朗运动和连续时间动态对冲，这样一来，供给和需求完全不影响期权价格。如果有人想购买更多的期权，做市商可以简单地通过 delta 动态对冲来构建，这将是期权的完美替代品。

由此引出一个关键点：期权交易员不会通过罕见事件的概率来对虚值期权定价。他们只对供给和需求做出反应。隐含概率分布的概念仅仅相当于一个荷兰式命题。

22.6.3　巴舍利耶－索普方程

我们也会看到一些随意的说法，将期权巨大的交易量归因于布莱克－斯科尔斯公式，这种观点相当站不住脚。考虑到历史上期权在不同的时间和地点都取得了巨大成功，更是证伪了这一观点。

此外，有证据表明，虽然芝加哥期权交易所和布莱克－斯科尔斯－默顿公式都诞生于1973年，但该模型在20世纪80年代之前“很少被交易员使用”（奥康奈尔，2001）。在1992年，布莱克－斯科尔斯－默顿公式被提出来近二十年后，当作者之一（塔勒布）成为一名场内交易员时，他惊讶地发现，很多交易员依然不用公式和表格就能对期权进行定价，比如直接根据蝶式和转换期权定价。

即使是1975年的一部金融学著作，也将功劳给了索普和卡苏夫（1967），而非布莱克－斯科尔斯（1973），尽管后者也出现在参考书目中，奥斯特（1975）：

> 西德尼·弗里德在1950年之前就发表过有关权证对冲的文章，但直到1967年，爱德华·索普和希恩·卡苏夫在市场上大放异彩的书，才真正向广大读者简单地介绍了空权证/多股票的对冲方法。

最后我们总结一下，之前所有的历史公式都适用于无标度分布，从第一个（巴舍利耶）到BSM之前的最后一个（索普）都是如此。凯恩斯（1924）明确提出通过远期移除期望漂移的概念，后来的布劳（1944）提出多看涨期权空看跌期权等于远期的观点，而这些套利关系似乎在1904年就广为人知了。

实际上，我们可以将期权交易量的激增归因于计算机时代处理交易的便捷性，加上没有恶性通胀以及长期和平条件下的经济增长。从证据看（抛开那些学术宣传），学术金融的发展似乎是一种偶发现象，绝非期权交易的起因。再强调一次，教鸟类如何飞行并不能让人凭借鸟类的“飞行成果”获得荣誉。

这也是为什么我把这个方程称为巴舍利耶－索普方程。我们一直在使用它，但没有叫对名字，不仅用了错误的方法，还把它归于错误的人。这并不意味着动态对冲不重要，而是说它并非定价模式的核心。它可以帮助我们记录某些随机过程的公式，如果有一天市场“螺旋式趋向动态完备”，那么它可能有用，但不是现在。

第二十三章　幂律条件下的期权定价：稳健的启发式方法*，‡[1]

在本章中，我们通过启发式方法定义了“卡拉玛塔常数”（卡拉玛塔点，幂律尾部的临界点），并研究了行权价为 K 的尾部期权价格（看涨期权的行权价 $>K$，看跌期权的行权价 $<K$，均落在卡拉玛塔点之外），80/20 法则成立。该方法只需要一些温和的套利限制和尾部指数 α 就可以给出期权的相对价格，同时没有常规限制条件（比如有限方差）。

该方法可以帮助我们审视波动率曲面，测试尾部期权相对定价错误和定价过高的理论，这些理论通常是薄尾模型和修正的布莱克 - 斯科尔斯公式的变体。

23.1　介绍

幂律类分布一般通过生存函数的性质来定义。令 X 为服从右尾“幂律”分布的随机变量，也即

1　研究章节，共同作者 Universa 团队：布兰登 · 亚尔金、奇普尼特曼、达米尔 · 德利奇、马克 · 施皮茨纳格尔。

$$\mathbb{P}(X>x)=L(x)x^{-\alpha} \tag{23.1}$$

这里 $L:[x_{\min},+\infty)\to(0,+\infty)$ 是缓变函数，定义为 $\lim_{x\to\infty}\frac{L(kx)}{L(x)}=1,\ k>0$ [22]。

X 的生存函数一般被归为“正规变化”类 RV_α，更具体地讲，函数 $f:\mathbb{R}^+\to\mathbb{R}^+$ 在无穷大时满足指数关系（$f\in RV_\rho$）

$$\lim_{t\to\infty}\frac{f(tx)}{f(t)}=x^\rho$$

实际上，存在一个阈值，在该点之后 $L(x)$ 会接近极限状态，趋向常数 l，如图 23.1 所示。超过该点的幂律尾可以用希尔估计量来测算。此区域内的分布被曼德博称为强帕累托定律 [162][75]。

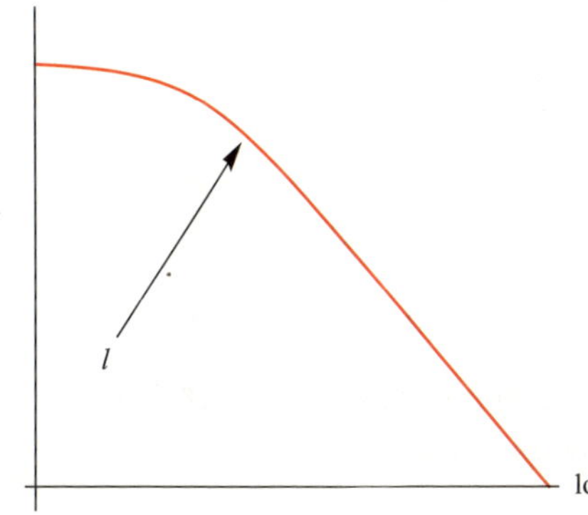

图 23.1　卡拉玛塔点，此时缓变函数可以被安全地替换为常量，$L(S)=l$。对价格 S 和几何回报率，我们会得到不同的卡拉玛塔常数值，但和尾部指数 α 对应的渐进斜率保持不变。

23.2　卡拉玛塔点之上的看涨期权定价

下面定义欧式看涨期权价格 $C(K)$，行权价为 K，标的价格为 S，$K,S\in(0,+\infty)$，其收益 $(S-K)^+$ 在某种概率测度 $\mathbb{P}$ 下定价，因此期权价格可以表示为 $\mathbb{E}_p(S-K)^+=\int_K^\infty(S-K)dP$，我们可以由此进行如下证明。

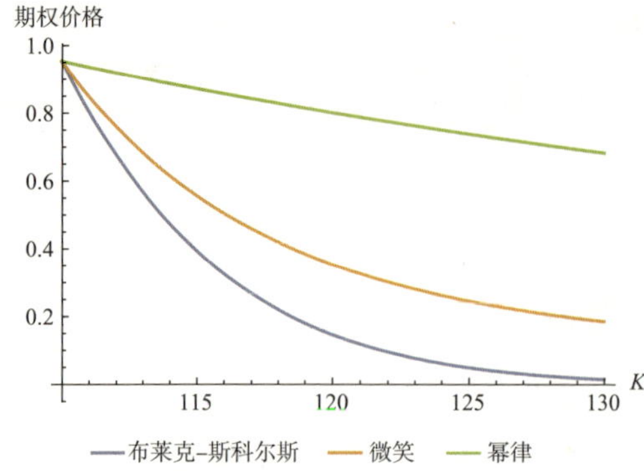

图 23.2　我们展示了不同条件下的布莱克—斯科尔斯期权价格，分别为波动率等于常数，波动率微笑（波动在尾部会上升）和幂律分布。在标的满足幂律分布的条件下，期权价格和行权价是线性关系。

23.2.1　第一种方法，S 属于正规变化类

我们先从简单的案例开始理解，令 S 具备公式 23.1 中的正规变化类 RV_α 生存函数，对于所有的 $K>l$ 和 $\alpha>1$，

$$C(K)=\frac{K^{1-\alpha}l^\alpha}{\alpha-1} \tag{23.2}$$

评论 21

我们注意到，如果从现有的期权价格出发，参数 l 包含了 $S=l$ 以下所有概率分布的信息，在给定的 α 参数下，我们无须估计分布的均值、波动率（尺度）和其他性质。

让我们先假设 α 为外生变量（通过拟合分布或经验参数得出，两种情况下 α 的随机性都很弱 [239]）。可以注意到，$C(K)$ 对不同分布具备不变性，同时唯一的参数 l 为常数，我们可以将其从比率中划掉。下面考虑市场上尾部期权的"锚"，行权价为 K_1，价格为 C_m，定义为其他期权相对价值的定价基准。我们可以简单地从 $l=\left((\alpha-1)C_m K_1^{\alpha-1}\right)^{1/\alpha}$ 中得到其他行权价，并应用公式 23.2。

结果 1：S 分布下的相对定价

对于 $K_1, K_2 \geq l$，

$$C(K_2) = \left(\frac{K_2}{K_1}\right)^{1-\alpha} C(K_1) \tag{23.3}$$

其优点是消掉了分布中的所有参数：我们只需要尾部期权的价格和分布 α 就可以构建独特的定价机制。

评论 22：避免混淆 L 和 α

尾部指数 α 和卡拉玛塔常数 l 应该和标的分布相对应。如果 S 属于正规变化类，公式 23.1 和公式 23.2 对应的尾部指数 α 和 $r = \frac{S - S_0}{S_0} \in RV_\alpha$ 的 α 完全不同。为一致起见，每个变量都应该有自己的齐普夫图和对应描述。

1. 如果 $\mathbb{P}(X > x) = L_a(x)x^{-\alpha}$，且 $\mathbb{P}\left(\frac{X - X_0}{X_0} > \frac{x - X_0}{X_0}\right) = L_b(x)\, x^{-\alpha}$，那么两者的 α 相同，但是不同的 $L_{(.)}$ 会以不同的速率趋向常数。

2. 如果 $r_c = \log \frac{S}{S_0}$，则分布不在正规变化类中，见定理 7。

α 保持不变的原因是尾部指数的无标度特性。

定理 7：对数收益率

令随机变量 S 的生存函数为 $\varphi(s) = L(s)s^{-\alpha} \in RV_\alpha$，$L(.)$ 为缓变函数，r_l 为对数收益率，$r_l = \log \frac{s}{s_0}$，则 $\varphi_{r_l}(r_l)$ 不属于 RV_α 类。

证明 直接地，转换之后的 $\varphi_{r_l}(r_l)=L(s)s^{-\frac{\log(\log^{\alpha}(s))}{\log(s)}}$。

我们可以注意到，虽然在实践中这么构造需要连续复利条件 [229]，但我们的方法假设该条件被包含在期权价格（或 l）中。此外，在如此远的尾部之外，$\log\frac{S}{S_0}$ 和 $\frac{S-S_0}{S_0}$ 之间没有明显的差异。

23.2.2 第二种方法，S 的几何收益率属于正规变化类

下面让我们回到现实世界，收益率 $\frac{S-S_0}{S_0}$ 服从帕累托分布。考虑 $r>l,\ S=(1+r)S_0$，其中 S_0 是标的初始价格，$r\sim P(l,\alpha)$（帕累托 I 型分布），生存函数：

$$\left(\frac{K-S_0}{lS_0}\right)^{-\alpha},K>S_0(1+l) \qquad (23.4)$$

通过 $l=\frac{(\alpha-1)^{\frac{1}{\alpha}}C_m^{\frac{1}{\alpha}}(K-S_0)^{1-1/\alpha}}{S_0}$ 对应到 C_m，和之前一样，一切有关分布的信息都体现在 l 中。

令 $\frac{S-S_0}{S_0}$ 属于正规变化类，对 $S\geqslant S_0(1+l)$，

$$C(K,S_0)=\frac{(lS_0)^{\alpha}(K-S_0)^{1-\alpha}}{\alpha-1} \qquad (23.5)$$

我们可以重写公式 23.3，并消去 l：

结果 2：$\frac{S-S_0}{S_0}$ 分布下的相对定价

对 $K_1,K_2\geqslant(1+l)S_0$，

$$C(K_2)=\left(\frac{K_2-S_0}{K_1-S_0}\right)^{1-\alpha}C(K_1) \qquad (23.6)$$

评论 23

我们的模型和修正后的布莱克 – 斯科尔斯的定价方法不同（随机波动率或局部波动率模型，参见迪皮尔、德曼和盖思勒尔 [74][102][60]），我们不要求分布的方差有限，如 [229] 所示。唯一的要求是 $\alpha > 1$，也即一阶矩有限。

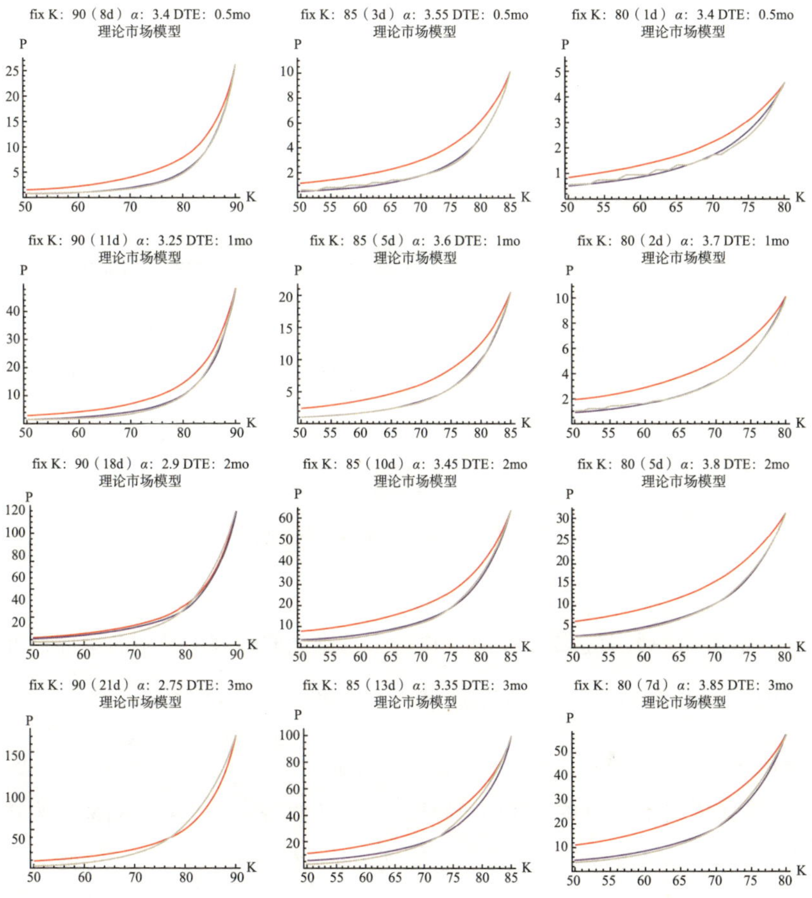

图 23.3　以"固定 K"为锚的标准普尔 500 指数看跌期权价格（来自 2018 年 12 月 31 日的清算数据），计算出符合期权市场价格的尾部指数 α（蓝线），红线为 $\alpha = 2.75$ 的期权价格。我们可以看到，市场上的期权倾向于：(1) 符合幂律分布（也符合调参以后的随机波动率分布）；(2) 给出相对于实际 α 更薄尾的结果。这也显示，模型中所谓高估尾部的说法并不成立。

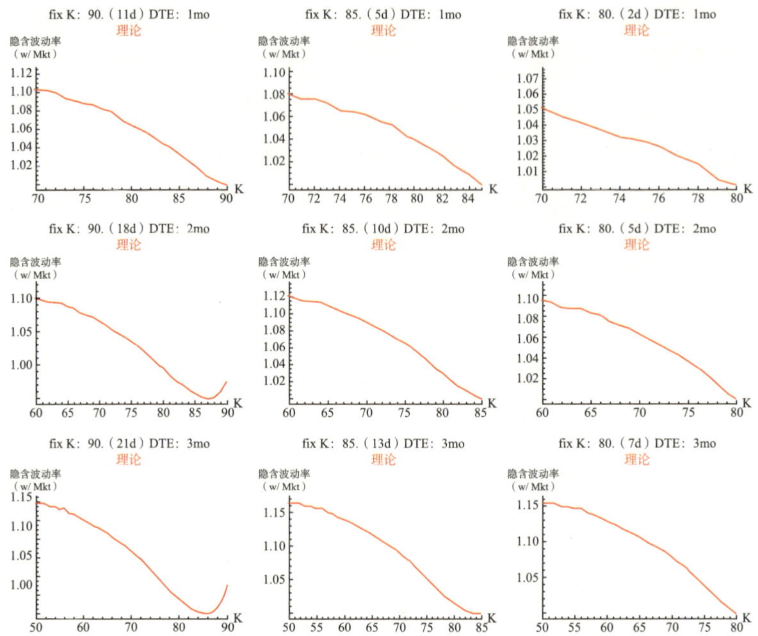

图 23.4　和图 23.3 中相同的结果，但通过隐含波动率的方式表示。针对下方不同行权价的期权（锚分别定为 90、85 和 80），我们将市场价格映射到隐含波动率上，再计算模型相对于市场报价的比值，假定 $\alpha = 2.75$ 。

23.3　看跌期权定价

下面我们考虑看跌期权的行权价（对看涨期权来说是负向尾部，可以通过看涨看跌期权平价定价）。和看涨期权不同，我们只能研究 $\frac{S-S_0}{S_0}$，没法研究对数收益率（更不可能直接研究 S）。

我们先来构造标的可能的负回报，令 r 为收益率，$S=(1-r)S_0$，然后令 $r>l>0$ 服从正向帕累托分布，密度函数 $f_r(r)=\alpha l^{\alpha} r^{-\alpha-1}$ 。通过概率转换并重整标的 PDF 的尺度可得：

$$f_s(S) = -\frac{\alpha\left(-\frac{S-S_0}{lS_0}\right)^{-\alpha-1}}{lS_0} \lambda\ S \in [0,(1-l)S_0)$$

其中设置尺度常数 $\lambda=\left(\frac{1}{(-1)^{\alpha+1}(l^{\alpha}-1)}\right)$ 使 $f_s(S)$ 的积分为 1。因为参数 λ 本身也接近 1，所以其修正很小，$\sigma\sqrt{t}\leqslant\frac{1}{2}$（$\sigma$ 是布莱克 - 斯科尔斯的等效隐含波动率，t 是期权到期时间）。

值得注意的是，参数 l 和尺度 λ 都会被消除。

结果 3：看跌期权定价

对 $K_1,K_2\leqslant(1-l)S_0$，

$$P(K_2)=P(K_1)\frac{(-1)^{1-\alpha}S_0^{-\alpha}\left((\alpha-1)K_2+S_0\right)-(K_2-S_0)^{1-\alpha}}{(-1)^{1-\alpha}S_0^{-\alpha}\left((\alpha-1)K_1+S_0\right)-(K_1-S_0)^{1-\alpha}} \quad (23.7)$$

23.4　套利边界

显然，在上述公式中，行权价高于 K_1 的期权不存在套利机会，因为我们可以验证布里登和利曾伯格的结论 [32]，其中概率密度来自行权价 $\frac{\partial^2 C(K)}{\partial K^2}|_{K\geqslant K_1}=\alpha K^{-\alpha-1}L^{\alpha}\geqslant 0$ 的期权二阶导。

但是，在行权价 $K_1+\Delta K,K_1$ 和 $K_1-\Delta K$ 之间依然可能存在套利机会，其边界如下：令 $BSC(K,\sigma(K))$ 为看涨期权的布莱克 - 斯科尔斯定价，行权价为 K，波动率 $\sigma(K)$ 为行权价和到期时间 t 的函数。我们有：

$$C(K_1+\Delta K)+BSC(K_1-\Delta K)\geqslant 2C(K_1) \quad (23.8)$$

其中 $BSC(K_1,\sigma(K_1))=C(K_1)$，为了满足不等式 23.8，我们还需要一个看涨期权价差不等式，取如下极限：

$$\frac{\partial BSC(K,\sigma(K))}{\partial K}|_{K=K_1}\geqslant\frac{\partial C(K)}{\partial K}|_{K=K_1} \quad (23.9)$$

这样的套利关系给尾部指数 α 设定了下界，对于利率为 0 的简化情况：

$$\alpha\geqslant\frac{1}{-\log(K-S_0)+\log(l)+\log(S_0)}$$

$$\log\left(\frac{1}{2}\operatorname{erfc}\left(\frac{t\sigma(K)^2+2\log(K)-2\log(S_0)}{2\sqrt{2}\sqrt{t}\sigma(K)}\right)-\frac{\sqrt{S_0}\sqrt{t}\sigma'(K)K^{\frac{\log(S_0)}{t\sigma(K)^2}+\frac{1}{2}}\exp\left(-\frac{\log^2(K)+\log^2(S_0)}{2t\sigma(K)^2}-\frac{1}{8}t\sigma(K)^2\right)}{\sqrt{2\pi}}\right) \quad (23.10)$$

23.5 评述

如图 23.5 所示，随机波动率模型和其他类似的模型（比如跳跃扩散或标准泊松变化模型）最终会在校准区域之外的尾部失效。使用调参后的薄尾分布（而非帕累托分布）来给期权定价并不可取，因此，大量金融文献认为尾部期权“高估”的观点和对“巨灾风险”的心理偏差都是很不严谨的。这里提出的方法可以帮助我们更现实地审视此类观点。

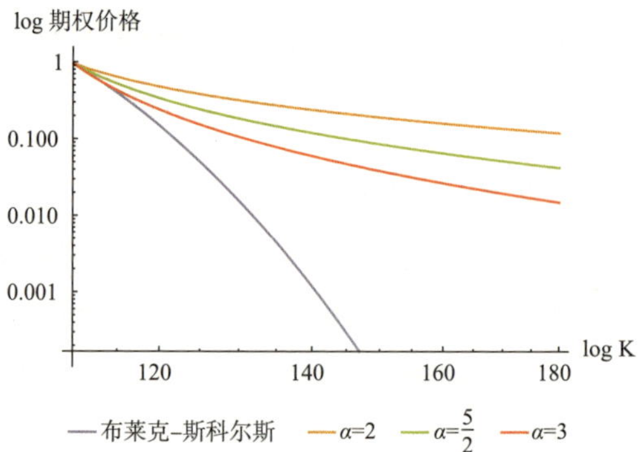

图 23.5　第二个拟合的 log-log 图。

致谢

布鲁诺·迪皮尔、彼得·卡尔，以及纽约大学工学院的学生。

第二十四章　量化金融领域的四个错误*，‡[1]

本章我们会讨论杰夫·霍尔曼在《量化金融》上的评论（令人惊讶的是，霍尔曼当时还是一家大型对冲基金的高级风险管理人员），并给出学生们应该避免的四个关键错误：

1. 混淆尾部（四阶矩）和波动率（二阶矩）
2. 当计算潜在收益时忽略詹森不等式
3. 在分析对冲结果时不考虑标的业绩表现
4. 金融领域计价单位的必要性

霍尔曼先生对《反脆弱》的评论（2013.12.4）存在大量事实、逻辑和分析上的错误。这里我们仅列出最关键的一部分问题，并指出在风险管理和量化金融领域的普遍误区。这些核心谬误应该被教给量化金融专业的学生，以供新入行的量化分析师和风险管理者学习规避。

24.1　混淆二阶矩和四阶矩

对初学者来说，非常重要的一点是不犯这个基本错误。霍尔曼将 VIX

1　讨论章节。

（波动率合约）与押注“尾部事件”联系在一起。让我们重申一下“尾部事件”的概念（如本书之前的表述）：尾部在决定分布特性方面具备不成比例的作用，从数学上讲，分布躯干的作用更小。[1]

霍尔曼先生似乎把肥尾后半部分的特征搞反了，认为 VIX 代表尾部事件是错误的。波动率指数主要受分布中心平值期权的影响，更接近二阶矩而非四阶矩（平值期权的收益实际上是线性的，对应条件一阶矩）。作者曾在《动态对冲》（塔勒布，1997）（见附录）一书中讨论过如何押注尾部或“四阶矩”。为了押注肥尾事件的不对称性，需要卖出平值期权并购买尾部期权，以实现二阶矩中性（类似于“市场中性”）。为获得这种中性，需要在分布的躯干部分“做空波动率”，因为峰度越高，分布中心的作用越小。

在“不确定性”系列中，我们给出了更数学的公式：肥尾同时意味着分布“尖峰”，因为尾部越厚，市场在 $\mu-\sqrt{\frac{1}{2}\left(5-\sqrt{17}\right)}\sigma$ 和 $\mu+\sqrt{\frac{1}{2}\left(5-\sqrt{17}\right)}\sigma$ 之间的时间就越多，其中 σ 是分布的标准差，μ 是分布的均值（为了便于表述，这里我们用了高斯分布，但该结论适用于所有具有“钟形”曲线的单峰分布）。而“尖峰”意味着非尾部事件的波动更小，平静的时间更多。至于对期权定价的影响，读者可以参考我在第一堂金融衍生品课的课后测验中通常会给学生准备的问题：“如果尾部变肥了，平值期权会怎么样？”答案是，它们的价值会下降。[2]

在我们发表于《量化金融》（塔勒布和杜阿迪，2013）的论文中，一个更深入的论点是，我们对脆弱性的度量对分布中心周围的事件具有反向敏感性，因为从生存概率来看，脆弱的事物对尾部冲击非常敏感，但不应该受分布躯干的影响（否则不成立）。

---

1 在所有相关的计算中，峰度或标度四阶矩（衡量肥尾的标准测度），是通过方差的平方对四阶矩进行标准化的结果。

2 **要点：尾部从哪里开始？**如章节 4.3 所说，对于一般的对称幂律分布，尾部开始于：$\pm\frac{\sqrt{\frac{5\alpha+\sqrt{(\alpha+1)(17\alpha+1)}+1}{\alpha-1}}s}{\sqrt{2}}$，$s$ 为标准差，当 α 趋于无穷时对应高斯分布（随机波动率）。尾部一般位于 2 到 3 个标准差之间。这源于脆弱性二阶效应的启发式定义：分布对尺度参数的估计误差具备凸性。但在实践中，由于小样本效应（再次强调，肥尾会加重小样本效应），标准差的历史值会偏低，因此实际尾部会大于 2 至 3 个标准差。

24.2 分析期权收益时忽略詹森不等式

下面是一个应该不惜一切代价避免的错误，尤其是在讨论波动率策略或任何金融问题的时候。霍尔曼先生似乎忘记了詹森不等式的存在，而这正是持有期权的意义，在《反脆弱》中我们提到过这一点。忽略凸性效应的表现之一是，人们在计算损益时会天真地假设期权近似等于波动率指数。

如果从 2007 年 1 月 1 日开始，用 1 美元滚动购买短期 VIX 期权，会在 2008 年 11 月 20 日滚到 4.84 美元——然后在未来的四年半里损失 99% 的价值，最终在 2013 年 5 月 31 日以 0.05 美元收场。[1]

上面的例子将期权收益低估了几个数量级。霍尔曼先生使用了金融期权中的波动率指数 VIX（或 VIX 期货）来分析尾部策略的回报，这在数学上是错误的，因为存在二阶效应，两者可以说没什么关系（就像是通过分析温度期货来评估对滑雪场的投资）。对滚动持有的期权策略来说，如果隐含波动率上升 4%，平值以外 5 倍标准差的期权[2]价值将增加 16 倍，而且只有在波动率降到 0 时才失去价值。对 10 倍标准差的期权来说则是 144 倍。如果要进一步展示这种加速特性，假设期权存在，20 倍标准差期权的价格会上升约 210 000 倍。[3]讨论中还有第二个关键错误：霍尔曼先生的计算中去掉了实值期权的收益。

我们应该记住 VIX 并不是一个价格，而是一个逆函数，是一个从价格衍生出来的指数：人们无法像买西红柿那样去买“波动率”。发行机构在购买这种逆函数对应的期权时存在非常严重的非线性效应。尽管 VIX 比尾部期权更线性，但它仍然是实际市场波动率的凸函数。这一点介于方差和标准差之间，因为用各个行权价的期权合成的是方差（盖思勒尔，2006）。读者可以做一个简单的练习，假设以 10% 的价格“买入”VIX，也就是说，以与 10% 水平相对应的波动率购买期权组合。假设回报是

---

1 在上述讨论中，霍尔曼先生还展示了指数看跌期权令人失望的回报率，正如我们之前所说，这些期权反映的是波动率而非尾部事件，我们也称其为“垃圾看跌期权”。

2 这里我们用隐含波动率作为标准差的基准。

3 作者亲眼见过，在维克多·尼德霍夫的破产清算中，曾以 0.05 美元售出的期权最终以 38 美元买了回来，导致 Refco 公司破产，甚至此时期权都远远没到达到平值：不过是经历了隐含波动率的一次恐慌性上升。

平方形式，波动率上升 4%，由于非线性效应，这一篮子期权组合会上涨 15%，平均上涨 9.5%。霍尔曼先生相信或希望读者相信，这 0.5 个百分点应被视为损失，但实际上，波动率变化的二阶不均匀性远比一阶效应更重要。

24.3 保险和被保资产之间的不可分割性

我们永远不应该单独计算保险的成本而忽略组合收益，不然的话就不会有人购买保险了。

虽然霍尔曼先生把波动率的正负号搞对了，但在上面的例子中，他只分析了购买期权来保护尾部事件的成本，没有考虑投资组合本身的表现，就像是只计算保险的成本而不考虑被保资产的价值，这样人们自然不可能去购买保险了。实际上，在他描述的同一时期，市场上涨了超过 100%：一个合理的方法是，从绝对金额的角度看投资者应该怎么做（当然，应该抛弃他的这种“VIX”模式，专注于用少量资金投资尾部期权，这样才能形成积极的策略）。如果没有这样的保险，很多投资者（比如作者）可能早就退出市场了，或者根本没有钱再向市场追加资金。

24.4 金融领域计价单位的必要性

他的分析还存在一个很大的误区。

杠铃策略是一种双模型策略，表现为将组合的一部分投资于“计价单位”（反脆弱）的资产，剩下的部分投资于风险资产（在反脆弱的概念中，此类计价单位为通胀连结资产）。霍尔曼先生的虚无主义论述根本没有考虑这种无风险的计价单位（由此可能导致一些诡辩，比如，“他说在陆地上比在海上更安全，但如果发生地震了怎么办”？）

布莱克－斯科尔斯公式推导中的基准为无风险资产，但在 1977 年以后的文献里，基础计价资产的概念已经被“现金”取代了，之后又出现了不同货币的概念，这在技术上允许测度发生变化。计价单位可以被定义为**连结所有单位的基础单位**（实践中，计价单位是不影响投资者财富的一揽子基准）。所以，如果没有计价单位，那就没有概率测度，也不会有量化金融，因为我们需要一个单位来计算所有的事物。在这篇（充满感情的）批驳文章中，霍尔曼先生不仅否定了杠铃策略，还否定了所有经济学变量取期望的操作，这意味着他应该去攻击数以万计的金融研究论文和《量化金融》存在本身。

显然，霍尔曼先生的评论中还有大量其他错误和不一致的说法，但我毫不怀疑，《量化金融》的读者已经发现了这些问题。正如我们所述，本章讨论的主要目的是规避量化金融领域中的分析谬误。

综上所述，作者欢迎来自金融界的批评，只要这些批评别给出伪科学论点即可，或者别像霍尔曼先生那样用这种违反该领域基础逻辑的方式。

24.5 附录（押注分布尾部）

《动态对冲》：

押注四阶矩是做多或做空波动率的波动率，可以通过虚值期权或日历差价来实现。例如，“反向价差”比率是一种买入大量虚值期权，同时卖出少量平值期权的方法，以确保整个交易满足“权利金盈余”的原则（交易在期初产生正的现金流）。如果使用实值期权，盈余原则的实现会更复杂一些。在这种情况下，应该使用看涨看跌期权平价将每个期权的内在价值扣除，并使它们和虚值期权的权利金相等。

图 24.1 所示的交易是同时购买虚值看涨和看跌期权，并卖出少量同一到期日的跨式期权。

图 24.2 展示了第二种方法，买入一定金额的 60 天期权，同时卖出 80% 金额的 20 天期权。这两种交易都能从肥尾和尖峰中获利，而且两者的修正维加值都几乎为 0，但维加值敏感性不同。

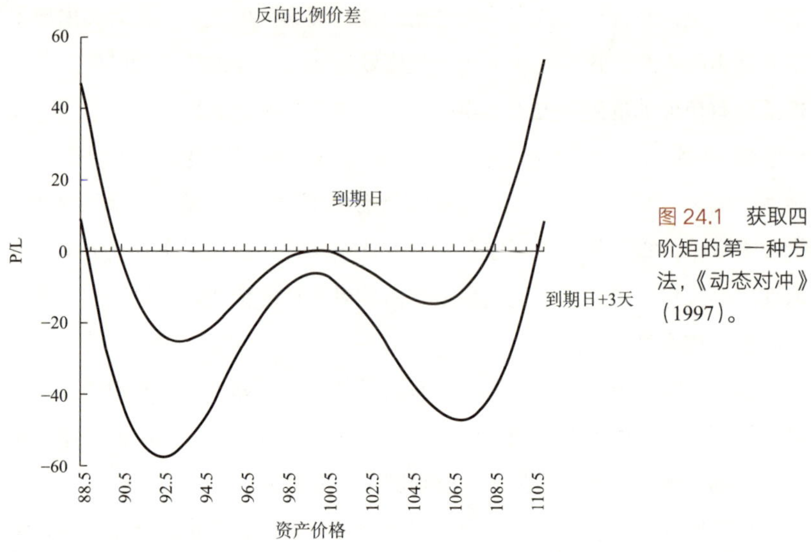

图 24.1 获取四阶矩的第一种方法，《动态对冲》(1997)。

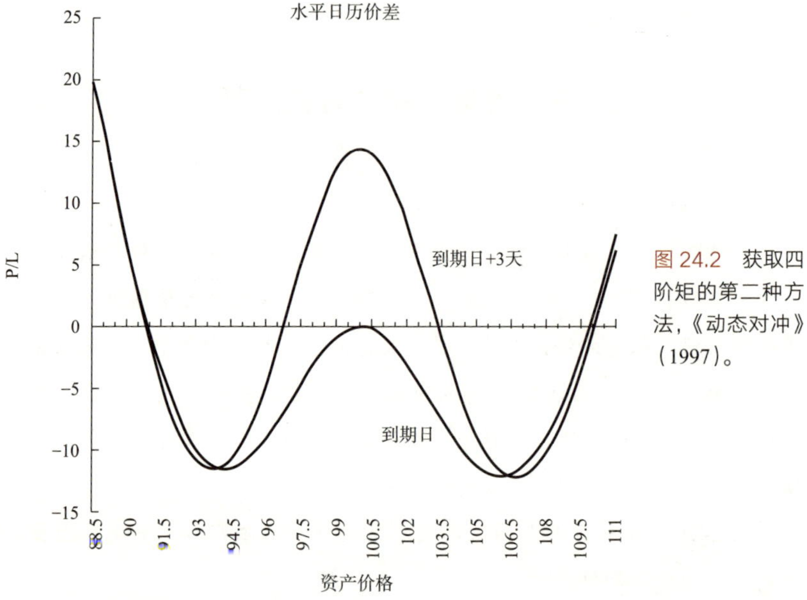

图 24.2 获取四阶矩的第二种方法，《动态对冲》(1997)。

参见章节 4.3 “分布的躯干、肩部和尾部”，我们假设尾部从概率分布对尺度参数呈现出凸性的位置开始。

第二十五章　尾部风险约束和最大熵‡[1]

在金融文献中，构建投资组合一般基于两大核心假设：充分了解各个证券收益的联合概率分布；能通过效用函数表示投资者的偏好。在现实世界中，投资者需要在客户和监管机构的风险约束下构建投资组合，一般要控制给定置信水平下可能产生的最大损失（头寸的在险价值）。有趣的是，金融文献似乎并不关注我们对资产回报的多维概率密度到底了解多少，也没有对此进行过严肃的讨论。

相比之下，我们的方法是先强调这些问题，然后采用一个熵最大化的框架，来表示我们对现实世界中证券收益"真实"概率分布（无论是单变量还是多变量）的无知。在这样的框架下，我们只通过下行风险约束来构建最优投资组合，然后发现了两个有趣的结果：（1）左尾约束强到足以覆盖传统理论中的所有因素；（2）最终得出的结果是投资者非常熟悉的"杠铃式组合"（一部分投资于最大确定性 / 最低风险，另一部分投资于最大不确定性）。

1　研究章节，共同作者杰曼。

25.1　投资组合的核心约束是左尾风险

通常，在机构管理框架下，承担风险的主体会使用监管规定的尾部损失限额来设定投资组合的风险水平（自《新巴塞尔协议》以来要求银行必须遵守这一点）。它们不会考虑效用，而是依靠压力测试、止损、在险价值（VaR）、预期损失（即超过 VaR 的条件预期损失，也被称为 CVaR）之类的截断损失方法。特别是在金融交易中，保证金是由清算公司和交易所根据尾部损失（通过概率和压力测试）来计算的。（在风险术语中，止损是一种强制命令，在达到某个预先定义的损失时将终止部分或全部风险敞口。《新巴塞尔协议》是巴塞尔银行监管委员会发布的银行法律法规的建议的统称。在险价值定义为某个损失阈值 K，使投资组合在给定时间范围内损失超过该值的概率为 ϵ。压力测试是通过人为改变某些基础变量值，来测试投资组合的表现。）至少可以说，投资约束所代表的信息可以有效表征主体的风险偏好和期望分布。

相较于一段时间内的组合波动，风险主体更关心该阶段内他们可能面临的资金缩减。此外，他们完全不了解投资组合中各组成部分的联合概率分布（只是模糊地知道一些相关性和对冲概念），却可以基于最大风险的原则进行资产配置并有机地控制损失。[对风险承担主体来说，用方差代替风险会显得非常奇怪。现代投资组合理论降低方差的目的与理性投资者的偏好并不一致，无论其风险厌恶程度如何，因为控制方差也会压缩向上的收益——除了极少数我们非常确定预期回报率的情况，或者更奇怪的是，投资者只能投资于概率分布对称和（或）收益对称的变量的情况。止损和尾部风险控制都会违反这种对称性。] 我们无法直接使用传统的效用和方差概念，因为相关信息已经被嵌入尾部损失约束。

由于止损、VaR（和预期损失）方法和其他风险控制方法只关心分布的一小部分，即负面损失，所以我们可以得到两种拆分投资组合的方法，构造出“杠铃式”的结构，因为投资者在收益分布不同区域的立场可能完全相反。这里我们定义的杠铃是在组合中混合两种极端性质，比如投资于线性组合 w 权重的最保守资产和 $(1-w)$ 权重的最高风险资产，$w\in(0,1)$。

从历史上看，金融理论一直偏爱参数化的、不太稳健的方法。认为决策者完全了解未来收益分布的天真想法依然存在，尽管这种观点毫无实践和理论支撑——比如，相关性非常不稳定，根本无法精确衡量。投资组合理论是一种基于确定分布和确定参数的方法，这种方法可能对研究有用，但无法适应现实的风险环境。[相关性不稳定的方式本身就很不稳定，因为资产收益的联合分布不具备椭圆性，参见布绍和奇切帕提奇（2012）[42]。]

学术研究领域大致有两种传统：一种是基于经济学的高度参数化决策方法（主要以马科维茨 [166] 为代表）；另一种是基于稀疏性假设，被称为凯利公式，参见凯利（1956）[142]、参见贝尔和科弗（1980）[15]。和马科维茨的最小方差法相比，同一时期发展起来的凯利公式不需要假设联合分布或效用函数。在实践中，我们只需要知道预期利润和最大损失的比率以避免破产。显然，在凯利公式下，模型误差的影响较小，参见索普（1969）[250]，黑格（2000）[119]，麦克莱恩、津巴和布拉任科 [157]。有关这两种方法的差异的讨论可以参考萨缪尔森对凯利公式和索普（2010）[252] 的反对意见。凯利的方法为浮动投资比例，在发生损失时自动降低仓位，相当于控制了左尾。马科维茨的方法则需要设定一个非参的固定最大损失，也即证券价格变化的下限，类似于赌博游戏，在金融领域只能通过二元期权来实现。此外，凯利公式要求我们相对精确地了解未来收益率（均值）。我们对凯利公式进行了拓展，使其能够容忍更大的预期回报的不确定性，即风险主体只能通过衍生品、保险或基于止损的动态投资组合来控制左尾。徐、吴、江和宋（2014）[266] 对比了均值方差和最大熵，并利用熵构建了稳健的投资组合。简言之，我们强制约束了组合的最大损失，但以其他方式假设回报具备最大不确定性。更准确地说，我们将收益分布等同于风险约束的最大熵展开，表示为对左尾行为和其他区域的期望收益或对数收益。请注意，我们用的始终是香农熵，度量信息还有其他方式，比如 Tsallis 熵 [256]（香农熵的扩展）和雷尼熵 [137]，在特殊情况下它们可能更便于计算。不过最有名的还是香农熵，因为它具备一个完善的最大化框架。

这里“左尾行为”指的是上述讨论中机构面临的清晰绝对的风险约

束。我们描述了由此产生的所谓最大分布的形状，并研究了分布的其他性质。一方面，在高斯分布的均值–方差框架下重新揭示了 VaR 与预期收益之间的数学联系。另外，还有两方面的贡献：(1) 在此均值–方差法更宽松的约束条件下研究了投资组合的收益分布形状；(2) 用随机熵表示剩余的不确定性。

VaR 和 CVaR 方法并非没有误差——大家都知道带参 VaR 本身就是一种无效的风险控制方法。不过通过购买保险，此类方法可以不再依赖于参数假设，从而变得稳健。这一点可以通过衍生品合约或组合有机构造来实现（显然，如果某人的投资组合中有 80% 是基础计价资产，那么损失超过 20% 的风险和所有收益模型均无关，因为基础计价资产的变化不算风险）。我们通过“固定止损”和保险的方式构造了“纯稳健”的组合（零预期损失），这是“杠铃”结构在我们研究中的一个特例。

值得一提的是，基于两种不同风险类别构建投资组合是经济学中的一个已有观点，参见希克斯（1939）[128]。现代投资组合理论提出了共同基金定理或“拆分”定理，即投资者可以通过组合两个共同基金获得他们想要的所有投资组合，一个是无风险资产，另一个代表与其约束相切的最优均值–方差组合，参见托宾（1958）[254]、马科维茨（1959）[167]、默顿（1972）[170] 和罗斯（1978）[202]。在我们的例子中，无风险资产是尾部风险设置为零的资产。注意，在传统金融经济学中，投资组合带风险的部分需要方差最小。而在我们的方法中恰恰相反，带风险部分的方差要尽可能大。

25.1.1 杰恩斯眼中的杠铃策略

我们的方法只限制那些可以被限制的变量（一种相对稳健的方法），其他地方则服从熵最大法则。这与杰恩斯“应该如何在经济学中使用熵？”的观点相呼应 [134]：

> 宏观经济系统的运行可能不是对当前学术理论中描述的因素做出反应（或者至少不仅是对这些因素做出反应）。它可能只是在自然和政府的约束条件下，朝着熵增加的方向移动。

25.2 重新审视均值–方差组合

令 $\vec{X}=(X_1,X_2\dots X_m)$ 代表 m 个资产在一段时间内的回报，其联合分布为 $g(\vec{x})$，回报均值 $\vec{\mu}=(\mu_1\dots\mu_m)$， $m\times m$ 的协方差矩阵 $\Sigma:\Sigma_{ij}=\mathbb{E}\left(X_iX_j\right)-\mu_i\mu_j,1\leqslant i,j\leqslant m$。假设 $\vec{\mu}$ 和 Σ 都可以从数据中可靠估计。

权重 $\vec{w}=(w_1\dots w_m)$ 的投资组合回报率为：

$$X=\sum_{i=1}^{m}w_iX_i$$

均值和方差为：

$$\mathbb{E}\left(X\right)=\vec{w}\vec{\mu}^T V\left(X\right)=\vec{w}\Sigma\vec{w}^T$$

在标准投资组合理论中，我们会在 $\mathbb{E}\left(X\right)=\mu$（固定平均回报）的限制条件下，在所有的 $\vec{w}$ 中最小化 $V(X)$。或者也可以固定方差 $V\left(X\right)$，同时最大化预期收益 $\mathbb{E}\left(X\right)$。在这一框架中，风险的代理指标为方差。

为了将它和我们基于熵的方法联系起来，考虑如下两种标准情形。

（1）正态世界：资产收益的联合分布 $g\left(\vec{x}\right)$ 服从多元高斯分布 $N(\vec{\mu},\Sigma)$。假设正态性相当于假设 $g\left(\vec{x}\right)$ 在一阶统计量为 $\vec{\mu}$ 和二阶统计量为 Σ 的所有多元分布中具有最大（香农）熵。而且对于给定均值 $\mathbb{E}$ (X)，最小化方差 $V(X)$ 等价于最小化 X 的熵（不确定性）。原因是，联合正态分布隐含了任意权重下 X 都是单变量正态分布，且 $\mathcal{N}(\mu,\sigma^2)$ 变量的熵是 $H=\frac{1}{2}\left(1+\log\left(2\pi\sigma^2\right)\right)$。在信息完备的世界中这是自然成立的。熵作为平均不确定性的概念参见菲利帕托斯和威尔逊（1972）[188]，熵在金融经济学中的描述可以参考周等人（2013）[270]，在一般经济学中可以参考杰奥尔杰斯库－罗根（1971）[107]。

（2）未知多元分布：如果可以估计二阶结构，我们就可以使用马科维茨的方法，比如选择权重来寻找最优的均值－方差组合，从而决定 $\mathbb{E}\left(X\right)=\mu$ 和 $V\left(X\right)=\sigma^2$。但是，我们不知道收益 X 的分布。假设 X 满足正态分布 $\mathcal{N}(\mu,\sigma^2)$ 相当于假设最大化 X 的熵，因为正态分布的最大熵出现在均值和方差位置 [188]。

我们的策略是将第二个场景中的方差 σ^2 替换为两个左尾 VaR 条件，

建模将投资组合回报表示为这些约束的最大熵展开项，同时在安全边际以上（无危险区域）加入一个投资组合增长的约束项。

25.2.1 分析约束条件

假设 X 的概率密度为 $f(x)$，在之后的分析中令 $K<0$ 代表归一化常数，和风险主体的财富保持一致。对于任意的 $\epsilon>0$ 和 $v_{-}<K$，VaR 约束可以表示为：

（1）尾部概率：

$$\mathbb{P}(X \leqslant K)=\int_{-\infty}^{K} f(x) dx=\epsilon$$

（2）预期损失 (CVaR)：

$$\mathbb{E}(X \mid X \leqslant K)=v_{-}$$

假设（1）成立，约束（2）等价于：

$$\mathbb{E}\left(X I_{(X \leqslant K)}\right)=\int_{-\infty}^{K} x f(x) dx=\epsilon v_{-}$$

其中 VaR 参数 $\theta=(K,\in,\upsilon_{-})$，令 $\Omega_{\text{VaR}}(\theta)$ 代表一系列满足两个约束条件的概率密度 f。注意，$\Omega_{\text{VaR}}(\theta)$ 为凸函数：对 $f_1, f_2 \in \Omega_{\text{VaR}}(\theta)$ 有 $\alpha f_1+(1-\alpha) f_2 \in \Omega_{\text{VaR}}(\theta)$，后面我们会加入一个分布均值约束。

25.3 再论高斯分布

假设 X 是均值为 μ、方差为 σ^2 的高斯分布，因为有两个自由参数，原则上可以让它满足 VaR 约束条件。如图 25.1 所示，左尾约束决定了分布的均值和方差。但是在满足 VaR 约束的同时也限制了分布的 μ 和 σ^2，会相应带来一种不等关系，“天下没有免费的午餐”。

令 $\eta(\epsilon)$ 为标准正态分布的 ϵ 分位数，$\eta(\epsilon)=\Phi^{-1}(\epsilon)$，$\Phi$ 为标准正态分布的累积密度函数。同时设定：

$$B(\epsilon)=\frac{1}{\epsilon \eta(\epsilon)} \phi(\eta(\epsilon))=\frac{1}{\sqrt{2 \pi} \epsilon \eta(\epsilon)} \exp \left\{-\frac{\eta(\epsilon)^2}{2}\right\}$$

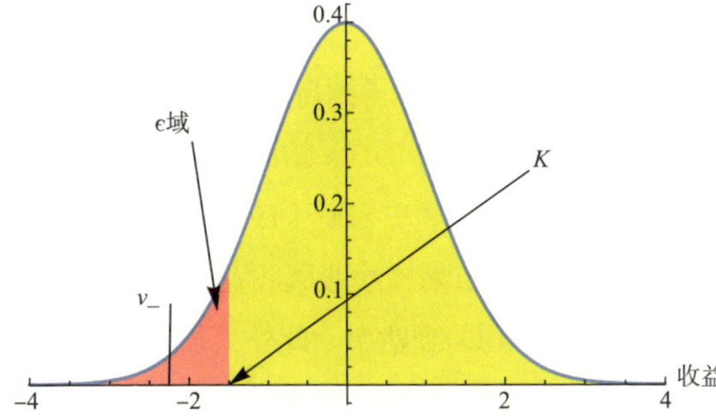

图 25.1　通过设定阈值 K（VaR），超过该值的概率 ϵ 和对应的预期损失，高斯分布下就完全没有了腾挪的空间：在 σ 和 μ 确定时，投资组合的构造就显得无关紧要了。

命题 25.1

如果 $X \sim N(\mu,\sigma^2)$ 且满足两个 VaR 约束，那么均值和方差可以表示为：

$$\mu=\frac{v_-+KB(\epsilon)}{1+B(\epsilon)},\sigma=\frac{K-v_-}{\eta(\epsilon)(1+B(\epsilon))}$$

而且 $B(\epsilon)<-1$，$\lim\limits_{\epsilon\downarrow 0}B(\epsilon)=-1$。

证明见附录，通过 VaR 约束可以直接得到两个关于 σ 和 μ 的线性方程：

$$\mu+\eta(\epsilon)\sigma=K,\mu-\eta(\epsilon)B(\epsilon)\sigma=v_-$$

假设 VaR 约束支持分布具备**正期望**，$\mu=\mathbb{E}(X)>0$。首先，从上述 σ 和 μ 的线性方程中可以看到，如果固定均值 μ，σ 随 ϵ 的增大而增大。$\mu>0$ 的条件为 $\sigma>\dfrac{K}{\eta(\epsilon)}$，也即我们必须接受方差的下界随 ϵ 增大，这是一条非常合理的性质。其次，从命题 25.1 的 μ 表达式中我们有：

$$\mu>0\Leftrightarrow|v_-|>KB(\epsilon)$$

也就是说，想要获得正期望回报的唯一方法是容忍足够大的风险，也即满足上面不等式的风险参数 θ。这种限制适用于所有的对称分布，因为左尾约束会确定位置和尺度参数。例如对学生 T 分布（尺度为 s，位置为 m，尾部指数为 α），同样有 s 和 m 之间的线性关系 $s=(K-m)\kappa(\alpha)$，

$\kappa(\alpha)=\dfrac{i\sqrt{I_{2\epsilon}^{-1}\left(\frac{\alpha}{2},\frac{1}{2}\right)}}{\sqrt{\alpha}\sqrt{I_{2\epsilon}^{-1}\left(\frac{\alpha}{2},\frac{1}{2}\right)-1}}$，这里 I^{-1} 是正则化不完全 β 函数 I 的逆函数，s 则是 $\epsilon=\frac{1}{2}I_{\frac{\alpha s^2}{(k-m)^2+\alpha s^2}}\left(\frac{\alpha}{2},\frac{1}{2}\right)$ 的解。

25.3.1 两个正态分布混合

在各类应用科学中，混合两个正态分布可以得到自然拓展的高斯分布，在金融学中，混合分布假设（文献中表示为 MDH）指的正是混合两个正态分布，已经被广泛纳入研究，参见理查森和史密斯（1995）[200]。杰曼和阿内（1996）[2] 通过无限多个正态分布来描绘股票收益，并引入“随机性时钟”来解释金融市场信息流的不均匀到达率。此外，长期以来期权交易者一直使用混合分布来解释肥尾，并跟踪投资组合对峰度上升的敏感性（“DvegaDvol”），见塔勒布（1997）[225]。最后，布里戈和墨丘里奥（2002）[34] 使用了两种正态分布混合的方法来拟合股票期权中的偏度。

考虑如下混合分布：

$$f\left(x\right)=\lambda N\left(\mu_1,\sigma_1^2\right)+(1-\lambda)N(\mu_2,\sigma_2^2)$$

最符合直觉的简单情况是固定均值 μ，令 $\lambda=\epsilon$，$\mu_1=v_-$，此时 μ_2 被约束为 $\frac{\mu-\epsilon v_-}{1-\epsilon}$。因此，当 σ_1 和 σ_2 足够小时，近似满足左尾条件。实际上，当 $\sigma_1=\sigma_2\approx 0$ 时，密度由两个尖峰组成（小方差正态分布），左侧以 v_- 为中心，右侧以 $\frac{\mu-\epsilon v_-}{1-\epsilon}$ 为中心。在最极端的情况下，左边是狄拉克函数，我们接下来会讨论。

动态止损 我们可以设置一个下阈值 K，在该值以下不存在概率密度，最终结果取决于执行该止损的即时性。止损阈值右半边的分布不再类似于高斯分布，阈值和均值的距离会带有不同程度的正偏。我们用图 25.2 表达这一概念。

图 25.2 动态止损在阈值位置表现为吸收态，对应阈值区域的狄拉克函数。

25.4 最大熵

通过上述分析，我们清晰地知道，在实践中，收益 X 的概率密度 f 不可知，也不存在任何理论可以预测。假设我们可以调节组合参数来满足 VaR 约束，可能再加上一个 X 函数期望约束（比如分布均值）。然后，我们想要计算概率和期望，比如 $\mathbb{P}(X>0)$ 或损失超过 $2K$ 的概率，又或者 $X>0$ 的期望收益。一种策略是，在最无法预测的情境下满足约束条件，比如使用约束条件的最大熵展开（MEE）来对 $f(x)$ 建模。

f 的"微分熵"是 $h(f)=-\int f(x)\ln f(x)\mathrm{d}x$。（积分可能不存在。）熵在密度空间是凹函数，MEE 可以定义为：

$$f_{\text{MEE}}=\arg\max_{f\in\Omega} h(f)$$

其中 Ω 是满足一系列约束的概率密度空间，形式为 $E_{\phi_j}(X)=c_j, j=1\ldots J$。假设 Ω 非空，可以得到 f_{MEE} 唯一且满足指数分布，其形式为：

$$f_{\text{MEE}}(x)=C^{-1}\exp\left(\sum_j \lambda_j\phi_j(x)\right)$$

其中 $C=C(\lambda_1\ldots\lambda_m)$ 是归一化常量。基于熵对合适的函数 $J(f)$ 进行微分，使积分为 1，叠加拉格朗日乘数的约束条件即可得到上式。在下面的特殊例子中，我们会用这种方法表征约束条件的 MEE。

接下来，我们想要在 VaR 和其他的约束条件下最大化熵。确实，VaR 约束自身无法导出 MEE，因为它不会限制 $x>K$ 的密度函数 $f(x)$。如果令 f 为 $K<x<N$ 的均匀分布，$C=\dfrac{1-\epsilon}{N-K}$ 且 $N\to\infty$，那么熵可以很大。不过，我们在 f 的行为上附加了一个或多个约束，且与 VaR 约束相容，此时满足所有约束的概率密度集 Ω 非空。这里 Ω 依赖于 VaR 参数 $\theta=(K,\epsilon,v_-)$ 以及其他的约束条件。

25.4.1 案例 A：全局均值约束

最简单的情况是增加一个收益均值约束，比如固定 $\mathbb{E}(X)=\mu$，因为 $\mathbb{E}(X)=\mathbb{P}(X\leqslant K)\mathbb{E}(X\mid X\leqslant K)+\mathbb{P}(X>K)\mathbb{E}(X\mid X>K)$，增加均值约束等价于增加：

$$\mathbb{E}\left(X \mid X>K\right)=v_+$$

其中 v_+ 满足 $\epsilon v_- + (1-\epsilon)v_+ = \mu$。

定义：

$$f_-(x)=\begin{cases}\dfrac{1}{(K-v_-)}\exp\left[-\dfrac{K-x}{K-v_-}\right], & x<K\\ 0, & x\geqslant K\end{cases}$$

以及

$$f_+(x)=\begin{cases}\dfrac{1}{(v_+-K)}\exp\left[-\dfrac{x-K}{v_+-K}\right], & x>K\\ 0, & x\leqslant K\end{cases}$$

很容易检验 f_- 和 f_+ 的积分均为 1，那么

$$f_{\text{MEE}}(x)=\epsilon f_-(x)+(1-\epsilon)f_+(x)$$

是下列三个约束的 MEE：

1. $\int_{-\infty}^{K} f_{\text{MEE}}(x)\,dx=\epsilon$
2. $\int_{-\infty}^{K} x f_{\text{MEE}}(x)\,dx=\epsilon v_-$
3. $\int_{K}^{\infty} x f_{\text{MEE}}(x)\,dx=(1-\epsilon)v_+$

同时，f_{MEE} 在我们的约束函数中是指数形式：

$$f_{\text{MEE}}(x)=C^{-1}\exp[-(\lambda_1 x+\lambda_2 I_{(x\leqslant K)}+\lambda_3 x I_{(x\leqslant K)})]$$

f_- 的形状依赖于 K 和预期损失 v_- 的关系，v_- 离 K 越近，尾部下降的速度越快。随着 $v_- \to K$，f_- 收敛于 $x=K$ 处的单位尖峰（如图 25.3 和图 25.4 所示）。

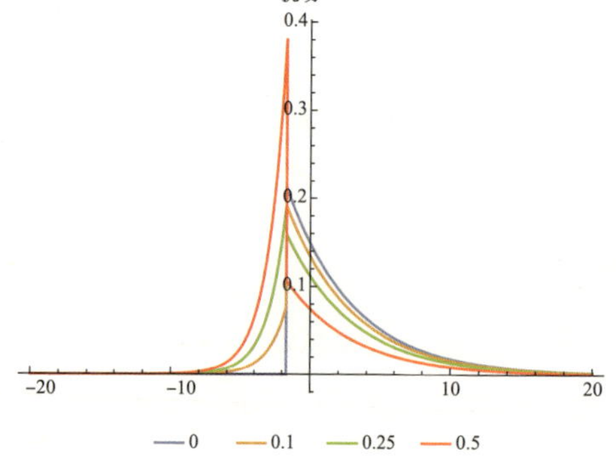

图 25.3　案例 A：不同 ϵ 值对分布形状的影响。

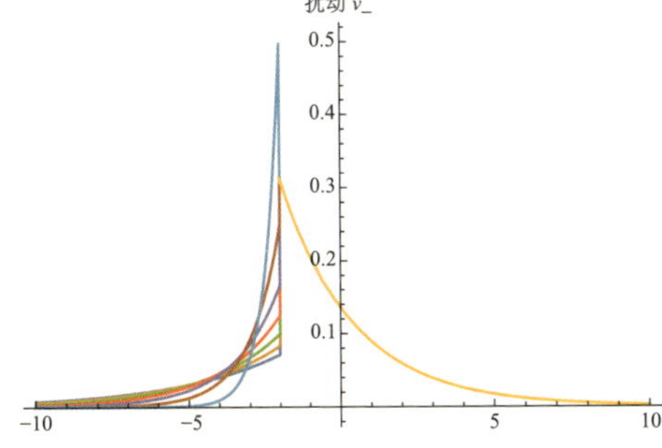

图 25.4　案例 A：不同 v_- 值对分布形状的影响。

25.4.2　案例 B：均值绝对值约束

如果我们限制均值的绝对值，表示为：

$$E\left(|X|\right)=\int|x|f\left(x\right)dx=\mu$$

此时 MEE 会更复杂一些，但依然可解。定义跟上述相同的 $f_-\left(x\right)$，令：

$$f_+\left(x\right)=\begin{cases}\dfrac{\lambda_1}{2-\exp\left(\lambda_1 K\right)}\exp\left(-\lambda_1|x|\right) & x\geqslant K\\ 0 & x<K\end{cases}$$

那么可以选择 λ_1 使得：

$$\epsilon v_-+\left(1-\epsilon\right)\int_K^\infty|x|f_+\left(x\right)dx=\mu$$

25.4.3　案例 C：右尾服从幂律

如果相信实际收益率具备“肥尾”特征，而且右尾衰减服从帕累托分布而非指数分布（正态或指数概率密度），那么我们可以不管收益均值或绝对均值，直接把它加到 VaR 约束中。从 MEE 的指数形式来看，$f_+\left(x\right)$ 将服从幂律分布，表示为：

$$f_+\left(x\right)=\frac{1}{C(\alpha)}\left(1+|x|\right)^{-(1+\alpha)},x\geqslant K$$

如果 $\alpha>0$，且约束为如下形式：

$$E\left(\log\left(1+|X|\right)\mid X>K\right)=A$$

而且从 MEE 理论出发，我们知道，可以通过最小化对数归一化函数来求解参数，因此很容易得到：

$$C\left(\alpha\right)=\int_K^\infty\left(1+|x|\right)^{-(1+\alpha)}dx=\frac{1}{\alpha}\left(2-\left(1-K\right)^{-\alpha}\right)$$

其中 A 和 α 满足如下方程：

$$A=\frac{1}{\alpha}-\frac{\log(1-K)}{2(1-K)^{\alpha}-1}$$

我们可以认为，该方程决定了给定 A 的衰减速率 α，或者在给定幂律 α 时决定了必要的约束量 A。

最终，VaR 和对数回报率双重约束下的 MEE 展开为：

$$f_{\text{MEE}}(x)=\epsilon I_{(x\leq K)}\frac{1}{(K-v_{-})}\exp\left[-\frac{K-x}{K-v_{-}}\right]+(1-\epsilon)I_{(x>K)}\frac{(1-|x|)^{-(1+\alpha)}}{C(\alpha)}$$

（见图 25.5 和图 25.6）。

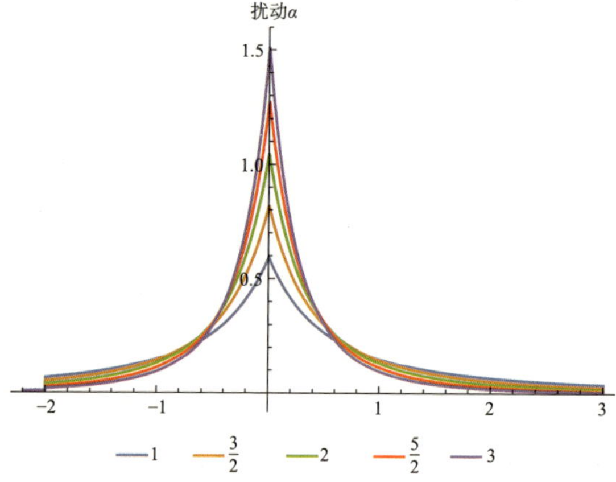

图 25.5　案例 C：不同 α 值对肥尾最大熵分布形状的影响。

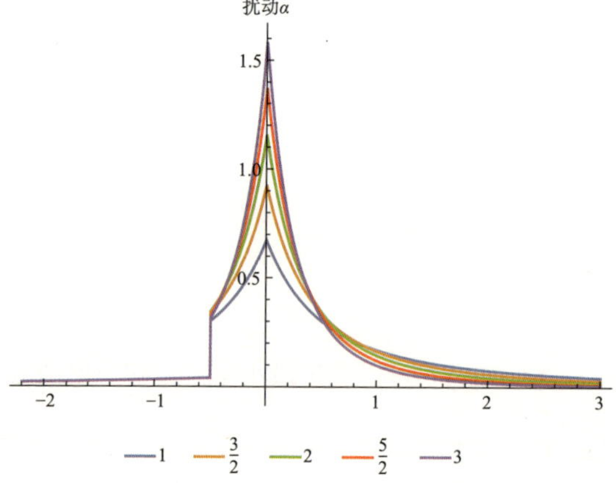

图 25.6　案例 C：不同 α 值对肥尾最大熵分布形状的影响（K 更近的情况）。

25.4.4 扩展到多阶段模型

下面考虑多个阶段中的行为，这里我们简单地将所有收益相加，不对之前的收益率做加权调整。可以看到案例 A 会趋向常规高斯分布，但是案例 C 不会（见图 25.7）。

案例 A 中的特征函数可以表示为：

$$\Psi^A(t)=\frac{e^{iKt}\left(t\left(K-v_{-}\epsilon+v_{+}(\epsilon-1)\right)-i\right)}{(Kt-v_{-}t-i)(-1-it(K-v_{+}))}$$

所以，我们可以卷积推导出函数 $\Psi^A(t)^n$ 收敛于 n 变量求和高斯分布。而且策略均值的极限特征函数为：

$$\lim_{n\to\infty}\Psi^A\left(\frac{t}{n}\right)^n=e^{it\left(v_{+}+\epsilon\left(v_{-}-v_{+}\right)\right)} \tag{25.1}$$

从直观上看，大数定律给出的结果为高斯分布，均值为 $v_{+}+\epsilon\,(v_{-}-v_{+})$。

案例 C 中的幂律只会在 $\alpha\geqslant 2$ 的条件下收敛到高斯分布，且速度极慢。

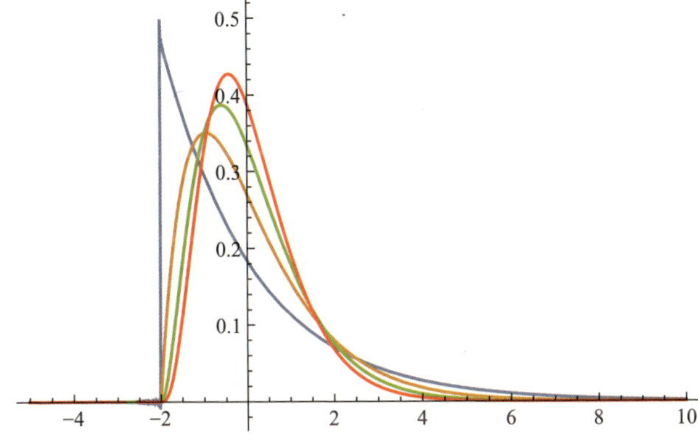

图 25.7 在多阶段条件下，案例 A 中策略的平均收益分布。假设策略对“规模”独立，仓位大小不取决于过去的回报，那么累积下来会得到完美的标准高斯分布（如公式 25.1），最终坍缩成以均值为中心的狄拉克函数。

25.5 总结评述

我们注意到，对于投资组合的随机性，止损比组合配置的作用更大。简单来说，止损不由组合中的单个成分触发，而是由组合的整体变化触发。这也使得分析不再关注组合中的单个组成部分，我们知道且能控制的只有尾部（通过衍生品或有机结构来实现约束）。

综上所述，在数学金融领域，绝大多数有关熵的论文都将熵最小作为优化目标。例如，弗里泰利（2000）[98] 证明了在某些条件下“最小熵鞅测度”的唯一性，并证明了最小熵等价于最大化财富终值的期望指数效用。而我们恰恰相反，抛开效用，将熵最大化作为资产分布不确定性的描述。在 VaR 和预期损失的约束下，我们得到的最优解是通用的“杠铃式”投资组合，从而构建了资金分类配置的一般化方法。

25.6 附录/证明

命题 1 的证明　因为$X \sim N(\mu,\sigma^2)$，尾部概率约束为：

$$\epsilon = \mathbb{P}\left(X < K\right) = \mathbb{P}\left(Z < \frac{K-\mu}{\sigma}\right) = \Phi\left(\frac{K-\mu}{\sigma}\right)$$

通过定义，有$\Phi\left(\eta\left(\epsilon\right)\right) = \epsilon$，所以，

$$K = \mu + \eta\left(\epsilon\right)\sigma \tag{25.2}$$

对于预期损失约束，

$$\begin{aligned}\mathbb{E}\left(X; X < k\right) &= \int_{-\infty}^{K} \frac{x}{\sqrt{2\pi}\sigma} \exp -\frac{\left(x-\mu\right)^2}{2\sigma^2} dx \\ &= \mu\epsilon + \sigma \int_{-\infty}^{\frac{(K-\mu)}{\sigma}} x\phi\left(x\right) dx \\ &= \mu\epsilon - \frac{\sigma}{\sqrt{2\pi}} \exp -\frac{\left(K-\mu\right)^2}{2\sigma^2}\end{aligned}$$

因为$\mathbb{E}\left(X; X < k\right) = \epsilon v_-$，从$B\left(\epsilon\right)$的定义中我们得到：

$$v_- = \mu - \eta\left(\epsilon\right) B\left(\epsilon\right)\sigma \tag{25.3}$$

求解公式 25.2 和公式 25.3 中的μ和σ^2，可得命题 1 中的表达式。

最后，通过标准正态分布“上尾不等式”的对称性，对$x < 0$有$\Psi\left(x\right) \leqslant \frac{\phi\left(x\right)}{-x}$。选择$x = \eta\left(\epsilon\right) = \Phi^{-1}\left(\epsilon\right)$，可以求得$\epsilon = \mathbb{P}\left(X < \eta\left(\epsilon\right)\right) \leqslant -\epsilon B\left(\epsilon\right)$或$1 + B\left(\epsilon\right) \leqslant 0$。在上尾不等式的渐进条件下，当$x \to \infty$时，有$B\left(0\right) = -1$，命题得证。

参考文献

[1] Inmaculada B Aban, Mark M Meerschaert, and Anna K Panorska. Parameter estimation for the truncated pareto distribution. *Journal of the American Statistical Association*, 101(473):270–277, 2006.

[2] Thierry Ané and Hélyette Geman. Order flow, transaction clock, and normality of asset returns. *The Journal of Finance*, 55(5):2259–2284, 2000.

[3] Kenneth J Arrow, Robert Forsythe, Michael Gorham, Robert Hahn, Robin Hanson, John O Ledyard, Saul Levmore, Robert Litan, Paul Milgrom, Forrest D Nelson, et al. The promise of prediction markets. *Science*, 320(5878):877, 2008.

[4] Marco Avellaneda, Craig Friedman, Richard Holmes, and Dominick Samperi. Calibrating volatility surfaces via relative-entropy minimization. *Applied Mathematical Finance*, 4(1):37–64, 1997.

[5] L. Bachelier. *Theory of speculation in: P. Cootner, ed., 1964, The random character of stock market prices,*. MIT Press, Cambridge, Mass, 1900.

[6] Louis Bachelier. *Théorie de la spéculation*. Gauthier-Villars, 1900.

[7] Kevin P Balanda and HL MacGillivray. Kurtosis: a critical review. *The American Statistician*, 42(2):111–119, 1988.

[8] August A Balkema and Laurens De Haan. Residual life time at great age. *The Annals of probability*, pages 792–804, 1974.

[9] August A Balkema and Laurens De Haan. Limit distributions for order statistics. i. *Theory of Probability & Its Applications*, 23(1):77–92, 1978.

[10] August A Balkema and Laurens de Haan. Limit distributions for order statistics. ii. *Theory of Probability & Its Applications*, 23(2):341–358, 1979.

[11] Shaul K Bar-Lev, Idit Lavi, and Benjamin Reiser. Bayesian inference for the power law process. *Annals of the Institute of Statistical Mathematics*, 44(4):623–639, 1992.

[12] Nicholas Barberis. The psychology of tail events: Progress and challenges. *American Economic Review*, 103(3):611–16, 2013.

[13] Jonathan Baron. *Thinking and deciding, 4th Ed.* Cambridge University Press, 2008.

[14] Norman C Beaulieu, Adnan A Abu-Dayya, and Peter J McLane. Estimating the distribution of a sum of independent lognormal random variables. *Communications, IEEE Transactions on*, 43(12):2869, 1995.

[15] Robert M Bell and Thomas M Cover. Competitive optimality of logarithmic investment. *Mathematics of Operations Research*, 5(2):161–166, 1980.

[16] Shlomo Benartzi and Richard Thaler. Heuristics and biases in retirement savings behavior. *Journal of Economic perspectives*, 21(3):81–104, 2007.

[17] Shlomo Benartzi and Richard H Thaler. Myopic loss aversion and the equity premium puzzle. *The quarterly journal of Economics*, 110(1):73–92, 1995.

[18] Shlomo Benartzi and Richard H Thaler. Naive diversification strategies in defined contribution saving plans. *American economic review*, 91(1):79–98, 2001.

[19] Sergei Natanovich Bernshtein. Sur la loi des grands nombres. *Communications de la Société mathématique de Kharkow*, 16(1):82–87, 1918.

[20] Patrick Billingsley. *Probability and measure*. John Wiley & Sons, 2008.

[21] Patrick Billingsley. *Convergence of probability measures*. John Wiley & Sons, 2013.

[22] Nicholas H Bingham, Charles M Goldie, and Jef L Teugels. *Regular variation*, volume 27. Cambridge university press, 1989.

[23] Giulio Biroli, J-P Bouchaud, and Marc Potters. On the top eigenvalue of heavy-tailed random matrices. *EPL (Europhysics Letters)*, 78(1):10001, 2007.

[24] Fischer Black and Myron Scholes. The pricing of options and corporate liabilities. 81:637–654, May–June 1973.

[25] Fischer Black and Myron Scholes. The pricing of options and corporate liabilities. *The journal of political economy*, pages 637–654, 1973.

[26] A.J. Boness. Elements of a theory of stock-option value. 72:163–175, 1964.

[27] Jean-Philippe Bouchaud, Marc Mézard, Marc Potters, et al. Statistical properties of stock order books: empirical results and models. *Quantitative Finance*, 2(4):251–256, 2002.

[28] Jean-Philippe Bouchaud and Marc Potters. *Theory of financial risk and derivative pricing: from statistical physics to risk management*. Cambridge University Press, 2003.

[29] Olivier Bousquet, Stéphane Boucheron, and Gábor Lugosi. Introduction to statistical learning theory. In *Advanced lectures on machine learning*, pages 169–207. Springer, 2004.

[30] George Bragues. Prediction markets: The practical and normative possibilities for the social production of knowledge. *Episteme*, 6(1):91–106, 2009.

[31] D. T. Breeden and R. H. Litzenberger. Price of state-contigent claimes implicit in option prices. 51:621–651, 1978.

[32] Douglas T Breeden and Robert H Litzenberger. Prices of state-contingent claims implicit in option prices. *Journal of business*, pages 621–651, 1978.

[33] Henry Brighton and Gerd Gigerenzer. Homo heuristicus and the bias–variance dilemma. In *Action, Perception and the Brain*, pages 68–91. Springer, 2012.

[34] Damiano Brigo and Fabio Mercurio. Lognormal-mixture dynamics and calibration to market volatility smiles. *International Journal of Theoretical and Applied Finance*, 5(04):427–446, 2002.

[35] Peter Carr. Bounded brownian motion. *NYU Tandon School of Engineering*, 2017.

[36] Peter Carr, Hélyette Geman, Dilip B Madan, and Marc Yor. Stochastic volatility for lévy processes. *Mathematical finance*, 13(3):345–382, 2003.

[37] Peter Carr and Dilip Madan. Optimal positioning in derivative securities. 2001.

[38] Lars-Erik Cederman. Modeling the size of wars: from billiard balls to sandpiles. *American Political Science Review*, 97(01):135–150, 2003.

[39] Bikas K Chakrabarti, Anirban Chakraborti, Satya R Chakravarty, and Arnab Chatterjee. *Econophysics of income and wealth distributions*. Cambridge University Press, 2013.

[40] David G Champernowne. A model of income distribution. *The Economic Journal*, 63(250):318–351, 1953.

[41] Shaohua Chen, Hong Nie, and Benjamin Ayers-Glassey. Lognormal sum approximation with a variant of type iv pearson distribution. *IEEE Communications Letters*, 12(9), 2008.

[42] Rémy Chicheportiche and Jean-Philippe Bouchaud. The joint distribution of stock returns is not elliptical. *International Journal of Theoretical and Applied Finance*, 15(03), 2012.

[43] VP Chistyakov. A theorem on sums of independent positive random variables and its applications to branching random processes. *Theory of Probability & Its Applications*, 9(4):640–648, 1964.

[44] Pasquale Cirillo. Are your data really pareto distributed? *Physica A: Statistical Mechanics and its Applications*, 392(23):5947–5962, 2013.

[45] Pasquale Cirillo and Nassim Nicholas Taleb. Expected shortfall estimation for apparently infinite-mean models of operational risk. *Quantitative Finance*, pages 1–10, 2016.

[46] Pasquale Cirillo and Nassim Nicholas Taleb. On the statistical properties and tail risk of violent conflicts. *Physica A: Statistical Mechanics and its Applications*, 452:29–45, 2016.

[47] Pasquale Cirillo and Nassim Nicholas Taleb. What are the chances of war? *Significance*, 13(2):44–45, 2016.

[48] Pasquale Cirillo and Nassim Nicholas Taleb. Tail risk of contagious diseases. *Nature Physics*, 2020.

[49] Open Science Collaboration et al. Estimating the reproducibility of psychological science. *Science*, 349(6251):aac4716, 2015.

[50] Rama Cont and Peter Tankov. *Financial modelling with jump processes*, volume 2. CRC press, 2003.

[51] Harald Cramér. *On the mathematical theory of risk*. Centraltryckeriet, 1930.

[52] George Cybenko. Approximation by superpositions of a sigmoidal function. *Mathematics of control, signals and systems*, 2(4):303–314, 1989.

[53] Camilo Dagum. Inequality measures between income distributions with applications. *Econometrica*, 48(7):1791–1803, 1980.

[54] Camilo Dagum. *Income distribution models*. Wiley Online Library, 1983.

[55] Anirban DasGupta. *Probability for statistics and machine learning: fundamentals and advanced topics*. Springer Science & Business Media, 2011.

[56] Herbert A David and Haikady N Nagaraja. Order statistics. 2003.

[57] Bruno De Finetti. Probability, induction, and statistics. 1972.

[58] Bruno De Finetti. *Philosophical Lectures on Probability: collected, edited, and annotated by Alberto Mura*, volume 340. Springer Science & Business Media, 2008.

[59] Amir Dembo and Ofer Zeitouni. *Large deviations techniques and applications*, volume 38. Springer Science & Business Media, 2009.

[60] Kresimir Demeterfi, Emanuel Derman, Michael Kamal, and Joseph Zou. A guide to volatility and variance swaps. *The Journal of Derivatives*, 6(4):9–32, 1999.

[61] Kresimir Demeterifi, Emanuel Derman, Michael Kamal, and Joseph Zou. More than you ever wanted to know about volatility swaps. *Working paper, Goldman Sachs*, 1999.

[62] Victor DeMiguel, Lorenzo Garlappi, and Raman Uppal. Optimal versus naive diversification: How inefficient is the 1/n portfolio strategy? *The review of Financial studies*, 22(5):1915–1953, 2007.

[63] E. Derman and N. Taleb. The illusion of dynamic delta replication. *Quantitative Finance*, 5(4):323–326, 2005.

[64] Emanuel Derman. The perception of time, risk and return during periods of speculation. *Working paper, Goldman Sachs*, 2002.

[65] Marco Di Renzo, Fabio Graziosi, and Fortunato Santucci. Further results on the approximation of log-normal power sum via pearson type iv distribution: a general formula for log-moments computation. *IEEE Transactions on Communications*, 57(4), 2009.

[66] Persi Diaconis and David Freedman. On the consistency of bayes estimates. *The Annals of Statistics*, pages 1–26, 1986.

[67] Persi Diaconis and Sandy Zabell. Closed form summation for classical distributions: variations on a theme of de moivre. *Statistical Science*, pages 284–302, 1991.

[68] Cornelius Frank Dietrich. *Uncertainty, calibration and probability: the statistics of scientific and industrial measurement*. Routledge, 2017.

[69] *NIST Digital Library of Mathematical Functions*. http://dlmf.nist.gov/, Release 1.0.19 of 2018-06-22. F. W. J. Olver, A. B. Olde Daalhuis, D. W. Lozier, B. I. Schneider, R. F. Boisvert, C. W. Clark, B. R. Miller and B. V. Saunders, eds.

[70] Daniel Dufresne. Sums of lognormals. In *Proceedings of the 43rd actuarial research conference*. University of Regina, 2008.

[71] Daniel Dufresne et al. The log-normal approximation in financial and other computations. *Advances in Applied Probability*, 36(3):747–773, 2004.

[72] Bruno Dupire. Pricing with a smile. 7(1), 1994.

[73] Bruno Dupire. Exotic option pricing by calibration on volatility smiles. In *Advanced Mathematics for Derivatives: Risk Magazine Conference*, 1995.

[74] Bruno Dupire et al. Pricing with a smile. *Risk*, 7(1):18–20, 1994.

[75] Danny Dyer. Structural probability bounds for the strong pareto law. *Canadian Journal of Statistics*, 9(1):71–77, 1981.

[76] Iddo Eliazar. Inequality spectra. *Physica A: Statistical Mechanics and its Applications*, 469:824–847, 2017.

[77] Iddo Eliazar. Lindy's law. *Physica A: Statistical Mechanics and its Applications*, 486:797–805, 2017.

[78] Iddo Eliazar and Morrel H Cohen. On social inequality: Analyzing the rich–poor disparity. *Physica A: Statistical Mechanics and its Applications*, 401:148–158, 2014.

[79] Iddo Eliazar and Igor M Sokolov. Maximization of statistical heterogeneity: From shannon's entropy to gini's index. *Physica A: Statistical Mechanics and its Applications*, 389(16):3023–3038, 2010.

[80] Iddo I Eliazar and Igor M Sokolov. Gini characterization of extreme-value statistics. *Physica A: Statistical Mechanics and its Applications*, 389(21):4462–4472, 2010.

[81] Iddo I Eliazar and Igor M Sokolov. Measuring statistical evenness: A panoramic overview. *Physica A: Statistical Mechanics and its Applications*, 391(4):1323–1353, 2012.

[82] Paul Embrechts. *Modelling extremal events: for insurance and finance*, volume 33. Springer, 1997.

[83] Paul Embrechts and Charles M Goldie. On convolution tails. *Stochastic Processes and their Applications*, 13(3):263–278, 1982.

[84] Paul Embrechts, Charles M Goldie, and Noël Veraverbeke. Subexponentiality and infinite divisibility. *Probability Theory and Related Fields*, 49(3):335–347, 1979.

[85] M Émile Borel. Les probabilités dénombrables et leurs applications arithmétiques. *Rendiconti del Circolo Matematico di Palermo (1884-1940)*, 27(1):247–271, 1909.

[86] Michael Falk et al. On testing the extreme value index via the pot-method. *The Annals of Statistics*, 23(6):2013–2035, 1995.

[87] Michael Falk, Jürg Hüsler, and Rolf-Dieter Reiss. *Laws of small numbers: extremes and rare events*. Springer Science & Business Media, 2010.

[88] Kai-Tai Fang. Elliptically contoured distributions. *Encyclopedia of Statistical Sciences*, 2006.

[89] Doyne James Farmer and John Geanakoplos. Hyperbolic discounting is rational: Valuing the far future with uncertain discount rates. 2009.

[90] J Doyne Farmer and John Geanakoplos. Power laws in economics and elsewhere. In *Santa Fe Institute*, 2008.

[91] William Feller. 1971an introduction to probability theory and its applications, vol. 2.

[92] William Feller. An introduction to probability theory. 1968.

[93] Baruch Fischhoff, John Kadvany, and John David Kadvany. *Risk: A very short introduction*. Oxford University Press, 2011.

[94] Ronald Aylmer Fisher and Leonard Henry Caleb Tippett. Limiting forms of the frequency distribution of the largest or smallest member of a sample. In *Mathematical Proceedings of the Cambridge Philosophical Society*, volume 24, pages 180–190. Cambridge University Press, 1928.

[95] Andrea Fontanari, Pasquale Cirillo, and Cornelis W Oosterlee. From concentration profiles to concentration maps. new tools for the study of loss distributions. *Insurance: Mathematics and Economics*, 78:13–29, 2018.

[96] Shane Frederick, George Loewenstein, and Ted O'donoghue. Time discounting and time preference: A critical review. *Journal of economic literature*, 40(2):351–401, 2002.

[97] David A Freedman. Notes on the dutch book argument ". *Lecture Notes, Department of Statistics, University of Berkley at Berkley, http://www. stat. berkeley. edu/˜ census/dutchdef. pdf*, 2003.

[98] Marco Frittelli. The minimal entropy martingale measure and the valuation problem in incomplete markets. *Mathematical finance*, 10(1):39–52, 2000.

[99] Xavier Gabaix. Power laws in economics and finance. Technical report, National Bureau of Economic Research, 2008.

[100] Xavier Gabaix. Power laws in economics: An introduction. *Journal of Economic Perspectives*, 30(1):185–206, 2016.

[101] Armengol Gasull, Maria Jolis, and Frederic Utzet. On the norming constants for normal maxima. *Journal of Mathematical Analysis and Applications*, 422(1):376–396, 2015.

[102] Jim Gatheral. *The Volatility Surface: a Practitioner's Guide*. John Wiley & Sons, 2006.

[103] Jim Gatheral. *The Volatility Surface: A Practitioner's Guide*. New York: John Wiley & Sons, 2006.

[104] Oscar Gelderblom and Joost Jonker. Amsterdam as the cradle of modern futures and options trading, 1550-1650. *William Goetzmann and K. Geert Rouwenhorst*, 2005.

[105] Andrew Gelman and Hal Stern. The difference between "significant" and "not significant" is not itself statistically significant. *The American Statistician*, 60(4):328–331, 2006.

[106] Donald Geman, Hélyette Geman, and Nassim Nicholas Taleb. Tail risk constraints and maximum entropy. *Entropy*, 17(6):3724, 2015.

[107] Nicholas Georgescu-Roegen. The entropy law and the economic process, 1971. *Cambridge, Mass*, 1971.

[108] Gerd Gigerenzer and Daniel G Goldstein. Reasoning the fast and frugal way: models of bounded rationality. *Psychological review*, 103(4):650, 1996.

[109] Gerd Gigerenzer and Peter M Todd. *Simple heuristics that make us smart*. Oxford University Press, New York, 1999.

[110] Corrado Gini. Variabilità e mutabilità. *Reprinted in Memorie di metodologica statistica (Ed. Pizetti E, Salvemini, T). Rome: Libreria Eredi Virgilio Veschi*, 1912.

[111] BV Gnedenko and AN Kolmogorov. *Limit Distributions for Sums of Independent Random Variables (1954)*.

[112] Charles M Goldie. Subexponential distributions and dominated-variation tails. *Journal of Applied Probability*, pages 440–442, 1978.

[113] Daniel Goldstein and Nassim Taleb. We don't quite know what we are talking about when we talk about volatility. *Journal of Portfolio Management*, 33(4), 2007.

[114] Richard C Green, Robert A Jarrow, et al. Spanning and completeness in markets with contingent claims. *Journal of Economic Theory*, 41(1):202–210, 1987.

[115] Emil Julius Gümbel. Statistics of extremes. 1958.

[116] Laurens Haan and Ana Ferreira. Extreme value theory: An introduction. *Springer Series in Operations Research and Financial Engineering (*, 2006.

[117] Wolfgang Hafner and Heinz Zimmermann. Amazing discovery: Vincenz bronzin's option pricing models. 31:531–546, 2007.

[118] Torben Hagerup and Christine Rüb. A guided tour of chernoff bounds. *Information processing letters*, 33(6):305–308, 1990.

[119] John Haigh. The kelly criterion and bet comparisons in spread betting. *Journal of the Royal Statistical Society: Series D (The Statistician)*, 49(4):531–539, 2000.

[120] Peter Hall. On the rate of convergence of normal extremes. *Journal of Applied Probability*, 16(2):433–439, 1979.

[121] Mahmoud Hamada and Emiliano A Valdez. Capm and option pricing with elliptically contoured distributions. *Journal of Risk and Insurance*, 75(2):387–409, 2008.

[122] Godfrey Harold Hardy, John Edensor Littlewood, and George Pólya. *Inequalities*. Cambridge university press, 1952.

[123] J Michael Harrison and David M Kreps. Martingales and arbitrage in multiperiod securities markets. *Journal of Economic theory*, 20(3):381–408, 1979.

[124] Trevor Hastie, Robert Tibshirani, and Jerome Friedman. The elements of statistical learning: data mining, inference, and prediction, springer series in statistics, 2009.

[125] Espen G. Haug. *Derivatives: Models on Models*. New York: John Wiley & Sons, 2007.

[126] Espen Gaarder Haug and Nassim Nicholas Taleb. Option traders use (very) sophisticated heuristics, never the black–scholes–merton formula. *Journal of Economic Behavior & Organization*, 77(2):97–106, 2011.

[127] Friedrich August Hayek. The use of knowledge in society. *The American economic review*, 35(4):519–530, 1945.

[128] John R Hicks. *Value and capital*, volume 2. Clarendon press Oxford, 1939.

[129] Leonard R. Higgins. *The Put-and-Call*. London: E. Wilson., 1902.

[130] Wassily Hoeffding. Probability inequalities for sums of bounded random variables. *Journal of the American statistical association*, 58(301):13–30, 1963.

[131] P. J. Huber. *Robust Statistics*. Wiley, New York, 1981.

[132] HM James Hung, Robert T O'Neill, Peter Bauer, and Karl Kohne. The behavior of the p-value when the alternative hypothesis is true. *Biometrics*, pages 11–22, 1997.

[133] Rob J Hyndman and Anne B Koehler. Another look at measures of forecast accuracy. *International journal of forecasting*, 22(4):679–688, 2006.

[134] E.T. Jaynes. How should we use entropy in economics? 1991.

[135] Johan Ludwig William Valdemar Jensen. Sur les fonctions convexes et les inégalités entre les valeurs moyennes. *Acta Mathematica*, 30(1):175–193, 1906.

[136] Hedegaard Anders Jessen and Thomas Mikosch. Regularly varying functions. *Publications de l'Institut Mathematique*, 80(94):171–192, 2006.

[137] Petr Jizba, Hagen Kleinert, and Mohammad Shefaat. Rényi's information transfer between financial time series. *Physica A: Statistical Mechanics and its Applications*, 391(10):2971–2989, 2012.

[138] Valen E Johnson. Revised standards for statistical evidence. *Proceedings of the National Academy of Sciences*, 110(48):19313–19317, 2013.

[139] Daniel Kahneman and Amos Tversky. Prospect theory: An analysis of decision under risk. *Econometrica*, 47(2):263–291, 1979.

[140] Joseph P Kairys Jr and NICHOLAS VALERIO III. The market for equity options in the 1870s. *The Journal of Finance*, 52(4):1707–1723, 1997.

[141] Ioannis Karatzas and Steven E Shreve. Brownian motion and stochastic calculus springer-verlag. *New York*, 1991.

[142] John L Kelly. A new interpretation of information rate. *Information Theory, IRE Transactions on*, 2(3):185–189, 1956.

[143] Gideon Keren. Calibration and probability judgements: Conceptual and methodological issues. *Acta Psychologica*, 77(3):217–273, 1991.

[144] Christian Kleiber and Samuel Kotz. *Statistical size distributions in economics and actuarial sciences*, volume 470. John Wiley & Sons, 2003.

[145] Andrei Nikolaevich Kolmogorov. On logical foundations of probability theory. In *Probability theory and mathematical statistics*, pages 1–5. Springer, 1983.

[146] Andrey Kolmogorov. Sulla determinazione empirica di una lgge di distribuzione. *Inst. Ital. Attuari, Giorn.*, 4:83–91, 1933.

[147] Samuel Kotz and Norman Johnson. *Encyclopedia of Statistical Sciences*. Wiley, 2004.

[148] VV Kozlov, T Madsen, and AA Sorokin. Weighted means of weakly dependent random variables. *MOSCOW UNIVERSITY MATHEMATICS BULLETIN C/C OF VESTNIK-MOSKOVSKII UNIVERSITET MATHEMATIKA*, 59(5):36, 2004.

[149] Jean Laherrere and Didier Sornette. Stretched exponential distributions in nature and economy:"fat tails" with characteristic scales. *The European Physical Journal B-Condensed Matter and Complex Systems*, 2(4):525–539, 1998.

[150] David Laibson. Golden eggs and hyperbolic discounting. *The Quarterly Journal of Economics*, 112(2):443–478, 1997.

[151] Deli Li, M Bhaskara Rao, and RJ Tomkins. The law of the iterated logarithm and central limit theorem for l-statistics. Technical report, PENNSYLVANIA STATE UNIV UNIVERSITY PARK CENTER FOR MULTIVARIATE ANALYSIS, 1997.

[152] Sarah Lichtenstein, Baruch Fischhoff, and Lawrence D Phillips. Calibration of probabilities: The state of the art. In *Decision making and change in human affairs*, pages 275–324. Springer, 1977.

[153] Sarah Lichtenstein, Paul Slovic, Baruch Fischhoff, Mark Layman, and Barbara Combs. Judged frequency of lethal events. *Journal of experimental psychology: Human learning and memory*, 4(6):551, 1978.

[154] Michel Loève. *Probability Theory. Foundations. Random Sequences*. New York: D. Van Nostrand Company, 1955.

[155] Filip Lundberg. *I. Approximerad framställning af sannolikhetsfunktionen. II. Återförsäkring af kollektivrisker. Akademisk afhandling... af Filip Lundberg,...* Almqvist och Wiksells boktryckeri, 1903.

[156] HL MacGillivray and Kevin P Balanda. Mixtures, myths and kurtosis. *Communications in Statistics-Simulation and Computation*, 17(3):789–802, 1988.

[157] LC MacLean, William T Ziemba, and George Blazenko. Growth versus security in dynamic investment analysis. *Management Science*, 38(11):1562–1585, 1992.

[158] Dhruv Madeka. Accurate prediction of electoral outcomes. *arXiv preprint arXiv:1704.02664*, 2017.

[159] Spyros Makridakis, Evangelos Spiliotis, and Vassilios Assimakopoulos. The m4 competition: Results, findings, conclusion and way forward. *International Journal of Forecasting*, 34(4):802–808, 2018.

[160] Spyros Makridakis and Nassim Taleb. Decision making and planning under low levels of predictability, 2009.

[161] Benoit Mandelbrot. A note on a class of skew distribution functions: Analysis and critique of a paper by ha simon. *Information and Control*, 2(1):90–99, 1959.

[162] Benoit Mandelbrot. The pareto-levy law and the distribution of income. *International Economic Review*, 1(2):79–106, 1960.

[163] Benoit Mandelbrot. The stable paretian income distribution when the apparent exponent is near two. *International Economic Review*, 4(1):111–115, 1963.

[164] Benoit B Mandelbrot. New methods in statistical economics. In *Fractals and Scaling in Finance*, pages 79–104. Springer, 1997.

[165] Benoît B Mandelbrot and Nassim Nicholas Taleb. Random jump, not random walk, 2010.

[166] Harry Markowitz. Portfolio selection*. *The journal of finance*, 7(1):77–91, 1952.

[167] Harry M Markowitz. *Portfolio selection: efficient diversification of investments*, volume 16. Wiley, 1959.

[168] RARD Maronna, Douglas Martin, and Victor Yohai. *Robust statistics*. John Wiley & Sons, Chichester. ISBN, 2006.

[169] R. Mehera and E. C. Prescott. The equity premium: a puzzle. *Journal of Monetary Economics*, 15:145–161, 1985.

[170] Robert C Merton. An analytic derivation of the efficient portfolio frontier. *Journal of financial and quantitative analysis*, 7(4):1851–1872, 1972.

[171] Robert C. Merton. The relationship between put and call prices: Comment. 28(1):183–184, 1973.

[172] Robert C. Merton. Theory of rational option pricing. 4:141–183, Spring 1973.

[173] Robert C. Merton. Option pricing when underlying stock returns are discontinuous. 3:125–144, 1976.

[174] Robert C Merton and Paul Anthony Samuelson. Continuous-time finance. 1992.

[175] David C Nachman. Spanning and completeness with options. *The review of financial studies*, 1(3):311–328, 1988.

[176] S. A. Nelson. *The A B C of Options and Arbitrage.* The Wall Street Library, New York., 1904.

[177] S. A. Nelson. *The A B C of Options and Arbitrage*. New York: The Wall Street Library., 1904.

[178] Hansjörg Neth and Gerd Gigerenzer. Heuristics: Tools for an uncertain world. *Emerging trends in the social and behavioral sciences: An Interdisciplinary, Searchable, and Linkable Resource*, 2015.

[179] Donald J Newman. *A problem seminar*. Springer Science & Business Media, 2012.

[180] Hong Nie and Shaohua Chen. Lognormal sum approximation with type iv pearson distribution. *IEEE Communications Letters*, 11(10), 2007.

[181] John P Nolan. Parameterizations and modes of stable distributions. *Statistics & probability letters*, 38(2):187–195, 1998.

[182] Bernt Oksendal. *Stochastic differential equations: an introduction with applications*. Springer Science & Business Media, 2013.

[183] Joel Owen and Ramon Rabinovitch. On the class of elliptical distributions and their applications to the theory of portfolio choice. *The Journal of Finance*, 38(3):745–752, 1983.

[184] T. Mikosch P. Embrechts, C. Kluppelberg. *Modelling Extremal Events*. Springer, 2003.

[185] Vilfredo Pareto. La courbe des revenus. *Travaux de Sciences Sociales*, pages 299–345, 1896 (1964).

[186] O. Peters and M. Gell-Mann. Evaluating gambles using dynamics. *Chaos*, 26(2), 2016.

[187] T Pham-Gia and TL Hung. The mean and median absolute deviations. *Mathematical and Computer Modelling*, 34(7-8):921–936, 2001.

[188] George C Philippatos and Charles J Wilson. Entropy, market risk, and the selection of efficient portfolios. *Applied Economics*, 4(3):209–220, 1972.

[189] Charles Phillips and Alan Axelrod. *Encyclopedia of Wars:(3-Volume Set).* Infobase Pub., 2004.

[190] James Pickands III. Statistical inference using extreme order statistics. *the Annals of Statistics*, pages 119–131, 1975.

[191] Thomas Piketty. Capital in the 21st century, 2014.

[192] Thomas Piketty and Emmanuel Saez. The evolution of top incomes: a historical and international perspective. Technical report, National Bureau of Economic Research, 2006.

[193] Iosif Pinelis. Characteristic function of the positive part of a random variable and related results, with applications. *Statistics & Probability Letters*, 106:281–286, 2015.

[194] Steven Pinker. *The better angels of our nature: Why violence has declined*. Penguin, 2011.

[195] Dan Pirjol. The logistic-normal integral and its generalizations. *Journal of Computational and Applied Mathematics*, 237(1):460–469, 2013.

[196] EJG Pitman. Subexponential distribution functions. *J. Austral. Math. Soc. Ser. A*, 29(3):337–347, 1980.

[197] Svetlozar T Rachev, Young Shin Kim, Michele L Bianchi, and Frank J Fabozzi. *Financial models with Lévy processes and volatility clustering*, volume 187. John Wiley & Sons, 2011.

[198] Anthony M. Reinach. *The Nature of Puts & Calls*. New York: The Bookmailer, 1961.

[199] Lewis F Richardson. Frequency of occurrence of wars and other fatal quarrels. *Nature*, 148(3759):598, 1941.

[200] Matthew Richardson and Tom Smith. A direct test of the mixture of distributions hypothesis: Measuring the daily flow of information. *Journal of Financial and Quantitative Analysis*, 29(01):101–116, 1994.

[201] Christian Robert and George Casella. *Monte Carlo statistical methods*. Springer Science & Business Media, 2013.

[202] Stephen A Ross. Mutual fund separation in financial theory—the separating distributions. *Journal of Economic Theory*, 17(2):254–286, 1978.

[203] Stephen A Ross. *Neoclassical finance*. Princeton University Press, 2009.

[204] Francesco Rubino, Antonello Forgione, David E Cummings, Michel Vix, Donatella Gnuli, Geltrude Mingrone, Marco Castagneto, and Jacques Marescaux. The mechanism of diabetes control after gastrointestinal bypass surgery reveals a role of the proximal small intestine in the pathophysiology of type 2 diabetes. *Annals of surgery*, 244(5):741–749, 2006.

[205] Mark Rubinstein. *Rubinstein on derivatives*. Risk Books, 1999.

[206] Mark Rubinstein. *A History of The Theory of Investments*. New York: John Wiley & Sons, 2006.

[207] Doriana Ruffino and Jonathan Treussard. Derman and taleb's 'the illusions of dynamic replication': a comment. *Quantitative Finance*, 6(5):365–367, 2006.

[208] Harold Sackrowitz and Ester Samuel-Cahn. P values as random variables—expected p values. *The American Statistician*, 53(4):326–331, 1999.

[209] Gennady Samorodnitsky and Murad S Taqqu. *Stable non-Gaussian random processes: stochastic models with infinite variance*, volume 1. CRC Press, 1994.

[210] D Schleher. Generalized gram-charlier series with application to the sum of log-normal variates (corresp.). *IEEE Transactions on Information Theory*, 23(2):275–280, 1977.

[211] Jun Shao. *Mathematical Statistics*. Springer, 2003.

[212] Herbert A Simon. On a class of skew distribution functions. *Biometrika*, 42(3/4):425–440, 1955.

[213] SK Singh and GS Maddala. A function for size distribution of incomes: reply. *Econometrica*, 46(2), 1978.

[214] Didier Sornette. *Critical phenomena in natural sciences: chaos, fractals, selforganization, and disorder: concepts and tools*. Springer, 2004.

[215] C.M. Sprenkle. Warrant prices as indicators of expectations and preferences. *Yale Economics Essays*, 1(2):178–231, 1961.

[216] C.M. Sprenkle. *Warrant Prices as Indicators of Expectations and Preferences: in P. Cootner, ed., 1964, The Random Character of Stock Market Prices,*. MIT Press, Cambridge, Mass, 1964.

[217] AJ Stam. Regular variation of the tail of a subordinated probability distribution. *Advances in Applied Probability*, pages 308–327, 1973.

[218] Stephen M Stigler. Stigler's law of eponymy. *Transactions of the New York academy of sciences*, 39(1 Series II):147–157, 1980.

[219] Hans R Stoll. The relationship between put and call option prices. *The Journal of Finance*, 24(5):801–824, 1969.

[220] Cass R Sunstein. Deliberating groups versus prediction markets (or hayek's challenge to habermas). *Episteme*, 3(3):192–213, 2006.

[221] Giitiro Suzuki. A consistent estimator for the mean deviation of the pearson type distribution. *Annals of the Institute of Statistical Mathematics*, 17(1):271–285, 1965.

[222] E. Schechtman S.Yitzhaki. *The Gini Methodology: A primer on a statistical methodology*. Springer, 2012.

[223] N N Taleb and R Douady. Mathematical definition, mapping, and detection of (anti) fragility. *Quantitative Finance*, 2013.

[224] Nassim N Taleb and G Martin. The illusion of thin tails under aggregation (a reply to jack treynor). *Journal of Investment Management*, 2012.

[225] Nassim Nicholas Taleb. *Dynamic Hedging: Managing Vanilla and Exotic Options*. John Wiley & Sons (Wiley Series in Financial Engineering), 1997.

[226] Nassim Nicholas Taleb. *Incerto: Antifragile, The Black Swan , Fooled by Randomness, the Bed of Procrustes, Skin in the Game*. Random House and Penguin, 2001-2018.

[227] Nassim Nicholas Taleb. Black swans and the domains of statistics. *The American Statistician*, 61(3):198–200, 2007.

[228] Nassim Nicholas Taleb. Errors, robustness, and the fourth quadrant. *International Journal of Forecasting*, 25(4):744–759, 2009.

[229] Nassim Nicholas Taleb. Finiteness of variance is irrelevant in the practice of quantitative finance. *Complexity*, 14(3):66–76, 2009.

[230] Nassim Nicholas Taleb. *Antifragile: things that gain from disorder*. Random House and Penguin, 2012.

[231] Nassim Nicholas Taleb. Four points beginner risk managers should learn from jeff holman's mistakes in the discussion of antifragile. *arXiv preprint arXiv:1401.2524*, 2014.

[232] Nassim Nicholas Taleb. The meta-distribution of standard p-values. *arXiv preprint arXiv:1603.07532*, 2016.

[233] Nassim Nicholas Taleb. Stochastic tail exponent for asymmetric power laws. *arXiv preprint arXiv:1609.02369*, 2016.

[234] Nassim Nicholas Taleb. Election predictions as martingales: an arbitrage approach. *Quantitative Finance*, 18(1):1–5, 2018.

[235] Nassim Nicholas Taleb. How much data do you need? an operational, pre-asymptotic metric for fat-tailedness. *International Journal of Forecasting*, 2018.

[236] Nassim Nicholas Taleb. *Skin in the Game: Hidden Asymmetries in Daily Life*. Penguin (London) and Random House (N.Y.), 2018.

[237] Nassim Nicholas Taleb. *Technical Incerto, Vol 1: The Statistical Consequences of Fat Tails, Papers and Commentaries*. Monograph, 2019.

[238] Nassim Nicholas Taleb. Common misapplications and misinterpretations of correlation in social" science. *Preprint, Tandon School of Engineering, New York University*, 2020.

[239] Nassim Nicholas Taleb. *The Statistical Consequences of Fat Tails*. STEM Academic Press, 2020.

[240] Nassim Nicholas Taleb, Elie Canetti, Tidiane Kinda, Elena Loukoianova, and Christian Schmieder. A new heuristic measure of fragility and tail risks: application to stress testing. *International Monetary Fund*, 2018.

[241] Nassim Nicholas Taleb and Pasquale Cirillo. Branching epistemic uncertainty and thickness of tails. *arXiv preprint arXiv:1912.00277*, 2019.

[242] Nassim Nicholas Taleb and Raphael Douady. On the super-additivity and estimation biases of quantile contributions. *Physica A: Statistical Mechanics and its Applications*, 429:252–260, 2015.

[243] Nassim Nicholas Taleb and Daniel G Goldstein. The problem is beyond psychology: The real world is more random than regression analyses. *International Journal of Forecasting*, 28(3):715–716, 2012.

[244] Nassim Nicholas Taleb and George A Martin. How to prevent other financial crises. *SAIS Review of International Affairs*, 32(1):49–60, 2012.

[245] Nassim Nicholas Taleb and Avital Pilpel. I problemi epistemologici del risk management. *Daniele Pace (a cura di)" Economia del rischio. Antologia di scritti su rischio e decisione economica", Giuffre, Milano*, 2004.

[246] Nassim Nicholas Taleb and Constantine Sandis. The skin in the game heuristic for protection against tail events. *Review of Behavioral Economics*, 1:1–21, 2014.

[247] NN Taleb and J Norman. Ethics of precaution: Individual and systemic risk, 2020.

[248] Jozef L Teugels. The class of subexponential distributions. *The Annals of Probability*, 3(6):1000–1011, 1975.

[249] Edward Thorp. A corrected derivation of the black-scholes option model. *Based on private conversation with Edward Thorp and a copy of a 7 page paper Thorp wrote around 1973, with disclaimer that I understood Ed. Thorp correctly.*, 1973.

[250] Edward O Thorp. Optimal gambling systems for favorable games. *Revue de l'Institut International de Statistique*, pages 273–293, 1969.

[251] Edward O Thorp. Extensions of the black-scholes option model. *Proceedings of the 39th Session of the International Statistical Institute, Vienna, Austria*, pages 522–29, 1973.

[252] Edward O Thorp. Understanding the kelly criterion. *The Kelly Capital Growth Investment Criterion: Theory and Practice', World Scientific Press, Singapore*, 2010.

[253] Edward O. Thorp and S. T. Kassouf. *Beat the Market*. New York: Random House, 1967.

[254] James Tobin. Liquidity preference as behavior towards risk. *The review of economic studies*, pages 65–86, 1958.

[255] Jack L Treynor. Insights-what can taleb learn from markowitz? *Journal of Investment Management*, 9(4):5, 2011.

[256] Constantino Tsallis, Celia Anteneodo, Lisa Borland, and Roberto Osorio. Nonextensive statistical mechanics and economics. *Physica A: Statistical Mechanics and its Applications*, 324(1):89–100, 2003.

[257] Vladimir V Uchaikin and Vladimir M Zolotarev. *Chance and stability: stable distributions and their applications*. Walter de Gruyter, 1999.

[258] Aad W Van Der Vaart and Jon A Wellner. Weak convergence. In *Weak convergence and empirical processes*, pages 16–28. Springer, 1996.

[259] Willem Rutger van Zwet. *Convex transformations of random variables*, volume 7. Mathematisch centrum, 1964.

[260] SR Srinivasa Varadhan. *Large deviations and applications*, volume 46. SIAM, 1984.

[261] SR Srinivasa Varadhan. *Stochastic processes*, volume 16. American Mathematical Soc., 2007.

[262] José A Villaseñor-Alva and Elizabeth González-Estrada. A bootstrap goodness of fit test for the generalized pareto distribution. *Computational Statistics & Data Analysis*, 53(11):3835–3841, 2009.

[263] Eric Weisstein. *Wolfram MathWorld*. Wolfram Research www.wolfram.com, 2017.

[264] Rafał Weron. Levy-stable distributions revisited: tail index> 2 does not exclude the levy-stable regime. *International Journal of Modern Physics C*, 12(02):209–223, 2001.

[265] Heath Windcliff and Phelim P Boyle. The 1/n pension investment puzzle. *North American Actuarial Journal*, 8(3):32–45, 2004.

[266] Yingying Xu, Zhuwu Wu, Long Jiang, and Xuefeng Song. A maximum entropy method for a robust portfolio problem. *Entropy*, 16(6):3401–3415, 2014.

[267] Yingying Yang, Shuhe Hu, and Tao Wu. The tail probability of the product of dependent random variables from max-domains of attraction. *Statistics & Probability Letters*, 81(12):1876–1882, 2011.

[268] Jay L Zagorsky. Do you have to be smart to be rich? the impact of iq on wealth, income and financial distress. *Intelligence*, 35(5):489–501, 2007.

[269] IV Zaliapin, Yan Y Kagan, and Federic P Schoenberg. Approximating the distribution of pareto sums. *Pure and Applied geophysics*, 162(6-7):1187–1228, 2005.

[270] Rongxi Zhou, Ru Cai, and Guanqun Tong. Applications of entropy in finance: A review. *Entropy*, 15(11):4909–4931, 2013.

[271] Vladimir M Zolotarev. *One-dimensional stable distributions*, volume 65. American Mathematical Soc., 1986.

[272] VM Zolotarev. On a new viewpoint of limit theorems taking into account large deviationsr. *Selected Translations in Mathematical Statistics and Probability*, 9:153, 1971.